Valor en riesgo

Valor en riesgo

Philippe Jorion
Universidad de California, Irvine

LIMUSA
NORIEGA EDITORES
MÉXICO • España • Venezuela • Colombia

MexDer
Mercado Mexicano de Derivados

Copyright

Versión autorizada en español de la obra publicada en inglés por The McGraw-Hill Companies, Inc., con el título:

Value at Risk

Colaborador en la traducción:
JUAN GONZÁLEZ HERRERA
Especialista en Riesgos, MexDer-Asigna
Licenciado en Economía
Universidad Autónoma Metropolitana – Unidad Iztapalapa

Revisión:
JAIME DÍAZ TINOCO
Maestro en Economía por El Colegio de México
Subdirector de Riesgos, MexDer-Asigna
Profesor de tiempo parcial de la Universidad de las Américas – Puebla

GRUPO NORIEGA EDITORES
Balderas 95, México, D.F.
CP 06040
521-21-05
01(800) 7-06-91-00
512-29-03
limusa@noriega.com.mx
www.noriega.com.mx

CANIEM NÚM. 121

HECHO EN MÉXICO

ISBN 968-18-5586-8

Acerca del autor

Philippe Jorion es profesor de finanzas en la Universidad de California, en Irvine. Obtuvo los grados de maestría y doctorado en la Universidad de Chicago y el de ingeniería por la Universidad de Bruselas.

Ha impartido cursos en la Universidad de Columbia, en la Northwestern University, la Universidad de Chicago y la Universidad de British Columbia. Es autor de más de 50 publicaciones académicas. Es coautor del libro *Financial Risk Management: Domestic and International Dimensions,* un libro de texto a nivel posgrado sobre las dimensiones globales de la administración de riesgos. Su más reciente libro es *Big Bets Gone Bad: Derivatives and Bankruptcy in Orange County*, el cual proporciona un detallado recuento de la mayor falla municipal en la historia.

La investigación del profesor Jorion se concentra en los mercados financieros internacionales. Ha realizado consultorías para varias instituciones financieras sobre administración de riesgos financieros y tiene experiencia particularmente en los derivados y en las inversiones con portafolios globales.

Prólogo

El fin de la década de los noventa está marcada por la mayor movilidad internacional de los recursos, la diversificación de productos financieros y el resurgimiento de la volatilidad a nivel global. Todos los elementos anteriores confluyen en la necesidad de adoptar métodos y procedimientos para el control de riesgos, cada vez más completos, como una herramienta indispensable de la administración moderna. La contribución de la administración de riesgos ocurre tanto en el ámbito de la administración privada, el *corporate governance* como en la definición de regímenes prodenciales de interés público.

El control de riesgos es primeramente una herramienta de administración para la alta dirección de instituciones financieras y productivas. Opera tanto como instrumento de medición como de control y auditoría. Su contribución en estas esferas es tan significativa que se utiliza crecientemente con relación a actividades de la banca central, los fondos y sociedades de inversión y las personas físicas. En segundo término, los indicadores para el control de riesgos contribuyen una guía para la adecuada comunicación de las empresas con sus acreedores e inversionistas minoritarios con referencia a su solvencia, operaciones y el valor potencial. en este sentido, forma ya parte integral de las tendencias internacionales de mayor difusión de información a acreedores y contrapartes, así como la mayor atención a las necesidades y el voto de los pequeños inversionistas, el *corporate governance*. Finalmente, los indicadoares de control de risgos son utilizados como indicadores de regulación prudencial moderna aplicable a operaciones con valores y derivados así como en el establecimiento de requerimientos de capital.

La administración de riesgos se ha definido como un proceso continuo que requiere que las organizaciones desarrollen políticas, métodos e infraestructura. Las políticas son el resultado de definiciones sobre estrategias para atender los riesgos, las tolerancias y la difusión interna y externa de la exposición a esos riesgos. Los métodos incorporan fórmulas de valuación de los distintos tipos de riesgos a que puede estar expuesta una organización. Son centrales los riesgos de mercado, de crédito y operacionales. También es importante su incorporación en métodos contables para estimar tanto el retorno a la inversión como el capital disponible corregidos por riesgos. La infraestructura se refiere no sólo a la creación de bases de datos con información pertinente y el equipamiento físico y de sistemas, sino también a la necesaria capacitación de personal y el desarrollo de habilidades técnicas y gerenciales.

El excelente libro de Philippe Jorion no sólo documenta las repercusiones desastrosas de los errores en la administración de riesgos en operaciones financieras, especialmente las que ocurren con productos derivados, sino que también desarrolla los métodos y explora la infraestructura disponible para el control de este tipo de contingencias. Estos desastres no solamente estuvieron relaciones con errores de medición de riesgo de mercado, sino también con problemas de control, supervisión y separación de funciones dentro de las estructuras de las propias empresas. A partir de este diagnóstico, organismos internacionales han propuesto una serie de recomendaciones encaminadas a fomentar la cultura del control de riesgos en una perspectiva integral. Tal vez su principal contribución reside en la presentación rigurosa, aunque simple y clara, del proceso de medición del riesgo mercado propio del paradigma del Valor en Riesgo. En este contexto, el libro de Jorion es una guía muy útil para aquellas personas e instituciones que han reconocido la necesidad de la administración de riesgos y han avanzado en la comprensión de las políticas de administración con que inicia todo proceso sano de administración.

Esta edición de *Valor en Riesgo: El Nuevo Paradigma para el Control de Riesgos con Derivados* de Philippe Jorion pone a disposición de los lectores en castellano un texto muy valioso, que sin duda ayudará a difundir en México la cultura para el control de riesgos. El VAR ha probado ser un método muy versátil que permite la evaluación de instrumentos individuales y portafolios, así como el tratamiento de una gran variedad de riesgos. En lo súltimos años han surgido modelos que amplían el alcance del VAR y facilitan su utilización para la atención de riesgos cada vez más complejos y realistas. Sin duda, este libro adopta el fundamento para comprender estos desarrollos.

Considero que la publicación de este libro es una excelente oportunidad para iniciar la colaboración de MexDer con Editorial Limusa. Ambas instituciones compartimos la misión de difundir la cultura bursátil y financiera. Nos anima la conciencia de que toda innovación requiere de información y de nuevas habilidades.

C.P. Mario Laborín Gómez
Presidente
MexDer, Mercado Mexicano de Derivados.

Contenido

Prefacio

1 LA NECESIDAD DEL VAR

El Condado de Orange, Barings, Metallgesellschaft, Showa Shell, Daiwa... Algunas de las entidades financieras más grandes del mundo han perdido miles de millones de dólares en los mercados financieros. En la mayoría de los casos, la alta dirección se preocupó muy poco por la exposición a los riesgos de mercado. Para enfocar este problema, los bancos y empresas financieras líderes a nivel mundial están utilizando el Valor en Riesgo (VAR, por sus siglas en inglés), un método para calcular y controlar el riesgo de mercado, fácil de entender.

El debate reciente sobre *derivados* también ha sacado a relucir el asunto de la administración de riesgos financieros. Los derivados han sido vistos como peligrosos instrumentos financieros que "ocasionaron" grandes pérdidas y cuyo uso debería ser restringido. Un punto de vista opuesto es que, siempre que son utilizados de manera juiciosa, los derivados son por sí mismos estabilizadores porque permiten una mejor distribución del riesgo. Los expertos en regulación también han establecido que el dedicar "recursos sustanciales al desarrollo de herramientas más sofisticadas de administración de riesgos... había tenido efectos secundarios favorables en la capacidad de las instituciones para administrar sus portafolios totales, no sólo sus actividades con derivados." En otras palabras, los derivados han iniciado la revolución en la administración de riesgos financieros que está llevando ahora al uso extendido del VAR.

¿Qué es el VAR? El VAR es un método para cuantificar el riesgo, el cual utiliza técnicas estadísticas estándar que se usan de manera rutinaria en otros campos técnicos. En términos formales, *el VAR mide la peor pérdida esperada en un intervalo de tiempo determinado bajo condiciones normales del mercado ante un nivel de confianza dado.* Con sólidas bases científicas, el VAR proporciona a los usuarios una medida resumida del riesgo de mercado. Por ejemplo, un banco podría decir que el VAR diario de su portafolio operativo es de $35 millones con un nivel de confianza del 99 por ciento. En otras palabras, sólo hay una posibilidad en 100, bajo condiciones normales del mercado, de que ocurra una pérdida mayor de $35 millones. Esta cifra sola resume la exposición del banco al riesgo de mercado, así como la probabilidad de un movimiento adverso. Igualmente importante, mide el riesgo utilizando las mismas unidades que la línea de resultados del banco: dólares. Accionistas y administradores pueden entonces decidir si se sienten cómodos con este nivel de riesgo. Si la respuesta es no, el proceso que condujo a obtener el VAR puede utilizarse para decidir dónde reducir el riesgo.

Sin duda, ésta es la razón por la cual los expertos en regulación y los grupos industriales se pronuncian ahora en favor de la utilización del VAR. En 1995, la International Swaps and Derivatives Association (ISDA) estableció lo siguiente:

> *En opinión del ISDA, la medición del riesgo de mercado es significativa para los analistas de estados financieros. La medida que comúnmente consideran apropiada la mayoría de los profesionales líderes es alguna modalidad de Valor-en-Riesgo.*

El VAR es útil para una serie de propósitos:

◆ **Presentación de información** El VAR puede ser útil para que la alta dirección evalúe los riesgos que corren las operaciones de mercado y de inversión. Además, el VAR comunica a los accionistas los riesgos financieros de la empresa en términos no técnicos. Por lo tanto, el VAR puede ayudar a acelerar la tendencia actual hacia una mejor revelación basada en la presentación de informes con valuación a mercado.

◆ **Asignación de recursos** El VAR puede utilizarse para determinar límites de posición a los operadores y para decidir dónde asignar los recursos limitados de capital. La ventaja del VAR es que crea un denominador común con el cual comparar las actividades riesgosas en diversos mercados. También, el ries-go total de la empresa puede descomponerse en VARs "incrementales" que permiten a los usuarios descubrir qué posiciones contribuyen más al riesgo total.

◆ **Evaluación del desempeño** El VAR puede utilizarse para ajustar el desempeño por riesgo. Esto es esencial en un entorno operativo, donde los operadores tienen una tendencia natural a tomar un riesgo extra. Los cargos de capital de riesgo basados en medidas de VAR proporcionan incentivos corregidos a los operadores.

El VAR está siendo adoptado *en masse* por las instituciones financieras y por los usuarios finales preocupados por los derivados. También es ampliamente adoptado por la comunidad regulatoria. En términos generales, el VAR puede beneficiar a cualquier institución con exposición al riesgo financiero:

❖ **Instituciones financieras** Los intermediarios con grandes portafolios han estado a la vanguardia de la administración del riesgo. Las instituciones que tienen que ver con numerosas fuentes de riesgo financiero e instrumentos complicados están implementando ahora sistemas centralizados de administración del riesgo. Aquéllas que no lo hacen, se exponen ellas mismas a costosos errores, como Barings y Daiwa.

❖ **Expertos en regulación** La regulación prudencial de las instituciones financieras requiere el mantenimiento de niveles mínimos de capital como reservas contra el riesgo financiero. El Comité de Basilea para la Supervisión Bancaria, el Banco de la Reserva Federal de Estados Unidos y los reguladores en la Unión Europea han coincidido en aceptar el VAR como una medida aceptable del riesgo. En diciembre de 1995, la Securities and Exchange Commission (SEC) emitió una propuesta para mejorar la revelación del riesgo de mercado; se exhortaba a las empresas estadounidenses cotizadas de manera pública que revelaran información acerca de la actividad con derivados utilizando una medida del VAR como uno de tres métodos posibles.

❖ **Empresas no financieras** La administración centralizada del riesgo es útil para cualquier empresa con exposición al riesgo financiero. Las multinacionales, por ejemplo, tienen flujos de efectivo denominados en muchas divisas y padecen por las oscilaciones cambiarias adversas. El VAR también es apropiado para las empresas que requieren un flujo estable de ingresos para invertir en investigación y desarrollo; el análisis de flujo-de-efectivo-en-riesgo puede utilizarse para establecer la probabilidad de que una empresa enfrente una caída crítica de sus fondos. El VAR permite a dichas empresas descubrir su exposición al riesgo financiero, lo cual constituye el primer paso hacia una política informada de cobertura.

❖ **Administradores de activos** Los inversionistas institucionales están recurriendo ahora al VAR para controlar mejor los riesgos financieros. El fondo de pensiones de $12.5 mil millones de Chrysler, por ejemplo, adquirió recientemente un sistema de análisis del riesgo. El director del fondo declaró:[1]

> *Ahora podemos ver nuestro capital total en riesgo en base al portafolio, por clase de activo y por administrador individual. Nuestra meta principal era... tener los medios para evaluar que nuestro riesgo de portafolio avanzara.*

[1] *Risk* (Octubre, 1995).

Finalmente, el mayor beneficio del VAR radica probablemente en la creación de una metodología estructurada para pensar críticamente sobre el riesgo. Las instituciones que llevan a cabo el proceso de cuantificar su VAR se ven forzadas a confrontar su exposición al riesgo financiero y a establecer una función independiente de administración de riesgos que supervise el front y el back office. Por lo tanto, el proceso de administración del VAR puede ser tan importante como la cifra en sí. De hecho, la utilización juiciosa del VAR pudo haber evitado muchos de los desastres financieros experimentados en los últimos años. No hay duda de que el VAR llegó para quedarse.

2 EL PROPÓSITO DEL LIBRO

El propósito de este libro es proporcionar una aproximación paso por paso sobre el valor en riesgo. Si bien algunos de los conceptos implícitos en el VAR no son nuevos, hasta ahora no hay un libro solo que proporcione un tratamiento consistente del tema. Esto puede deberse a que el interés en el VAR ha crecido sólo en los dos últimos años, sin duda como resultado del debate en torno a los derivados y de las discusiones de los requerimientos de capital por los reguladores bancarios. Además, la cuantificación del VAR es ahora posible gracias a la mayor capacidad de las máquinas computadoras necesarias para correr simulaciones complejas. Esta es la razón por la cual se requiere un tratamiento uniforme del tema, iniciando por las bases, con el único propósito de explicar cómo cuantificar el VAR.

El público de este libro lo constituyen profesionales que estén interesados en un análisis completo de los métodos de VAR. Este libro puede servir también como texto para seminarios de posgrado y diplomados sobre administración de riesgos, los cuales se están creando actualmente en múltiples escuelas de negocios.

Para obtener el máximo beneficio de este libro, los lectores requieren el equivalente de un curso de inversiones de nivel maestría. En particular, se requiere familiaridad con los conceptos de distribución de probabilidad, análisis estadístico y riesgo de portafolio; el conocimiento de los derivados y del mercado de renta fija también constituyen un requisito fundamental. Se hace una revisión breve de estos conceptos, y se extiende el análisis a la medición de los riesgos financieros agregados.

La variedad de estos temas refleja la naturaleza fundamental de la administración del riesgo, que es la *integración.* Los administradores de riesgos deben estar totalmente familiarizados con una variedad de mercados financieros, con las complejidades del proceso operativo y con la modelación financiera y estadística. La administración de riesgos integra los mercados de renta fija, los mercados de divisas, los mercados accionarios y los mercados de mercancías. En cada uno de ellos, es necesario descomponer los instrumentos financieros en sus partes constitutivas fundamentales y luego reensamblarlos para llevar a cabo la medición del riesgo. Toda esta información se concentra en un sólo número, el VAR de una empresa.

El enfoque de este libro refleja la tendencia y la motivación del VAR. Dado que el VAR se apoya en sólidas bases científicas, he adoptado un acercamiento riguroso al tema. No obstante, la exposición es concisa pero apasionante. Siempre que es posible, los conceptos importantes se ilustran con ejemplos. En particular, la reciente cadena de desastres financieros constituye un conjunto de variadas situaciones que ilustran diversas facetas de los riesgos financieros. Tengo la esperanza de que éstos sean una poderosa advertencia de la necesidad de una mejor administración de riesgos.

3 ESTRUCTURA DEL LIBRO

El libro se divide en cuatro grandes secciones:

1. **Motivación.** En los capítulos 1 al 3 se describe el entorno evolutivo que está llevando actualmente a la amplia aceptación del VAR.
2. **Componentes estructurales.** En los capítulos 4 al 9 se revisan los conceptos estadísticos y financieros básicos para los sistemas de medición del riesgo.
3. **Sistemas de valor en riesgo.** En los capítulos 10 al 13 se comparan y analizan en detalle varios enfoques para cuantificar el VAR.
4. **Sistemas de administración del riesgo.** En los capítulos 14 al 16 se discute la implementación de los sistemas de VAR, así como las trampas comunes en la administración de riesgos.

Considerando con mayor detalle la estructura del libro, en el capítulo 1 se muestra cómo fue que la necesidad de la administración del riesgo condujo al crecimiento de los mercados de derivados. En este capítulo se describen los tipos de riesgos financieros que enfrentan las empresas y se presenta una breve introducción al VAR.

En el capítulo 2 se analizan los desastres financieros recientes. Se presentan las historias de Barings, Metallgesellschaft, el Condado de Orange y Daiwa. La única constante entre estos desastrosos casos es la ausencia de políticas consistentes de administración de riesgos. Estas pérdidas han conducido a una creciente actividad regulatoria, así como a notables respuestas del sector privado, tales como el sistema RiskMetrics[2] de J. P. Morgan y el sistema RAROC 2020[3] de Bankers Trust.

[2] RiskMetrics es una marca registrada de J. P. Morgan.

[3] RAROC y RAROC 2020 son marcas registradas de Bankers Trust.

En el capítulo 3 se analizan las recientes iniciativas regulatorias para la utilización del VAR. Se analiza el acuerdo de Basilea y las Directrices para la Adecuación de Capital impuestas por la Unión Europea, ya que ambos utilizan el VAR para determinar los requerimientos mínimos de capital para los bancos comerciales. Se presenta también brevemente la regulación de otras instituciones, fondos de pensiones, compañías de seguros e intermediarios bursátiles.

En el capítulo 4 se explica cómo caracterizar los riesgos financieros. Se analiza el riesgo y los rendimientos, y los conceptos estadísticos implícitos en la medición del VAR. Inicialmente, se considera una sola fuente de riesgo financiero.

En el capítulo 5 se presenta una definición formal del VAR. Se demuestra cómo puede estimarse el VAR a partir de una distribución normal o de una distribución completamente general. También se plantea el efecto de parámetros cuantitativos tales como el nivel de confianza y el horizonte objetivo.

La implicación básica de la teoría financiera es que los valores generalmente pueden descomponerse en componentes estructurales elementales. Como lo demuestran los siguientes tres capítulos, esta descomposición es útil para propósitos de valuación y también para entender el riesgo. En el capítulo 6 se proporciona una herramienta maestra esencial para entender los instrumentos de renta fija y el riesgo de este mercado. Se describe la estructura intertemporal de tasas de interés y se demuestra cómo puede valuarse un portafolio de renta fija a partir de una secuencia de flujos de efectivo. Estos flujos de efectivo constituyen la base para un sistema uniforme de medición del riesgo.

En el capítulo 7 se describen los derivados, incluyendo forwards, futuros, swaps y opciones. Se revisa el sistema de valuación de cada instrumento y se muestra cómo descomponer los derivados en componentes del VAR.

El capítulo 8 se centra en el riesgo de portafolio. Se examinan varianzas, correlaciones y contribuciones al riesgo de portafolio. Dado que las dimensiones de las estructuras de riesgo de VAR pueden volverse difíciles de manejar, también se consideran los métodos de simplificación de la matriz de covarianza utilizada en los cálculos del VAR.

En el capítulo 9 se analiza la medición de entradas dinámicas. Se cubren los últimos desarrollos en modelación de la volatilidad y las correlaciones, incluyendo promedios móviles y el GARCH. Se dedica particular atención al modelo utilizado por RiskMetrics.

Los siguientes cuatro capítulos se concentran entonces en la medición del VAR para portafolios complejos. En el capítulo 10 se compara los diferentes métodos disponibles para cuantificar el VAR. El primero y más fácil de los métodos es el enfoque *delta-normal*, el cual asume que todos los instrumentos son combinaciones lineales de factores primitivos y se basa en la valuación "delta". No obstante, para los instrumentos no lineales la aproximación lineal es inadecuada. En su lugar, el riesgo debe medirse por un método de valuación "completa", que incluya el método de *simulación histórica*, las pruebas de estrés y las simulaciones *Monte Carlo estructuradas*. En este capítulo se consideran los pros y los contras de cada método, así como las situaciones en donde algunos métodos son más apropiados.

En el capítulo 11 se desarrollan aplicaciones del método delta-normal, algunas veces denominado método de *varianza-covarianza*. Se explica cómo descomponer portafolios de bonos, de derivados y de acciones en paquetes de saldos sobre factores "primitivos" a fin de cuantificar el VAR.

En el capítulo 12 se trata un enfoque diferente del VAR, el análisis de Monte Carlo Estructurado. El Monte Carlo Estructurado simula las fuentes futuras de incertidumbre con números aleatorios, a partir de las cuales pueden ser valuados los portafolios complejos. A causa de su flexibilidad, el Monte Carlo Estructurado es con mucho el método más poderoso para cuantificar el Valor en Riesgo. Puede considerar potencialmente un amplio rango de riesgos, incluyendo el riesgo precio, el riesgo de volatilidad, el riesgo crédito y el riesgo modelo. No obstante, esta flexibilidad se adquiere a un alto costo en términos de desarrollo intelectual y de sistemas.

En el capítulo 13 se aborda un tema de creciente importancia, la medición cuantitativa del riesgo crédito. El riesgo crédito abarca tanto el riesgo de incumplimiento como el riesgo de mercado. La pérdida potencial sobre contratos derivados, por ejemplo, depende tanto del valor del contrato como de la posibilidad de incumplimiento. Se demuestra cómo adaptar los métodos del Monte Carlo Estructurado para considerar la posibilidad de incumplimiento.

En el capítulo 14 se ilustra las aplicaciones del VAR a la administración del riesgo financiero. Se muestra la forma de utilizarlo como herramienta para la presentación de información, para la asignación de recursos y para la evaluación de desempeño. En este capítulo también se discute la integración del front y del back office a través del "middle" office dedicado a la administración centralizada del riesgo. Si bien la integración de estas funciones implica cambios en la tecnología de información, dichos sistemas permiten a las empresas vigilar más de cerca los riesgos, lo cual reduce la posibilidad de fraude por parte de operadores tramposos.

En el capítulo 15 se presentan los criterios de la administración de riesgos que deben considerarse para la implementación de un sistema de VAR. Criterios como los propuestos por el Grupo de los Treinta son una protección esencial para cualquier empresa expuesta al riesgo financiero. En este capítulo también se discuten las trampas en la interpretación del Valor en Riesgo y los riesgos que no son considerados por los sistemas de VAR, aunque sí son importantes.

Finalmente, en el capítulo 16 se presentan algunos pensamientos concluyentes. Se describen los pasos que conducen al VAR. Se trata de una interesante reflexión acerca de la evolución de la administración financiera moderna y sugiere cursos futuros.

4 RECONOCIMIENTOS

Este libro se ha beneficiado de los comentarios de numerosos observadores del mercado. En particular, me gustaría agradecer a James Overdahl, de la Office of the Comptroller and Currency, por su detallado análisis de una versión preliminar del libro. Este proyecto también se ha beneficiado de la ayuda de Lester Seigel, quien inició un programa de educación continua en finanzas en el Grupo de Tesorería del Banco Mundial; estoy agradecido a los participantes de seminarios por sus notables observaciones. Finalmente, me gustaría reconocer la ayuda de Jacob Boudoukh, de la Universidad de Nueva York, y de Eli Talmor, de la Universidad de California en Irvine. Está por demás recalcar que el autor es el único responsable de cualquier error que se pudo escapar.

5 ¿POR QUÉ ESTE LIBRO?

Este libro es resultado de mi experiencia como contribuyente fiscal en el Condado de Orange. El Grupo de Inversión del Condado, con un portafolio de $7.5 mil millones de dólares pertenecientes a los inversionistas municipales, incluidos el condado, las ciudades y las escuelas, perdió $1.64 mil millones de dólares en diciembre de 1994. Esto condujo al fracaso municipal más grande de la historia. Cuando se supo del desastre financiero, la primer pregunta en labios de todos fue ¿cómo pudo haber ocurrido esto? Posteriormente, mucha gente se preguntó ¿cómo pudo haberse evitado esto?

Aunque sí se proporcionó al público información regular sobre el portafolio de inversión del Condado de Orange, no se explicó a los inversionistas de manera transparente los riesgos de mercado en que incurrió el tesorero del condado. Pronto comprendí que, de haber tenido un sistema de Valor en Riesgo, la crisis del Condado de Orange posiblemente se habría podido evitar. La publicación regular del VAR habría comunicado efectivamente los riesgos de mercado a los inversionistas no técnicos. Esta es la razón por la cual decidí escribir el libro.

Tengo la esperanza de que este libro contribuya a crear un entorno más seguro en los mercados financieros.

Philippe Jorion
Irvine, California

PARTE UNO

Motivación

CAPÍTULO 1

La necesidad de la administración del riesgo

Todo en la vida es la administración del riesgo,
no su eliminación.

Walter Wriston,
ex presidente de Citicorp

Las empresas participan en el negocio de la administración de riesgos. Las más competentes lo consiguen, otras fallan. Mientras que algunas empresas asumen pasivamente los riesgos financieros, otras intentan crear una ventaja competitiva a través de una exposición juiciosa a estos tipos de riesgos. En ambos casos, sin embargo, los riesgos financieros deberían ser vigilados cuidadosamente ya que significan un alto potencial de pérdidas financieras importantes.

Este capítulo trata de dejar en claro la necesidad de realizar una administración cuidadosa de los riesgos financieros. En la sección 1 se describen los tipos de riesgos que enfrentan las empresas y se sostiene que, a partir de la crisis del régimen de tipo de cambio fijo, los riesgos financieros se han incrementado rápidamente. Los mercados de derivados han crecido en respuesta a la necesidad de administrar estos riesgos, como se señala en la sección 2. El propósito principal de los sistemas de Valor en Riesgo (VAR, por sus siglas en inglés) es enfocarse en los riesgos de mercado. No obstante, las empresas están expuestas también a otros tipos de riesgos financieros, los cuales se consideran en la sección 3. Finalmente, la sección 4 es una breve introducción al VAR.

1 RIESGOS

¿Qué es exactamente el riesgo? El *riesgo* puede ser definido como la volatilidad de los flujos financieros no esperados, generalmente derivada del valor de los activos o los pasivos. Las empresas están expuestas a tres tipos de riesgos: de negocios, estratégicos y financieros.

Los *riesgos de negocios* son aquéllos que la empresa está dispuesta a asumir para crear ventajas competitivas y agregar valor para los accionistas. Los riesgos de negocios, o riesgos operativos, tienen que ver con el mercado del producto en el cual opera la empresa y comprenden innovaciones tecnológicas, diseño del producto y mercadotecnia. El apalancamiento operativo, relacionado con el nivel de costos fijos y el nivel de costos variables, es también, en gran parte, una variable opcional. En cualquier actividad de negocios, la exposición racional a este tipo de riesgo es considerada como una "habilidad interna o ventaja competitiva" de la propia empresa.

En contraste, los *riesgos estratégicos* son los resultantes de cambios fundamentales en la economía o en el entorno político. Un ejemplo relativamente nuevo es la desaparición de la amenaza de la Unión Soviética a finales de los ochenta, que condujo al gobierno estadounidense a una reducción gradual de los gastos de defensa, afectando con ello directamente a las industrias de este ramo. Otro ejemplo fue la percepción negativa que empezó a manifestarse contra los derivados en 1992 y que condujo a una reducción en la actividad relacionada con estos productos, afectando a los intermediarios de los mismos. La expropiación y la nacionalización también son consideradas riesgos estratégicos. Estos riesgos difícilmente se pueden cubrir, a no ser por la diversificación a través de distintas líneas de negocios y de distintos países.

Los *riesgos financieros* están relacionados con las posibles pérdidas en los mercados financieros. Los movimientos en las variables financieras, tales como las tasas de interés y los tipos de cambio, constituyen una fuente importante de riesgos para la mayoría de las empresas. La exposición a riesgos financieros puede ser optimizada de tal manera que las empresas puedan concentrarse en lo que es su especialidad: administrar su exposición a los riesgos de negocio. En contraste con las empresas industriales, la función principal de las instituciones financieras es administrar activamente los riesgos financieros; los bancos, ahora, se han percatado que deben identificar y medir con precisión los riesgos para posteriormente controlarlos y evaluarlos de forma apropiada. Un entendimiento cabal del riesgo permite que los administradores financieros puedan estar en condiciones de planear adecuadamente la forma de anticiparse a posibles resultados adversos y sus consecuencias y, de este modo, estar mejor preparados para enfrentar la incertidumbre futura sobre las variables que puedan afectar sus resultados; esto, a su vez, les permite ofrecer mejores precios por administrar el riesgo que su competencia. La administración del riesgo es el proceso mediante el cual se identifica, se mide y se controla la exposición al riesgo. En suma, la administración del riesgo financiero se ha convertido en una herramienta esencial para la sobrevivencia de cualquier negocio.

1.1 El cambio: la única constante

La causa aislada más importante que ha generado la necesidad de administrar los riesgos y por lo tanto, el crecimiento de esta industria, es la creciente volatilidad de las variables financieras.

Para tratar de contextualizar lo anterior, considérense los siguientes acontecimientos:

- ❖ El sistema de tipo de cambio fijo se derrumbó en 1971, conduciendo a tipos de cambio flexibles y volátiles.
- ❖ Las crisis de los precios del petróleo, que comenzaron en 1973, vinieron acompañadas de inflación y de grandes oscilaciones en las tasas de interés.
- ❖ El lunes negro, 19 de octubre de 1987, las acciones estadounidenses cayeron en promedio 23 por ciento, lo que representó una pérdida de capital de un billón de dólares.
- ❖ El movimiento para la unificación económica y monetaria en Europa, se estancó con el colapso del Sistema Monetario Europeo en septiembre de 1992.
- ❖ En la debacle de los bonos en 1994, la Reserva Federal, después de haber mantenido bajas las tasas de interés durante tres años, inició una serie de seis alzas consecutivas que llegó a significar una pérdida de $1.5 billones de dólares en capital global.
- ❖ Los precios de las acciones japonesas cayeron, observándose una caída en el índice Nikkei de 39,000 puntos a finales de 1989, a 17,000 puntos tres años después. La pérdida total de capital fue de 2.7 billones, lo que condujo a una crisis financiera sin precedentes en ese país.

La única constante en todos estos eventos fue su carácter impredecible. En cada evento, los analistas de los mercados se quedaron estupefactos ante la rapidez de los cambios. Estos acontecimientos tuvieron efectos profundos en los mercados financieros y en las empresas, tanto en el ámbito interno de cada país, como a nivel global. La administración del riesgo financiero proporciona una protección parcial contra las posibles implicaciones generadas por esa incertidumbre. Para ilustrar los cambios que se han observado en los últimos treinta años en las principales variables financieras, en las figuras 1-1 a la 1-4 se presentan los movimientos observados en el dólar estadounidense en relación con otras monedas, en las tasas de interés y en los precios del petróleo y las acciones desde 1962.

La figura 1-1 presenta los movimientos en el dólar estadounidense contra el marco alemán (DM), el yen japonés (JY) y la libra esterlina (BP). En 30 años, el dólar ha perdido alrededor de dos tercios de su valor contra el yen y el marco: la paridad yen/dólar se ha deslizado de 361 a menos de 100 y la paridad marco/dólar ha caído de 4.2 a 1.5. Sin embargo, el dólar se ha apreciado un 75 por ciento contra la libra en el mismo período. En este período, el dólar se ha elevado a niveles vertiginosos, sólo para caer a niveles sin precedente, creando por lo tanto tremendas oscilaciones en la ventaja competitiva de las naciones y pesadillas para las empresas sin cobertura.

La figura 1-2 muestra las grandes fluctuaciones observadas en los rendimientos de los bonos en los ochenta, reflejando crecientes presiones inflacionarias. Estos instrumentos fueron creados en los sesenta por los Estados Unidos con el fin de financiar la Guerra de Vietnam, así como un programa interno de asistencia gubernamental, y se difundieron a otros países a través del rígido mecanismo de tipos de cambio fijos. Sin embargo, la inflación estadounidense persistentemente alta condujo al derrumbe del sistema de tipo de cambio fijo y a un agudo desplome del valor del dólar. En octubre de 1979, el

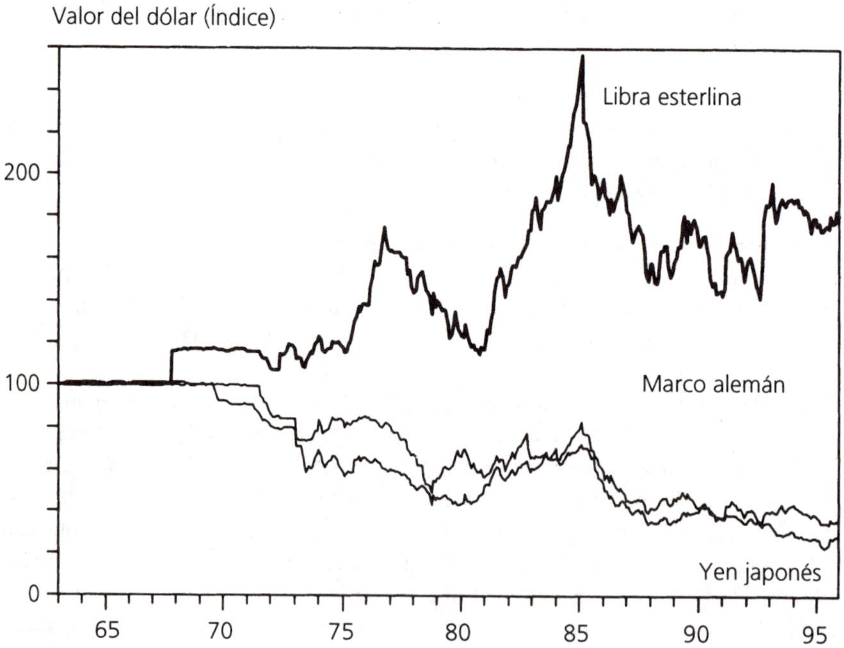

FIGURA 1-1 Movimientos en el dólar.

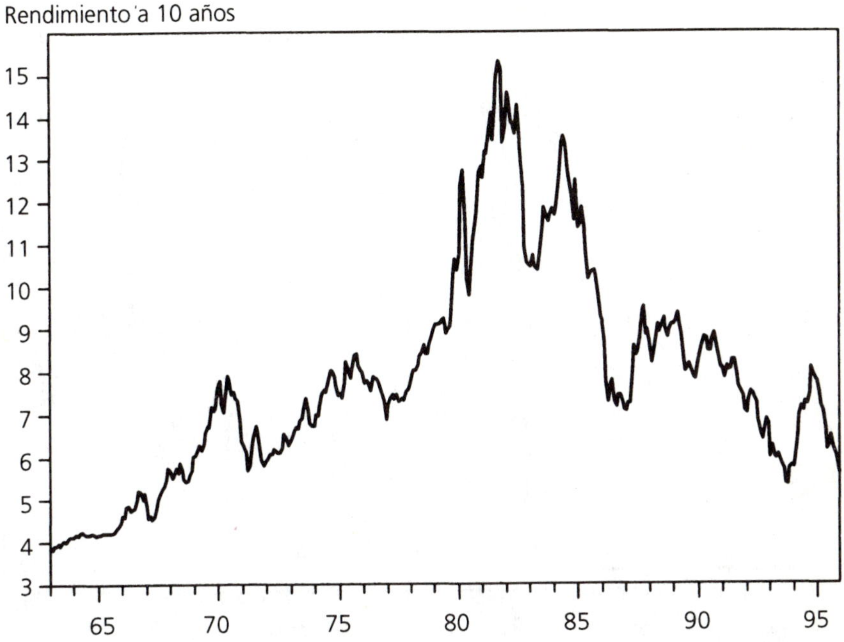

FIGURA 1-2 Movimientos en las tasas de interés estadounidenses.

Banco de la Reserva Federal intentó aplastar enérgicamente la inflación. Las tasas de interés se dispararon al alza de inmediato, adquirieron una mayor volatilidad y condujeron a una apreciación sostenida del dólar. Los rendimientos de los bonos se incrementaron de 4 por ciento a principios de los sesenta a 15 por ciento en el punto más alto de la presión monetarista sobre la oferta de dinero, generando por lo tanto estragos en las instituciones de ahorro y préstamo que habían hecho préstamos de largo plazo, básicamente para vivienda, utilizando financiamiento de corto plazo.

La figura 1-3 muestra la correlación de los altos incrementos en el precio del petróleo en los setenta con los incrementos en los rendimientos de los bonos. Estos incrementos tuvieron también impacto en el valor de los mercados accionarios nacionales, como se muestra en la figura 1-4.[1] El gran período de mercado sólido de 1974-1975 fue un suceso global desencadenado por un incremento

[1] La gráfica muestra los índices Morgan Stanley del mercado accionario, en moneda local y sin ajuste por dividendos.

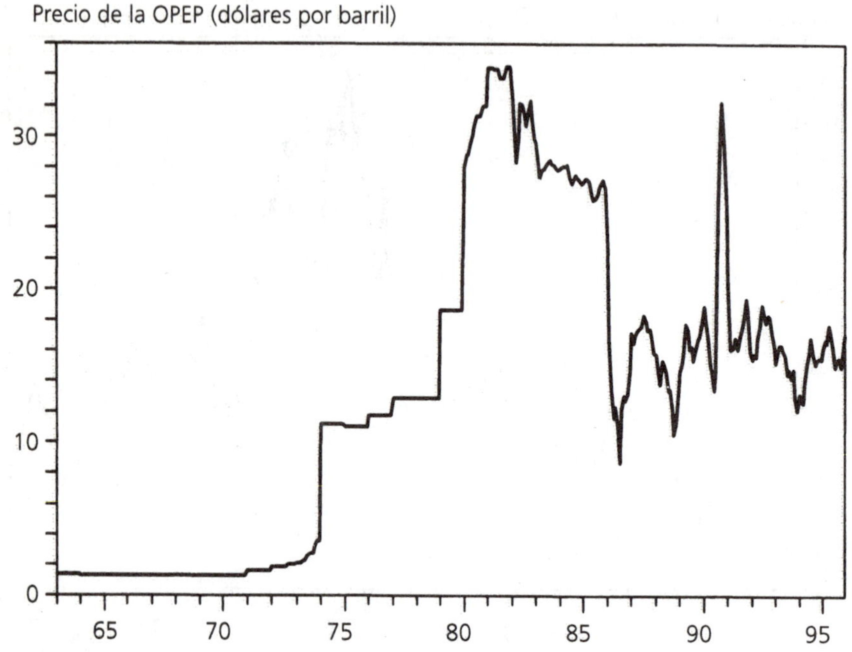

FIGURA 1-3 Movimientos en los precios del petróleo.

triple en el precio del petróleo crudo. Este episodio demuestra que entender el riesgo financiero es difícil si no se comprende el vínculo entre las tasas de interés, los tipos de cambio, los precios de los productos físicos y los mercados accionarios.

Además de esta volatilidad sin freno, las empresas generalmente se han vuelto más sensibles a los movimientos de las variables financieras. Antes de los setenta, los bancos se encontraban duramente regulados o cómodamente agrupados en la mayoría de los países industrializados. Las regulaciones como los topes a las tasas de interés de los depósitos protegieron efectivamente a los banqueros de movimientos en las tasas de interés. Las empresas industriales, que operaban principalmente en los mercados internos, no se preocuparon mucho por los tipos de cambio.

El despertar a la realidad llegó con la desregulación y la globalización. La desregulación obligó a las instituciones financieras a poner más atención en los mercados financieros. La globalización del comercio forzó a las empresas a reconocer la verdadera naturaleza internacional de la competencia. Como resul-

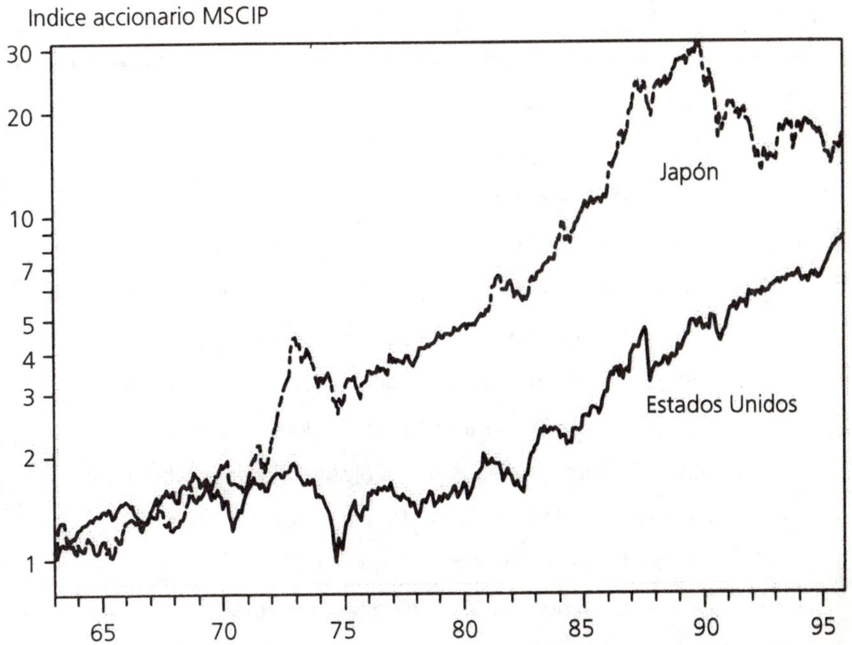

FIGURA 1-4 Movimientos en los mercados accionarios.

tado, las empresas ya no pueden permitirse el seguir ignorando los riesgos financieros.

1.2 Administración del riesgo

El incremento en la volatilidad de las principales variables financieras ha creado un nuevo campo, la *ingeniería financiera*, cuyo objetivo es proporcionar alternativas creativas para protegerse contra los riesgos financieros o para especular con ellos. La tabla 1-1 muestra cómo han aumentado las herramientas de administración del riesgo a partir del inicio de la década de los setenta.

Estos *derivados* brindan un mecanismo a través del cual las instituciones pueden cubrirse eficientemente contra los riesgos financieros. La cobertura de los riesgos financieros es similar a la adquisición de un seguro; proporciona protección contra los efectos adversos de las variables sobre las cuales no tienen control ni los agentes (negocios) ni los países. El otro aspecto de la cobertura es que algunas de las contrapartes pueden ser especuladores, que confieren liquidez al mercado con la esperanza de obtener ganancias de sus transacciones. Por lo tanto, el riesgo ha generado los derivados.

TABLA 1-1 La evolución de las herramientas de administración de riesgos.

1972	Futuros sobre divisas.
1973	Opciones sobre acciones.
1975	Futuros sobre T-bonds.
1981	Swaps sobre divisas.
1982	Swaps sobre tasas de interés; Futuros sobre T notes; Futuros sobre eurodólares; Futuros sobre índices accionarios; Opciones sobre futuros de T-bonds; Opciones sobre divisas listadas en bolsa.
1983	Opciones sobre índices accionarios; Opciones sobre futuros de T-notes; Opciones sobre futuros de divisas; Opciones sobre futuros de índices accionarios; Caps y Floors de tasas de interés.
1985	Opciones sobre eurodólares; Swapciones.
1987	Opciones compuestas OTC; Opciones promedio OTC.
1989	Futuros sobre swaps de tasas de interés; Opciones quanto1990.
1990	Swaps de índices accionarios.
1991	Swaps diferenciados.
1993	Captions; Opciones FLEX listadas en bolsa.
1994	Opciones sobre créditos incumplidos.

2 DERIVADOS

2.1 ¿Qué son los derivados?

Muchos errores cometidos con los derivados provienen de una escasa comprensión de sus funciones básicas. Un derivado puede ser definido de manera general como un "contrato privado el cual deriva la mayor parte de su valor del precio de algún activo, tasa de referencia o índice subyacentes, tales como una acción, una divisa o un producto físico."[2] El ejemplo más simple de un derivado es un contrato adelantado o forward sobre alguna divisa extranjera, el cual es un contrato

[2] Para una descripción más detallada de los derivados, véase Culp y Overdahl (1996).

de compra-venta, a un precio fijo predeterminado, en una fecha futura. Inicialmente, el contrato tiene un valor de cero (si es correctamente valuado), pero generará ganancias o pérdidas a medida que el tipo de cambio sufra movimientos en el tiempo. Una posición en efectivo en la divisa extranjera puede ser perfectamente replicada por una posición en un bono de corto plazo y una posición larga sobre este forward.

Los derivados, por lo tanto, son animales raros. Separan la tenencia del activo de los riesgos de mercado. Por ejemplo, una posición de compra-venta sobre un forward referido a una acción, no le otorga al tenedor del contrato ningún derecho accionario (v.g. pago de dividendos) hasta la expiración del mismo. No obstante, expone al propietario a los riesgos de mercado. Como la inversión inicial puede ser muy pequeña, los derivados pueden ser utilizados para crear apalancamiento. Los inversionistas acostumbrados a inversiones típicas, en las cuales los derechos de propiedad están estrictamente definidos, no pueden aplicar sus definiciones usuales a los derivados. Sin embargo, este forward equivale, desde el punto de vista económico, a la posesión de la divisa extranjera (un activo) utilizando una posición corta sobre un bono (un pasivo) para financiar la compra. Entendido esto, el riesgo de los derivados puede interpretarse como riesgos sobre cantidades conocidas. Este es uno de los propósitos del VAR.

2.2 Los mercados de derivados

En respuesta a la necesidad de administrar y cubrir los riesgos financieros, los mercados de derivados han experimentado un crecimiento explosivo. Actualmente se están creando bolsas de futuros y de opciones en todo el mundo. La tabla 1-2 muestra el crecimiento observado en algunos instrumentos derivados seleccionados de 1986 a 1994. Esta tabla muestra el valor en dólares de posiciones abiertas de distintos derivados para los cuales existen datos disponibles, incluyendo derivados listados en bolsa y swaps over-the-counter (OTC)[3] o de mostrador. De 1986 a 1994, el mercado creció de $1.08 mil millones a $20 billones. Un estudio reciente de 1995, realizado por el Banco de Pagos Internacionales revela que el nominal total de contratos OTC, incluyendo contratos forward y opciones, sumó $40.7 mil millones. Por lo que si se considera los contratos listados en bolsa organizados, estos mercados alcanzan cerca de los $50 billones.

[3] N. del T.: El mercado over-the-counter, OTC, es un sistema de cotización de valores donde los participantes negocian directamente entre ellos, sin la intermediación de una bolsa o de un piso de remates. Las operaciones se realizan a través de redes computarizadas o telefónicas que vinculan entre sí a los agentes de todo el mundo. Además, el término se utiliza también para identificar a los instrumentos o valores cotizados en este mercado, que por ser reconocido ampliamente por este nombre, no será traducido.

TABLA 1-2 Mercados globales para algunos derivados selectos. Contratos abiertos (miles de millones de dólares)

	1986	*1990*	*1993*	*1994*
Instrumentos Cotizados en Bolsa	583	2,292	7,839	8,838
Futuros sobre tasas de interés	370	1,454	4,960	5,757
Opciones sobre tasas de interés	146	600	2,362	2,623
Futuros sobre divisas	10	16	30	33
Opciones sobre divisas	39	56	81	55
Futuros sobre índices accionarios	15	70	119	128
Opciones sobre índices accionarios	3	96	286	242
Instrumentos OTC selectos	500	3,450	7,777	11,200
Swaps sobre tasas de interés	400	2,312	6,177	8,815
Swaps sobre divisas	100	578	900	915
Caps, collars, floors y swapciones	–	561	700	1,470
Total	1,083	5,742	16,616	20,038

Fuente: Banco de Pagos Internacionales.

A primera vista, estos números son sorprendentes. El producto interno bruto anual de Estados Unidos es apenas de alrededor de $7 billones. Los mercados de derivados tienen aparentemente un valor mayor que el total de las acciones y los bonos en conjunto, el cual es cercano a los $35 billones. Tan sólo entre los bancos comerciales estadounidenses en 1995, los derivados fuera de la hoja de balance sumaron $17.9 billones, ¡comparados con activos totales de $4.2 billones y participaciones totales de sólo $334 mil millones!

Para los propósitos de la administración del riesgo, sin embargo, estos números son altamente desorientadores. Los riesgos de mercado de los derivados implican cambios en los valores de mercado de los contratos, no en los valores nominales. Si todos estos contratos fuesen cancelados —un evento poco probable— el Banco de Pagos Internacionales estima que el valor de reposición para todos los contratos OTC sería de sólo el 4.3 por ciento de su valor nominal, que es de $1.7 billones. El Valor en Riesgo pretende precisamente capturar los valores de mercado actuales y potenciales y proporciona una medida del riesgo, que es por mucho superior a los valores nominales de referencia.

De cualquier forma, el tamaño de este mercado es sorprendente, especialmente si se considera que los derivados financieros existen sólo desde hace cerca de 20 años. Los primeros futuros financieros fueron lanzados en Chicago, el 16 de mayo de 1972. Esta fue una ocasión propicia para los futuros sobre divisas, pues las principales divisas estaban precisamente comenzando a cotizar bajo un régimen de libre flotación. No obstante, muchos analistas no estaban convencidos de la necesidad de los derivados. El caso más notable fue el premio Nóbel Paul Samuelson, quien dijo que la idea de los futuros sobre divisas caería por su propio peso, tendería a crear volatilidad y no añadiría valor neto.[4]

2.3 ¿Por qué este crecimiento?

En general, el fundamento de las innovaciones financieras sigue dos puntos de vista opuestos.

Una posible interpretación es que la innovación es una respuesta a cambios que se llegan a observar en el *esquema fiscal* y en la *regulación*. Por ejemplo, los bonos cupón cero fueron creados para obtener ventaja de las diferencias en las tasas impositivas. Como el único beneficio de estos bonos es la apreciación del capital, entonces son benéficos sólo si parte de su ganancia es gravada a una tasa más baja que los pagos regulares de cupón. A principios de los ochenta, se crearon los bonos cupón cero mediante la "separación" de los bonos en sus saldos constitutivos. Desde entonces, las autoridades fiscales han cambiado el código fiscal para meter en cintura tanto a los bonos con cupones como a los bonos sin cupón.

La regulación también puede ser una fuerza poderosa para la creatividad. Por ejemplo, los orígenes de los swaps se remontan a los préstamos paralelos, que fueron creados en respuesta a las restricciones impuestas por el gobierno británico al financiamiento en dólares de las empresas inglesas. Los préstamos paralelos brindaron a las empresas los medios para incrementar su financiamiento en el extranjero a pesar de los controles internos.

El otro punto de vista que trata de explicar el porqué de las innovaciones financieras es que los derivados hacen más "completos" a los mercados al incrementar las oportunidades de que algunos agentes puedan *transferir el riesgo* a otros inversionistas. Regresando al ejemplo del bono cupón cero, puede argumentarse que este bono es una cobertura perfecta para un inversionista con un pasivo fijo en alguna fecha futura. Esto explica por qué estos bonos se cotizan to-

[4] Powers (1992) escribe una fascinante descripción de la introducción de los futuros sobre divisas en el Chicago Mercantile Exchange.

davía de manera muy activa, aun cuando sus ventajas impositivas se han desvanecido. De la misma manera, se han abolido las regulaciones que dieron ímpetu a los swaps. Sin embargo, el mercado de estos derivados ha continuado su crecimiento porque este tipo de instrumentos se han convertido en instrumentos muy flexibles para la administración del riesgo.

Por lo tanto, todo indica que los derivados son básicamente herramientas de administración de riesgos, en lugar de herramientas para eludir la regulación. De hecho, en un estudio sobre las innovaciones recientes, Finnerty (1988) calificó la redistribución del riesgo como la causa primaria de la introducción de estos nuevos productos en la mayoría de los casos; las razones fiscales y regulatorias fueron un factor primario sólo en una minoría de los casos.

De acuerdo con el punto de vista referido a la transferencia del riesgo entre distintos agentes, son tres los factores que pueden ser considerados como responsables del crecimiento de los mercados de derivados, a saber:

❖ **Volatilidad creciente en una economía globalizada** Los setenta y los ochenta fueron períodos de alta volatilidad debido a varios factores, como se explicó antes. Además, la globalización de los mercados y los distintos productos financieros existentes han expuesto a las empresas a fuentes adicionales de riesgos financieros. Esta volatilidad ha creado la necesidad de utilizar productos derivados, los cuales asumieron, a su vez, un lugar importante en el acervo de los instrumentos financieros de protección. Algunas veces se culpa a los derivados de crear volatilidad. No obstante, como se verá, el período más volátil en los mercados de bonos fue a principios de los ochenta y el mayor crecimiento de los derivados ha ocurrido en los noventa. Esto aparentemente muestra que la relación causal es al revés, la volatilidad ha generado un crecimiento en el mercado de derivados.

❖ **Cambios tecnológicos** Los cambios tecnológicos provienen de avances en dos frentes: el equipo físico y la teoría financiera. Por un lado, el advenimiento de comunicaciones más baratas y el desarrollo computacional han conducido a innovaciones financieras, tales como la operación global durante 24 horas y los sistemas de administración de riesgos en línea. Por otro lado, los avances en la teoría financiera moderna han permitido a las instituciones la creación de nuevos instrumentos y un mejor entendimiento de la administración dinámica de los riesgos financieros. Un caso de estos, por ejemplo, es el célebre modelo Black-Scholes (1973) el cual es utilizado para valuar y cubrir opciones. Este modelo proporciona un método particularmente elegante para la valuación de opciones y actualmente es conocido por todos los participantes del mercado de derivados; ha sido aclamado como "el modelo más exitoso de economía aplicada."

❖ **Acontecimientos políticos** Mientras los gobiernos fueron vistos como el principal vehículo del crecimiento económico en los sesenta, la inconformidad generalizada con estas políticas condujo a cambios políticos mayores en los setenta. Esto creó un movimiento mundial hacia políticas orientadas al mercado y hacia la desregulación de los mercados financieros. Con la creciente volatilidad de los tipos de cambio y las tasas de interés, las instituciones financieras adquirieron una clara conciencia de la necesidad de prestar más atención a los riesgos financieros.

Además, la tecnología que respalda la creación de instrumentos derivados aun más complejos parece algunas veces haber avanzado más rápidamente que nuestra habilidad para controlarla. Mientras que en los ochenta se observó una rápida expansión de los productos derivados, los noventa debe ser considerada la época de consolidación, ya que se consiguió un mejor control de los instrumentos financieros a través de sistemas formales de administración del riesgo. En la siguiente sección se hace una descripción más detallada de los distintos riesgos financieros que enfrentan las empresas.

3 TIPOS DE RIESGOS FINANCIEROS

Este libro se centra en un tipo de riesgo financiero específico, el riesgo de mercado. No olvidar, sin embargo, que éste es sólo uno de los múltiples tipos de riesgos financieros que enfrentan las empresas. Generalmente, los riesgos financieros se clasifican principalmente en riesgo de mercado, riesgo crédito, riesgos de liquidez, riesgo operacional y riesgo legal.[5]

Riesgo de mercado

El riesgo de mercado se deriva de cambios en los precios de los activos y pasivos financieros (o volatilidades) y se mide a través de los cambios en el valor de las posiciones abiertas.

El riesgo de mercado incluye el *riesgo base*, el cual se presenta cuando se rompe o cambia la relación entre los productos utilizados para cubrirse mutuamente, y el riesgo gamma, ocasionado por relaciones no lineales entre los subyacentes y el precio o valor del derivado. Los tenedores de posiciones largas en derivados se han visto afectados por riesgos base y gamma, aun cuando pensaban que estaban completamente cubiertos.

El riesgo de mercado puede asumir dos formas: el *riesgo absoluto*, medido por la pérdida potencial en términos de dólares, y el *riesgo relativo*, relaciona-

[5] Para una clasificación aceptable de los riesgos financieros, véase la OCC *Banking Circular* (1993) sobre la administración del riesgo de los derivados financieros.

do con un índice base. Mientras que el primero se concentra en la volatilidad de las ganancias totales, el segundo mide el riesgo en términos de la *desviación respecto al índice*. Además de las medidas lineales del riesgo, el VAR también puede capturar el riesgo base y el riesgo gama, además de que puede ser ampliado fácilmente a los riesgos relativos.

El propósito principal del sistema VAR es cuantificar el riesgo de mercado. Idealmente, este sistema es estructurado para permitir que la administración pueda tomar medidas correctivas de forma oportuna en caso de pérdidas o de exposiciones inusuales.

Riesgo crédito

El riesgo crédito se presenta cuando las contrapartes están poco dispuestas o imposibilitadas para cumplir sus obligaciones contractuales. Su efecto se mide por el costo de la reposición de flujos de efectivo si la otra parte incumple. En términos generales, el riesgo crédito también puede conducir a pérdidas cuando los deudores son clasificados duramente por las agencias crediticias, generando con ello una caída en el valor de mercado de sus obligaciones.

Cabe señalar que si las contrapartes incumplen, las pérdidas potenciales en derivados son mucho más bajas que los montos nominales de referencia (valor nominal). En lugar de ello, la pérdida es el *cambio* en el valor de la posición. En contraste, los bonos corporativos y los préstamos bancarios están expuestos a la pérdida de todo el valor nominal. En caso de incumplimiento, los desafortunados inversionistas pueden recibir sólo centavos por cada dólar y algunas veces, después de años de litigio.

El riesgo crédito también incluye al *riesgo soberano*. Esto ocurre, por ejemplo, cuando los países imponen controles a las divisas extranjeras que imposibilitan a las contrapartes a cumplir sus obligaciones. Mientras que el riesgo de incumplimiento es generalmente específico de una empresa, el riesgo soberano es específico de un país.

El riesgo crédito toma la forma de riesgo de *prepago* descrito previamente y *riesgo de pago*. El último se refiere a la posibilidad de que una contraparte pudiese incumplir en un contrato después de que una de las partes ha realizado el pago previamente. Esta posibilidad es muy real para transacciones en divisas extranjeras, donde los pagos pueden ser realizados por Europa en la mañana contra entrega posterior en América. De hecho, cuando el Herstatt Bank quedó en bancarrota en 1974, había recibido pagos de un número de contrapartes pero incumplió antes de que los pagos fueran ejecutados del otro lado de la transacción, desestabilizando potencialmente al sistema bancario global. El incumplimiento de este banco fue el impulso para la creación del Comité de

Basilea, el cual 20 años después promulgó los requerimientos de capital de garantía.[6]

La administración del riesgo crédito tiene tanto aspectos cualitativos como cuantitativos. La determinación de la credibilidad de una contraparte es el componente cualitativo. Los avances recientes han conducido a la valuación cuantitativa del riesgo crédito. Aunque el método VAR cuantifica de mejor manera el riesgo de mercado, demostraremos que las simulaciones utilizando el VAR también pueden ser utilizadas para medir de forma estandarizada el riesgo crédito.

Riesgos de liquidez

Los riesgos de liquidez asumen dos formas: *liquidez mercado/producto y flujo de efectivo/financiamiento*. El primer tipo de riesgo se presenta cuando una transacción no puede ser conducida a los precios prevalecientes en el mercado debido a una baja operatividad en el mercado. Esto es especialmente un problema para contratos OTC no líquidos y cuando se utiliza una cobertura dinámica. El riesgo de liquidez, sin embargo, puede ser difícil de cuantificar y puede variar de acuerdo con las condiciones del mercado. El riesgo de liquidez mercado/producto puede administrarse fijando límites en ciertos mercados o productos y a través de la diversificación. Aunque el riesgo de liquidez no puede ser incluido formalmente en el VAR, los períodos disciplinados de liquidación son muy relevantes en la elección del horizonte para las mediciones del VAR.

El segundo tipo de riesgo se refiere a la incapacidad de conseguir obligaciones de flujos de efectivo necesarios, lo cual puede forzar a una liquidación anticipada, transformando en consecuencia las pérdidas en "papel" en pérdidas realizadas. El riesgo de financiamiento (fondeo) puede ser controlado por la planeación apropiada de los requerimientos de flujos de efectivo, los cuales pueden ser controlados estableciendo límites a los desajustes de flujos de efectivo y utilizando la diversificación, como en el caso previo.

La liquidez está también relacionada con el horizonte temporal de las inversiones. Las condiciones del mercado pueden impedir la liquidación inmediata de una inversión, digamos una obligación de amortización colateralizada, CMO (por sus siglas en inglés). La falta de liquidez se transforma en precios temporalmente más bajos para la CMO. Si la condición es temporal, el inversionista

[6] Los banqueros centrales están cada vez más preocupados acerca del riesgo de pago, ya que el volumen de pagos de divisas ha crecido hasta $3 billones. El riesgo de pago puede ser reducido a través de *sistemas de neteo bilateral*, que implica la compensación de flujos de efectivo en la misma fecha valor y en la misma divisa entre las dos contrapartes, y *sistemas de neteo multilateral*, que permitan a cada banco miembro establecer balances diariamente en cada divisa con un grupo de bancos. Un ejemplo de este último sistema es Multinet, que fue establecida en 1994 como una Cámara de Compensación para el neteo multilateral de divisas.

podrá esperar hasta que los precios de mercado recuperen los niveles cercanos a los teóricos. En una situación como ésta, la falta de liquidez es un mal menor. Sin embargo, para inversionistas en apuros, tales como aquellos que deben vender por la necesidad de conseguir efectivo para pagos de reclamos colaterales, la falta de liquidez puede ser fatal (como puede verse en el recuadro 1-1).

RECUADRO 1-1

DAVID ASKIN: UNA ESTRATEGIA DE RIESGO NEUTRAL FALLIDA

Algunos fondos de cobertura perdieron demasiado en la debacle del mercado de bonos de 1994. David Askin estaba administrando un fondo de $600 millones invertido en obligaciones de amortización colateralizada. Las CMO son valores obtenidos de la segmentación de valores amortizables y tienen características similares a los derivados, pero su valuación es mucho más compleja. Askin colocó sus fondos entre los inversionistas como *neutrales al mercado*, en sus propias palabras, "sin riesgo de incumplimiento, bonos triple A y correlación cero con otros activos." David Askin utilizó sus propios modelos de valuación para identificar, comprar y cubrir valores subvaluados con el objetivo de obtener un 15 por ciento de rendimiento y más para los inversionistas. La inversión de $600 millones, sin embargo, fue apalancada a un total de $2 mil millones, que de hecho fueron apostados en tasas de interés bajas. De febrero a abril de 1994, a medida que las tasas de interés fueron elevadas por la Fed, los fondos de Askin tuvieron que enfrentar reclamos de pagos colaterales crecientemente grandes que al final no pudieron ser cubiertos. Una vez que los intermediarios liquidaron su tenencia, todo lo que restaba del fondos de cobertura de $600 millones eran $30 millones, junto con un conjunto de inversionistas iracundos.

Los inversionistas argumentaron que fueron engañados acerca de las condiciones del fondo. Ante la inestabilidad del mercado de 1994, el mercado para las CMO se había deteriorado a tal punto que las CMO eran cotizadas con spreads del 10 por ciento, lo cual es enorme. Como un analista apuntó, "los intermediarios pueden estar obligados a hacer una cotización, pero no por un valor económico justo." En lugar de utilizar las cotizaciones de los intermediarios, Askin simplemente valuó sus fondos de acuerdo a sus propios modelos de valuación. El uso de modelos para valuar un portafolio es conocido por los expertos como *marking to model.*

Askin registró inicialmente una pérdida del 2 por ciento en febrero, pero este dato fue ajustado posteriormente a una pérdida del 28 por ciento. Un año después, Askin fue sancionado por la Securities and Exchange Commission por la deficiente representación del valor de sus fondos. También fue vetado de la industria de inversiones por un mínimo de dos años.

Los inversionistas de Askin fueron víctimas de los riesgos de mercado, de liquidez y de modelo.

Riesgo operacional

El riesgo operacional se refiere a las pérdidas potenciales resultantes de sistemas inadecuados, fallas administrativas, controles defectuosos, fraude, o error humano. Esto incluye *riesgo de ejecución*, que abarca situaciones donde se falla en la ejecución de las operaciones, algunas veces conduciendo a retrasos o penalizaciones costosas, o, en forma más general, cualquier problema en las operaciones del área de compensación y liquidación (back office), que está a cargo del registro de las operaciones y la reconciliación de transacciones individuales con la posición agregada de las empresas.

El riesgo operacional también incluye *fraudes*, situaciones donde los operadores falsifican intencionalmente información, y el *riesgo tecnológico*, que se refiere a la necesidad de proteger los sistemas del acceso no autorizado y de la interferencia. Otros ejemplos son las fallas de sistemas, las pérdidas ocasionadas por desastres naturales, o los accidentes que involucren a individuos clave. La mejor protección contra el riesgo operacional consiste en la redundancia de sistemas, la definición clara de responsabilidades con fuertes controles internos y la planeación regular de contingencias.

Los aspectos de valuación también crean problemas operacionales potenciales. El *riesgo de modelo* es el peligro sutil de que el modelo que se utilice para valuar posiciones sea defectuoso. Los intermediarios que usen un modelo convencional de valuación de opciones, por ejemplo, podrían quedar expuestos al riesgo de modelo si éste no está bien especificado o si sus parámetros son erróneos.

Desgraciadamente, el riesgo de modelo es insidioso. La valuación de este tipo de riesgo requiere un conocimiento sólido del proceso de modelación y valuación. Para protegerse contra el riesgo de modelo, los modelos deben estar sujetos a una evaluación independiente utilizando los precios del mercado, cuando estén disponibles, o evaluaciones objetivas ajenas a la muestra.

Riesgo legal

El riesgo legal se presentan cuando una contraparte no tiene la autoridad legal o regulatoria para realizar una transacción. Puede degenerar en conflictos entre los accionistas *contra* las empresas que sufren grandes pérdidas. Cuando Procter and Gamble anunció que había perdido $195 millones con la operación de swaps complejos sobre tasas de interés creados con Bankers Trust, por ejemplo, un accionista entabló un pleito contra los ejecutivos de la compañía. El riesgo legal también se relaciona directamente con el riesgo crédito, como se muestra en el recuadro 1-2.

El riesgo legal también incluye el riesgo regulatorio, el cual hace referencia a actividades que podrían quebrantar regulaciones gubernamentales, tales como

RECUADRO 1-2

RIESGO CRÉDITO Y RIESGO LEGAL

Los inversionistas que pierden dinero en una transacción tienen el mal hábito de acudir a las cortes para invalidar la operación. Un caso ejemplar es el reclamo *ultra vires* utilizado por los municipios para invalidar las transacciones con pérdida. El principio legal implícito en este reclamo es que la actividad de inversión fue ilegal debido a que fue más allá de los poderes municipales.

La situación más extrema conocida hasta ahora es la de los swaps sobre tasas de interés operados por los ayuntamientos en Gran Bretaña. Los municipios adquirieron posiciones largas en swaps sobre tasas de interés, los cuales empezaron a producir grandes pérdidas. Más tarde, los swaps fueron declarados inválidos por la Suprema Corte Británica. La corte decretó que los ayuntamientos no tenían la autoridad para realizar estas transacciones y que, por lo tanto, las ciudades no eran responsables de las pérdidas. Como resultado, sus contrapartes tuvieron que absorber las pérdidas que sumaban alrededor de $800 millones.

la manipulación del mercado, la operación con información privilegiada y restricciones de convencionalidad. La estructura regulatoria, sin embargo, varía ampliamente entre los países e, incluso dentro de un país, puede estar sujeta a cambios y a diferencias de interpretación. La comprensión imperfecta de las regulaciones puede conducir a penalización. El riesgo regulatorio se manifiesta en las diligencias para el cumplimiento, en la interpretación y aun en "la conducta moral."

Después de describir de manera general los riesgos financieros, se presenta ahora a una breve introducción del VAR como un método para controlar los riesgos de mercado.

4 EN BREVE, ¿QUÉ ES EL VAR?

Cada mañana, Jim Garnett, el vicepresidente ejecutivo a cargo de la administración de riesgos en Chase Manhattan Bank, recibe un reporte preciso de 30 páginas que resume el Valor en Riesgo (VAR) del banco.[7] El documento es generado durante la noche por computadoras que cuantifican el riesgo de todas las posiciones del banco.

[7] *Institutional Investor* (febrero de 1995).

Actualmente, muchos bancos, casas de bolsa y fondos de inversión comunes utilizan métodos similares para medir estandarizadamente su exposición de mercado. Los reguladores pueden forzar la implementación de este sistema, dado que pueden establecer requerimientos de adecuaciones de capital basados en el VAR del banco. En los Estados Unidos, las agencias calificadoras, tales como Moody's y Standard and Poor's (S&P), el Financial Accounting Standards Board y la Securities and Exchange Commission han anunciado su apoyo al VAR. Pero, ¿qué es este VAR?

VAR

El VAR resume la pérdida máxima esperada (o peor pérdida) a lo largo de un horizonte de tiempo objetivo dentro de un intervalo de confianza dado.

Por ejemplo, considere la figura 1-5, la cual traza los rendimientos mensuales en los bonos de mediano plazo de 1953 a 1995.

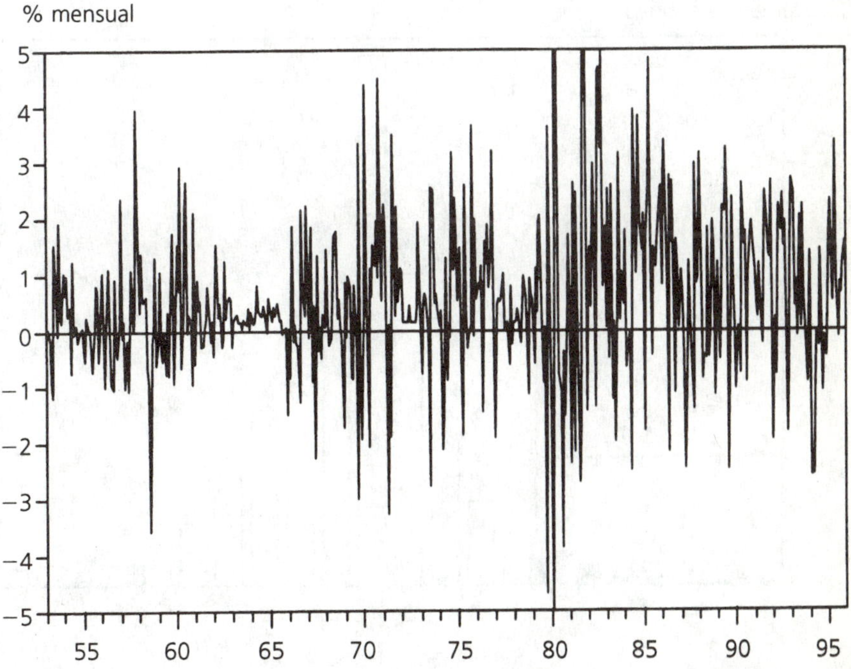

FIGURA 1-5 Rendimiento en bonos de mediano plazo.

Los rendimientos fluctuaron de un mínimo de -6.5 por ciento a un máximo de $+12.0$ por ciento. Ahora construya "cubos" regularmente espaciados que vayan del más bajo al más alto y cuente cuántas observaciones caen dentro de cada cubo. Por ejemplo, hay una observación abajo de -5 por ciento, otra observación entre -5 por ciento y -4.5 por ciento, y así sucesivamente. Siguiendo con el procedimiento, usted construirá una "distribución de probabilidad" para los rendimientos mensuales, que contabiliza cuántas ocurrencias han sido observadas en el pasado para un rango particular. Dicha distribución se presenta en la figura 1-6.

Para cada rendimiento, usted puede entonces determinar una probabilidad de observar un rendimiento más bajo. Seleccione un nivel de confianza, digamos $\alpha = 95$ por ciento. Para este nivel de confianza, usted puede encontrar en la gráfica un punto tal que existe una probabilidad del 5 por ciento de encontrar un rendimiento más bajo. De acuerdo con la figura 1-6, este número es -1.7 por ciento. Esto es porque todas las ocurrencias de rendimientos menores a -1.7 por ciento suman un 5 por ciento del número total de meses, o 26 sobre 516 meses.

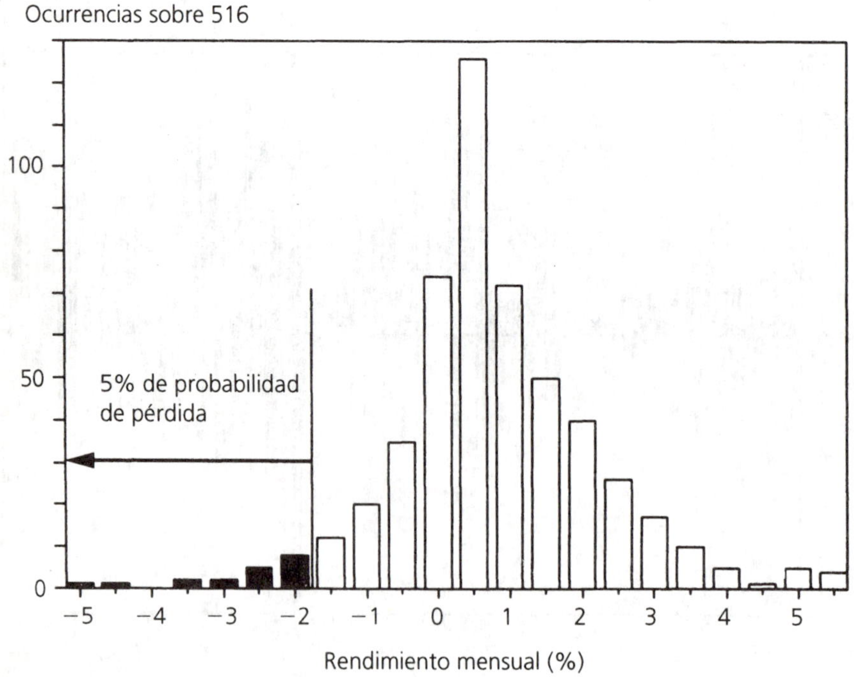

FIGURA 1-6 Medición del Valor en Riesgo.

La elección del nivel de 5 por ciento es arbitraria. Los bancos comerciales actualmente reportan su VAR con varios parámetros diferentes. Por ejemplo, Bankers Trust utiliza un nivel de 99 por ciento; Chemical y Chase, un nivel de 97.5 por ciento; Citibank, un nivel de 95.4 por ciento; Bank of America y J. P. Morgan, un nivel de 95 por ciento. Ahora bien, asumiendo una distribución normal, es fácil convertir todas estas medidas dispares en un número común, como se demostrará posteriormente.

La elección del período de tenencia, un mes o un año, también es relativamente subjetiva. Para portafolios operados por un banco e invertidos en divisas altamente líquidas, un período de tenencia de un día puede ser aceptable. Para un administrador de inversiones con un rebalance trimestral y con énfasis en los reportes, sería más apropiado un período de 90 días. Idealmente, el período de tenencia corresponde al período más largo requerido para una liquidación ordenada del portafolio. Este portafolio administrado por un banco será mucho más fácil de cerrar que un portafolio invertido en acciones de mercados emergentes. En el primer caso, decenas de millones de dólares pueden ser despachados en un instante; en el último caso, el mismo monto puede tomar días o semanas para encontrar contrapartes interesadas. Desde el punto de vista de un regulador, el horizonte debe reflejar la interrelación entre los costos del monitoreo constante y los beneficios de la detección temprana de problemas potenciales.

Por lo tanto, usted ya está listo para calcular el VAR de un portafolio de $100 millones. Sólo hay una posibilidad del 5 por ciento de que el portafolio caiga más de $100 millones de veces −1.7 por ciento o $1.7 millones. El valor en riesgo es de $1.7 millones. En otras palabras, el riesgo de mercado de este portafolio puede ser comunicado efectivamente a una audiencia no técnica con una declaración como ésta: *En condiciones normales del mercado, lo más que el portafolio puede perder a lo largo de un mes es $1.7 millones.* Estas declaraciones habrían ayudado mucho para evitar las pérdidas espectaculares en que incurrieron los inversionistas que aseguraban no haber sido advertidos del riesgo que estaban tomando.

Como veremos posteriormente, este número está relacionado directamente al concepto de duración, la cual mide la exposición a una fuente de riesgo, el riesgo de tasa de interés. El VAR combina la exposición a una fuente de riesgo con la probabilidad de un movimiento adverso en el mercado.

El enfoque del VAR, sin embargo, es más general, porque permite a los inversionistas incluir varios activos tales como divisas extranjeras, productos físicos y acciones, los cuales están expuestos a otras fuentes de riesgo además de los movimientos de las tasas de interés. Por lo tanto, el VAR constituye un gran avance en las mediciones convencionales del riesgo, tales como el vencimiento, la duración o los análisis de intervalos (análisis del gap).

Esto explica por qué el VAR está ganando rápidamente aceptación entre las instituciones preocupadas por los riesgos financieros. Un banco, incluso, ha brindado voluntariamente información que facilita enormemente la cuantificación del VAR. En octubre de 1994, J. P. Morgan dio a conocer su sistema "RiskMetrics". Disponible de forma gratuita en Internet. RiskMetrics proporciona una base de datos para cuantificar el VAR. Con los costos de las herramientas de cómputo cada vez más bajos y con la amplia disposición de software, simplemente no hay excusa para no utilizar el VAR.

Sin embargo, El VAR no es la panacea. Estas mediciones son útiles sólo en la medida en que los usuarios dominen sus limitaciones. Como en la descripción que Till Guldimann, director de investigación global de J. P. Morgan, hizo del sistema de su empresa: "RiskMetrics no es el sustituto de una buena administración, experiencia y criterio. Es una herramienta, no una caja negra." Por lo tanto, el VAR es sólo una estimación educada del riesgo de mercado. Esto no disminuye su valor más que otros estimadores en otras áreas de la ciencia. La ingeniería es definida algunas veces como "el arte de la aproximación." La misma definición puede ser aplicada a los sistemas de administración de riesgos.

Finalmente, el VAR debería ser visto como un procedimiento necesario pero no suficiente para el control de riesgos. Debe ser complementado con el establecimiento de límites y controles, además de un área independiente para la administración de riesgos. Si el uso generalizado del VAR conduce a un mayor énfasis en la práctica razonable de la administración del riesgo, se habrá logrado un objetivo importante. Como lo planteó un analista del mercado, "la recompensa final del VAR es que ha llevado el debate del riesgo en torno a los derivados, a un sendero más constructivo".

CAPÍTULO 2

Lecciones de los desastres financieros

La experiencia es una escuela muy cara.

Benjamín Franklin

De manera muy similar a los desastres aéreos, los derivados han creado mucha ansiedad conforme se difunden las noticias sobre pérdidas espectaculares a través de los encabezados de periódicos. Estas pérdidas han provocado una serie de actividades legislativas para la regulación de los mercados de derivados. Felix Rohatyn, de Wall Street, ha advertido que "jóvenes de 26 años de edad con computadoras, están creando bombas de hidrógeno financieras". Henry González, el ex presidente del House Banking Committee, ha señalado que los derivados son "una monstruosa intriga electrónica global Ponzi". Jim Leach, el nuevo presidente de House Banking, asume una postura más equilibrada, pero aún así argumenta que "el gran tamaño del mercado implica que éste no puede ser ignorado".

Sin embargo, los desastres pueden ocurrir sin que estén involucrados los derivados. En la sección I del presente capítulo se describe de forma general pérdidas recientes observadas en ciertas empresas y en fondos gubernamentales; se muestra que las pérdidas en derivados son pequeñas en relación con el tamaño del mercado o con las pérdidas en los mercados en efectivo, así como con otros famosos errores financieros. En la sección 2 se vuelve a los casos de estudio recientes en riesgo, incluyendo Barings, Metallgesellschaft, Condado de Orange y Daiwa. Estos desastres son instructivos, pues tienen un elemento común: la administración deficiente de riesgos financieros. La reacción predecible ante estas pérdidas ha sido una vigilancia consciente de los mercados financieros —en particular de los derivados— por parte de los reguladores y legisladores. Confrontado a este "riesgo estratégico", el sector privado desarrolló una serie de iniciativas para lograr una mejor administración del riesgo. En las secciones 3 y 4 se resumen las respuestas del sector privado y de los reguladores. Las regulaciones específicas de las instituciones financieras, debido a su importancia, se analizan en el siguiente capítulo.

1 LECCIONES DE PÉRDIDAS RECIENTES

En efecto, las pérdidas atribuidas a los derivados han crecido rápidamente en años recientes. En la figura 2-1 se resumen las pérdidas atribuidas públicamente (correcta o incorrectamente) a los derivados desde 1987. Las pérdidas de este mercado crecieron de manera aguda en 1994, debido a las fluctuaciones en las tasas de interés, que se manifestaron en altos niveles de volatilidad en el mercado de bonos. De 1987 a 1995, estas pérdidas significaron $16.7 miles de millones de dólares.

¿Qué tan significativas son estas pérdidas? Con relación al tamaño de un mercado de $50 billones, representan sólo el 0.03 por ciento del monto nominal

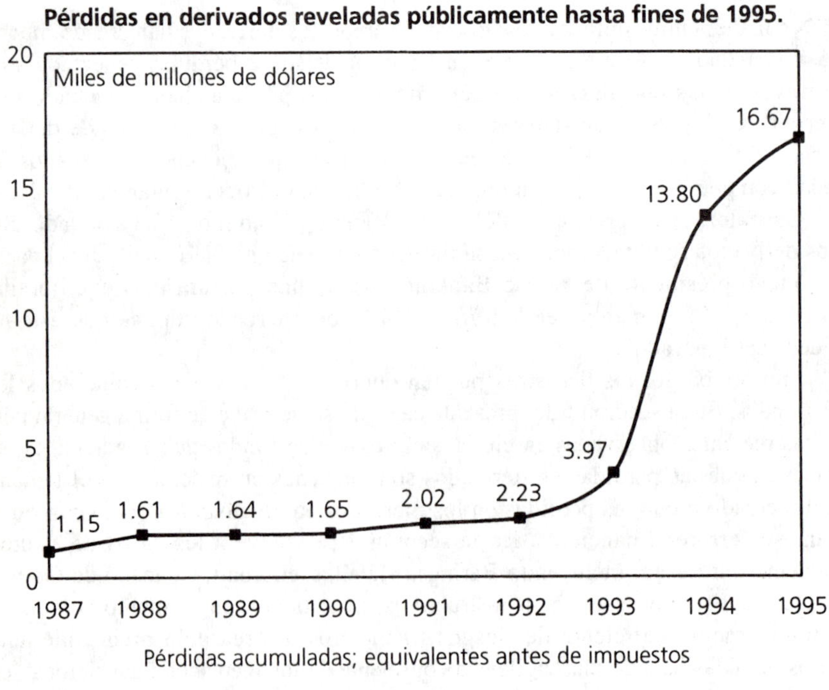

FIGURA 2-1 Pérdidas acumuladas atribuidas a los derivados.

Fuente: © Capital Market Risk Advisors, Inc.

total, lo cual es muy pequeño en términos relativos. No obstante, lo repentino de las pérdidas hace aparecer a los derivados particularmente peligrosos. De manera muy similar a los viajes por avión, que de hecho son mucho más seguros que otros medios de transporte, los derivados producen encabezados espectaculares.

Como resultado, unos cuantos administradores, directores y fideicomisarios han tomado la medida extrema de eliminar todos los derivados de sus portafolios. Irónicamente, este tipo de medidas ha incrementado en algunos casos el riesgo de su cartera, pues los derivados pueden ser utilizados como cobertura de riesgos. Es más, un portafolio así puede estar generando rendimientos no competitivos o puede estar sujeto a costos crediticios más altos, dado que los derivados ofrecen costos de transacción muy bajos. Algunas de estas inconsistencias son evidentes a partir de la repentina y violenta reacción legislativa contra los derivados observada en la Unión Americana a nivel estatal: diversos estados promulgaron leyes que prohíben los derivados en el portafolio de inversiones del gobierno local, aún cuando sí utilizan los derivados para reducir sus costos de fondeo.

1.1 Pérdidas corporativas atribuidas a los derivados

Debido a que los derivados constituyen herramientas particularmente efectivas para la cobertura de riesgo y para estrategias de inversión apalancadas, también pueden conducir a grandes pérdidas si son utilizados inadecuadamente. En la tabla 2-1 se ilustran las pérdidas recientes observadas en algunas instituciones relacionadas con el uso de derivados. Algunas empresas extranjeras se han visto involucradas en pérdidas cercanas a los mil millones, lo cual al menos en un

TABLA 2-1 Pérdidas corporativas atribuidas a los derivados: 1993-1995.

Empresa	*Instrumento*	*Pérdida (millones)*
Showa Shell Sekiyu, Japón	Forwards sobre divisas	1,580
Kashima Oil, Japón	Forwards sobre divisas	1,450
Metallgesellschaft, Alemania	Futuros sobre petróleo	1,340
Barings, Reino Unido	Futuros sobre índices accionarios	1,330
Codelco, Chile	Futuros sobre cobre	200
Procter & Gamble, EE. UU.	Swaps sobre diferenciales	157

caso, ha conducido a la bancarrota. Los casos de Barings y Metallgesellschaft, en particular, se analizan a detalle en una sección más adelante.

Sin embargo, concentrarnos sólo en estas pérdidas, podría confundirnos por tres razones: primera, las posiciones en derivados fueron adoptadas en algunos casos, desde luego no en todos, como una cobertura. Por lo tanto, estas pérdidas pueden ser compensadas a través de ganancias operativas. Se ha argumentado, por ejemplo, que la pérdida de Metallgesellschaft en derivados fue parcialmente compensada a través de incrementos en el valor de los contratos de petróleo con los clientes. Es muy importante, por lo tanto, distinguir entre pérdidas provocadas por especulación directa y pérdidas ocasionadas por un programa de cobertura.

Segunda, el tamaño de estas pérdidas se relaciona directamente con los grandes movimientos recientes de los mercados financieros. Sólo durante 1994, los movimientos en las tasas de interés crearon pérdidas para los tenedores de T-bonds estadounidenses, por un monto cercano a los $230 mil millones de dólares. Esto es, sólo por comprar y vender bonos "libres de riesgo", los inversionistas perdieron un cuarto de billón de dólares. Contempladas en este contexto, estas pérdidas en derivados no se ven anormalmente altas.

Tercero, hay que considerar el otro lado de la moneda. Los derivados son acuerdos entre dos partes. Debido a que estos contratos son juegos de suma cero, cualquier pérdida para una de las partes significa una ganancia para la contraparte. Por supuesto, el ganador generalmente se queja menos que el perdedor.

1.2 Otras pérdidas recientes

Para que el lector no crea que los desastres sólo pueden suceder con derivados, es útil señalar otras notables catástrofes financieras ocurridas en años recientes:

- El Banco de Negara, banco central de Malasia, perdió más de $3 mil millones en 1992 y $2 mil millones en 1993, después de malas operaciones con el tipo de cambio. El banco había especulado que la libra esterlina permanecería dentro del Sistema Monetario Europeo (EMS, por sus siglas en inglés); sin embargo, el Banco de Inglaterra, bajo un fuerte ataque de los especuladores, dejó que la libra se retirara del EMS en septiembre de 1992. La defensa de la libra costó miles de millones a los contribuyentes británicos. Algunos de los ganadores fueron los fondos de cobertura, uno de los cuales (el de George Soro) reportó haber logrado ganancias de $2 mil millones de dólares.
- En diciembre de 1993, el Banco de España asumió el control de Banesto, uno de los cinco bancos españoles más grandes. Banesto tenía un "hoyo negro" de $4.7 mil millones en pérdidas, fuera de una hoja de balance de $43 mil millones; los préstamos incobrables y las inversiones en indus-

trias dudosas se agravaron por la crisis de la economía española. El banco quebró y fue comprado subsecuentemente por Banco Santander.

- Los contribuyentes franceses pagaron el rescate más grande de todos los tiempos por una institución en 1994. Crédit Lyonnais, el banco gubernamental más grande del país, fue mantenido a flote con un subsidio gubernamental de $10 mil millones. Los problemas del banco se derivaron de una expansión muy agresiva y una mala administración. Entre sus dificultades, destaca una enorme exposición en bienes raíces, con lo que sufrió amplias pérdidas durante la recesión de 1992-1993. Pero el banco también sufrió por sus inversiones en empresas estatales generadoras de pérdidas, e incluso con un estudio cinematográfico estadounidense.
- Estas pérdidas palidecen en comparación con el costo de la industria de las asociaciones de ahorro y préstamo (S&L's, por sus siglas en inglés) en Estados Unidos, que se estima es actualmente de $150 mil millones de dólares. En los ochenta, las S&L's realizaron préstamos de largo plazo para casa-habitación, que estuvieron financiados con depósitos de corto plazo. A medida que las tasas de interés de corto plazo se dispararon a principios de los ochenta, las S & L's quedaron atrapadas en un "desajuste o gap de duración". Sus costos subieron más que sus ingresos y comenzaron a sufrir pérdidas considerables. En un intento tardío y mal planeado de reparar el daño, el Congreso de los Estados Unidos desreguló la industria, que para entonces ya se había retirado del negocio de la vivienda, para perderse en inversiones riesgosas en bienes raíces comerciales y bonos chatarra. En estas circunstancias, un gran número de S&L's llegaron a ser insolventes.
- Toda esta tinta roja es opacada por la inminente crisis financiera en Japón, donde las instituciones financieras tienen un total de $500 mil millones en préstamos "no redituables" (incobrables). Las instituciones dedicadas al préstamo para vivienda se han visto particularmente afectadas porque otorgaron préstamos considerables durante el furor por los bienes raíces para colapsarse después de 1990. La deflación financiera japonesa también impactó al mercado accionario y, con él, a las reservas del sistema bancario.

En el mismo mes en que falló Barings, Crédit Lyonnais, en otro tiempo uno de los 12 bancos más grandes del mundo, se fue a la bancarrota, lo que prueba que los derivados no tienen un monopolio sobre los desastres financieros.

1.3 Pérdidas en fondos gubernamentales

Resulta aún más preocupante para los contribuyentes, que muchos fondos gubernamentales estatales y locales también han sufrido grandes pérdidas en los últimos años. En el caso de las empresas privadas, el accionista es finalmente responsable de las pérdidas o ganancias financieras de su inversión. En el caso de los fondos públicos no resulta tan claro quién asume la pérdida final. Por esta razón, ¿deberían ser incrementados los impuestos? ¿Deberían recortarse los servicios? ¿Debería incumplir el municipio y pasar la pérdida a los acreedores?

Las espectaculares pérdidas de los fondos públicos en 1994, generalmente pueden ser atribuidas a agresivas estrategias de inversión. En años recientes, los municipios se han visto atrapados entre una creciente demanda de servicios por un lado e ingresos limitados por el otro. La inconformidad contra los impuestos ha conducido incluso a recortes en las tasas impositivas, como ocurrió con la Proposición 13 en California, la cual creó presión en los gobiernos locales obligándolos a incrementar los ingresos a través de una mejor administración de las reservas en efectivo.

Otro factor que contribuyó, fue el bajo nivel histórico de las tasas de interés en 1993, cuando cayeron a sólo 3 por ciento. Los municipios, habituados a rendimientos anuales del 5 al 7 por ciento, intentaron a través de varios medios incrementar los rendimientos de su portafolio, tomando grandes posiciones en instrumentos de deuda con grandes tasas de interés o invirtiendo en derivados e hipotecas, quizá sin un conocimiento cabal de los riesgos implícitos. Estas estrategias empezaron a descubrirse en febrero de 1994, cuando la Reserva Federal (Fed) inició el primero de seis agudos incrementos en las tasas de interés en menos de un año. Muchos fondos públicos sufrieron grandes pérdidas. En la tabla 2-2 se muestran las pérdidas recientes (aceptadas o no) en los fondos públicos.

TABLA 2-2 Pérdidas en fondos públicos estadounidenses.

Entidad pública	*Pérdida (millones)*	*Activos (millones)*	*Pérdida porcentual*
Orange County, California	1,640	7,400	22
San Diego, California	357	3,300	11
West Virginia	279	1,200	23
Florida, Tesorería Estatal	200	8,000	3
Cuyahoga County, Ohio	137	1,800	8
Texas State	55	3,700	1
City Colleges of Chicago	48	96	50
Placer County, California	26	378	7

Con cerca de 80,000 agencias de gobierno estatales y locales con miles de millones en dinero público para invertir, estas pérdidas han conducido a demandar una vigilancia más estricta de los fondos municipales. Una encuesta reciente de la Asociación de Ejecutivos Financieros del Gobierno, ha revelado que sólo el 4 por ciento de sus miembros reconoció tener un buen conocimiento de los derivados y 76 por ciento dijeron que su conocimiento sobre dichos instrumentos era somero o nulo.

Existen dos enfoques posibles para abordar los problemas con los fondos gubernamentales: o regular el riesgo porque existe o permitir a los fondos monitorear mejor su riesgo. El enfoque más simplista es eliminar los derivados; pero entonces, también se pierden todos sus beneficios.

Como secuela del fiasco del Condado de Orange, se propusieron varios proyectos de ley al Senado de California para limitar severamente el rango de inversiones permitidas a los fondos de inversión locales, incluyendo la prohibición absoluta de cualquier derivado. De hecho, la inversión de estos fondos debió haberse limitado sólo a los T-bills de corto plazo. Quizás esto explica por qué estos bonos no fueron aceptados por la Asociación de Tesoreros del Condado de California, ni la Sociedad de Ejecutivos de Finanzas Municipales de California, la Asociación Estatal de Condados de California, ni muchos otros, que no eran desde luego, un grupo de maniáticos fiscales. Ellos argumentaron que las restricciones adicionales impuestas por estos bonos causarían una pérdida estimada de ingresos por un total de $265 millones de dólares anuales (a los contribuyentes, por supuesto).

2 CASOS DE ESTUDIO EN RIESGO

2.1 La caída de Barings: una lección en riesgo

El 26 de febrero de 1995, la Reina de Inglaterra se despertó con la noticia que Barings PLC, un venerable banco con 233 años de antigüedad, había caído en bancarrota. Aparentemente, el desplome del banco se debió a un sólo operador, Nicholas Leeson, de 28 años de edad, quien perdió $1.3 mil millones en la operación con derivados. Esta pérdida aniquiló todo el capital social de la empresa.[1]

La pérdida fue causada por una enorme exposición al riesgo en el mercado accionario japonés, a través del mercado de futuros. Leeson, el operador jefe de futuros de Barings, en Singapur, había estado acumulando posiciones en futuros sobre índices accionarios, en particular el índice Nikkei 225. La posición de Barings en las bolsas de Singapur y de Osaka sumaba $7 mil millones. Como el

[1] Rawnsley (1995) presenta un informe detallado de la caída de Barings.

mercado cayó más del 15 por ciento en los primeros dos meses de 1995, Barings sufrió una gran pérdida, la cual se empeoró al tomar posiciones cortas sobre opciones, lo que implica una apuesta a un mercado estable. Como las pérdidas se acumularon, Leeson incrementó el tamaño de la posición, con la obstinada creencia de que estaba en lo correcto. Entonces, incapaz de realizar los pagos en efectivo requeridos por las bolsas, Leeson simplemente huyó el 23 de febrero. Más tarde envió un fax a sus superiores ofreciendo sus "más sinceras disculpas por el predicamento en que los dejé".

Como Barings era visto como un banco conservador, la quiebra sirvió como una llamada de atención para las instituciones financieras en todo el mundo. El desastre puso en evidencia una sorprendente carencia de controles en Barings: Leeson tuvo control tanto de la mesa de operaciones como de la administración de operaciones ("back office"). La función del back office es confirmar las operaciones y verificar que todas las actividades operativas se realicen conforme a las directrices. En cualquier banco serio, los operadores tienen un monto limitado de capital a su cargo y están sujetos a límites en sus posiciones, los cuales son estrechamente supervisados. Para evitar conflictos de interés, las funciones de la mesa de operaciones y del back office están claramente delimitadas. Además, la mayoría de los bancos tienen una unidad de administración de riesgo independiente, que realiza una verificación más sobre los operadores.

Las bolsas de Singapur y de Osaka también atrajeron la atención por su falla para notificar el tamaño de las posiciones. En la bolsa de Osaka, Barings habían acumulado una posición abierta de 20,000 contratos, cada uno con un valor nominal de $200,000 dólares. Esto equivalía a ocho veces la siguiente posición más grande, de 2,500 contratos. Los funcionarios de las bolsas de futuros de Estados Unidos han afirmado que posiciones como esas habrían atraído su atención con mayor oportunidad, si se hubiesen presentado en su país.

Una de las razones por las que Leeson estaba tan poco supervisado fue su gran historial. En 1994, se consideró que Leeson había ganado $20 millones para Barings, es decir, alrededor de una quinta parte de los ingresos totales de la empresa. Esto se tradujo en jugosas bonificaciones para Leeson y sus superiores. En 1994, Leeson obtuvo un sueldo de $150,000, con un bono de $1 millón. En algún momento, el director de Barings Securities, Christopher Heath, era el ejecutivo mejor pagado en Gran Bretaña. El problema también se achacó a la estructura matricial implementada por Barings. Dado que la unidad de Leeson estaba sujeta a dos líneas de autoridad, geográfica y funcional, la descentralización inherente en dicha estructura condujo a una escasa supervisión.

También se alegó que los principales ejecutivos del banco estaban conscientes de los riesgos implícitos y habían aprobado transferencias en efectivo por $1 mil millones, para auxiliar a Leeson para cubrir llamadas de margen. También la alta gerencia de Barings había ignorado, aparentemente, una auditoría interna preparada en 1994. El auditor alertó sobre una "concentración excesiva de poder en las manos de Leeson". La moraleja de este acontecimiento está resumida en un artículo del *Wall Street Journal* del 27 de febrero de 1995:

> Los funcionarios del Banco de Inglaterra señalaron que no consideran el problema como un caso peculiar de los derivados... En una circunstancia donde un operador está tomando posiciones no autorizadas, según dijeron, la verdadera cuestión es la fortaleza de los controles internos de una empresa de inversiones y el seguimiento externo hecho por las bolsas y por los reguladores.

Los accionistas de Barings asumieron el costo total de las pérdidas. El precio de las acciones del banco se fue a cero, aniquilando cerca de $1 mil millones de capitalización del mercado. Los tenedores de bonos recibieron cinco centavos por dólar. Algunas de las pérdidas adicionales fueron asumidas por el grupo holandés de servicios financieros Internationale Nederlanden Group (ING), el cual se ofreció para adquirir Barings por el gran total de una libra esterlina (alrededor de $1.50 dólares). Leeson fue extraditado más tarde a Singapur, donde fue sentenciado a seis años y medio de prisión.

2.2 Metallgesellschaft

La historia de Metallgesellschaft (MG) es la de una mala cobertura con un monto cercano a los $1.3 mil millones. El conglomerado, el 14o. grupo industrial alemán más grande, con 58,000 empleados, estuvo cerca de la bancarrota a raíz de las pérdidas en que incurriera su subsidiaria americana, MG Refining & Marketing (MGRM), en el mercado de futuros.

Los problemas de MGRM se derivaron de la idea de ofrecer contratos de largo plazo para productos petrolíferos. La mercadotecnia de estos contratos fue exitosa porque los clientes pudieron cerrar en precios fijos durante períodos largos. Para 1993, MGRM había firmado contratos para proveer a sus clientes 180 millones de barriles de productos petrolíferos durante un período de 10 años.

Estos compromisos eran demasiado grandes, equivalentes a 85 días de la producción de petróleo de Kuwait, y excedían muchas veces la capacidad de refinación de MGRM. Para cubrirse contra la posibilidad de incrementos en precios, la empresa idealmente debió recurrir a forwards de largo plazo sobre el petróleo, ajustando el vencimiento de éstos y sus contratos. Sin embargo, a falta de un mercado viable de contratos de largo plazo, MGRM acudió al mercado de futuros de corto plazo e implementó una cobertura convertible, en la cual la exposición de largo plazo se cubre a través de una serie de contratos de corto plazo, con vencimientos aproximados de tres meses, los cuales son traspasados al próximo contrato al vencimiento de los primeros (*rolling hedge*).

Como el contrato de tres meses se convertirá finalmente en un contrato que expirará dentro de diez años (realizando roll over), los ingresos generados por la cobertura renovable deberían converger (dentro de diez años) en los ingresos generados por la adquisición y tenencia de un contrato forward de diez años.

Sin embargo, la empresa fue expuesta al *riesgo base*, que es el riesgo de que los precios del petróleo de corto plazo se desvíen temporalmente de los precios de largo plazo. En 1993, los precios spot (al contado) cayeron de $20 a $15, generando llamadas de margen por un monto aproximado de $1.0 mil millones de dólares, que tuvieron que ser liquidadas en efectivo.

Algunas de estas pérdidas pudieron haber sido compensadas por las ganancias en los contratos de largo plazo con sus clientes, ya que la empresa podía ahora vender petróleo en precios más altos. Pero, aparentemente, la empresa matriz en Alemania no esperaba tener que colocar tan grandes sumas de efectivo. Los principales ejecutivos en la subsidiaria estadounidense fueron despedidos y sustituidos por un nuevo equipo administrativo europeo. El nuevo equipo procedió inmediatamente a liquidar los contratos restantes, lo cual condujo a una pérdida reportada de $1.3 mil millones de dólares. Desde entonces, la liquidación ha sido severamente criticada, argumentando que la liquidación realizó efectivamente pérdidas que habrían disminuido con el tiempo.[2] El dictamen de los auditores, en contraste, señalaba que las pérdidas fueron causadas por el tamaño de la exposición operativa.

De cualquier modo, la pérdida, el más grande desastre corporativo alemán en la posguerra, estuvo cerca de poner al conglomerado de rodillas. Los acreedores, lidereados por el Deutsche Bank, intervinieron con un paquete de rescate de $2.4 mil millones de dólares. Se les pidió que suscribieran algunos de sus préstamos a cambio de warrants sobre acciones. Eventualmente, el precio por acción cayó en picada, de 64 a 24 marcos, aniquilando más de la mitad de la capitalización de mercado de MG.

2.3 Condado de Orange

El caso del Condado de Orange representa quizás la forma más extrema de riesgo de mercado no controlado, en un fondo gubernamental local. A Bob Citron, tesorero del condado, le fue confiado un portafolio de $7.5 mil millones de dólares, perteneciente a escuelas y ciudades del condado, distritos especiales y al propio condado. Para adquirir una ganancia mayor para estos miles de millones, Citron efectivamente obtuvo préstamos por cerca de $12.5 mil millones, a través de acuerdos de recompra inversa, por un total de $20 mil millones que fueron invertidos en bonos privados con un vencimiento promedio de alrededor de cuatro años. En un entorno donde los costos de financiamiento de corto plazo eran

[2] Este argumento es tratado con más detalle en Culp y Miller (1995).

más bajos que los rendimientos de mediano plazo, la estrategia altamente apalancada se desempeñó excesivamente bien, especialmente mientras caían las tasas de interés.[3]

Desafortunadamente, el incremento en las tasas de interés que inició en febrero de 1994, descubrió la estrategia. Durante todo el año, las pérdidas de papel en el fondo condujeron a llamadas de margen de los intermediarios de Wall Street que habían proporcionado el financiamiento de corto plazo. En diciembre, al difundirse las noticias sobre la pérdida, los inversionistas trataron de retirar su dinero. Finalmente, dado que el fondo no cumplió en los pagos colaterales, los intermediarios empezaron a liquidar su colateral y el Condado de Orange se declaró en bancarrota. Durante el siguiente mes, también fueron liquidados los valores restantes del portafolio, conduciendo a una pérdida de $1.64 mil millones de dólares.

Los funcionarios del condado culparon a Citron por emprender inversiones riesgosas y por no vigilar de cerca sus estrategias. Pero muy pronto olvidaron como habían aplaudido el largo historial de Citron. Durante los años que tuvo el cargo, ingresó cerca de $750 millones en dinero libre para el condado (por encima y mucho más del fondo común estatal). Estos ingresos más altos simplemente reflejaban riesgos mayores.

Las circunstancias que condujeron a la pérdida sufrida por el condado tienen un paralelismo impresionante con el desastre de Barings. Barings también se fue a la bancarrota a causa de grandes posiciones en las que perdieron. Pero la causa principal fue la ausencia de supervisión sobre los operadores: Bob Citron en el Condado de Orange y Nick Leeson en Barings. En ambos casos, los operadores tenían un gran historial que hacía fácil la vida de sus superiores. Unos pocos meses antes de que el desastre los golpeara, los ejecutivos de Barings enviaron a Leeson $850 millones para asegurar una posición supuestamente cubierta; en el verano de 1994, los supervisores del condado aprobaron una colocación de bonos por $600 millones para proporcionarle liquidez a Citron. En ambos casos, a medida que su estrategia empezaba a tornarse amarga, los operadores desplazaron las pérdidas para separar las cuentas. Aunque una diferencia es que Leeson reportó riesgo cero al banco, mientras que los riesgos del fondo común del Condado de Orange eran perfectamente obvios. Los informes mensuales para los inversionistas del fondo común listaron la posición de $20 mil millones en bonos y los reportos inversos. En la primavera de 1994, John Moorlach, que se estaba postulando para tesorero del condado, advirtió que la estrategia era demasiado agresiva (con un alto nivel de riesgo) y que el fondo estaba probablemente abajo (con minusvalías) por mil millones. Desafortunadamente, todo indica que los argumentos de Moorlach fueron ignorados, y él perdió la elección.

[3] Jorion (1995b) proporciona un informe detallado del caso del Condado de Orange.

El error de Citron fue reportar su portafolio al costo, argumentando que no había riesgo en el portafolio, porque mantendría la tenencia hasta el vencimiento. Debido a que las normas contables gubernamentales no requieren que los fondos comunes de inversión municipales registren las pérdidas o ganancias del papel, Citron no reportó el valor de mercado del portafolio. Esto explica por qué las pérdidas pudieron crecer hasta $1.7 mil millones y por qué los inversionistas reclamaban haber sido engañados acerca de las condiciones del fondo común.

Pero una revelación regular y detallada del verdadero valor del portafolio, es decir, del valor del mercado pudo haber salvado a Citron. Si sus tenencias hubieran sido publicadas cada mes, por ejemplo, y medidas en valores presentes del mercado, el tesorero hubiera podido reconocer cuán riesgosas eran de hecho sus inversiones. Los inversionistas, enterados de las fluctuaciones mensuales de los valores, habrían podido abstenerse de abalanzarse sobre el banco para tratar de recuperar su inversión, como ocurrió en diciembre de 1994. Es justo decir que, de haberse publicado el VAR del portafolio, los inversionistas probablemente habrían sido más cuidadosos con sus decisiones de mantenerse en el fondo.

2.4 Daiwa perdió mil millones

El caso de Daiwa también es impresionante por su similitud con el desastre de Barings. El 26 de septiembre de 1995, el banco anunció que un operador en Nueva York, Toshihide Igushi, de 44 años de edad, había acumulado supuestas pérdidas estimadas en $1.1 mil millones de dólares. Las pérdidas eran de una magnitud similar a las que provocaron el derrumbe de Barings, pero Daiwa, el 12o. banco más grande de Japón, se las arregló para resistir el el golpe. La pérdida absorbió "sólo" una séptima parte del capital de la empresa.

Aparentemente, Igushi había ocultado, desde 1984, más de 30,000 operaciones a lo largo de 11 años, con bonos del Tesoro estadounidenses. A medida que las pérdidas crecieron, según dijo el banco, el operador excedió sus límites de posición para compensarlas. Finalmente, Igushi empezó a vender, a nombre de Daiwa, valores depositados por los clientes en la sucursal de Nueva York. El banco asegura que ninguna de estas operaciones fue reportada a Daiwa y que Igushi falsificó las listas de los valores a cargo del banco custodio, Bankers Trust. Al parecer, el banco omitió realizar la confirmación cruzada diaria de las operaciones con el resumen mensual del portafolio.

Como en el caso de Barings, el problema surgió porque en algún momento Igushi tuvo control tanto del front office, como del back office. A diferencia de otros empleados japoneses que fueron removidos periódicamente, él había sido contratado localmente. En su mercado doméstico, los bancos japoneses confían en un espíritu de grupo que funge como un mecanismo de seguridad interna; en operaciones realizadas al otro lado del mar, un enfoque como éste puede ser fatal.

Esta pérdida hizo resaltar las deficientes políticas de administración de riesgos de los bancos japoneses, los cuales ahora pagan una tasa premio de hasta un 0.25 por ciento extra, que refleja el nerviosismo por las pérdidas de propiedad en las instituciones financieras japonesas. Por varias razones, el caso de Daiwa es más preocupante que el de Barings, porque las pérdidas pudieron acumularse durante 11 años, no sólo durante unos cuantos meses.

La revelación de las pérdidas fue una reacción retardada ante la supervisión creciente de los bancos extranjeros tras el colapso del Banco Internacional de Crédito y Comercio (BCCI, por sus siglas en inglés). El Consejo de la Reserva Federal había inspeccionado las oficinas de Daiwa en noviembre de 1992 y en noviembre de 1993. En ambas ocasiones, los reguladores habían advertido al banco de los riesgos en su estructura administrativa. Daiwa, sin embargo, no llegó a implementar cambios radicales e incluso reportó que deliberadamente había ocultado registros y removido temporalmente a operadores de bonos para aprobar la inspección de 1992. Ante la presión de los reguladores, Daiwa relegó a Igushi a una función de back office. Aún así, él continuó operando oculto atrás de otros operadores. Pero, debido a que los auditores del banco estaban escudriñando la operación en Nueva York, la creciente vigilancia hacía que cada vez fuera más difícil para Igushi continuar ocultando las pérdidas. Igushi confesó sus acciones en julio de 1995 en una carta a la alta dirección.

En respuesta a la pérdida, el Banco Daiwa cerró su oficina de Nueva York y la alta dirección anunció, en octubre de 1995, que renunciarían. El banco fue blanco de la ira de los reguladores estadounidenses, quienes ordenaron a la institución que cerrara sus operaciones en el país, una acción sin precedentes. Los reguladores definieron a Daiwa como un "modelo de prácticas bancarias poco series e inseguras, y violatorias a la ley". Los funcionarios del ministerio de finanzas japonés declararon que: "Claramente, una mayor revelación es el camino a seguir".

2.5 Lecciones de los casos de estudio

Todos los desastres estudiados implicaron pérdidas que excedieron los mil millones de dólares. Como se muestra en la tabla 2-3, estas pérdidas fueron atribuidas a varias causas: básicamente operadores tramposos en Barings y Daiwa, y riesgos de mercado para Metallgesellschaft y el Condado de Orange. El único hilo común a través de estos desventurados casos es la ausencia de estrictas políticas de administración de riesgos.

Efectivamente, no hay remedio infalible contra el fraude directo. Pero los controles y verificaciones proporcionados por un sistema adicional de administración del riesgo, así como el tratamiento uniforme de la información del front office y del back office (operaciones), sí debería constituir una protección contra operadores tramposos. Con un buen sistema de administración de riesgos, serían detectados en cuestión de días, si no es que de horas. Por eso es que los sistemas de administración de riesgos son tan invaluables en los mercados financieros.

TABLA 2-3 Factores de riesgo en las pérdidas.

	Mercado	*Operacional*	*Fondeo*	*Ausencia de controles*
Barings	Sí, acciones japonesas	Sí, operador tramposo		Sí
MGRM	Sí, petróleo		Sí, recapitalización	Sí
O.C.	Sí, tasas de interés		Sí, incumplimiento	Sí
Daiwa	Sí	Sí, operador tramposo	Sí	

3 LAS RESPUESTAS DEL SECTOR PRIVADO

La serie de pérdidas atribuidas a los derivados, así como el crecimiento exponencial del mercado, han alertado a los reguladores, que ahora realizan un mayor escudriñamiento. En enero de 1992, Gerald Corrigan, presidente de la Reserva Federal en Nueva York, lanzó una advertencia: "La banca y las finanzas con tecnología de punta tienen su lugar, pero no son tan grandiosas como las pintan. Espero que esto suene como una advertencia, porque lo es". Estos comentarios y la creciente ola de actividad legislativa y regulatoria han conducido al sector privado a crear sus propias propuestas.

En 1993, el Grupo de los Treinta (G-30), un grupo consultivo formado por los principales banqueros, financieros y académicos de las naciones industriales líderes, emitieron un dictamen sobre derivados. El dictamen concluye que la actividad de los derivados "Hace una contribución a la economía total que puede ser difícil de cuantificar, pero que es, sin embargo, favorable y sustancial". El punto de vista general del G-30 es que los derivados no introducen un riesgo mayor que el "ya existente en los mercados financieros". El dictamen del G-30 también recomienda directrices para la administración de los derivados, las cuales se describen con más detalle en el capítulo 15. Estos principios para una práctica confiable, sin embargo, son igualmente válidos para cualquier portafolio, con o sin derivados. Una recomendación fundamental del G-30 es valuar las posiciones al mercado y evaluar sus riesgos financieros utilizando un sistema de valor en riesgo. Recomendaciones similares fueron hechas posteriormente por las agencias valuadoras Moody's y Standard and Poor's, y por la International Swaps and Derivatives Association (ISDA).[4] El Derivatives Policy Group (DPG), creado en agosto de 1994 para analizar aspectos de política pública relacionados con los derivados de mostrador (OTC), también ha propuesto que se utilicen mediciones del riesgo interno para establecer estándares de capital en las actividades con derivados realizadas con "brokers" estadounidenses no regulados.[5]

Quizás la iniciativa del sector privado más notable es la de J.P. Morgan, que en octubre de 1994 lanzó con grandes fanfarrias un nuevo sistema, llamado RiskMetrics. El sistema inicialmente realizaba mediciones de riesgo para 300 instrumentos financieros a través de 14 países, pero se ha expandido enormemente desde entonces. En esencia, los datos representan una matriz de varianza y covarianza de riesgo y medidas de correlación que evolucionan a través del tiempo. Para producir su propio VAR, los usuarios necesitan un software que integre el sistema RiskMetrics con sus propias posiciones.

Aunque el sistema está disponible de forma gratuita, este movimiento no es totalmente desinteresado. El RiskMetrics busca:

- Promover una mayor transparencia del riesgo de mercado.
- Hacer disponibles para otros usuarios, sofisticadas herramientas de administración del riesgo, especialmente para aquéllos que no pueden reunir los recursos para desarrollar dichos sistemas.
- Establecer la metodología de J.P. Morgan como un estándar de la industria.

Además, ayudar a las instituciones financieras para medir y revelar mejor sus riesgos, puede prevenir severas restricciones regulatorias sobre los mercados financieros. De hecho, el RiskMetrics ha dado lugar a un ejército de desarrolladores de sistemas e impulsado a los bancos rivales a desarrollar nuevas generaciones de sistemas de administración del riesgo.

Nuevos sistemas están entrando rápidamente al mercado. En contraste con RiskMetrics, que es básicamente un alimentador de datos, Bankers Trust ha sacado ahora un sistema, llamado RAROC 2020, el cual está basado en su experiencia interna de administración de riesgos. El sistema RAROC integra los cálculos

[4] El ISDA es una asociación que representa a más de 150 instituciones financieras líderes, que operan derivados OTC, negociados en forrma privada.

[5] El "Framework for Voluntary Oversight", que es un esquema para la vigilancia voluntaria de los derivados OTC (1995), del DPG, también proporciona estándares comunes para la comparación de los riesgos de mercado entre las empresas. Plantea un valor de VAR de 99 por ciento, medido en un horizonte de dos semanas. Para más detalles, véase Bair y Milligan (1996).

para la administración del riesgo con pronósticos de volatilidad para generar medidas de valor-en-riesgo. El sistema es bastante desarrollado, ya que es capaz de incorporar activos no distribuidos normalmente o con saldos no lineales, tales como opciones y obligaciones de amortización colateralizada (CMOs).[6]

4 EL PUNTO DE VISTA DE LOS REGULADORES

El explosivo crecimiento de los mercados de derivados y las escandalosas pérdidas observadas han preocupado mucho a los legisladores y los reguladores. En 1993 y 1994, hubo una gran actividad relacionada con la valuación de los riesgos de los derivados, especialmente en los mercados de swaps OTC. Desde entonces, la tendencia inequívoca es a favor de reportes más transparentes del riesgo financiero, a través del uso generalizado de mediciones del VAR.

En mayo de 1994, la General Accounting Office (GAO)[7] emitió un dictamen ampliamente observado sobre derivados, después de más de dos años de estudio. El dictamen afirma que "los derivados cumplen una importante función, pero requieren de una administración cuidadosa. Entre múltiples recomendaciones, el dictamen aconseja a los reguladores financieros realizar evaluaciones periódicas de los sistemas de administración de riesgos de los intermediarios, y estipular requerimientos de revelación más detallados, para los productos derivados.

De hecho, la Office of the Comptroller of the Currency (OCC), la cual regula a los bancos nacionales de los Estados Unidos, ha emitido directrices para la administración del riesgo de los derivados financieros.[8] La OCC espera que los bancos nacionales se apeguen a este conjunto de prácticas prudenciales.

El Financial Accounting Standards Board (FASB),[9] ha emitido varias reglas que referentes a la revelación y tratamiento contable de los derivados. El FAS 105, "Revelación de Información acerca de Instrumentos Financieros con Riesgos ajenos a la Hoja de Balance y acerca de Instrumentos Financieros con Concentración de Riesgo Crediticio", y el FAS 107, "Revelación acerca del Valor Justo de los Instrumentos Financieros", fueron publicados en 1990 y 1991, respectivamente, y requieren la revelación de las posiciones fuera de la hoja de balance a valores justos de mercado.

[6] Para una descripción más detallada, véase Risk (octubre 1995).

[7] La General Accounting Office es la rama de investigación del Congreso estadounidense, encargada de examinar todos los aspectos relacionados con la captación y asignación de los fondos públicos. La GAO desarrolla una variedad de servicios, de los cuales los más importantes son las auditorías y evaluaciones de los programas y de las actividades gubernamentales.

[8] Circular bancaria de la OCC BC-277.

[9] El FASB es una agencia independiente, responsable de elaborar los principios de contabilidad generalmente aceptados. La SEC ha delegado la autoridad legal para ejecutar estas tareas. La SEC, sin embargo, estipula el formulario de declaración financiera que le es presentado.

El FAS 115, emitido en 1994, clasifica los valores de participación y de deuda en três categorías:

- *Emisiones de tenencia* hasta el vencimiento, que se declararán a costo amortizado.
- *Emisiones de valores operables*, que se declararán a valor de mercado, incluyendo en las utilidades las pérdidas y ganancias no realizadas.
- *Emisiones disponibles para la venta*, que se declararán a valor de mercado, fluyendo en una cuenta accionaria (equity account) las pérdidas y ganancias no realizadas.

En una fecha posterior, durante 1994, el FASB anunció el FAS 119, "Revelación acerca de Instrumentos Derivados Financieros y Valor de Mercado de los Instrumentos Financieros", el cual extiende esta clasificación a los derivados y surte efecto para los ejercicios fiscales que terminen después del 15 de diciembre de 1994. En el caso de operaciones de cobertura, el FAS 119 también requiere revelar la naturaleza de la transacción que es objeto de la cobertura. Asimismo, el FAS 119 aconseja, aunque no exige, la revelación de información cuantitativa que ayude a los usuarios a entender los objetivos y los riesgos de utilizar estos instrumentos, información como el valor en riesgo.

En septiembre de 1994, los banqueros centrales del Grupo de los Diez (G-10), emitieron un reporte sobre la revelación pública de los riesgos de mercado y crédito por los intermediarios financieros (este es el mismo grupo que emitió los requerimientos de adecuación de capital que se tratan en el siguiente capítulo). Este reporte, llamado el "Reporte Fisher", concluyó que:

> Los mercados financieros funcionan más eficientemente cuando los participantes del mercado tienen información suficiente acerca de los riesgos y los rendimientos, para realizar inversiones y tomar decisiones operativas con información suficiente... Durante los episodios de tensión en el mercado, esta falta de transparencia puede crear un ambiente tal, en el cual el rumor por sí solo puede ocasionar que el acceso de una empresa al mercado y su financiamiento se vean perjudicados.

El punto de vista es que la revelación pública del riesgo puede reducir los riesgos sistémicos y ayudar a estabilizar el sistema financiero. El reporte concluye que la revelación es altamente deseable y probablemente evolucionará a un esquema fundamentado en el VAR. Más recientemente, en diciembre de 1995, la Securities and Exchange Commission (SEC)[10] emitió una propuesta por la que se

[10] La SEC es una agencia federal encargada de supervisar los mercados de valores de en los Estados Unidos. Entre otras cosas, regula las prácticas de declaración financiera de las corporaciones públicas.

requeriría a las compañías revelar información acerca de la actividad en derivados en los informes financieros registrados ante la SEC. Los interesados en registrarse podrán elegir entre tres posibles alternativas de revelación:

- Una presentación tabular de los flujos de efectivo esperados y de los términos de los contratos, resumidos por categoría de riesgo.
- Un análisis de sensibilidad, expresando las pérdidas potenciales por cambios hipotéticos en los precios de mercado (simulaciones).
- Mediciones del Valor-en-Riesgo para el periodo actual que se esté declarando, que se deberán comparar con los cambios reales en los valores de mercado.

Esta información cuantitativa debe complementarse con un análisis de información cualitativa acerca del riesgo de mercado, incluyendo la exposición primaria de la empresa al riesgo de mercado y la acción ante estas exposiciones, desarrollando los objetivos e instrumentos utilizados.

Este enfoque de la SEC obedece a la percepción generalizada entre analistas de valores y contadores de que "los usuarios están confundidos". Las directrices existentes para la presentación de información no tratan con suficiente detalle el alcance de la participación en instrumentos financieros y el efecto potencial de la actividad de los derivados sobre las utilidades de la empresa.

El aspecto unificador tras estos dictámenes y regulaciones es un énfasis creciente sobre la administración del riesgo. De hecho, se podría argumentar que el mejor control del riesgo de mercado, a través de sistemas de VAR, es una consecuencia directa de los mercados de derivados. Al proporcionar las herramientas para controlar el riesgo de mercado, los derivados habrán cumplido una importante función social.

CAPÍTULO 3

Iniciativas regulatorias para la banca sobre el VAR

El comité investigó el posible uso de los modelos desarrollados por los propios bancos para el cálculo del riesgo de mercado y de sus respectivos niveles de capital, como una alternativa al esquema de medición estandarizado. Los resultados de este estudio fueron lo suficientemente alentadores para que este comité pueda contemplar el uso de modelos internos en la medición de los riesgos de mercado.

Comité de Basilea para la Supervisión Bancaria, Abril de 1995

Además de los desastres financieros descritos, el ímpetu para el uso del valor en riesgo también vino de los reguladores bancarios. En la búsqueda de un sistema financiero seguro y confiable, los reguladores han mostrado una preocupación creciente por el potencial efecto desestabilizador de las actividades operativas en expansión de las instituciones financieras. Esta preocupación se deriva de la creciente operación de los bancos con productos derivados, los cuales están llegando a ser globales, más complejos y por lo tanto, se considera que tienen el riesgo de incumplimientos en cascada. Para empeorar las cosas, estos instrumentos no aparecen en las hojas de balance.

El memorable acuerdo de Basilea de 1988 constituyó el primer paso hacia una administración del riesgo más estricta. El acuerdo de Basilea establece los requerimientos mínimos de capital, que deben cumplir los bancos comerciales para realizar coberturas contra el riesgo crédito. Este acuerdo condujo a un esquema aún en proceso de evolución para imponer requerimientos de capital de garantía contra los riesgos de mercado. En sus últimas propuestas fechadas en abril de 1995, los Bancos Centrales reconocieron implícitamente que los modelos de administración del riesgo, utilizados por los principales bancos comerciales son, con mucho, más avanzados que cualquier cosa que ellos pudieran proponer. Los bancos tiene ahora la opción de utilizar su propio modelo VAR como base para las mediciones de requerimiento capital. Por lo tanto, el VAR está siendo promovido oficialmente como una práctica confiable de administración del riesgo.

De hecho, hace mucho que los bancos reconocieron que la administración de riesgos financieros es el negocio natural de las instituciones financieras. Con mejores sistemas de administración de riesgos, están posibilitados para estimar más eficientemente sus requerimientos de capital y tienen una fuente de ventaja comparativa. Pero esto va más allá del campo de los bancos comerciales. Las casas de bolsa también están en el negocio de la administración de riesgos financieros. Aquí también, la tendencia es, inexorablemente, hacia la utilización del VAR.

En este capítulo se presentan distintas iniciativas regulatorias sobre el VAR. En la sección 1 se analizan las bases para la regulación del sector financiero. El acuerdo de Basilea de 1988 se resume en la sección 2, a continuación se presentan las últimas propuestas sobre riesgos de mercado, en la sección 3. Aquí se incluye el modelo estándar propuesto en Basilea, los modelos internos desarrollados por los propios bancos y los enfoques anteriores al acuerdo. En la sección 4 se describen las Directrices de Adecuación de Capital de la Unión Europea, la cual entró en vigor en 1996. Finalmente, la sección 5 concluye con la regulación de los intermediarios financieros no bancarios.

1 ¿POR QUÉ REGULACIÓN?

Se podría preguntar por principio por qué es necesaria la regulación, si después de todo, los propietarios de una institución financiera deberían tener la libertad de definir los parámetros de riesgo en los cuales habría de desenvolverse la empresa. Los accionistas están poniendo su propio capital en riesgo y sufren las consecuencias directas de una falla en el control del riesgo de mercado. Esto es, básicamente, lo que aconteció a Barings, donde los complacientes accionistas omitieron supervisar la administración de la empresa. El deficiente control sobre los operadores condujo a la institución a actividades crecientemente riesgosas y a la propia quiebra.

Se reportó que el Banco de Inglaterra sufrió angustiosamente considerando si debía sacar a Barings del quebranto. Al final, permitió que el banco cayera en bancarrota. Muchos analistas argumentaron que esta era la decisión correcta. En mercados de capital funcionando libremente, debería permitirse que las instituciones mal administradas cayeran en bancarrota. Esta bancarrota también tiene el efecto de una poderosa alerta en la administración del riesgo.

No obstante, la regulación generalmente es considerada como necesaria cuando el libre mercado es incapaz de distribuir eficientemente los recursos. Para las instituciones financieras, se dice que este es el caso en dos situaciones: cuando se generan externalidades y existen seguros de depósito.

Las *externalidades* se presentan cuando el incumplimiento de una institución afecta a otras empresas. Aquí el temor es por el *riesgo sistémico*. El *riesgo sistémico* se presenta cuando el incumplimiento de una institución tiene un efecto de cascada sobre otras empresas, representando, por lo tanto, una amenaza para la estabilidad de todo el sistema financiero. El riesgo sistémico es un tanto difícil de evaluar, debido a que implica situaciones de inestabilidad extrema, motivo por el cual se observa con poca frecuencia. Sin embargo, en años recientes dos grandes empresas, Drexel y Barings, quebraron sin provocar otros incumplimientos.

El seguro de depósito también es un argumento en favor de la regulación. Por naturaleza, los depósitos bancarios son desestabilizadores. A los deposita-rios se les promete que se les pagará el valor nominal completo de su inversión cuando así lo soliciten. Lógicamente, pueden provocar abalanzarse sobre el banco y realizar retiros en masa si temen que los activos de algún banco han caído por abajo de sus pasivos. Dado que los activos del banco pueden ser invertidos en valores no líquidos o inversiones de bienes raíces, la carrera forzará la liquidación de los mismos, pudiendo generar con ello grandes costos.

Una solución a este problema son las garantías gubernamentales para los depósitos bancarios, las cuales eliminan el fundamento para que se presenten los retiros en masa. Estas garantías también son vistas como necesarias para proteger a los pequeños depositarios, que no pueden supervisar eficientemente a sus bancos. Este monitoreo es complejo, caro y consume mucho tiempo para los miles de pequeños ahorradores que confiaron sus fondos al banco.

Se podría argumentar que el seguro de depósito podría ser proporcionado por el sector privado en lugar del gobierno. Pero, si hemos de ser realistas, los sistemas financieros privados pueden no ser capaces de proporcionar garantías a los inversionistas si ocurren grandes crisis macroeconómicas, como la depresión de los treinta. Asumiendo que es deseable una cobertura como ésta, los gobiernos pueden proporcionarla forzando a otros sectores de la economía a proporcionar capital de respaldo a través de la imposición fiscal.

Esta garantía gubernamental no es la panacea, pues crea un cúmulo de otros problemas, generalmente descritos bajo el nombre genérico de *peligro moral* (*moral hazard*). Dadas las garantías gubernamentales, hay aún menos incentivos para que los ahorradores monitoreen a sus bancos, sino en lugar de ello para que se dejen ir en tropel a las instituciones que ofrecen altos intereses sobre depósitos. Ahora se ofrece a los propietarios de bancos algo equivalente a una opción de venta (put). Si toman riesgos y prosperan, participan de lo beneficios. Si pierden, el gobierno sale al paso y les reembolsa a los ahorradores. Mientras el costo del seguro de depósito no esté relacionado con el riesgo de las actividades, habrá incentivos perversos para aceptar riesgo adicional. Estos incentivos, sin duda alguna, tuvieron mucho que ver en la gran debacle de las "savings and loans", cuyas pérdidas totales se estiman ahora en $150 mil millones de dólares, la mayoría de las cuales fueron pagadas por los contribuyentes estadounidenses. La Comisión Nacional creada para considerar las lecciones de este fracaso, denominó al seguro de depósito la "condición necesaria" sin la cual esta debacle no habría ocurrido.

El problema relacionado con el "moral hazard" debido al seguro de depósito explica por qué los reguladores intentan controlar las actividades en que se toma riesgo. Esto se logra forzando a los bancos a tener niveles mínimos de capital, proporcionando por lo tanto, un colchón para proteger el fondo del seguro. Los requerimientos de capital de garantía también pueden ser útiles como fuerza disuasiva en la toma de riegos no usuales o normales, si el monto de capital en garantía está relacionado con el grado de la exposición, es decir, el monto expuesto.

Un aspecto aún pendiente es el nivel de requerimiento de capital para asegurar un sistema financiero "sano y seguro". Históricamente, los encargados de la regulación financiera han estado tentados a fijar altos niveles de requerimientos de capital de garantía, sólo para estar a salvo. Tal vez la mejor advertencia contra la imposición de estándares de capital que son demasiado altos, fue articulada por Alan Greenspan, presidente de la Reserva Federal, en mayo de 1994, quien señaló que:

- Los accionistas de los bancos deben obtener una tasa de rendimiento competitiva sobre el capital en riesgo, y que los los rendimientos se ven afectados adversamente por los altos requerimientos de capital.
- En períodos de alta inestabilidad en los mercados, los bancos pueden adoptar medidas para reducir su exposición a los riesgos de mercado.
- "Cuando las fuerzas del mercado...se apartan de los fundamentos económicos,...para preservar la estabilidad financiera, son necesarias acciones de políticas sanas, y no sólo capital bancario".

Un enfoque más radical al dilema del seguro de depósito /moral hazard, es confiar sólo en la disciplina del mercado. El banco central de Nueva Zelanda, por ejemplo, abolió recientemente el seguro de depósito. Por lo tanto, el Banco de la Reserva no rescatará a los bancos que fracasen, aunque sigue siendo responsable de la protección de todo el sistema bancario. Como resultado, los ahorradores deben recurrir ahora a la información proporcionada por los bancos comerciales y las agencias calificadoras, para decidir sobre los depósitos y la seguridad de los mismos. Este sistema impone una creciente responsabilidad a los directores bancarios, para asegurar que su institución es sana, debido a que una falla puede conducir a litigios de los acreedores.

El experimento de Nueva Zelanda seguramente será seguido muy de cerca por los reguladores bancarios de todo el mundo. Mientras tanto, la vía regulatoria alternativa está evolucionando hacia un sistema, donde los requerimientos de capital están vinculados explícitamente al riesgo de las actividades asumidas por los bancos comerciales.

2 EL ACUERDO DE BASILEA DE 1988

En la búsqueda de estabilidad financiera, los banqueros centrales del Grupo de los Diez (G-10) llegaron a un acuerdo financiero sin precedentes, el Acuerdo de Basilea, concluido el 15 de julio de 1988.[1] Los banqueros anunciaron que el acuerdo llevaría a una "convergencia internacional de las regulaciones de supervisión, que rigen los requerimientos de capital de garantía de los bancos internacionales". El propósito principal del acuerdo de Basilea fue proporcionar a los bancos comerciales un campo de acción equitativo, a través del establecimiento de un estándar mínimo de requerimientos de capital, aplicable a los países miembros.

El acuerdo de 1988 definió una medida común de solvencia (la proporción Cooke), la cual cubre sólo *riesgos crediticios* y por lo tanto, tiene que ver únicamente con la identidad de los deudores de los bancos. Las nuevas proporciones fueron implementadas totalmente en 1993, cubriendo a todos los bancos asegurados de los países firmantes.

2.1 La proporción Cooke

El acuerdo de Basilea requiere que el capital sea equivalente al menos al 8 por ciento del total de los activos con riesgo del banco. El capital, sin embargo, es interpretado en términos más generales que la definición usual de participación, dado que su objetivo es proteger los depósitos. Consiste de dos componentes:

- *Capital de primer nivel*, o capital central. Incluye emisiones accionarias y reservas reveladas. Las reservas generales de pérdida sobre préstamos constituyen capital que ha sido destinado a absorber pérdidas futuras; cuando ocurren dichas pérdidas, se cargan a la cuenta de reserva y no a las ganancias, lo cual ayuda a suavizar el ingreso en el tiempo.
- *Capital de segundo nivel*, o capital suplementario. Incluye perpetuidades, reservas no reveladas, deuda subordinada con vencimiento mayor a cinco años y acciones recuperables a la opción del emisor. Dado que la deuda de largo plazo tiene una condición subalterna en relación con los depósitos, la deuda actúa como un tope para proteger a los depositantes (y al asegurador del depósito).

Del *cargo de capital* de 8 por ciento, al menos el 50 por ciento debe ser cubierto por capital de primer nivel. Los pesos del capital en riesgo se esta-

[1] Los miembros del Comité de Basilea son funcionarios ejecutivos del G-10: Bélgica, Canadá, Francia, Alemania, Italia, Japón, Holanda, Suecia, Reino Unido y los Estados Unidos, además de Luxemburgo y Suiza, quienes se reúnen cuatro veces al año, usualmente en Basilea, Suiza, bajo el auspicio del Banco de Pagos Internacionales.

blecieron de acuerdo a las clases de activos, como se describe en la tabla 3-1. Por ejemplo, el papel del Tesoro de los Estados Unidos, debido a que son obligaciones de un gobierno de la Organización para la Cooperación y el Desarrollo Económico (OCDE), se les asigna una ponderación de cero. Lo mismo se aplica para el efectivo y el oro de los bancos. A medida que se incrementa el riesgo crédito percibido, se incrementa también su ponderación del riesgo. En el otro extremo de la escala, los reclamos a las corporaciones, incluyendo préstamos, bonos y participaciones, reciben una ponderación de 100 por ciento, lo cual significa que deben ser efectivamente cubiertos por un 8 por ciento de capital.

Los firmantes del acuerdo de Basilea son libres de imponer requerimientos de capital más altos en sus propios países. Por consiguiente, poco tiempo después del acuerdo de Basilea, los legisladores de Estados Unidos aprobaron la Ley de Mejoramiento de la Institución Federal de Seguros de Depósito (FDICIA) de 1991, que pretende promover la confiabilidad y la seguridad de las instituciones financieras estadounidenses. Entre los requerimientos de capital bancario recientemente

TABLA 3-1 Ponderaciones para el capital en riesgo por clases de activos.

Ponderador	*Tipo de activo*
0%	Bonos del tesoro de los EE. UU. y obligaciones de los gobiernos centrales de la OCDE
	Tenencia en efectivo
	Tenencia en barras de oro
20%	Efectivo por recibir
	Derechos sobre bancos miembros de la OCDE
	Valores de agencias gubernamentales estadounidenses
	CMO de agencias
	Bonos municipales de obligación general
50%	Bonos de ingresos municipales
100%	Bonos corporativos
	Deuda de países subdesarrollados
	Derechos mayores a un año sobre bancos de países no miembros de la OCDE
	Participaciones
	Bienes raíces
	Planta y equipo
	Strips y residuales de hipoteca

establecidos, los reguladores estadounidenses[2] han adicionado la restricción de que el capital de primer nivel no debe ser menor al 3 por ciento de los activos totales; esta proporción puede aumentarse para los bancos considerados más débiles.

Además, las directrices actuales de capital basadas en el riesgo, incluyen requerimientos de capital sobre la exposición crediticia de los contratos de derivados. El cómputo de los cargos de capital requeridos se detalla en el capítulo sobre riesgo crédito.

2.2 Restricciones de actividad

Además de los requerimientos de capital, los acuerdos de Basilea establecen límites a la "toma excesiva de riesgos". Se trata de restricciones sobre *grandes riesgos*, definidos como posiciones que exceden el 10 por ciento del capital de un banco. Las grandes exposiciones deben informarse a las autoridades regulatorias. No están permitidas las posiciones que excedan el 25 por ciento del capital de una empresa y el total de la exposición no debe exceder el 800 por ciento del capital. En la práctica, sin embargo, no siempre se han definido formalmente las reglas que han llevado a establecer estas cifras y algunas veces necesitan aclaraciones de las autoridades regulatorias. Como se muestra en el ejemplo de la recuadro 3-1, la aclaración llegó demasiado tarde para salvar a Barings.

RECUADRO 3-1

EL GRAN RIESGO DE BARINGS

Barings se fue a la bancarrota porque sus posiciones en el Singapore Monetary Exchange (SIMEX) y en el Osaka Securities Exchange (OSE) eran demasiado grandes en relación con el capital de la empresa. Al momento de ocurrir, no estaba claro si la exposición de Barings en estas bolsas podía ser clasificada como riesgo "cuasi soberano" o riesgo corporativo. Este era un punto importante a resolver, debido a que el límite de "riesgo grande" no aplica al riesgo soberano.

Barings solicitó formalmente al Banco de Inglaterra la aclaración sobre el estado de su exposición a las bolsas. El Banco de Inglaterra se tomó dos años para contestar. El 1 de febrero de 1995 informó que dicha exposición no podía ser considerada como soberana, y que se aplicaba el límite de 25 por ciento. Ese mismo día la exposición de Barings en la SIMEX era de 40 por ciento de su base de capital y en la OSE, de 73 por ciento. Finalmente, esta exposición condujo al derrumbe de Barings. Más tarde, en un informe sobre la quiebra se asentaba que el "retraso era inaceptable; el Banco de Inglaterra no tenía derecho a asumir que el retraso no tendría consecuencias."

[2] Los cuales incluyen a la Junta de la Reserva Federal, la Office of the Comptroller of the Currency y la Federal Deposit Insurance Corporation.

2.3 Críticas al enfoque de 1988

Las regulaciones de Basilea de 1988 han sido criticadas en varios aspectos. Primero, no tienen en cuenta el *riesgo del portafolio* del banco. Las correlaciones entre los componentes del portafolio pueden alterar significativamente el riesgo total del mismo. El riesgo crédito puede ser compensado vía la diversificación entre las emisoras, las industrias y la ubicación geográfica. De hecho, las regulaciones de 1988 incrementan los requerimientos de capital para las operaciones de cobertura.

Segundo, estas regulaciones no consideran la *conciliación* o *neteo*. Si un banco equipara a depositantes y deudores, la exposición neta de éste puede ser pequeña. Si una contraparte falla, la pérdida puede ser pequeña si el monto prestado es saldado por el monto en préstamo. De hecho, la conciliación fue un ingrediente impulsor importante para la creación de los swaps. Los swaps son derivados que implican una serie de intercambios de pagos y son suscritos con disposiciones explícitas de compensación. En caso de incumplimiento, los bancos son expuestos sólo a la exposición neta, no al monto nominal.

Finalmente, y tal vez el punto más importante es que estas iniciativas regulatorias contabilizan pobremente el *riesgo mercado*, como es el riesgo de tasas de interés. Los activos son registrados al valor en libro, el cual puede diferir sustancialmente de sus precios de mercado vigentes. Como resultado, los rezagos en la contabilidad pueden crear una situación donde una hoja de balance aparentemente sana con capital aceptable, oculte pérdidas a precios de mercado. Esta omisión es particularmente evidente para el portafolio operativo de los bancos con posiciones sobre derivados. En reconocimiento de esta desventaja, el Comité de Basilea ha optado por la medición del riesgo de mercado, con el enfoque de valor-en-riesgo.

3 LAS PROPUESTAS DE BASILEA SOBRE LOS RIESGOS DE MERCADO

Consciente del defecto del acuerdo previo, que se enfocaba principalmente en el riesgo crédito, el Comité de Basilea dio a conocer una serie de propuestas consultivas sobre los riesgos de mercado. Se esperaba que dichas propuestas se combinaran con los requerimientos de riesgo crédito de 1988 e implementaran al final de 1997.

3.1 Las propuestas de abril de 1993: el modelo estándar

El primer paquete de propuestas, emitido en abril de 1993, se basa en un enfoque de componentes estructurales. El VAR inicialmente se calcula para los portafolios expuestos al riesgo de tasa de interés, al riesgo cambiario, al riesgo de participación y al riesgo de producto, utilizando directrices específicas. El VAR total del banco se obtiene entonces de la suma de los diferentes VAR a lo largo de las cuatro categorías. Como la construcción del VAR sigue un proceso altamente estructurado y estandarizado, este enfoque a veces es denominado el *modelo estándar*.

Para el riesgo de tasa de interés, las propuestas definen un conjunto de bandas de vencimiento, dentro de las cuales se identifican las posiciones netas en todas las partidas dentro y fuera de la hoja de balance. Entonces, se asigna una ponderación de duración a cada una de las 13 bandas, variando del 0.20 por ciento para posiciones menores a tres meses, al 12.50 por ciento para posiciones mayores a 20 años. La suma de todas las posiciones netas evaluadas produce entonces un indicador global del riesgo de tasa de interés. Nótese que la conciliación de las posiciones dentro de una banda y la agregación entre las bandas, asume esencialmente correlaciones perfectas entre los instrumentos de deuda.

Para el riesgo cambiario y el riesgo de participación, el cargo de capital por el riesgo de mercado es esencialmente el 8 por ciento de la posición neta; mientras que para los productos, el cargo es 15 por ciento.[3] Todos estos cargos de capital se aplican a los libros operativos de los bancos comerciales, excepto para los riesgos cambiarios, los cuales aplican tanto para los libros operativos, como para los libros de la banca.

Aunque el objetivo de este enfoque es identificar los bancos con una exposición inusual, aún presenta problemas. La *duración* de algunos instrumentos no puede determinarse fácilmente. Las hipotecas, por ejemplo, contienen opciones de prepago que permiten al propietario del bien inmueble refinanciar el préstamo si las tasas de interés bajan. A la inversa, los propietarios de bienes inmuebles harán sus pagos por períodos más prolongados si las tasas de interés suben. La duración efectiva de las hipotecas, por lo tanto, cambia con el nivel de las tasas de interés y con el historial de los prepagos para un conjunto de hipotecas. Asignar una banda de duración para alguno de estos instrumentos llega a ser altamente cuestionable. En términos más generales, la clasificación de riesgo es arbitraria. Los cargos de capital de 8 por ciento se aplican uniformemente a las participaciones y a las divisas (y al oro) sin tomar en cuenta las volatilidades reales de sus rendimientos.

Otro aspecto es que las propuestas de 1993 no consideran la *diversificación entre distintos instrumentos* (distintos riesgos). Las correlaciones bajas implican que el riesgo de un portafolio puede ser mucho menor que la suma de riesgos de

[3] Para las reglas precisas, consúltense las propuestas del Comité de Basilea. Además del cargo por riesgo de mercado, las posiciones de tasa de interés y de participaciones tienen un cargo de capital por riesgo "específico", el cual pretende cubrir los cambios en los valores de mercado ocasionados, por ejemplo, por cambios en la calidad del crédito.

los componentes individuales. Este efecto de diversificación se observa entre los distintos riesgos de mercado o entre los diferentes tipos de riesgos financieros.

La diversificación en toda clase de riesgos de mercado es la más fácil de medir. Datos históricos revelan que las correlaciones en todas las fuentes de riesgo no son perfectas. La inversión en toda clase de mercados globales de renta fija, por ejemplo, es menos riesgosa que la inversión en un sólo mercado. Los beneficios de esta diversificación no se determinan por la simple agregación entre mercados. De manera similar, los movimientos entre distintos tipos de cambio no están perfectamente correlacionados, así como tampoco lo están los movimientos entre tasas de interés y tipos de cambio. Al asumir correlaciones perfectas entre varios tipos de riesgos, se sobrestima el riesgo del portafolio, lo que conduce a requerimientos de capital de garantía que son demasiado altos.

Es más difícil trabajar correlaciones entre diferentes tipos de riesgos. El riesgo crédito, por ejemplo, puede estar relacionado al riesgo de tasa de interés. Esto aplica para la mayoría de los instrumentos de tasa flotante (tales como hipotecas de tasa ajustable), donde los deudores pueden incumplir cuando las tasas de interés se eleven a niveles intolerables.

Algunas veces, aún las agencias calificadoras de crédito han pasado por alto el efecto del riesgo de mercado para la posibilidad de incumplimiento. Un ejemplo excelente es la quiebra del Condado de Orange en diciembre de 1994. En ese momento, las calificaciones de largo plazo de S&P's y de Moody's para el condado estuvieron cerca del nivel más alto posible: AA y Aa1, respectivamente, a pesar de las pérdidas no descubiertas en el conjunto de inversiones, por un total de $1.0 mil millones. Las agencias argumentaron haber conducido una revisión minuciosa de las finanzas del condado, aunque no se percataron de la inminente crisis generada por el flujo de efectivo. Esto sucedió porque las agencias se concentraron sólo en el riesgo crédito; esto es, en la posibilidad de que un deudor pueda fallar en el pago. Las agencias calificadoras pasaron por alto que el riesgo de mercado puede conducir o generar riesgo crédito (como se demuestra en el recuadro 3-2).

3.2 La revisión de abril de 1995: el modelo interno

En abril de 1995, el Comité de Basilea presentó un anexo sustancial de los modelos de riesgo de mercado[4]. Por primera vez, permitiría a los bancos la opción de utilizar sus propios modelos de medición de riesgos para determinar su requerimiento de capital. Esta decisión obedecía al reconocimiento de que muchos bancos han desarrollado sofisticados sistemas de administración de riesgos, en varios casos, mucho más complejos de lo que pudieran dictar los reguladores. En

[4] Véanse las propuestas del Comité de Basilea (1995a, 1995b).

RECUADRO 3-2

MENOSPRECIANDO LOS RIESGOS CRÉDITO Y DE TASAS DE INTERÉS

Otro caso similar de menosprecio del riesgo de mercado y el riesgo crédito es la crisis de la deuda internacional en los ochenta. Los bancos comerciales estadounidenses (y otros) estaban ávidos de prestar a países en desarrollo como Brasil y México, pero esperaban escapar a la exposición a los riesgos cambiario, de interés y crédito.

Un instrumento, conocido como el *préstamo sindicado en eurodólares*, parecía proporcionar la respuesta perfecta. Estaba denominado en dólares (sin riesgo cambiario), era liquidable en base a una tasa flotante (sin riesgo de interés) y estaba diseñado para los gobiernos (los cuales era improbable que dejaran el negocio). Pero, después de que las tasas de interés estadounidenses se dispararan a principios de los ochenta, países como México y Brasil cayeron en incumplimiento: fueron incapaces de hacer los pagos sobre intereses (flotantes) de sus deudas. En resumen, el riesgo de mercado se había convertido en riesgo crédito y a una gran escala.

cuanto a las instituciones que se han quedado rezagadas, esta propuesta proporciona un ímpetu mayor para crear sistemas sanos de administración de riesgos.

Para utilizar este enfoque, los bancos deben satisfacer varios requerimientos cualitativos, incluyendo una revisión regular a distintos niveles administrativos dentro del banco y de los reguladores. La propuesta más reciente de "modelo interno" se basa en el siguiente enfoque:

1. El cálculo del VAR debe basarse en un conjunto de entradas de datos cuantitativas uniformes.

    a) Un horizonte de 10 días de operación, o dos semanas calendario.
    b) Un intervalo de confianza de 99 por ciento.
    c) Un período de observación basado en, al menos, un año de datos históricos y actualizados, al menos una vez por trimestre.

2. Las correlaciones pueden establecerse en categorías generales (tales como instrumentos de deuda), así como en toda clase de categorías (por ejemplo, entre instrumento de deuda y divisas). Como se señaló anteriormente, esto constituye un avance sobre las propuestas previas.
3. El cargo de capital deberá ser fijado en relación al nivel más alto del VAR del día previo, o en relación al VAR promedio de los últimos 60 días hábiles, multiplicado por un factor "multiplicativo" (algunas veces

denominado factor de *histeria*). El valor exacto de este factor lo determinan los reguladores locales y está sujeto a un piso absoluto de 3. Se pretende que este factor proporcione protección adicional contra entornos mucho menos estables que lo que harían suponer los datos históricos.

4. Deberá agregarse un componente de penalización al factor multiplicativo, si las pruebas de verificación revelan que el modelo interno del banco pronostica incorrectamente los riesgos. El propósito de este factor es motivar a los bancos para mejorar la precisión del pronóstico de sus modelos y evitar proyecciones extremadamente optimistas de beneficios y pérdidas, debidas a la implementación del modelo. Tommaso Padoa-Schioppa, presidente del Comité de Basilea, describe este problema como "conducir utilizando el espejo retrovisor". Como el factor de penalización puede depender de la calidad de los controles internos del banco, este sistema está diseñado para recompensar el monitoreo interno veraz, así como para desarrollar sistemas sanos de administración del riesgo.

Para resumir, el cargo general del riesgo de mercado, en cualquier día *t*, es:

$$CRMt = \text{Máx}\,(k\,\frac{1}{60}\sum_{i=1}^{60}\text{VAR}_{t-i},\ \text{VAR}_{t-1}), \tag{3.1}$$

donde *k* es el factor multiplicativo determinado por los supervisores, el cual puede ser fijado en un nivel superior a su mínimo de 3, si el supervisor no está satisfecho con el modelo interno de riesgo del banco.

Los bancos sumarán su cargo de riesgo crédito a su cargo de riesgo de mercado aplicado a las operaciones de mercado, para obtener los requerimientos totales de capital. A cambio de la obligación de destinar capital adicional, los bancos podrán utilizar una nueva clase de capital, capital de tercer piso, que consiste en deuda subordinada de corto plazo. El monto del capital de tercer piso (segundo piso o ambos) está limitado a 250 por ciento del capital del primer piso destinado a soportar los riesgos de mercado.

Esta propuesta ha sido severamente criticada por la International Swap and Derivatives Association (ISDA). En particular, considera demasiado grande el factor multiplicativo de 3. La ISDA demostró que un factor de 1 habría proporcionado capital suficiente para cubrir períodos de inestabilidad global, tales como la caída del mercado accionario de 1987, la guerra del Golfo en 1990 y la crisis del Sistema Monetario Europeo en 1992. Una crítica aún más seria es que el método propuesto basado en un VAR interno crea un requerimiento de capital que es generalmente más alto que el del "modelo estándar" propuesto por el Comité de Basilea. Por lo tanto, la propuesta actual constituye un incentivo negativo al desarrollo de modelos internos de riesgo. Aún está por verse cómo responderá el Comité de Basilea a estas críticas.

3.3 El modelo previo al compromiso

El debate en torno al sistema de medición del riesgo tomó otro rumbo cuando la Junta de la Reserva Federal (1995) propuso un enfoque "previo al compromiso" para la regulación bancaria. Según esta tercera alternativa, el banco se precomprometerá a una pérdida operativa máxima sobre un horizonte designado. Esta pérdida se convertirá en el cargo de capital para el riesgo de mercado. El supervisor observará entonces, digamos, después de un período de reportes trimestrales, si las pérdidas operativas exceden el límite. Si así sucede, el banco pagará una penalización, la cual puede consistir en una multa, un castigo regulatorio o cargos de capital más altos para el futuro. Las violaciones de los límites también traerán escrutinio público al banco, lo cual proporciona un mecanismo más de retroalimentación para una buena administración.

La ventaja principal de este enfoque "compatible con los incentivos" es que el banco mismo elige su requerimiento de capital. Como lo han demostrado Kupiec y O'Brien (1995), esta elección se hace de manera óptima en respuesta a las penalizaciones regulatorias por violaciones. Los reguladores pueden entonces elegir la penalización que inducirá una conducta apropiada.

Esta propuesta ha sido bien vista por la ISDA, la cual señaló que este enfoque reconoce explícitamente los vínculos entre las prácticas de administración del riesgo y el despliegue de capital seleccionado por la empresa. Los críticos, por el contrario, señalan que la verificación trimestral es muy lenta en comparación con los requerimientos diarios de capital a tiempo real incluidos en las propuestas de Basilea. Otros más se preocupan de que los ajustes dinámicos del portafolio para evitar exceder la pérdida máxima, podrían exacerbar los movimientos del mercado, en la misma forma en que el seguro de portafolio ocasionó supuestamente el crack de 1987.

3.4 Comparación de enfoques

En este punto, es útil comparar los pros y los contras de cada método señalado. El primero, el método del modelo estándar, generalmente es visto como menos adecuado por los siguientes factores:

- *Consideraciones de portafolio.* El modelo ignora los efectos de la diversificación.
- *Cargos de capital arbitrarios.* Los cargos de capital están sólo pobremente relacionados a la volatilidad real de cada tipo de activo. Esto puede distorsionar las elecciones del portafolio, a medida que los bancos se apartan de los activos para los cuales el cargo de capital es anormalmente alto.
- *Costos de cumplimiento.* Dado que muchos bancos ya manejan sofisticados sistemas de medición de riesgos, el modelo estándar impone una

carga de trabajo adicional significativa para la presentación regular de reportes.

El segundo, el método de modelo interno, enfoca todos estos aspectos. Confía en el interés individual de los bancos para desarrollar sistemas precisos de administración de riesgos. Los sistemas VAR internos miden el riesgo total del portafolio del banco, tienen en cuenta las diferencias en la volatilidad de los activos, e imponen sólo pequeños costos adicionales. Además, los requerimientos regulatorios evolucionan automáticamente a la misma velocidad que las técnicas de medición del riesgo, dado que los nuevos desarrollos serán incorporados automáticamente a los VAR internos.

Desafortunadamente, desde el punto de vista de los reguladores, el modelo interno aún tiene algunos inconvenientes.

- *Verificación del desempeño.* Se supone que los supervisores vigilarán si los VAR internos efectivamente proporcionan buenas estimaciones de las pérdidas y ganancias futuras en los portafolios. Como los cargos de capital están basados en los VAR, podría existir un incentivo para reducir artificialmente el VAR y reducir así los requerimientos de capital; por lo tanto, la verificación por parte de los reguladores es muy importante. El problema es que, aún con un modelo bien calibrado, habrá casos en que las pérdidas excederán el VAR sólo de manera aleatoria (por ejemplo, 5 por ciento del tiempo utilizando un nivel de confianza del 95 por ciento). Desafortunadamente, para distinguir entre el azar y las imperfecciones del modelo, podrían requerirse períodos largos, como se demuestra en el capítulo 5. Este aspecto dificulta la verificación.
- *Endogenicidad de las posiciones.* Los VAR internos de los bancos miden típicamente el riesgo sobre un intervalo corto, como un día. Extender este número a un período operativo de diez días ignora el hecho de que las posiciones cambiarán, especialmente en respuesta a pérdidas o a una volatilidad inesperadamente alta.[5] Por lo tanto, las mediciones de exposición para un horizonte largo ignoran los procedimientos y controles eficientes de administración de riesgos. Tal vez es por esto que la ISDA ha encontrado que la propuesta actual parece demasiado conservadora.

[5] Una respuesta administrativa típica es cortar las posiciones a medida que se acumulan las pérdidas. Este patrón de operación puede compararse al seguro de portafolio, el cual pretende replicar una opción de venta (put). Por lo tanto, los esfuerzos de la dirección para controlar las

Cabe mencionar que estos problemas no le restan utilidad a los modelos de VAR para la administración de riesgos. Desde el punto de vista de los reguladores, el enfoque previo al compromiso es de recomendarse, ya que responde automáticamente a los cambios de posición. También, el nivel de cobertura de riesgo es escogido por el banco de forma endógena, en respuesta a la penalización por falla, lo que crea menos distorsiones en el mercado de capitales.

Desafortunadamente, todos los modelos presentan como problema la carencia de una forma de verificación de su desempeño. Los reguladores sólo pueden comparar el desempeño realizado "ex post", o contra estimaciones "ex ante" de riesgo o máxima pérdida. A menos que la pérdida máxima se fije muy alto, siempre habrá ocasiones en que una pérdida rebasará el límite incluso con el modelo adecuado. La clave para los reguladores es separar las buenas intenciones y la mala suerte de la conducta irresponsable.

4 LAS DIRECTRICES SOBRE EL REQUERIMIENTO DE CAPITAL DE LA UNIÓN EUROPEA

La historia de los requerimientos de capital en Europa debe ser ubicada en la perspectiva de los laboriosos movimientos para la integración económica y política del continente. El Acta Única Europea de 1985 compromete a los países miembros a alcanzar un mercado libre en bienes, servicios, capital y mano de obra. Para este fin, la Investment Services Directive (ISD) de la Unión Europea, la cual inició sus labores el 1 de enero de 1996, elimina las restricciones contra los servicios financieros no locales. Hasta entonces, una empresa financiera que quisiera hacer negocios en otro país de la Unión Europea tenía que acatar las reglas locales; por ejemplo, estaba obligada a establecer subsidiarias capitalizadas por separado (y costosas oficinas) en países extranjeros. En efecto, esto incrementaba el costo de hacer negocios en el extranjero y hacía al mercado interno europeo menos eficiente de lo que podría ser de otra forma.

Con las nuevas regulaciones, las empresas establecidas en un país de la Unión Europea estarán autorizadas para realizar negocios en cualquier otro país del bloque. Esto conducirá a la consolidación general de redes de oficinas. Por ejemplo, el Deutsche Bank ha anunciado que sus actividades globales de banca de inversión serán centralizadas en Londres[6]. Asimismo, la centralización de la administración de riesgos coadyuvará para un mejor control de los riesgos financieros. Además de mejorar la eficiencia, la mayor competencia deberá reducir los

[6] *The Economist* (Noviembre 5, 1994).

costos de transacción e incrementar la liquidez de los mercados financieros europeos.

Ahora bien, para evitar que las empresas establezcan negocios en el país con el más bajo nivel de regulaciones, la Unión Europea ha adoptado requerimientos de capital para todo el continente, conocidos como Directriz de Requerimientos de Capital (CAD, por sus siglas en inglés). La CAD, publicada en marzo de 1993, establece los niveles mínimos de capital que deberán adoptar los bancos y las casas de bolsa de la Unión Europea a partir de enero de 1996.

Por muchas razones, la CAD se semeja a las directrices de Basilea. Amplía la Proporción de Solvencia de 1989 y las Directrices de Fondos Propios, las cuales eran similares al acuerdo de Basilea de 1988. Los requerimientos de 1993 son muy similares y, en algunos casos, idénticos a los establecidos en la propuesta de Basilea de 1993. La última versión de la CAD también permite a las instituciones utilizar su propio modelo para estimar el VAR diario.

Sin embargo, existen algunas diferencias. Primero, las directrices de Basilea estaban dirigidas sólo a los bancos y no a las casas de bolsa. La regulación de estas últimas está principalmente concentrada en una liquidación ordenada, mientras que la regulación bancaria se enfoca a la prevención de fallas directas. Segundo, las recomendaciones de la CAD entrarán en vigor en 1996, mientras que las reglas de Basilea aplicarán sólo en 1998, con lo cual queda un período durante el cual las empresas europeas tienen que cumplir con un conjunto separado de directrices.

5 LA REGULACIÓN DE LOS INTERMEDIARIOS FINANCIEROS NO BANCARIOS

En muchos sentidos, la regulación de los intermediarios financieros no bancarios es análoga a la de los bancos. Cada una de estas instituciones debe aprender a tratar de manera efectiva los riesgos financieros. Existe también una tendencia a que las líneas de negocio se tornen cada vez más difusas. Los bancos comerciales incursionan ahora en la operación de valores y ofrecen algunas funciones de suscripción y aseguramiento. El portafolio operativo de los bancos contiene activos, pasivos y derivados que no difieren de los que manejan las instituciones de valores. Por lo tanto, los portafolios son valuados a valores de mercado, mientras que los productos bancarios tradicionales son aún reportados a valor en libros. Con la tendencia hacia el aseguramiento (bursatización), sin embargo, más y más activos (tales como los préstamos bancarios) se vuelven líquidos y bursátiles.

En la tabla 3-2 se compara la estructura de los hojas de balance de los intermediarios financieros, las cuales serán discutidas con más detalle.

TABLA 3-2 Hojas de balance de los intermediarios financieros.

Tipo	*Activos*	*Pasivos*
Bancos (libros bancarios)	Préstamos, valores a valor en libros	Depósitos, CD, deuda subordinada
Fondos de pensiones	Valor de mercado de los activos	Valor presente de los pagos de pensiones de beneficio definido
Compañías de seguros	Valor de mercado de los activos	Valor actuarial de los pagos de seguros
Casas de bolsa	Valores (largo)	Valores (corto)

5.1 Los fondos de pensión

Mientras que los fondos de pensión no están sujetos a los requerimientos de capital, hay un número de restricciones similares que rigen los planes de *beneficios definidos*. El esquema regulatorio actual de los Estados Unidos fue definido por el Acta de Seguridad del Ingreso para el Retiro del Empleado (ERISA, por sus siglas en inglés), promulgada en 1974. Bajo el ERISA, se requiere que las compañías hagan contribuciones que sean suficientes para brindar cobertura a los pagos de pensión. En efecto, el capital mínimo es el valor presente de los pasivos por pago de pensión futuros. La obligación de compensar los pasivos no financiados es comparable a la obligación de mantener alguna proporción mínima de capital. Los pesos de riesgo de los activos también son reemplazados por una provisión más blanda de diversificación y de no tomar riesgos excesivos, como lo define la "regla del hombre prudente".

Como en el caso de la regulación bancaria, se proporciona garantías federales a los pensionados. La Pension Benefit Guarantee Corporation (PBGC), así como la Federal Deposit Insurance Corporation (FDIC), cargan una prima de seguro y prometen cubrir el incumplimiento de las empresas. Otros países tienen sistemas similares, aunque la mayor parte de los países tienen una marcada preferencia por los esquemas públicos de *pagar cuando toca*, donde las contribuciones de los empleados actuales financian directamente a los retirados actuales. Los Estados Unidos, el Reino Unido y Holanda están mucho más avanzados en su seguridad en los fondos de pensión privados. En los países con grandes déficits gubernamentales, difícilmente pueden darse el lujo de ofrecer generosos beneficios a una población crecientemente más vieja. Como resultado, es muy probable que los fondos de pensión privados asuman una creciente importancia en todo el mundo. Con esto surgirá la necesidad de la regulación prudencial.

5.2 Las compañías de seguros

La regulación para las compañías de seguros está menos centralizada que para otras instituciones financieras en los Estados Unidos, donde los seguros son regulados a nivel estatal. Como en el caso de la protección de la FDIC, los contratos de seguros son cubiertos finalmente por una asociación de garantía estatal. Los reguladores estatales de seguro establecen estándares de cobertura nacional a través de la National Association of Insurance Commissioners (NAIC).

En diciembre de 1992, la NAIC anunció nuevos requerimientos de capital para las aseguradoras. Como en el caso del acuerdo de Basilea de 1988, las nuevas reglas enfatizan lo relativo al riesgo crédito. Por ejemplo, no se requiere capital para cubrir la tenencia de bonos gubernamentales y sólo el 0.5 por ciento para hipotecas. Pero debe ser cubierto el 30 por ciento del valor de las participaciones.[7] Esta proporción es mucho más alta que la tasa de 8 por ciento requerida para los bancos, lo cual —reclaman algunas aseguradoras— las coloca en desventaja competitiva frente a otras instituciones financieras que cada vez se diversifican más hacia productos de seguros.

En los Estados Unidos, la regulación de los seguros es comparable a la de los bancos, con requerimientos de capital, restricciones de portafolio e intervención regulatoria en casos de violación. Para las compañías de seguros de vida, el capital debe exceder el 4 por ciento de las *reservas matemáticas*, calculadas como los valores presentes de las primas futuras menos los pasivos por muertes futuras. Para compañías de seguros de otros tipos, el capital debe exceder la más alta de las primas cargadas para el año actual, de alrededor del 17 por ciento, y alrededor del 24 por ciento de los pagos anuales sobre los últimos tres años.

5.3 Casas de bolsa

La regulación de las casas de bolsa sigue en proceso de evolución. Estas empresas poseen valores tanto en el lado de los activos como en el de los pasivos (usualmente denominados largo y corto, respectivamente), de su hoja de balance. Los reguladores están generalmente de acuerdo, en que deberá disponerse de alguna reserva prudente para cubrir los riesgos financieros. Sin embargo, no existe acuerdo en torno a si las casas de bolsa deberían poseer capital para cubrir sus posiciones *netas*, consistentes de activos menos pasivos, o sus posiciones *brutas*, consistentes de la suma tanto de sus posiciones largas como cortas.

[7] *The Economist* (Mayo 15, 1993).

Los Estados Unidos y Japón utilizan el enfoque de la posición bruta, el Reino Unido utiliza la posición neta y el Comité de Basilea y la Unión Europea consideran una variante de ambos enfoques. La Unión Europea, por ejemplo, requiere desde 1966 que las empresas tengan una participación igual al 2 por ciento de sus posiciones brutas más el 8 por ciento de sus posiciones netas.

Dimson y Marsch (1995) comparan la efectividad de estos enfoques para una muestra de tenencias detalladas de formadores de mercados británicos. Al comparar el riesgo del portafolio con varios requerimientos de capital, demuestran que el enfoque de la posición neta, como lo requiere el Reino Unido, predomina sobre los enfoques de la Unión Europea y de los Estados Unidos, debido a que es el mejor para aproximar el riesgo real del portafolio. El enfoque de la posición neta se acerca más a lo que sugería la teoría de portafolio.

Aunque existen diferencias en las regulaciones de los bancos y de las casas de bolsa, es muy probable que los requerimientos de capital converjan, dado que los bancos y las casas de bolsa compiten cada vez más en los mismos mercados. Actualmente, se aplican las mismas reglas contables a las actividades de *registro de operaciones* de los bancos y a las actividades operativas de las casas de bolsa. En los Estados Unidos, la ley bancaria *Glass-Steagall* de 1933, que separa las funciones de la banca comercial y de la banca de inversión, se desmorona lentamente. Esta ley de 1933 es ampliamente considerada como obsoleta y demasiado restrictiva, en especial al compararla con el sistema de banca universal prevaleciente en Europa. Las grietas en el muro de Glass-Steagall empezaron a aparecer en 1989, cuando se permitió a los bancos comerciales suscribir acciones y bonos sobre una base limitada (aunque no puede provenir de la suscripción más del 10 por ciento de sus ingresos). Los bancos también se han extendido a productos de seguros, tales como las anualidades, aunque las compañías de seguros estadounidenses se están oponiendo fieramente a una expansión adicional.

Más recientemente, el VAR ha estado ganando prominencia en la regulación de las casas de bolsa. La Securities and Exchange Commission, la Commodities Futures Trading Commission y seis casas de bolsa importantes de Wall Street han concertado un acuerdo para fundamentar los requerimientos de capital bajo la metodología del VAR. Respecto a la banca comercial, el VAR está destinado a convertirse en un índice de referencia universalmente aceptado.

PARTE DOS

BLOQUES CONSTITUTIVOS

Capítulo 4

Las fuentes de riesgo financiero

El mercado accionario fluctuará.

J.P. Morgan, cuando le preguntaron qué iba a hacer el mercado.

Aunque en el lenguaje moderno el término *riesgo* ha llegado a significar "peligro de pérdida", la teoría financiera lo define como la dispersión de resultados (flujos) inesperados debido a movimientos en las variables financieras. De esta manera, tanto la desviación positiva como la negativa, deben ser consideradas fuentes de riesgo. Innumerables inversionistas se han equivocado al no darse cuenta que los rendimientos extraordinariamente anormales de algún operador, tal como en los casos de Nick Leeson y Bob Citron, en realidad reflejaban riesgos mayores. Un desempeño extraordinario, tanto bueno como malo, debería representar banderas rojas.

En la práctica, para medir formalmente el riesgo, hay que definir primero la variable de interés, que bien puede ser el valor del portafolio, las ganancias, el capital o un flujo de efectivo en particular. Los riesgos financieros son creados por los efectos de los factores financieros sobre esta variable.

Como el riesgo requiere una definición rigurosa, en este capítulo se establecen los fundamentos estadísticos de la teoría de portafolio en que se basa el uso de valor en riesgo. Los lectores que estén totalmente familiarizados con estos conceptos pueden pasar directamente al siguiente capítulo, en el cual se introduce formalmente el VAR. En la sección 1 se examinan varias fuentes de riesgo financiero. Los conceptos de riesgo y rendimiento se definen formalmente en la sección 2, en la cual también se muestra cómo utilizar una distribución normal para encontrar la probabilidad de que se observe una pérdida. En esta sección también se hace una introducción a la medición RAROC de capital con riesgo ajustado del Bankers Trust. Como el horizonte de tiempo objetivo para la medición del VAR no es necesariamente igual a aquél sobre el cual se mide el riesgo, en la sección 3 se explica cómo ajustar las mediciones del riesgo para diferentes horizontes.

1 EL RIESGO FINANCIERO

A grandes rasgos, existen cuatro tipos diferentes de riesgos financieros: el riesgo de tasa de interés, el riesgo cambiario, el riesgo accionario y el riesgo de productos físicos. Las herramientas analíticas básicas se aplican a todos estos mercados. El riesgo se mide por la desviación estándar de los flujos no esperados o sigma (σ), también llamada *volatilidad.*

Las pérdidas pueden ocurrir a través de la combinación de dos factores: la volatilidad en la variable financiera subyacente y la exposición (posición abierta) que se tenga sobre esta fuente de riesgo. Si bien las empresas no tienen control sobre la volatilidad de las variables financieras, pueden ajustar su exposición a estos riesgos; por ejemplo, a través de los derivados. El valor en riesgo captura el efecto combinado de la volatilidad de la variable subyacente y la exposición o posición abierta.

Las mediciones de la exposición lineal a los movimientos en las variables subyacentes de riesgo aparecen en todas partes bajo diferentes facetas. En el mercado de renta fija, la exposición a los movimientos de las tasas de interés se conoce como *duración.* En el mercado accionario, esta exposición se denomina *riesgo sistémico* o beta (β). En los mercados de derivados, la exposición a los movimientos en el valor del activo subyacente se conoce como *delta* (δ). Las segundas derivadas o mediciones de segundo orden se conocen como *convexidad* y *gama* (γ) en los mercados de renta fija y de derivados, respectivamente. La convexidad mide el cambio en la duración ante cambios en la tasa de interés; de igual forma, gama mide el cambio en delta ante cambios del precio del subyacente. Ambos términos miden la exposición de segundo orden o cuadrática, a la variable financiera.

En el capítulo 1 se plantea que el interés creciente en la administración del riesgo también se debió en parte al incremento en la volatilidad de las variables financieras, como se ilustró en las figuras 1-1 a la 1-4. Estas gráficas, sin embargo, describen los movimientos en el nivel de las variables financieras y por lo tanto, ofrecen sólo un panorama indirecto del riesgo.

El riesgo puede ser medido con mayor precisión a través de la volatilidad de corto plazo. En las figuras 4-1 a 4-4 se presenta la desviación estándar de los cambios en los precios relativos de 12 meses, expresados en porcentaje anual. La figura 4-1 confirma que la volatilidad del tipo de cambio DM/$ ha crecido en forma notable después de 1973. La desaparición del sistema de tipos de cambio fijo se ha sumado a los riesgos financieros. Obsérvese que esta volatilidad, del orden del 10 al 15 por ciento anual, es más que suficiente para aniquilar los márgenes de utilidad típicos de las empresas con operaciones internacionales, dado que dichos márgenes de utilidad también suelen estar alrededor del 10 al 15 por ciento.

La medida del riesgo parece fluctuar en el tiempo, con picos en 1974 y 1994 y valles en 1977 y 1991. Esto obliga a plantear la pregunta de si el riesgo es ver-

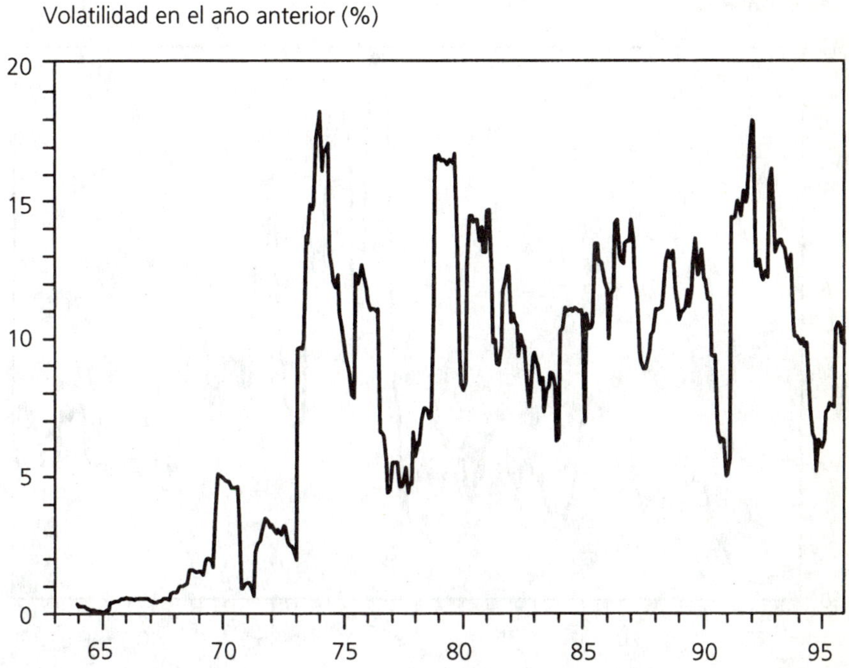

FIGURA 4-1 Volatilidad del tipo de cambio Marco Alemán/Dólar.

daderamente inestable en el tiempo o si estos patrones se deben a nuestro método de estimación y sólo reflejan "ruido" en los datos. Este es un cuestionamiento importante al cual más adelante se dedica un capítulo completo.

La volatilidad en los precios de los bonos estadounidenses se presenta en la figura 4-2. Aquí, la volatilidad típica era de alrededor del 5 por ciento anual antes de 1980. En la década de 1980, sin embargo, se disparó al 20 por ciento anual, sólo para hundirse en la de 1990. La figura 4-3 presenta la volatilidad en los precios del petróleo. Antes de 1970, la volatilidad era muy baja, debido a que se trataba de un mercado regulado. Desde entonces, el riesgo del precio del petróleo se ha incrementado marcadamente, pero sobre todo durante las escaladas de precio de la OPEP en 1974 y 1979.

Por último, la figura 4-4 presenta el riesgo en el mercado accionario estadounidense. La volatilidad parece ser más estable, del orden del 10 al 20 por ciento anual. El riesgo es más consistente en este mercado, lo que refleja derechos residuales sobre las empresas sujetas a riesgos de negocio en un mercado accionario maduro. En octubre de 1974 se observaron notables picos en la volatilidad, cuando las acciones estadounidenses se elevaron un 17 por ciento,

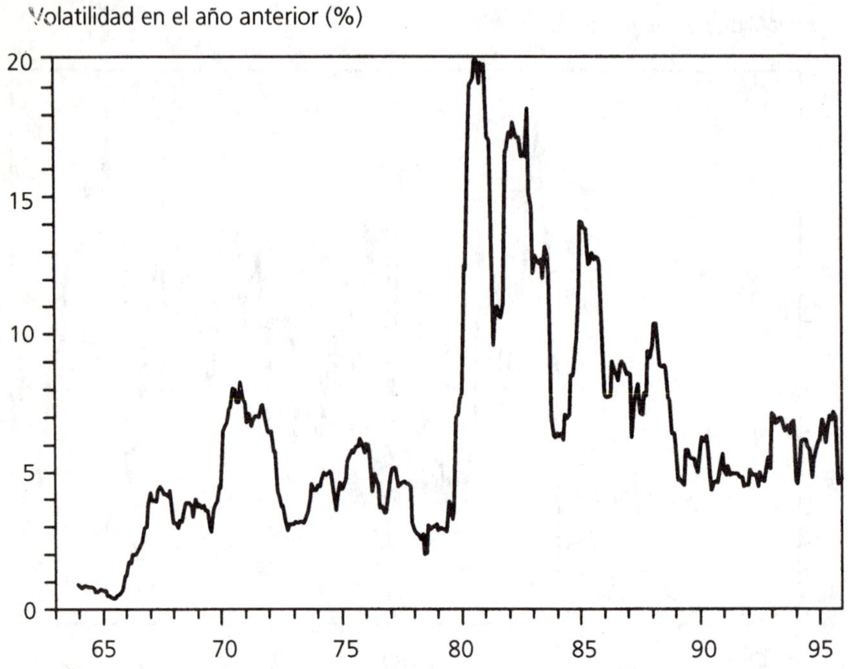

FIGURA 4-2 Volatilidad de las tasas de interés.

después de tres grandes caídas consecutivas; y durante el derrumbe de 1987, cuando las acciones estadounidenses perdieron el 20 por ciento de su valor. La volatilidad, por lo tanto, se genera por grandes cambios inesperados en el precio, tanto positivos como negativos. Este tratamiento simétrico es lógico, dado que los participantes en este mercado pueden estar largos o cortos y ser nacionales o extranjeros, consumidores o productores. En conjunto, la volatilidad de los mercados financieros crea riesgos (véase el recuadro 4-1) y oportunidades, los cuales deben ser medidos y controlados.

RECUADRO 4-1

RIESGO

Los orígenes de la palabra *riesgo* se remontan al latín, a través del francés *risque* y el italiano *risco.* El sentido original de risco es amputar como una piedra, del latín *re-*, tras, y *secare*, cortar. De aquí el sentido de poner en peligro para los marineros que tenían que navegar alrededor de peligrosas piedras afiladas.

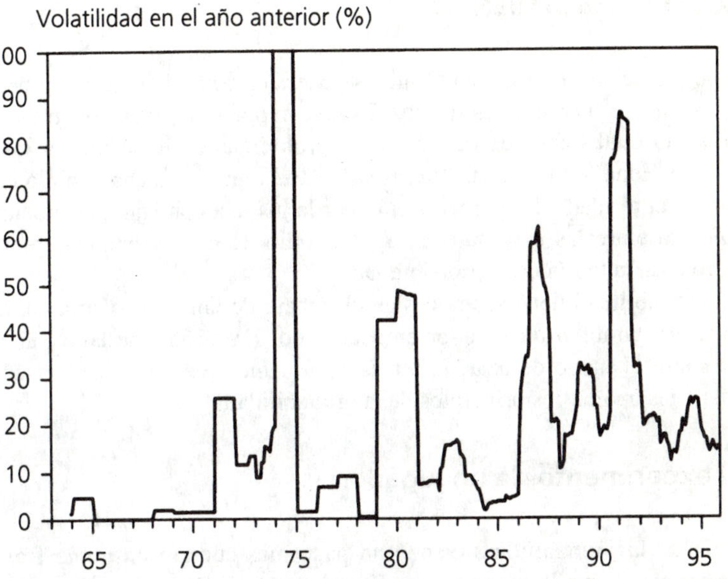

FIGURA 4-3 Volatilidad en los precios del petróleo.

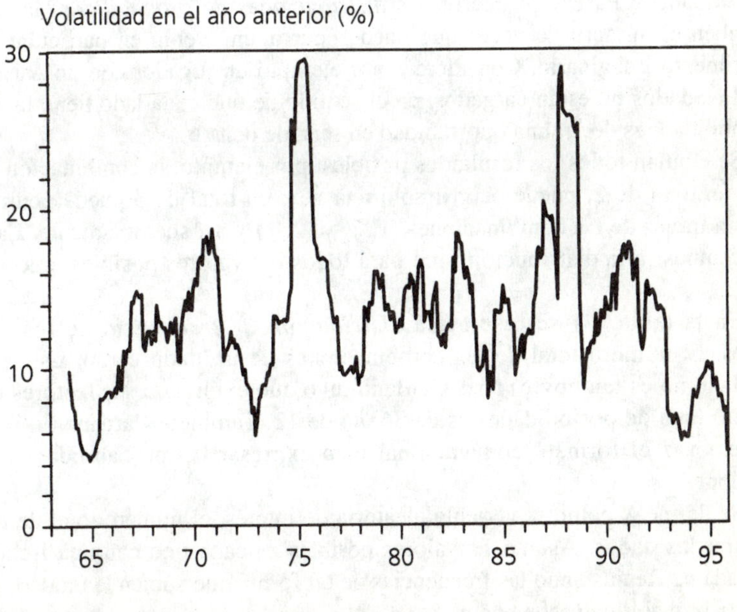

FIGURA 4-4 Volatilidad de los precios accionarios.

2 RIESGO Y RENDIMIENTO

El *riesgo* puede ser definido en términos generales como la incertidumbre sobre los flujos futuros o resultados futuros. Esto se explica mejor en términos de probabilidad, la cual tiene sus raíces en los problemas de distribución justa. De hecho, en la Edad Media la palabra *probabilidad* significaba una "opinión certificada por la autoridad". La preocupación por la justicia condujo a las nociones de equivalencia entre las expectativas. Y el estudio de las expectativas preparó el escenario para la teoría de la probabilidad.

La probabilidad tiene sus raíces en el trabajo de Girolamo Cardano, un italiano que era también un jugador empedernido. En 1565, Cardano publicó un tratado sobre el juego de azar, *Liber de Ludo Alae*, que fue el primer esfuerzo serio para desarrollar los principios de la probabilidad.

2.1 El experimento de un jugador

La teoría de la probabilidad avanzó un paso más cuando un noble francés le planteó un problema de juego a Blas Pascal en 1654. Él quería saber cómo distribuir las ganancias equitativamente en un juego que fuera interrumpido. En el curso del desarrollo de las respuestas a este problema, Pascal diseñó los fundamentos de la teoría de la probabilidad.

Cardano y Pascal definieron las *distribuciones de probabilidad*, las cuales describen el número de veces que puede ocurrir un evento en particular en un experimento imaginario. Considérese por ejemplo un jugador con un par de dados. Los dados no están cargados, en el sentido de que cada lado tiene la misma probabilidad, es decir, una oportunidad en seis, de ocurrir.

Se tabulan todos los resultados posibles; por ejemplo, la combinación de (1, 1), o un total de 2, puede ocurrir sólo una vez; un total de 3 puede ocurrir dos veces a través de las combinaciones (1, 2) y (2, 1) y así sucesivamente. La figura 4-5 muestra la distribución total para todos los valores posibles, que van de 2 a 12.

En la tabla 4-1 se resume la *distribución de frecuencia* de los puntos totales. El número total de las combinaciones de un dado es 36. Este primer resultado no es tan obvio, pues Cardano tuvo que explicar a sus lectores que el número total de posibilidades es de 36, no de 12. También, Cardano definió por primera vez el formato convencional para expresar las probabilidades como fracciones.

Se define X como la variable aleatoria de interés, el número total de puntos por tirar los dados. Asume 11 valores posibles x_i, cada uno con una frecuencia asociada n_i. Reajustando las frecuencias de tal forma que sumen la unidad, se obtiene la probabilidad asociada p_i.

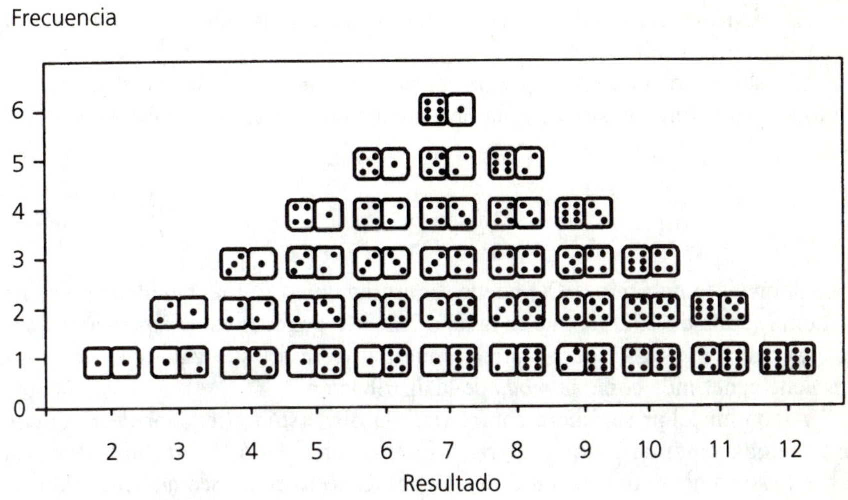

FIGURA 4-5 Distribución de combinaciones.

TABLA 4-1 Cálculo de vapor esperado y de la desviación estándar.

Valor (x_i)	*2*	*3*	*4*	*5*	*6*	*7*	*8*	*9*	*10*	*11*	*12*	*Total*
Frecuencia de ocurrencia (n_i)	1	2	3	4	5	6	5	4	3	2	1	36
Probabilidad de ocurrencia (p_i)	$\frac{1}{36}$	$\frac{2}{36}$	$\frac{3}{36}$	$\frac{4}{36}$	$\frac{5}{36}$	$\frac{6}{36}$	$\frac{5}{36}$	$\frac{4}{36}$	$\frac{3}{36}$	$\frac{2}{36}$	$\frac{1}{36}$	1
Calculando $E(X) : p_i x_i$	$\frac{2}{36}$	$\frac{6}{36}$	$\frac{12}{36}$	$\frac{20}{36}$	$\frac{30}{36}$	$\frac{42}{36}$	$\frac{40}{36}$	$\frac{36}{36}$	$\frac{30}{36}$	$\frac{22}{36}$	$\frac{12}{36}$	$\frac{252}{36}$
Calculando $V(X) : p_i[x_i - E(X)]^2$	$\frac{25}{36}$	$\frac{32}{36}$	$\frac{27}{36}$	$\frac{16}{36}$	$\frac{5}{36}$	$\frac{0}{36}$	$\frac{5}{36}$	$\frac{16}{36}$	$\frac{27}{36}$	$\frac{32}{36}$	$\frac{25}{36}$	$\frac{210}{36}$

Estas probabilidades definen una *función de distribución de probabilidad* (*fdp*) que por construcción debe sumar la unidad:

$$\sum_{i=1}^{11} pi = 1. \tag{4.1}$$

La distribución puede ser útilmente caracterizada por dos variables: su media y su dispersión.

El valor esperado $E(X)$, o *media*, puede estimarse como la suma ponderada de todos los valores posibles, cada uno ponderado por su probabilidad de ocurrencia.

$$E(X) = \sum_{i=1}^{11} p_i x_i. \tag{4.2}$$

Para abreviar la notación, E(X) puede ser escrita como μ. En el ejemplo, la suma da como resultado 252/36, que es igual a 7. Por lo tanto, el valor esperado de lanzar los dados es 7. La figura también muestra que este es el valor con la mayor frecuencia, definida como la *moda* de la distribución.

A continuación se quiere caracterizar la dispersión alrededor de $E(X)$ con una medida sencilla. Esto se logra, primero, obteniendo la *varianza*, definida como la suma ponderada de las desviaciones respecto de la media al cuadrado.[1]

$$V(X) = \sum_{i=1}^{11} P_i[x_i - E(X)]2. \tag{4.3}$$

Obsérvese que, debido a que las desviaciones respecto a la media son elevadas al cuadrado, tanto las desviaciones positivas como las negativas son tratadas simétricamente. En nuestro ejemplo, el término que corresponde al resultado $x_1 = 2$ es (1/36) $[2\text{-}7]^2 = 25/36$. La tabla muestra que todos estos suman $V(X) =$ 210/36.

La varianza es medida en unidades de x cuadrada y, por lo tanto, no es directamente comparable a la media. La *desviación estándar*, o volatilidad, se define entonces como la raíz cuadrada de la varianza.

$$DS(X) = \sqrt{V(X)}. \tag{4.4}$$

Para abreviar nuevamente la notación, DS(X) se escribe como σ. En nuestro ejemplo, la desviación estándar de los resultados futuros es $= \sqrt{(210/36)} = 2.415$ Este número es particularmente útil porque indica un rango típico de valores alrededor de la media.

2.2 Propiedades de las expectativas

El experimento de juego implicó un conjunto discreto de resultados, caracterizados por una *fdp* discreta. Para muchas variables, tales como la tasa de ren-

[1] El término varianza fue introducido por primera vez por el estadístico R.A. Fisher en 1918, en el contexto de un artículo sobre genética.

dimiento de una inversión, el rango de posibles resultados es continuo. Por lo tanto, redefinimos la *fdp* como $f(x)$. Como en (4.1), esto debe sumar, o integrar, la unidad sobre todos los valores posibles, desde $-\infty$ hasta ∞:

$$\int_{-\infty}^{+\infty} f(x)dx = 1. \tag{4.5}$$

La expectativa y la varianza son, entonces, por extensión de (4.2) y (4.3)

$$E(X) = \int_{-\infty}^{+\infty} xf(x)dx, \tag{4.6}$$

$$V(X) = \int_{-\infty}^{+\infty} [x - E(X)]^2 f(x)dx. \tag{4.7}$$

Más adelante, se utilizan en forma extensa transformaciones y combinaciones de variables aleatorias. ¿Cómo afecta esto las expectativas y las varianzas?

Primero, se define una nueva variable aleatoria como $Y = a+bX$, una transformación lineal de la X original. Los parámetros a y b son constantes. Después de introducir en (4.6) y (4.7), tenemos

$$\begin{aligned} E(a + bX) &= \int (a + bx)f(x)dx \\ &= a\int f(x)dx + b \ sf(x)dx \\ &= a + bE(X), \end{aligned} \tag{4.8}$$

por (4.5), y

$$\begin{aligned} V(a + bX) &= \int [a + bx - E(a + bX)]^2 f(x)dx \\ &= \int [a + bx - a - bE(X)]^2 f(x)dx \\ &= \int b^2[x - E(X)]^2 f(x)dx = b^2V(X). \end{aligned} \tag{4.9}$$

Por lo tanto, la volatilidad de Y es $\sigma(a + bX) = b\sigma(X)$.

Volvamos ahora a las combinaciones lineales de las variables aleatorias, como $Y = X_1 + X_2$, que podría ser el caso del pago de un portafolio de dos acciones. Aquí, la incertidumbre sobre estos pagos se describe como una *fdp* de dos variables, $f(x_1, x_2)$. Si nos abstraemos de la otra variable, la distribución para una variable se conoce como la *distribución marginal,*

$$\int_2 f(x_1, x_2)\, dx_2 = f(x_1). \tag{4.10}$$

La expectativa es, por extensión de (4.6) y (4.10),

$$E(X_1 + X_2) = \int_1\int_2 (x_1 + x_2) f(x_1, x_2)\, dx_1 dx_2$$

$$= \int_1\int_2 x_1 f(x_1, x_2) dx_1 dx_2 + \int_1\int_2 x_2 f(x_1, x_2)\, dx_1 dx_2$$

$$= \int_1 x_1 \,[\int_2 f(x_1, x_2)\, dx_2] dx_1 + \int_2 x_2 [\int_1 f(x_1, x_2)\, dx_1] dx_2$$

$$= \int_1 x_1 f(x_1) dx_1 + \int_2 x_2 f(x_2) dx_2 = E(X_1) + E(X_2). \qquad (4.11)$$

Esto es notablemente simple: el valor esperado es un operador lineal. El valor esperado de una suma es la suma de los valores esperados.

No obstante, el desarrollo de la varianza es más complicado. Tenemos que:

$$V(X_1 + X_2) = \int_1\int_2 \{x_1 + x_2 - E(X_1 + X_2)\}^2 f(x_1, x_2)\, dx_1 dx_2$$

$$= \int_1\int_2 \{[x_1 - E(X_1)]^2 + x_2 - E(X_2)]^2 + 2[x_1 - E(X_1)]$$

$$[x_2 - E(X_2)]\} f(x_1, x_2) dx_1 dx_2$$

$$= \int_1 [x_1 - E(X_1)]^2 f(x_1) dx_1 + \int_2 [x_2 - E(X_2)]^2 f(x_2) dx_2$$

$$+ 2\int_1\int_2 [x_1 - E(X_1)][x_2 - E(X_2)] f(x_1, x_2) dx_1 dx_2$$

$$= V(X_1) + V(X_2) + 2\text{Cov}(X_1, X_2), \qquad (4.12)$$

donde el último término se define como la *covarianza* entre X_1 y X_2.

La varianza resulta ser un operador no lineal. En general, la varianza de una suma de variables aleatorias no es igual a la suma de las varianzas. Esto implica un término cruzado que es muy importante ya que conduce a las propiedades de diversificación de los portafolios.

Sin embargo, en el caso especial donde ambas variables son probabilísticamente independientes, lo cual puede ser escrito formalmente como $f(x_1, x_2) = f(x_1) \times f(x_2)$, la última integral se reduce a

$$\int_1\int_2 [x_1 - E(X_1)]\, [x_2 - E(X_2)]\, [f(x_1) \times f(x_2)] dx_1 dx_2$$

$$= \int_1 [x_1 - E(X_1)] f(x_1) dx_1 \times \int_2 [x_2 - E(X_2)] f(x_2) dx_2$$

$$= 0, \qquad (4.13)$$

dado que $\int x_1\, f(x_1) dx_1 = E(X_1)$. La varianza de una suma es igual a la suma de las varianzas si las dos variables son independientes entre sí: $V(X_1 + X_2) = V(X_1) + (X_2)$.

2.3 Distribuciones normales

En una inspección más cercana, la distribución de la figura 4-5 se parece a la curva "acampanada" ubicua, propuesta hace dos siglos por Karl F. Gauss (1777-1855), quien estudiaba el movimiento de los cuerpos celestes (de aquí su nombre, gaussiana).[2] La distribución "normal" juega un papel central en la estadística porque describe adecuadamente muchas poblaciones existentes. Más adelante, P.S. Laplace desarrolló el *teorema del límite central*, que demostraba que la media converge en una distribución normal a medida que se incrementa el número de observaciones. De igual forma, a medida que se incrementa el número de lanzadas independientes (es decir, incrementando el número de dados de dos a un gran número), la distribución converge a una distribución normal suave. Esto explica por qué la distribución normal ocupa un lugar tan prominente en la estadística.

Una aplicación directa de estas observaciones de hace un siglo es la evaluación del riesgo crédito. Considérese el problema de la evaluación del capital en riesgo en un gran portafolio conteniendo muchos créditos al pequeño consumidor. Individualmente, cada incumplimiento puede ser modelado por una distribución *binomial*, con sólo dos realizaciones, asumiendo la inexistencia de repago parcial. Sin embargo, en el límite, la distribución de una suma de variables binomiales converge en una distribución normal. Por lo tanto, el portafolio puede ser modelado por una distribución normal como el incremento del número de créditos. Debe hacerse notar que este resultado se apoya fuertemente en la independencia de los incumplimientos. Si la economía es golpeada por una severa recesión, es probable que ocurrirán muchos incumplimientos simultáneos, lo cual invalida la aproximación normal.

Una distribución normal tiene varias propiedades. En particular, toda la distribución puede ser caracterizada por sus dos primeros momentos, la media y la varianza: $N(\mu, \sigma^2)$. El primer parámetro representa la ubicación; el segundo, la dispersión. La función de distribución tiene la siguiente expresión:

$$f(x) = \Phi(x) = \frac{1}{\sqrt{2\pi\sigma^2}} \quad e^{[-\frac{1}{2\sigma^2}(x-\mu)^2]} \tag{4.14}$$

donde $e^{[y]}$ representa el exponencial de y.

Esta función, la cual es central en el modelo de valuación de opciones Black-Scholes, podría ser tabulada para diferentes valores de μ y σ. Sin embargo, esto puede simplificarse considerablemente utilizando tablas para una dis-

[2] Galton acuñó el término "normal", el cual ha llegado a ser casi universal en inglés, aunque los escritores europeos continentales prefieren utilizar el término "gaussiana".

tribución normal con una media cero y una varianza igual a uno, la cual es conocida como *la función de distribución normal estándar.*

Iniciemos a partir de una variable normal *estándar* ϵ tal que $\epsilon \sim N(0,1)$. Definamos ahora X como:

$$X = \mu + \epsilon\sigma. \tag{4.15}$$

Regresando a (4-8) y (4.9), podemos demostrar que X tiene una media $E(X) = E(\epsilon)\sigma + \mu = \mu$, y $V(X) = V(\epsilon)\sigma^2 = \sigma^2$.

La distribución normal estándar se traza en la figura 4-6. Como la función es perfectamente simétrica, su media es la misma que su moda (el punto más probable) y que su mediana (la cual tiene una probabilidad de ocurrencia de 50 por ciento).

Alrededor del 95 por ciento de la distribución está contenida entre los valores de $\epsilon_1 = -2$ y $\epsilon_2 = +2$. 66% de la distribución cae entre valores de $\epsilon_1 = -1$ y $\epsilon_2 = +1$. Si queremos encontrar límites de confianza del 95 por ciento para los

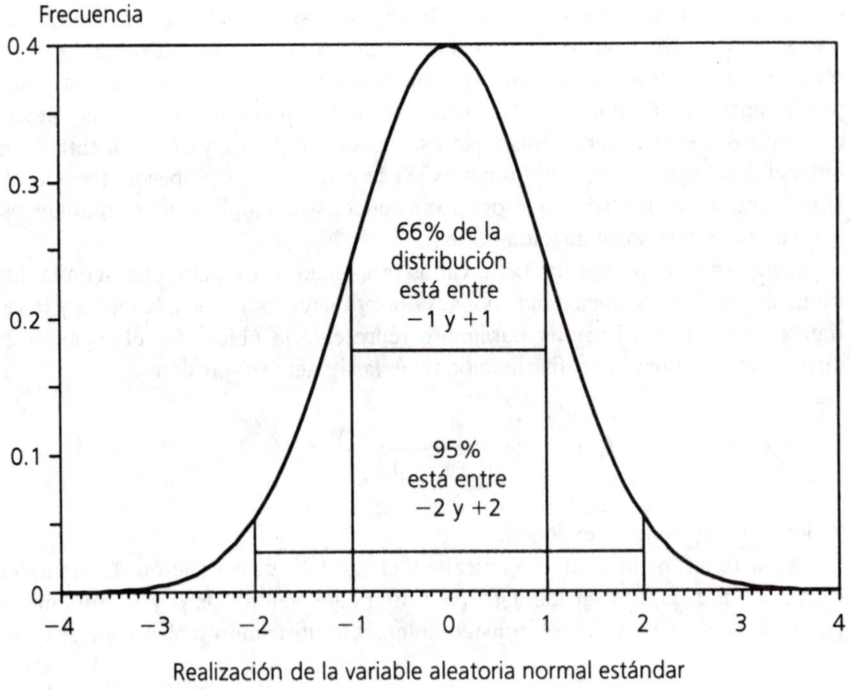

FIGURA 4-6 Distribución normal.

movimientos en un tipo de cambio, con media 1 por ciento y volatilidad del 12 por ciento, tenemos:

$$X_{\text{MÍN}} = 1\% - 2 \times 12 = -23\%$$

$$X_{\text{MÁX}} = 1\% + 2 \times 12 = +25\%.$$

Por lo tanto, el intervalo de confianza $[-2, +2]$ para ϵ, se transforma en $[-23\%, +25\%]$ para el movimiento X en el tipo de cambio.

En la tabla 4-2 se presentan puntos de corte más precisos. La tabla reporta *cuantiles*, los cuales son puntos q tales que el área a su derecha (o izquierda) representa una probabilidad dada c

$$c = \text{Prob}(X \geq q) = \int_q^{+\infty} f(x)dx. \qquad (4.16)$$

Para encontrar el número de desviaciones estándar para un nivel de confianza dado c, elija un número en el primer renglón. Por ejemplo, podríamos encontrar el VAR en el nivel de confianza del 95 por ciento. La tabla muestra que corresponde a una desviación de 1.645 por abajo de la media.

TABLA 4-2 Cuantiles más bajos de la distribución normal.

Percentil	99.99	99.9	99	97.72	97.5	95	90	84.13	50
Valor	−3.715	−3.090	−2.326	−2.000	−1.960	−1.645	−1.282	−1.000	0.000

2.4 RIESGO

Por lo tanto, el riesgo es medido como la dispersión de los pagos (resultados) posibles. Una distribución más plana indica un riesgo más grande; y una distribución más estrecha, un riesgo más bajo. La figura 4-7 muestra la distribución de dos tipos de cambio, el marco alemán (DM) y el dólar canadiense (C$), contra el dólar estadounidense. La gráfica muestra la frecuencia de los rendimientos mensuales durante el período de 1973 a 1994. Como se muestra en la figura, el tipo de cambio DM/$ es más riesgoso que el tipo C$/$ porque tiene un rango más grande de valores. En el recuadro 4-2 se muestra cómo penalizar posiciones con riesgos mayores.

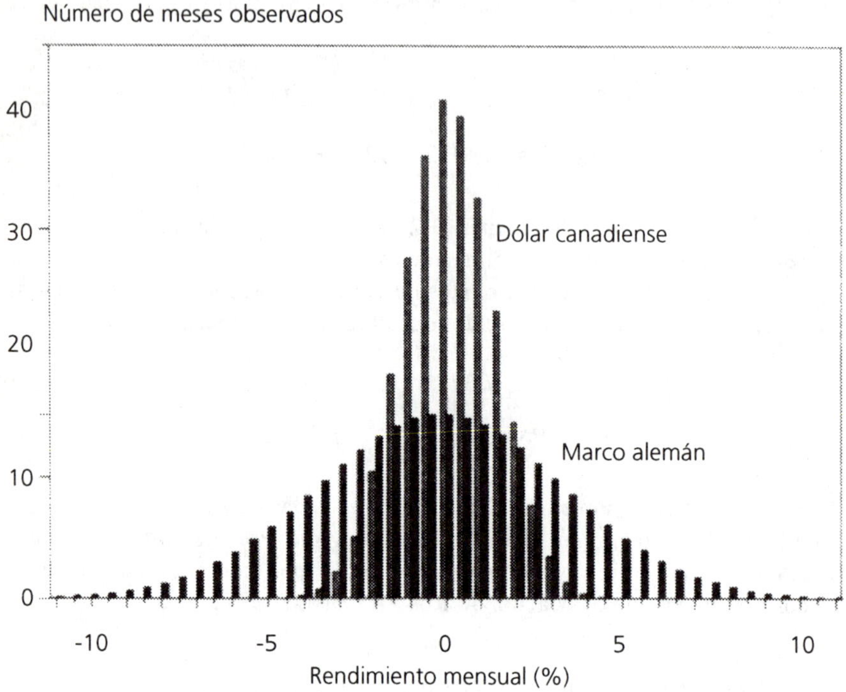

FIGURA 4-7 Comparación de distribuciones.

RECUADRO 4-2

RAROC: EL AJUSTE DE RIESGO DE BANKERS TRUST

Bankers Trust ha sido una institución pionera en la administración del riesgo, introduciendo la medición del riesgo a través de su sistema de rendimiento de riesgo ajustado sobre capital (RAROC, por sus siglas en inglés) a finales de los setenta. El sistema surgió de la necesidad de ajustar la utilidad del operador al riesgo. Considérese, por ejemplo, dos operadores, cada uno de los cuales hace una ganancia de $10 millones, uno en bonos del Tesoro de corto plazo y el otro en divisas. Esto genera una serie de preguntas esenciales: ¿Qué operador se desempeñó mejor? ¿Cómo deberían ser compensados por su utilidad? y ¿A dónde debería la empresa destinar más capital? El RAROC ajusta las ganancias para el capital en riesgo, definido como el monto de capital requerido para cubrir el 99 por ciento de la pérdida máxima esperada en un año. El mismo horizonte de un año se utiliza para todos los cálculos del RAROC, independientemente del período real de tenencia, para permitir comparaciones significativas entre las clases de activos.

RECUADRO 4-2 (*Continuación*)

Para cuantificar el RAROC de la posición en divisas, se asume que el valor nominal de los contratos fue de \$100 millones. La volatilidad del tipo de cambio DM/\$ es 12 por ciento anual. La empresa necesita poseer capital suficiente para cubrir el 99 por ciento de las pérdidas posibles. Como el 1 por ciento de la distribución normal se encuentra 2.33 desviaciones estándar por debajo de la media, la peor pérdida posible es $2.33 \times 0.12 \times \$100m = 28m$, que es también el requerimiento de capital para sostener esta posición. Por lo tanto, el RAROC para el operador de divisas es $\$10/\$28 = 36\%$. Esta medición es una proporción de riesgo-a-recompensa.

Ahora se considera al operador de bonos. Se asume que la ganancia fue obtenida con un monto nocional promedio de \$200 millones y que el riego de estos bonos es de alrededor de 4 por ciento. La pérdida máxima es, entonces, $2.33 \times 0.04 \times \$200m = \$19m$. El RAROC para el operador de bonos es de $\$10/\$19 = 54\%$. Cuando se ajustó a los recursos de capital, el operador de bonos asestó un golpe más fuerte al dólar.

El RAROC también proporciona límites de operación. Por ejemplo, un operador que pierde el 10 por ciento de su capital RAROC en un mes debe dejar de operar. Una vez más, el RAROC permite comparaciones significativas entre diferentes mercados.

Este ajuste genera una serie de refinamientos esenciales que han transformado el curso de la estrategia de Bankers Trust en los últimos diez años. A través de la compensación de los operadores con base en su sistema RAROC, el ajuste del riesgo permea la cultura del banco. En palabras de la propia empresa, la administración del riesgo se practica "con un enfoque holístico". Bankers Trust descubrió que la mayoría de sus empréstitos eran menos redituables que otras operaciones y estratégicamente ajustó la dirección del banco a funciones más redituables de administración del riesgo. Esto, por supuesto, asume que la volatilidad de los rendimientos captura todos los aspectos esenciales de los riesgos de negocio.

2.5 Rendimientos de activos

En el contexto de la medición del riesgo de mercado, la variable aleatoria considerada es la tasa de rendimiento de un activo financiero (aunque los juegos de azar son algunas veces una comparación apropiada). El rango de posibles pagos sobre un valor puede ser descrito también por su función de distribución de probabilidad.

Definamos, por ejemplo, el horizonte de medición de un mes. Los rendimientos se miden a partir del final del mes previo, denotado por el subíndice $t - 1$, al final del mes actual, denotado por t. La tasa de rendimiento *aritmética* o *discreta* se define como la ganancia de capital más cualquier pago intermedio, tal como un dividendo o cupón:

$$r_t = (P_t + D_t - P_{t-1}) / P_{t-1}. \tag{4.17}$$

Nótese que esta definición implica que cualquier pago es reinvertido sólo al final del mes.

Para concentrarse en los rendimientos de un horizonte de mayor plazo, la práctica es concentrarse en la tasa de rendimiento *geométrica*, la cual se define en términos de logaritmos del cociente de precios:

$$R_t = \ln[(P_t + D_t) / P_{t-1}]. \tag{4.18}$$

Por simplificar, en adelante asumiremos que los pagos D_t, son cero. Alternativamente, podríamos ver a P como el valor de un fondo mutuo que reinvierte todos los dividendos. Por lo tanto, no tiene lugar un rebalanceo con rendimientos geométricos, mientras las medias aritméticas correspondan al caso de una inversión fija; esto es, donde las ganancias se retiran y las pérdidas se acumulan.

La ventaja de utilizar rendimientos geométricos es doble. Primero, desde el punto de vista económico, podrían ser más significativos que los rendimientos aritméticos. Si los rendimientos geométricos son distribuidos normalmente, entonces la distribución nunca puede conducir a un precio que sea negativo. Esto es porque la cola izquierda de la distribución, tal como $\ln(P_t/P_{t-1}) \rightarrow -\infty$ se obtiene como $(P_t/P_{t-1}) \rightarrow 0$, o $P_t \rightarrow 0$.

En contraste, en la cola izquierda de la distribución normal de los rendimientos aritméticos, $R_t = (P_t - P_{t-1}) / P_{t-1} \rightarrow -\infty$ se obtiene como $(P_t/P_{t-1}) - 1 < -1$, o $P_t < 0$. Económicamente, esto no es significativo. Por lo tanto, imponer una distribución normal sobre la tasa de rendimiento aritmética permite una conducta aberrante en los precios.

Para algunas series, la utilización de un rendimiento geométrico también puede ser más consistente. Por ejemplo, los tipos de cambio pueden ser definidos en dos divisas base distintas. Utilizando S($/BP) como el precio en dólares de la libra esterlina, la variable aleatoria de interés es $x = \ln(S_t/S_{t-1})$. Ahora, asumiendo el punto de vista de un inversionista británico, que mide los valores del activo en libras, la variable es $y = \ln[(1/S_t)/(1/S_{t-1})] = -\ln(S_t/S_{t-1}) = -x$. Por lo tanto, las distribuciones de x y y son mutuamente consistentes, lo cual no sucedería si se definen los rendimientos en términos discretos.

La utilización de logaritmos también es particularmente útil para la conversión de los rendimientos o de las mediciones de riesgo en otras divisas. Suponiendo que un inversionista alemán desea medir los rendimientos en marcos alemanes. Esto puede derivarse de datos expresados en dólares, como $\ln[S(\text{DM/BP})] = \ln[S(\text{DM/\$})] + \ln[S(\text{\$/BP})] = -\ln[S(\text{\$/BP})] + \ln[S(\text{\$/BP})]$. El rendimiento expresado en marcos alemanes es igual a la diferencia entre el rendimiento en dólares, sobre la libra y el rendimiento en dólares sobre el marco, $z(\text{DM/BP}) = x(\$/\text{BP}) - x(\$/\text{DM})$, de donde se obtienen inmediatamente las varianzas y las correlaciones.

La segunda ventaja de la utilización de rendimientos geométricos es que permiten fácilmente extensiones a períodos múltiples. Por ejemplo, considérese el rendimiento sobre un período de dos meses. El rendimiento geométrico puede ser descompuesto como:

$$R_{t,2} = \ln(P_t/P_{t-2}) = \ln(P_t/P_{t-1}) + \ln(P_{t-1}/P_{t-2}) = R_{t-1} + R_t. \qquad (4.19)$$

Esto es particularmente útil, dado que el rendimiento geométrico de dos meses es simplemente la suma de los dos rendimientos mensuales. Con rendimientos discretos, la descomposición no es tan simple.

Una vez señalado lo anterior, hay que admitir que, en múltiples situaciones, las diferencias entre los dos rendimientos son pequeñas. Considérese que $R_t = \ln(P_t/P_{t-1}) = \ln(1 + r_t)$. Si r_t es pequeña, R_t puede ser descompuesta a través de una serie de Taylor como $R_t = r_t + r_t^2 / 2 + r_t^3 / 3 + \ldots$, la cual se simplifica a $R_t \approx r_t$ *si* r_t es pequeña. Por lo tanto, en la práctica, mientras los rendimientos sean pequeños, habrá una diferencia pequeña entre los rendimientos continuos y los discretos. Sin embargo, esto podría no ser verdad en mercados con grandes movimientos, como los mercados emergentes, o cuando el horizonte de intervalo se mide en años.

2.6 Estimadores muestrales

En la práctica, la distribución de las tasas de rendimiento usualmente se estima sobre cierto número de períodos previos, asumiendo que todas las observaciones son *idénticas* e *independientemente distribuidas* (*iid*). Si T es el número de observaciones, el rendimiento esperado, o primer momento de la distribución, $\mu = E(X)$ puede ser estimado por la media muestral,

$$\hat{\mu} = \frac{1}{T} \sum_{i=1}^{T} x_i, \qquad (4.20)$$

y la varianza, o segundo momento de la distribución $\sigma^2 = E[(X - \mu)^2]$, puede ser estimada por la varianza muestral,

$$\hat{\sigma}^2 = \frac{1}{T-1} \sum_{i=1}^{T} x_i - \hat{\mu})^2, \qquad (4.21)$$

La raíz cuadrada de σ^2 es la desviación estándar de X, frecuentemente llamada *volatilidad*. Mide el riesgo de un valor como la dispersión de los resultados alrededor de su valor esperado o promedio.

Regresando a la distribución de los cambios mensuales en el tipo de cambio en la figura 4-7, encontramos que la media de los cambios en DM/$ fue de −0.21 por ciento y que la desviación estándar fue de 3.51 por ciento. La tasa de C$/$ presenta una volatilidad menor del 1.3 por ciento.

Nótese que la ecuación (4.21) puede desarrollarse como

$$\hat{\sigma}^2 = \frac{1}{T-1} \sum_{i=1}^{T} x_i^2 - \frac{T}{T-1} \hat{\mu})^2. \qquad (4.22)$$

Esto demuestra que la varianza está compuesta de dos términos, el primero de los cuales es un promedio de los rendimientos al cuadrado y el segundo es el cuadrado del promedio.

Para la mayoría de las series financieras las muestras se realizan en intervalos diarios, el segundo término es insignificante en relación con el primero. En el ejemplo de DM/$, el rendimiento al cuadrado promedio es $(-0.0021)^2 = 0.0000044$, contra un término de varianza del orden de $(0.0351)^2 = 0.00123$, el cual es mucho mayor. Por lo tanto, en tales situaciones, podemos ignorar la media para la estimación de mediciones diarias del riesgo.

Para complementar, debemos mencionar también otros dos momentos. El *sesgo* describe las desviaciones de la simetría. El sesgo de una distribución normal es 0. Se mide como:

$$\hat{\gamma}^2 = \frac{1}{T-1} \sum_{i=1}^{T} (xx_i - \hat{\mu})^3 / \hat{\sigma}^{\ 3/2}. \qquad (4.23)$$

La *kurtosis* describe el grado de "aplanamiento" de una distribución, que se mide como:

$$\hat{\delta}^2 = \frac{1}{T-1} \sum_{i=1}^{T} (x_i - \hat{\mu})^4 / \hat{\sigma}^{\ 4}. \qquad (4.24)$$

La kurtosis de una distribución normal es 3. Estos dos momentos pueden ser utilizados para una verificación rápida de que la distribución muestral es cercana a la normal. La observación de grandes valores negativos del sesgo, o valores grandes de la de kurtosis, indican que la cola izquierda de la distribución estimada, la cual se utiliza para cuantificar el valor en riesgo, no se asemeja a una distribución normal.

3 AGREGACIÓN DEL TIEMPO

La cuantificación del VAR requiere primero la definición de un período sobre el cual medirlo. Este período puede establecerse en términos de horas, días o semanas. Para un administrador de inversiones, puede corresponder al período regular de presentación de informes ya sea mensual o trimestral. Para un administrador bancario, el horizonte deberá ser lo suficientemente largo para detectar a los operadores que toman posiciones que exceden sus límites. Los reguladores se están inclinando actualmente a exigir un horizonte de dos semanas, el cual es considerado el período necesario para forzar a la vigilancia de los bancos.

Para comparar los riesgos a través de los horizontes, necesitamos un método de traducción, un problema conocido como *agregación del tiempo* en econometría. Supongamos que observamos datos diarios, de los cuales obtenemos una medición VAR. La utilización de datos de mayor frecuencia es generalmente más eficiente porque utiliza más información.

El horizonte de inversión puede ser, sin embargo, de tres meses. Así, la distribución para datos diarios debe ser transformada en una distribución sobre un horizonte trimestral. Si los rendimientos no están correlacionados en el tiempo (o se comportan como una caminata aleatoria), esta transformación es directa.

El problema de la agregación del tiempo puede ser reintroducido en el problema de encontrar el rendimiento esperado y la varianza de una suma de variables aleatorias. De (4.19), el rendimiento de dos períodos (de $t - 2$ a t) $R_{t,2}$ es igual a $R_{t-1} + R_t$, donde el subíndice 2 indica que el intervalo de tiempo es de dos períodos. En una sección previa se demostró que $E(X_1 + X_2) = E(X_2)$ y que $V(X_1 + X_2) = V(X_1) + V(X_2) + 2\text{Cov}(X_1, X_2)$.

Para agregar en el tiempo, introducimos ahora un supuesto extremadamente importante: los rendimientos no están correlacionados en intervalos sucesivos de tiempo. Este supuesto es consistente con los *mercados eficientes*, donde el precio actual incluye toda la información relevante acerca de un activo en particular. De ser así, todos los cambios en el precio deben originarse de noticias que, por definición, no pueden ser anticipadas y por lo tanto, no deben estar correlacionadas en el tiempo: los precios siguen una *caminata aleatoria*. El término cruzado, es decir, la covarianza entre X_1 y X_2, debe ser igual a 0. Además, podríamos asumir, razonablemente, que los rendimientos están idénticamente distribuidos en el tiempo, lo cual significa que $E(R_{t-1}) = E(R_t) = E(R)$ y que $V(R_{t-1}) = V(R_t) = V(R)$.

Con base en estos dos supuestos, el rendimiento esperado sobre un horizonte de dos períodos es $E(R_{t,2}) = E(R_{t-1}) + E(R_t) = 2E(R)$. La varianza es $V(R_{t,2}) = V(R_{t-1}) + V(R_t) = 2V(R)$. El rendimiento esperado sobre dos días es dos veces el rendimiento esperado sobre un día; de igual forma para la varianza. Tanto el rendimiento esperado como la varianza se incrementan linealmente con el tiempo. La volatilidad, en contraste, crece con la raíz cuadrada del tiempo.

En resumen, para ir de datos diarios, mensuales o trimestrales, a datos anuales, podemos escribir:

$$\mu = \mu_{\text{anual}} T \tag{4.25}$$

$$\sigma = \sigma_{\text{anual}} \sqrt{T}, \tag{4.26}$$

donde T es el número de años (es decir, 1/12 para datos mensuales o 1/252 para datos diarios, si el número de días de operación en un año es de 252). Por lo tanto, *los ajustes de la volatilidad a diferentes horizontes pueden estar fundamentados en una raíz cuadrada del factor tiempo cuando las posiciones son constantes.*

Como ejemplo, regresemos a los datos del tipo de cambio DM/$ que deseamos convertir en parámetros anuales. La media de los cambios es − 0.21% por mes × 12 = − 2.6% por año. El riesgo es 3.51% por mes × $\sqrt{12}$ = +2.2% anual.

En la tabla 4-3 se compara el riesgo y el rendimiento promedio para un conjunto de series financieras, medidas en porcentaje por año sobre el período 1973-1994. Las acciones son típicamente las más volátiles (15 por ciento). En seguida se ubican los tipos de cambio contra el dólar (12 por ciento) y los bonos estadounidenses (9 por ciento). Algunas divisas, no obstante, son relativamente más estables. Tal es el caso del franco francés contra el marco alemán, los cuales eran fijos, cada uno con respecto del otro, desde marzo de 1979.

Nótese que, dado que la volatilidad crece con la raíz cuadrada del tiempo y la media con el tiempo, la media dominará a la volatilidad en horizontes largos. En horizontes cortos, tales como un día, la volatilidad domina. Esto proporciona una razón para concentrarse en mediciones del valor en riesgo basadas sólo en la volatilidad e ignorando los rendimientos esperados.

Para ilustrar este punto, considérese una inversión en acciones estadounidenses que, de acuerdo a la tabla 4-3, generan un rendimiento promedio de 11.1 por ciento anual con un riesgo de 15.4 por ciento. En la tabla 4-4 se com-

TABLA 4-3 Riesgo y rendimiento: 1973-1994 (% anual).

	Tipo de cambio					
	DM/$	FF/DM	C$/$	Uen/$	Acciones estadounidenses	Bonos estadounidenses
Volatilidad	12.2	4.9	4.5	11.1	15.4	8.7
Promedio	−2.6	3.6	1.7	−4.4	11.1	8.6

TABLA 4-4 Riesgo y rendimiento sobre varios horizonates. Acciones estadounidenses, 1973-1994

Horizonte	*Años* *T*	*Media* *m*	*Riesgo* *s*	*Relación* *mys*	*Probabilidad de pérdida %*
Anual	1	11.1000	15.40	0.7208	23.6
Trimestral	0.25000	2.7750	7.70	0.3604	35.9
Mensual	0.08333	0.9250	4.45	0.2081	41.8
Semanal	0.01918	0.2129	2.13	0.0998	46.0
Diario	0.00397	0.0440	0.97	0.0454	48.2
Por hora	0.00050	0.0055	0.34	0.0161	49.4

para los riesgos y rendimientos promedio de poseer una posición sobre intervalos sucesivamente más cortos, utilizando las ecuaciones (4.25) y (4.26). Al pasar de datos anuales a datos diarios y aun a datos por hora, la media retrocede mucho más rápido que la volatilidad. Teniendo como base un año de 252 días hábiles, el rendimiento diario esperado es de 0.04 por ciento, muy pequeño comparado con la volatilidad de 0.97 por ciento.

La tabla 4-4 puede utilizarse para inferir la probabilidad de una pérdida sobre un intervalo dado. Para datos anuales, esta es la probabilidad de que el rendimiento, distribuido $N(\mu = 11.1\%, \sigma^2 = 15.4\%^2)$ descienda por abajo de 0. Transformándolo a una variable normal estándar, ésta es la probabilidad de que $\epsilon = (R - 0.111)/0.154$ descienda por abajo de 0, que es el área a la izquierda de la variable normal estándar $-0.111/0.154 = -\ 0.7208$. En las tablas de la distribución normal, encontramos que el área a la izquierda de 0.7208 es 23.6 por ciento. Por lo tanto, la probabilidad de perder dinero en un año es de 23.6 por ciento, como se muestra en la última columna de la tabla 4-4. En contraste, la probabilidad de perder dinero en un día es 48.2 por ciento, ¡la cual es mucho mayor!

Esta observación es tomada algunas veces para respaldar el criterio generalizado de que las acciones son menos riesgosas en el largo plazo que en un horizonte corto. Desafortunadamente, esto no es necesariamente correcto, dado que el monto de la pérdida en dólares también se incrementa con el tiempo.[3]

Hasta aquí, se han cubierto las herramientas estadísticas necesarias para cuantificar el valor en riesgo. Este es el propósito del siguiente capítulo.

[3] Merton y Samuelson (1974) han escrito algunos artículos denunciando esta "falacia". Véase también Harlow (1991).

CAPÍTULO 5

Medición del valor en riesgo

La estimación de Ganancias Diarias en Riesgo para nuestras actividades de operación combinadas, promedió aproximadamente $15 millones...

Reporte anual de 1994 de J. P. Morgan

Tal vez la mayor ventaja del VAR es que resume en un solo número, fácil de entender, la exposición total de una institución al riesgo de mercado. Sin duda esto explica porqué el VAR rápidamente se convierte en una herramienta esencial para la presentación de los riesgos operativos a los principales ejecuti-vos, directores y tenedores de acciones de una institución. J. P. Morgan, por ejemplo, reveló en su reporte anual de 1994 que su VAR era en promedio de $15 millones a un nivel de 95 por ciento en un día. Los accionistas están así en posibilidades de evaluar si se sienten cómodos con este nivel de riesgo o no. Antes de que se dieran a conocer dichas cifras, los accionistas tenían sólo una idea vaga del tamaño de las actividades operativas asumidas por el banco.

En este capítulo se desarrolla una definición formal del valor en riesgo. En la sección 1 se muestra cómo obtener el VAR a partir de las distribuciones de probabilidad. Esto puede hacerse de dos maneras: considerando la distribución observada o aproximando la distribución a través de una curva normal, en cuyo caso el VAR se obtiene considerando la desviación estándar de dicha distribución normal.

La sección 2 se enfoca en las técnicas de verificación de la precisión de los modelos de VAR. Estos procedimientos, algunas veces denominados *verificaciones de la realidad*, son importantes para los reguladores, los cuales quieren asegurarse de que los modelos internos de VAR de un banco no están sistemáticamente sesgados de una o de otra forma. El Comité de Basilea recomienda la "prueba de respaldo" (back testing) como un medio de verificar la precisión del valor de VAR obtenido. La verificación también es importante para los usuarios, que requieren verificar que su modelo pronostique acertadamente el número de ocasiones en que será excedido el VAR. La verificación fue una de las recomendaciones del histórico estudio del G-30.

En ambos casos, la clave de la verificación es entender el papel de las variaciones en el muestreo, lo cual dificulta la verificación y resta precisión a la estimación del VAR. En consecuencia, en la sección 2 se proporciona un esquema para analizar este aspecto dentro del VAR y se discuten algunos métodos para mejorar la precisión de las estimaciones del VAR. Finalmente, en la sección 3 se plantean algunas observaciones concluyentes.

1 CUANTIFICANDO EL VAR

Con todas las herramientas requeridas a la mano, podemos ahora definir formalmente el VAR de un portafolio. Como se estableció previamente, *el VAR resume la pérdida máxima esperada (o peor pérdida) sobre un horizonte de tiempo objetivo dentro de un intervalo de confianza.*

1.1 Factores cuantitativos

El primer paso para la medición del VAR es la elección de dos factores cuantitativos: el horizonte de tiempo y el nivel de confianza. Ambos son un tanto arbitrarios. Como ejemplo, el enfoque de modelo interno del Comité de Basilea define un intervalo de confianza del 99 por ciento sobre 10 días. El VAR resultante entonces se multiplica por un factor de seguridad de 3 para proporcionar el requerimiento de capital mínimo para propósitos regulatorios.

Probablemente, el Comité de Basilea eligió un periodo de 10 días porque refleja la interrelación entre los costos de un seguimiento frecuente y los beneficios de la detección temprana de problemas potenciales. Desde el punto de vista de los usuarios, el horizonte puede ser determinado por la naturaleza del portafolio. Los bancos comerciales actualmente reportan su VAR operativo sobre un horizonte diario a causa del gran volumen de transacciones en sus portafolios. En contraste, los portafolios de inversión, tales como los fondos de pensión, generalmente ajustan sus exposiciones al riesgo de manera más lenta, razón por la cual generalmente se elige un horizonte de un mes para propósitos de inversión. Como el periodo de tenencia (el horizonte de tiempo) debe corresponder al periodo más largo requerido para una liquidación ordenada del portafolio, el horizonte deberá estar relacionado con la liquidez de los valores, definida en términos del tiempo requerido para volúmenes normales de transacción.

Para la elección del nivel de confianza se dispone de menos pautas. Probablemente también, el Comité de Basilea eligió un nivel del 99 por ciento que refleja la interrelación entre el deseo de los reguladores de asegurar un sistema financiero sano y seguro y el efecto adverso de los requerimientos de capital sobre los rendimientos de los bancos. Los usuarios fijan niveles de confianza que varían ampliamente. Por ejemplo, Bankers Trust utiliza un nivel del 99 por ciento, Chemical y Chase utilizan un nivel de 97.5, Citibank utiliza un nivel de 95.4 por ciento, BankAmerica y J. P. Morgan utilizan un nivel de 95 por ciento. Niveles de confianza más elevados implican un VAR mayor.

El que dichas diferencias sean significativas depende de su utilización. Si los VAR resultantes son utilizados para la selección de un requerimiento de capital, entonces será crucial la elección del nivel de confianza. Dicha selección deberá reflejar el grado de aversión al riesgo de la empresa y el costo de una pérdida por exceder el VAR. Una mayor aversión al riesgo, o un costo más grande, implica que las posibles pérdidas deberán ser cubiertas con un monto mayor de capital, conduciendo por lo tanto, a un mayor nivel de confianza.

En contraste, si el VAR se utiliza sólo para proporcionar un criterio interno aplicable a toda la empresa para comparar los riesgos entre diferentes mercados, entonces la elección del nivel de confianza no es tan importante. Asumiendo una distribución normal, en este capítulo se demuestra que es fácil convertir todas estas medidas bancarias dispares en un número común.

Sin embargo, la elección del nivel de confianza es importante para la *validación del modelo*. El nivel de confianza deberá ser elegido con preferencia a un nivel mayor, el cual daría un una medida de pérdida que sólo rara vez será excedida. Tomemos como ejemplo un nivel del 95 por ciento. Sabemos que, sólo por azar, esperamos una pérdida peor que el VAR en un mes sobre 20. Si hubiéramos elegido un nivel del 99 por ciento, habríamos tenido que esperar en promedio 100 días para confirmar que el modelo se ajusta a la realidad. Por lo tanto, en promedio, tomará mucho tiempo detectar si se consideraron demasiadas observaciones que exceden el VAR. Es importante elegir un nivel de confianza que permita a los usuarios verificar las estimaciones regularmente. Este concepto se desarrolla con más formalidad en la siguiente sección.

1.2 El VAR para distribuciones generales

Para cuantificar el VAR de un portafolio, se define W_0 como la inversión inicial y R como su tasa de rendimiento. El valor del portafolio al final del horizonte objetivo es $W = W_0(1 + R)$. Como antes, el rendimiento esperado y la volatilidad de R son μ y σ. Definamos ahora el valor más bajo del portafolio al nivel de confianza dado c como $W^* = W_0(1 + R^*)$. El VAR se define como la pérdida en dólares, relativa a la media,

$$\text{Valor en riesgo (media)} = E(W) - W^* = -W_0(R^* - \mu). \qquad (5.1)$$

Algunas veces el VAR es definido como la pérdida *absoluta* en dólares; esto es, relacionada a cero o sin referencia al valor esperado,

$$\text{Valor en riesgo (cero)} = W_0 - W^* = -W_0R^*. \tag{5.2}$$

En ambos casos, encontrar el VAR es equivalente a identificar el valor mínimo para W^*, o el rendimiento crítico R^*.

En su forma más general, el VAR puede derivarse de la distribución de probabilidad del valor futuro del portafolio $f(w)$. En un nivel de confianza dado c, deseamos encontrar la peor realización posible W^* tal que la probabilidad de exceder dicho valor sea c:

$$c = \int_{W^*}^{\infty} f(w)\,dw, \tag{5.3}$$

o tal que la probabilidad de un valor inferior a W^*, $p = P(w \leq W^*)$, sea $1 - c$:

$$1 - c = \int_{-\infty}^{W^*} f(w)\,dw = P(w \leq W^*) = p. \tag{5.4}$$

En otras palabras, el área de $-\infty$ a W^* debe sumar $p = 1 - c$, por ejemplo, 5 por ciento. El número W^* es denominado el *cuantil* muestral de la distribución. Observe que no se utilizó la desviación estándar para encontrar el VAR.

Esta especificación es válida para cualquier distribución, discreta o continua, delgada o extendida. En la figura 5-1, por ejemplo, se reporta las distribuciones de los ingresos diarios de J. P. Morgan en 1994.

Para cuantificar el VAR de los ingresos, supongamos que los ingresos diarios están idéntica e independientemente distribuidos. Entonces podemos derivar el VAR en un nivel de confianza del 95 por ciento a partir del 5 por ciento del lado izquierdo de la "cola de pérdida" del histograma.

A partir de esta gráfica, el ingreso promedio es de alrededor de \$5.1 millones. Existen un total de 254 observaciones; por lo tanto, sería deseable encontrar W^* tal que el número de observaciones a su izquierda sea $254 \times 5\% = 12.7$. Tenemos 11 observaciones a la izquierda de $-\$10m$ y 15 a la izquierda de $-\$9m$. Interpolando, encontramos $W^* = -\$9.6m$. El VAR de los ingresos diarios, medido en relación a la media, es $\text{VAR} = E(W) - W^* = \$5.1m - (-\$9.6m) = \$14.7m$. Si se desea medir el VAR en términos de la pérdida absoluta en dólares, el VAR es entonces $\$9.6m$.

1.3 El VAR para distribuciones paramétricas

La cuantificación del VAR puede simplificarse considerablemente si se puede suponer que la distribución es normal. Cuando este es el caso, el VAR puede derivarse directamente de la desviación estándar del portafolio, utilizando un fac-

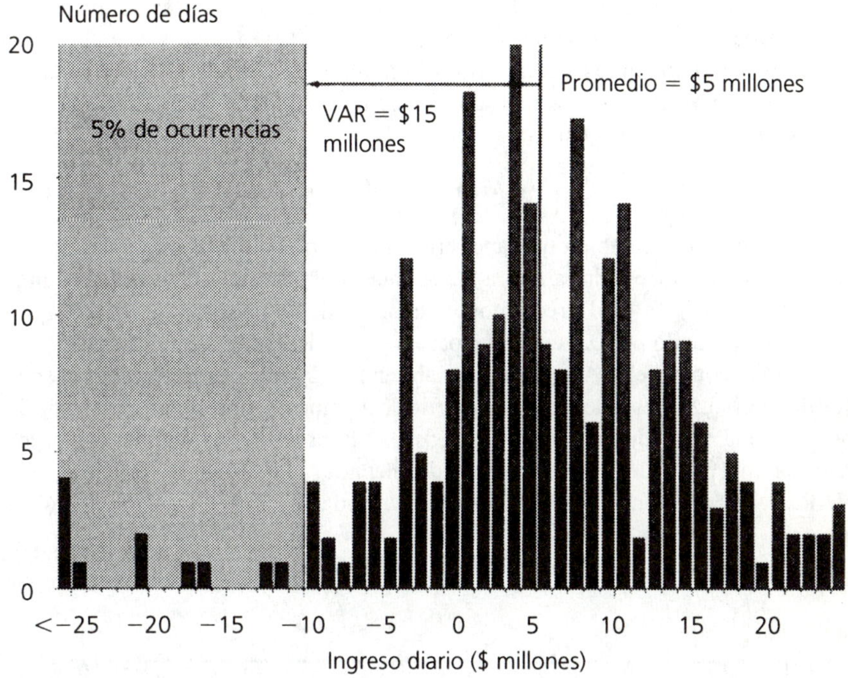

FIGURA 5-1 Distribución de ingresos diarios.

tor multiplicativo que depende del nivel de confianza. Este enfoque algunas veces es denominado *paramétrico* debido a que implica la estimación de un parámetro, la desviación estándar, en lugar de la simple lectura del cuantil fuera de la distribución empírica.

Primero, se requiere traducir la distribución general $f(w)$ en una distribución normal estándar $\Phi(\epsilon)$, donde ϵ tiene como media cero y como desviación estándar la unidad. Asociamos W^* con el rendimiento crítico R^* tal que $W^* = W_0 (1 + R^*)$. Generalmente, R^* es negativo y puede también escribirse como $-|R^*|$. Posteriormente, también podemos asociar R^* con una desviación normal estándar $\alpha > 0$ estableciendo

$$-\alpha = \frac{-|R^*| - \mu}{\sigma}. \tag{5.5}$$

Que es equivalente a establecer

$$1 - c = \int_{-\infty}^{W^*} f(w)\, dw = \int_{-\infty}^{-|R^*|} f(r)dr = \int_{-\infty}^{-\alpha} \Phi(\epsilon)d\epsilon. \tag{5.6}$$

Por lo tanto, el problema de encontrar un valor en riesgo es equivalente a encontrar la desviación a tal que el área a su izquierda sea igual a $1 - c$. Esto se hace posible si tomamos las tablas de la *función de distribución acumulativa normal estándar*, la cual nos muestra el área a la izquierda de una variable normal estándar con valor igual a d:

$$N(d) = \int_{-\infty}^{d} \Phi(\epsilon)d\epsilon. \tag{5.7}$$

Esta función juega también un papel crucial en el modelo Black-Scholes para la valuación de opciones. En la figura 5.2 se muestra la función de densidad acumulativa (*fda*) $N(d)$, la cual crece monótonamente de 0 (para $d = -\infty$) a 1 (para $d = +\infty$), pasando por 0.5 cuando d pasa a través de 0.

Para encontrar el VAR de una variable normal estándar, se selecciona el nivel de confianza deseado en el eje vertical, digamos 5 por ciento. Esto corresponde a una valor de $\alpha = 1.65$ abajo de 0. Ahora rediseñamos nuestros pasos, regresando a partir de α que acabamos de encontrar al rendimiento crítico R^* y el VAR. De la ecuación (5.5), el rendimiento crítico es

$$R^* = -\alpha\sigma + \mu. \tag{5.8}$$

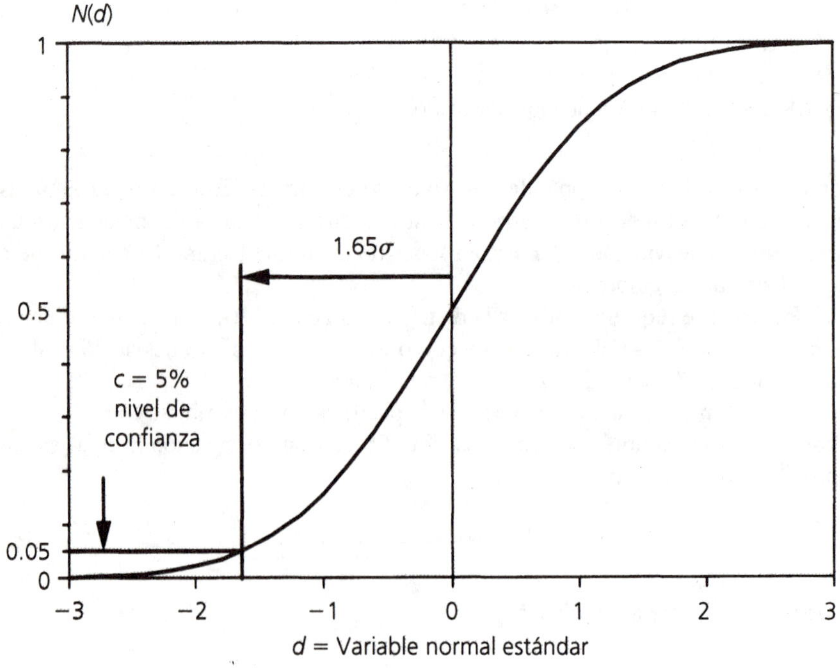

FIGURA 5-2 Distribución de probabilidad normal acumulativa.

Para más generalidad, asumamos ahora que los parámetros μ y σ están expresados en una base anual. El intervalo de tiempo considerado es Δt, en años.

Sustituyendo en (5.1), encontramos el VAR por abajo de la media como

$$\text{Valor en riesgo (media)} = -\,W_0\,(R^* - \mu) = W_0\alpha\sigma\sqrt{\Delta t}. \tag{5.9}$$

En otras palabras, el VAR es simplemente un múltiplo de la desviación estándar de la distribución, multiplicado por un factor de ajuste que está directamente relacionado con el nivel de confianza.

Cuando el VAR se define como una pérdida *absoluta* en dólares, tenemos

$$\text{Valor en riesgo (cero)} = -\,W_0R^* = W_0(\alpha\sigma\sqrt{\Delta t} - \mu\Delta t). \tag{5.10}$$

Este método se puede generalizar a otras funciones de probabilidad acumulativa, así como la normal, mientras toda la incertidumbre esté contenida en σ. Otras distribuciones implicarán diferentes valores de α. La distribución normal es particularmente fácil de manejar, debido a que representa adecuadamente muchas distribuciones empíricas. Esto se aplica especialmente para portafolios grandes y bien diversificados, pero no es válido para portafolios con pesados componentes de opciones y exposición a un pequeño número de riesgos financieros.

1.4 Comparación de los enfoques

¿Qué tan eficientemente se desempeña esta aproximación? Para algunas distribuciones, el ajuste puede ser bastante bueno. Considérese por ejemplo los ingresos diarios en la figura 5-1. La desviación estándar de la distribución es \$9.2*m*. De acuerdo con la ecuación (5.9), el VAR de la distribución normal es $\alpha \times (\sigma W_0) = 1.65 \times \$9.2m = \$15.2m$. Observe que este número es muy cercano al VAR obtenido de la distribución general, el cual fue de \$14.7*m*.

De hecho, la figura 5-3 presenta las funciones de distribución acumulativa, obtenidas del histograma de la figura 5-1 y de su aproximación normal. La *fda* real se obtiene sumando, a partir del lado izquierdo, todos los números de ocurrencias en la figura 5-1, entonces se ajusta al número total de observaciones. La fda normal es la misma de la figura 5-2, con el eje x ajustado a ingresos en dólares, utilizando la ecuación (5.8). Ambas líneas están generalmente muy cerca, lo cual sugiere que la aproximación normal proporciona un buen ajuste a los datos observados

1.5 Conversión de los parámetros del VAR

Utilizando la distribución normal, las mediciones del VAR dependen de dos parámetros: el horizonte elegido (el cual define a $\sigma\Delta t$) y el nivel de confianza (el

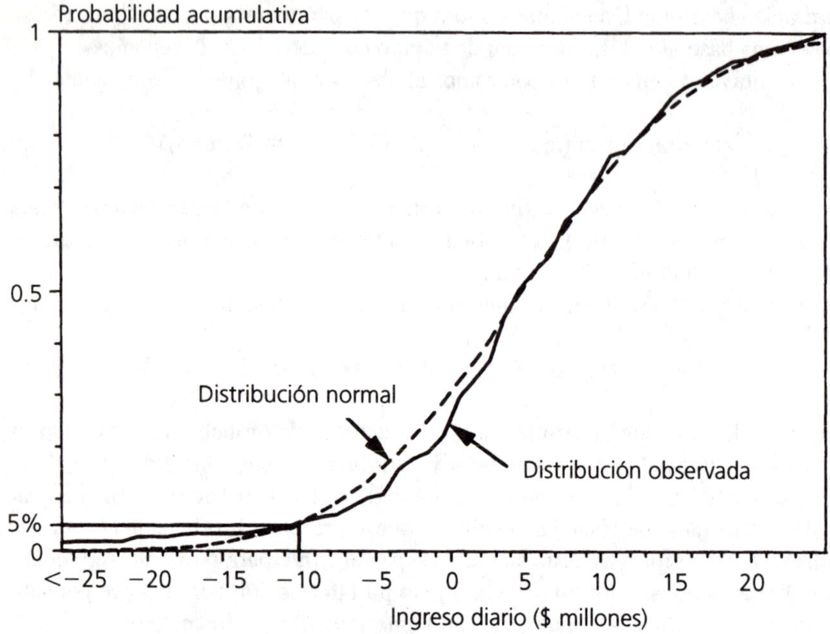

FIGURA 5-3 Comparación de distribuciones acumulativas.

cual define a α). Ambos pueden ajustarse como se desee. Como ejemplo, podemos convertir las mediciones de riesgo del RiskMetrics a las mediciones del modelo interno del Comité de Basilea. El RiskMetrics proporciona un intervalo de confianza del 95 por ciento (1.65σ) para un día. La propuesta de Basilea define un intervalo del 99 por ciento (2.33σ) para 10 días. El ajuste asume la siguiente forma:

$$\text{VAR}_{\text{BC}} = \text{VAR}_{\text{RM}} \frac{2.33}{1.65} \sqrt{10} = 4.45\ \text{VAR}_{\text{RM}}.$$

Por lo tanto, el VAR según la propuesta de Basilea es más de cuatro veces el VAR del sistema de RiskMetrics. Este ajuste, como se demuestra posteriormente, es válido sólo cuando se asumen posiciones constantes y el portafolio no contiene opciones.

De forma más general, la tabla 5-1 muestra la forma en que los parámetros de Basilea se traducen en combinaciones de niveles de confianza y horizontes, tomando de referencia una volatilidad anual del 12.16 por ciento, la cual es la volatilidad del tipo de cambio del DM/$. Estas combinaciones son tales que todas producen el mismo valor para $\alpha\sigma\sqrt{\Delta t}$. Por ejemplo, un nivel de confianza del 99 por ciento para dos semanas produce el mismo VAR que un nivel del

TABLA 5-1 Equivalencia entre el horizonte y el nivel de confianza de la distribución normal, riesgo anual = 12.16%. (Parámetros de Basilea: 99% de confianza sobre dos semanas.)

Nivel de confianza c (%)	*Número de DS* α	*Horizonte* Δt	*DS observadas* $\sigma\sqrt{\Delta t}$	*Valor crítico* $\alpha\sigma\sqrt{\Delta t}$
Línea base:				
99	− 2.326	2 semanas	2.381	− 5.54
57.56	− 0.456	1 año	12.160	− 5.54
81.89	− 0.911	3 meses	6.079	− 5.54
86.78	− 1.116	2 meses	4.964	− 5.54
95	− 1.645	4 semanas	3.367	− 5.54
99	− 2.326	2 semanas	2.381	− 5.54
99.95	− 3.290	1 semana	1.684	− 5.54
99.99997	− 7.153	1 día	0.766	− 5.54

95 por ciento para cuatro semanas. O, lo que es lo mismo, la conversión en un horizonte semanal requiere un nivel de confianza del 99.95 por ciento.

La medición del valor en riesgo es definida sólo en un sentido probabilístico. Proporciona la peor pérdida en un nivel de confianza del 99 por ciento. Interpretado de manera distinta, una pérdida peor que el VAR ocurrirá alrededor de 1 por ciento del tiempo sobre el promedio, o de uno a tres días en un año calendario. Para brindar un seguro cercano al absoluto contra la bancarrota, los reguladores han adoptado un factor multiplicativo $k = 3$ que debe aplicarse al VAR_{BC} resultante, el cual significa más de 13 veces el VAR diario de RiskMetrics. Este factor considera la posibilidad de grandes pérdidas aun en condiciones normales del mercado y, posiblemente, para una multitud de riesgos adicionales no modelados por la aplicación usual del VAR. Esto destaca aún más el punto de que la elección del nivel de confianza es un asunto de convención, dado que los VAR resultantes son de cualquier forma multiplicados por un factor arbitrario.

2 VERIFICACIÓN DEL VAR

Hasta ahora hemos visto cómo estimar los parámetros básicos para la medición del VAR: medias, desviaciones estándar y cuantiles a partir de datos reales. Sin embargo, dichas estimaciones no deberían ser tomadas con garantía absoluta, ya que son afectadas por el "error de estimación", el cual es la variabilidad natural de muestreo ocasionada por el tamaño limitado de la muestra. Este es el caso, por ejemplo, cuando los parámetros relevantes son estimados a partir de una serie histórica de observaciones T, como en el método de "simulación histórica", que se describe en el capítulo 10.

Para la validación del modelo, los reguladores bancarios y los usuarios del modelo deben tener cuidado con el efecto del error de estimación. Supongamos, por ejemplo, que un regulador bancario observa las estimaciones diarias del VAR reportadas por un banco, así como los rendimientos subsecuentes. El punto es ¿cómo puede el regulador detectar una parcialidad sistemática en el reporte del VAR? El problema es que, dado que el VAR es reportado sólo en un nivel de confianza específico, se espera que la cifra sea excedida en algunos casos, por ejemplo en el 5 por ciento de las observaciones en un nivel de confianza del 95 por ciento. Pero seguramente no observaremos exactamente el 5 por ciento de desviaciones en exceso. Podría ocurrir un porcentaje mayor ocasionado por la mala fortuna, tal vez del 6 al 8 por ciento. En algún punto, sin embargo, si la frecuencia de desviaciones llega a ser muy grande, digamos del 10 al 20 por ciento, el regulador debe concluir que el problema reside en el modelo, no en la mala suerte, e imponer penalizaciones al banco que premeditadamente subestima su VAR.

Los usuarios del VAR enfrentan el mismo problema. Su modelo es útil sólo en la medida en que predice eficientemente el riesgo. Si existen perdidas mayores que lo esperado, en algún punto el usuario debe regresar al pizarrón y buscar dónde estuvo el error. El asunto es cómo tomar esta decisión.

2.1 Verificación del modelo basándose en el cociente de fallas

El método más simple para verificar la precisión del modelo es registrar el *cociente de fallas*, que muestra la proporción de ocasiones en que el VAR es excedido en una muestra dada. Supongamos que un banco proporciona un VAR en el nivel de 5 por ciento de la cola izquierda ($p = 1 - c$) para un total de T días. El regulador contabiliza entonces cuántas veces excede la pérdida real al VAR del día previo. Supongamos que N es el número de veces que la pérdida observada excede el VAR. Deseamos saber, en un nivel dado de confianza, si N es demasiado pequeño o demasiado grande bajo la hipótesis nula de que $p = 0.05$. Fijemos el nivel de confianza, por ejemplo, en el 95 por ciento.[1]

[1] Observe que este número no está relacionado con el nivel cuantitativo p seleccionado para cuantificar el VAR, el cual podría ser, por ejemplo, $p = 0.01$. Este nivel de confianza se refiere a la regla de decisión de rechazar el modelo. Generalmente se fija en un nivel del 95 por ciento porque corresponde a dos errores estándar bajo una distribución normal.

TABLA 5-2 Verificación del modelo: Regiones de no rechazo.
Número de fallas en un nivel de 0.05.

Nivel de probabilidad	*Regiones de no rechazo para un número de fallas, N*		
p	*T=255 días*	*T=510 días*	*T=1000 días*
0.01	$N < 7$	$1 < N < 11$	$4 < N < 17$
0.025	$2 < N < 12$	$6 < N < 21$	$15 < N < 36$
0.05	$6 < N < 21$	$16 < N < 36$	$37 < N < 65$
0.075	$11 < N < 28$	$27 < N < 51$	$59 < N < 92$
0.10	$16 < N < 36$	$38 < N < 65$	$81 < N < 120$

Kupiec (1995) desarrolla intervalos de confianza para dicha prueba, los cuales se indican en la tabla 5-2. Estas regiones se definen por los puntos de la cola de la proporción log-probabilística

$$1 = -2\ln[(1-p)^{T-N}p^N] + 2\ln[(1-(N/T))^{T-N}(N/T)^N], \qquad (5.11)$$

la cual está distribuida con la ji-cuadrada con un grado de libertad bajo la hipótesis nula de que p es la probabilidad verdadera.

Por ejemplo, con un año de datos ($T = 255$), esperaríamos observar $N = pT = 5\% \times 255 = 13$ desviaciones (13 veces que la pérdida rebasa el VAR). Pero el regulador no será capaz de rechazar la hipótesis nula mientras N se encuentre en el intervalo de confianza $[6 < N < 21]$. Los valores de N mayores o iguales a 21 indican que el VAR representa deficientemente la probabilidad de pérdidas grandes; los valores de N menores o iguales a 6 indican que el VAR es extremadamente conservador.

La tabla también muestra que este intervalo, expresado como una proporción N/T, retrocede a medida que se incrementa el tamaño de la muestra; por ejemplo, avanzando de $[6/255 = 0.024, 21/255 = 0.082]$ para $T = 255$ a $[37/1000 = 0.037, 65/1000 = 0.065]$ para $T = 1000$. Con más datos, deberíamos ser capaces de rechazar el modelo más fácilmente si es falso.

No obstante, la tabla señala un aspecto inquietante. Para valores pequeños del parámetro p, cada vez es más difícil confirmar las desviaciones. Por ejemplo, la región de rechazo del 95 por ciento bajo $p = 0.01$ y $T = 255$ es $[N < 7]$. Por lo tanto, no hay forma alguna de determinar si N es anormalmente pequeña o si el modelo sobrestima sistemáticamente el riesgo. Intuitivamente, la detección de una parcialidad sistemática se vuelve crecientemente difícil para valores bajos de p, ya que éstos corresponden a eventos muy raros. Esto explica porqué algunos bancos prefieren elegir un valor más grande para p, digamos 5 por ciento (lo cual se traduce en un nivel de confianza $c = 95\%$), a fin de estar en posibilidades de observar un número suficiente de desviaciones para validar el modelo. Entonces, se aplica un factor multiplicativo para traducir el VAR en un número que establezca el requerimiento de capital seguro. Sin embargo, hasta ahora no se han realizado investigaciones sobre la elección de un nivel de confianza que permita una verificación óptima.

2.2 El problema de los errores de medición

Desde el punto de vista de los usuarios del VAR, también es útil determinar el grado de precisión en el VAR que es reportado. En un ejemplo anterior, el VAR diario fue de $15 millones. La pregunta es ¿Qué intervalo de confianza puede ser manejado en esta estimación? ¿Podríamos decir, por ejemplo, que la administración tiene una gran confianza en esta estimación o bien, que está 95 por ciento segura que el valor verdadero estará en un rango de $14-16 millones? O se da el caso de que el rango sea de $5-25 millones. Ambas bandas de confianza plantean un escenario muy distinto del VAR. La primera es muy precisa, la segunda aporta muy poca información (aunque indica que no se encuentra en el rango de las centenas de millón de dólares). Por esta razón, es útil examinar los errores de medición en la estimación del VAR.

Consideremos, por ejemplo, una situación en la cual el VAR se obtiene a partir del método de "simulación histórica", el cual utiliza una ventana histórica de T días para medir el riesgo. El problema es que la medición del VAR reportado es sólo una *estimación* del valor verdadero y es afectada por la variabilidad muestral. En otras palabras, elecciones distintas de T conducirán a distintos valores para el VAR.

Una posible interpretación de las estimaciones (el punto de vista de los estadísticos "frecuentistas") es que $\hat{\mu}$, $\hat{\sigma}$ se obtienen a partir de muestras de una distribución subyacente con parámetros μ, σ desconocidos. Con un número infinito de observaciones $T \rightarrow \infty$ y un sistema perfectamente estable, las estimaciones deberían converger en los verdaderos valores de los parámetros. En la práctica, el tamaño de las muestras es limitado porque algunas series, como las de los mercados emergentes, son relativamente recientes o porque los cambios estructurales le restan significado al considerar series muy largas en el tiempo. Como algunos errores de estimación puede permanecer, la dispersión natural de valores puede ser medida por la *distribución muestral* para los parámetros $\hat{\mu}$, $\hat{\sigma}$. Ahora regresemos a una descripción de la distribución de estadísticas sobre la cual están fundamentadas las mediciones del VAR.

2.3 Error de estimación en medias y varianzas

Cuando la distribución subyacente es normal, la distribución exacta de la media muestral y la varianza son conocidas. La media estimada $\hat{\mu}$, está normalmente distribuida alrededor de la media verdadera

$$\hat{\mu} \sim N(\mu, \sigma^2/T), \tag{5.12}$$

donde T es el número de observaciones independientes en la muestra. Observe que el error estándar de la media estimada converge en 0 a una tasa de $\sigma\sqrt{1/T}$ a medida que T se incrementa.

Para la varianza estimada $\hat{\sigma}^2$, el siguiente estadístico está distribuido como una ji-cuadrada con $(T-1)$ grados de libertad

$$\frac{(T-1)\,\hat{\sigma}^2}{\sigma^2} \sim \chi^2[(T-1)]. \tag{5.13}$$

En la práctica, si el tamaño de la muestra T es suficientemente grande (por ejemplo, mayor a 20), la distribución de ji-cuadrada converge rápidamente en una distribución normal, la cual es más fácil de manejar:

$$\hat{\sigma}^2 \sim N\left[\sigma^2, \sigma^4 \frac{2}{(T-1)}\right]. \tag{5.14}$$

Respecto a la desviación estándar muestral, su error estándar en muestras grandes es

$$\text{se}(\hat{\sigma}) = \sigma\sqrt{\frac{1}{2T}}. \tag{5.15}$$

Por ejemplo, considérense rendimientos mensuales sobre el tipo de cambio DM/$ de 1973 a 1994. Los parámetros muestrales son $\hat{\mu} = -0.21\%, \hat{\sigma} = 3.51\%$, con $T = 264$ observaciones. El error estándar de la estimación indica qué tanta confianza tenemos en el valor de la muestra; mientras más pequeño sea el error, mayor confianza tenemos. Un error estándar (se) en $\hat{\mu}$, se escribe se $(\hat{\mu}) = \hat{\sigma}\ \sqrt{1/T} = 3.51\%\ \sqrt{1/264} = 0.22\%$. Por lo tanto, la estimación puntual de $\mu = -0.21\%$ está a menos de un error estándar de 0. Aun si se cuenta con datos para 22 años, μ se mide de manera muy imprecisa.

En contraste, un error estándar en $\hat{\sigma}$ es se)$\hat{\sigma}$) $= \hat{\sigma}\ \sqrt{1/2T} = 3.5\%\ \sqrt{1/528} = 0.15\%$. Debido a que este número es mucho más pequeño que el estimado de 3.51 por ciento, podemos concluir que la volatilidad es estimada con mucha mayor precisión que la tasa de rendimiento esperada, lo que genera cierta confianza en la utilización del VAR.

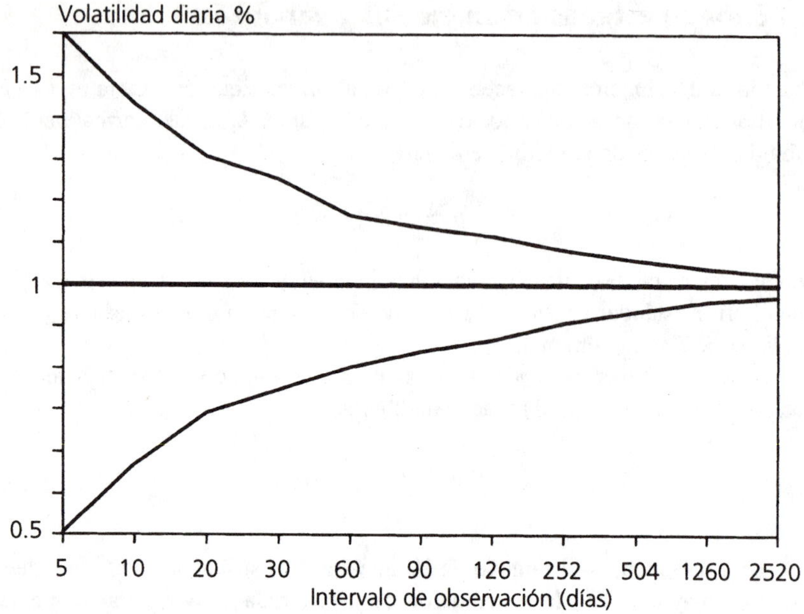

FIGURA 5-4 Bandas de confianza para la volatilidad.

A medida que se incrementa el tamaño de la muestra, crece también la precisión de la estimación. Para ilustrar este punto, en la figura 5-4 se representa las bandas de confianza de 95 por ciento alrededor de la estimación de volatilidad para varios tamaños de muestra, asumiendo una volatilidad diaria verdadera de 1 por ciento.

Con cinco días de operación, la banda es un tanto imprecisa, estableciéndose los valores superiores e inferiores en [0.41%, 1.60%]. Después de un año, la banda es [0.91%, 1.08%]. A medida que se incrementa el número de días, las bandas de confianza retroceden al punto en que, después de 10 años, el intervalo se adelgaza a [0.97%, 1.03%]. Por lo tanto, a medida que el intervalo de observación se alarga, la estimación deberá acercarse al verdadero valor.

Finalmente, $\hat{\sigma}$ puede utilizarse para estimar cualquier cuantil (se mostró un ejemplo en la sección 1.4). Como la distribución normal se caracteriza totalmente sólo por dos parámetros, la desviación estándar contiene toda la información necesaria para construir medidas de dispersión. Cualquier cuantil basado en s puede derivarse como

$$\hat{q}(\sigma) = \alpha\hat{\sigma}. \tag{5.16}$$

En el nivel de confianza del 95 por ciento, por ejemplo, simplemente multiplicamos el valor estimado de$\hat{\sigma}$ por 1.65 para encontrar el cuantil del 5 por ciento de la cola izquierda. Por supuesto, este método será estrictamente válido sólo si la distribución subyacente se aproxima a la normal. Cuando se sospecha que la distribución es no-normal, existen otros métodos, como la estimación del kernel (núcleo),que proporcionan estimaciones del cuantil basadas en la distribución completa.[2]

2.4 Error de estimación en los cuantiles muestrales

Para distribuciones arbitrarias, el césimo cuantil puede ser determinado empíricamente a partir de la distribución histórica como $\hat{q}(c)$ como se muestra en la sección 1.2 de este capítulo. Igual que antes, existe algún error muestral aso-ciado con las estadísticas. Kendall (1994) plantea que el error estándar asintótico de $\hat{q}$ es

$$se(\hat{q}) = \frac{c(1-c)}{Tf(q)^2}, \tag{5.17}$$

donde T es el tamaño de la muestra y $f(\cdot)$ es la función de distribución de probabilidad evaluada en el cuantil q. El efecto del error de estimación se ilustra en la figura 5-5, donde se presenta, por cuantiles, el cuantil esperado y las bandas de confianza del 95 por ciento para la distribución normal.

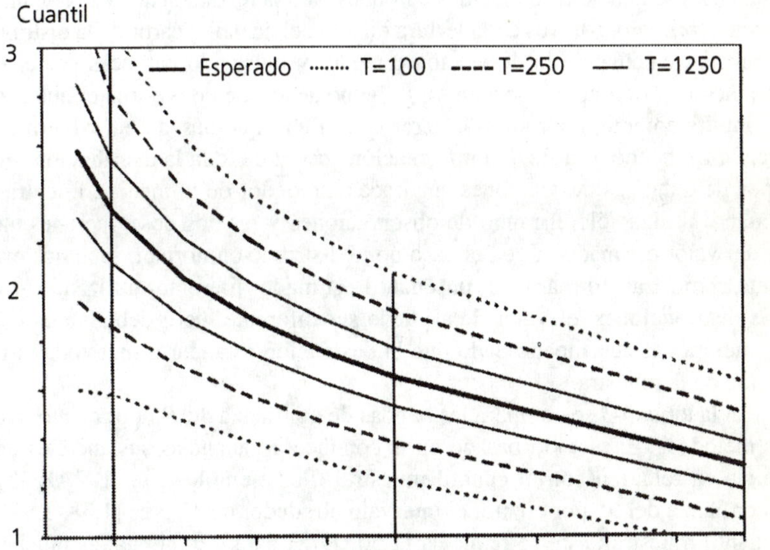

FIGURA 5-5 Bandas de confianza para cuantiles muestrales.

[2] Para un descripción más profunda de los métodos de estimación del kernel, véase Scott (1992).

Para la distribución normal, el intervalo del 5 por ciento de la cola izquierda está centrado en 1.65. Con $T = 100$, la banda de confianza es [1.24, 2.04], la cual es muy grande. Con 250 observaciones, las cuales corresponden a cerca de un año de días operados, la banda es todavía [1.38, 1.91]. Con $T = 1250$, 5 años de datos, el intervalo se reduce a [1.52, 1.76].

Estos intervalos se ensanchan sustancialmente a medida que nos desplazamos a cuantiles más extremos. El valor esperado del cuantil que representa el 1 por ciento es 2.33. Con un año de datos, la banda es [1.85, 2.80]. El intervalo de incertidumbre es cerca del doble que se obtiene en el intervalo del 5 por ciento. Kupiec (1995) señala que los cuantiles muestrales son crecientemente inseguros a medida que se profundiza en la cola izquierda; esto es, del cuantil del 10 por ciento al cuantil del 1 por ciento.

Como se esperaba, hay más imprecisión a medida que nos desplazamos a las probabilidades menores en la cola izquierda ya que existen menos observaciones. Esta es la razón por la que un VAR con niveles de confianza muy altos debe ser interpretado con extrema precaución.

2.5 Comparación de los métodos

Hasta ahora se han desarrollado dos enfoques para la medición del VAR de una distribución: primero, a través de la lectura directa del cuantil a partir de la distribución $\hat{q}$; segundo, calculando la desviación estándar y ajustando entonces por el factor apropiado $\alpha\hat{\sigma}$. Lo importante aquí es: ¿Alguno de los métodos es mejor que el otro?

Intuitivamente, podríamos esperar que el enfoque basado en σ fuera el más preciso. De hecho, $\hat{\sigma}$ utiliza la información acerca de toda la distribución (en términos de todas las desviaciones cuadradas alrededor de la media), mientras que el cuantil utiliza sólo el rango de observaciones y las dos observaciones alrededor del valor estimado. Y, en el caso de la distribución normal, sabemos exactamente cómo transformar $\hat{\sigma}$ en un cuantil estimado diferente, utilizando α. Para otras distribuciones, el valor de a puede ser diferente, pero deberíamos esperar una mejora del desempeño dado que la desviación estándar utiliza toda la información de la muestra.

En la tabla 5-3 se compara las bandas de confianza del 95 por ciento para los dos métodos.[3] El método basado en σ conduce a ganancias sustanciales en eficiencia en relación con el cuantil muestral. Por ejemplo, con el VAR al nivel de confianza del 95 por ciento, el intervalo alrededor de 1.65 es [1.38, 1.91] para el cuantil muestral; éste se reduce a [1.50, 1.78] para $\alpha\hat{\sigma}$, el cual es mucho más estrecho que el intervalo previo.

Pueden sacarse una serie de conclusiones importantes de estos números. Primero, hay un error sustancial de estimación en los cuantiles estimados, espe-

[3] Para extensiones a otras distribuciones, tales como la de student, véase Jorion (1996).

TABLA 5-3 Bandas de confianza para VARs estimados.
Distribución normal, $T = 250$.

	Nivel de confianza para el VAR (c)	
	99%	*95%*
Cuantil exacto	2.33	1.65
Banda de confianza:		
muestra $\hat{q}$	[1.85, 2.80]	[1.38, 1.91]
$\alpha\hat{\sigma}$ basada en σ	[2.24, 2.42]	[1.50, 1.78]

cialmente para niveles de confianza elevados, los cuales se asocian con eventos raros y, por lo tanto, es difícil verificarlos. Segundo, los métodos paramétricos proporcionan un incremento sustancial de la precisión, dado que la desviación estándar muestral contiene mucha más información que los cuantiles muestrales.

3 CONCLUSIONES

En este capítulo se ha visto cómo medir el VAR utilizando dos metodologías alternativas. El enfoque general se fundamenta en la distribución empírica y su cuantil muestral. El enfoque paramétrico, en contraste, pretende ajustar una distribución paramétrica, tal como la normal, a los datos; el VAR se mide entonces directamente a partir de la desviación estándar. Los sistemas tales como el RiskMetrics están basados en un enfoque paramétrico.

En ambos casos se ha visto que pueden requerirse periodos largos para verificar la precisión de los modelos para la estimación del VAR. Por lo tanto, el proceso de verificación consumirá tiempo, aun más si los modelos son alterados frecuentemente. Con un modelo nuevo, el proceso de recolección de datos iniciará nuevamente de cero y pueden requerirse periodos prolongados antes de que sea aceptado este nuevo modelo. El enfoque paramétrico, no obstante, proporciona estimados notablemente más precisos.

Regresando al VAR de $15.2 millones del inicio del capítulo, ahora estamos en posibilidad de establecer la precisión de dicho número. Utilizando el enfoque paramétrico basado en una distribución normal [véase la ecuación (5.15)], el error estándar de este número es a 3 $se(\hat{\sigma}) = 1.65 \times \$9.2m(1/\sqrt{2 \times 254}) = \$0.67$. Por lo tanto, una banda de confianza con un error estándar de dos alrededor del VAR estimado es [$13.8*m*, $16.6*m*]. Este intervalo estrecho deberá reconfirmar que el VAR de $15 millones es de hecho significativo.

CAPÍTULO 6

Instrumentos de renta fija

La administración de riesgos —la
"Teoría financiera de las partículas".

Charles Sanford, presidente de Bankers Trust

La administración de riesgos ha sido denominada la *teoría financiera de las partículas*. De hecho, el primer paso para la entender los riesgos es descomponer cada producto en sus componentes fundamentales. Un bono convertible, por ejemplo, será descompuesto en un componente accionario y un componente de deuda. A nivel de los elementos constitutivos, las exposiciones pueden ser clasificadas en un número finito de categorías de riesgo, cuya conducta es fácil de caracterizar. El segundo paso consiste en la agregación de las exposiciones de todos los valores en el portafolio en dichas categorías. En el tercer paso, se obtiene el riesgo total del portafolio, a partir de la combinación de las exposiciones a las variables de riesgo y las características comunes de ésta.

La precisión en la medición de riesgo debería aumentar a medida que se incrementa el número de variables o factores de riesgo. En el mercado de renta fija, por ejemplo, un modelo de un factor constituye una primera aproximación a los movimientos en los precios de los bonos. Puede lograrse una división aún más fina considerando factores adicionales de riesgo, tales como la pendiente y la curvatura de la curva precio-tasa.

De este modo, el modesto bono de cupón fijo puede ser sometido a diferentes niveles de desagregación en riesgos. Pero el primer paso es descomponer los pagos del bono en flujos de efectivo, los cuales pueden ser evaluados a través de su descuento apropiado. Esta descomposición también se aplicará a los derivados, la mayoría de los cuales contiene componentes de renta fija. De esta forma, en el presente capítulo se desarrolla una herramienta maestra esencial para el análisis del mercado de renta fija o de instrumentos de deuda, en el contexto de la administración de riesgos.

En la sección 1 se revisan las implicaciones de la estructura intertemporal de las tasas de interés en la administración de riesgos. Se demuestra que las tasas de bonos cupón-cero (tasas spot) son factores "primitivos" naturales para la valuación de bonos y por lo tanto, para la medición del riesgo de mercado. Se explica cómo obtenerlos.

La administración de riesgos implica la elaboración de predicciones acerca de los movimientos en las variables o factores de riesgo. En la sección 2 se explica cómo pueden ser utilizadas las tasas forward para pronosticar las tasas spot futuras. La estructura intertemporal de las tasas forward proporciona un patrón de referencia para las tasas spot futuras utilizadas en simulaciones Monte Carlo, las cuales se analizan en el capítulo 11.

En la sección 3 se analiza el concepto de duración, el cual corresponde a un modelo lineal de riesgo de tasas de interés. Se muestra el vínculo entre duración y valor en riesgo. Finalmente, en la sección 4 se desarrolla el concepto de *convexidad*, el factor de segundo orden en la exposición de los bonos a cambios en las tasas de interés.

1 ESTRUCTURA INTERTEMPORAL DE LAS TASAS DE INTERÉS

1.1 Valuación de un bono

Un valor de renta fija (conocido también como título de deuda) es un bono gubernamental, corporativo o municipal que genera un flujo de pagos predeterminado. Debido a que los pagos son fijos, el valor de los bonos fluctúa con los cambios en las tasas de interés, creando con ello una pérdida potencial.

Para introducir notación, escribamos el valor de mercado de un bono P como el valor presente de los flujos de efectivo futuros:

$$P = \sum_{t=1}^{T} \frac{C_t}{(1 + y)t'} \qquad (6.1)$$

donde:

C_t = el cupón o pago del principal o ambos en el período t.

t = el número de períodos (anual, semestral u otro) para cada pago.

T = el número de períodos para el vencimiento.

y = el rendimiento al vencimiento para este bono en particular.

Este método de valuación utiliza una tasa de rendimientos simple, semestral para la mayoría de los bonos gubernamentales. Alternativamente, las tasas de rendimiento pueden ser compuestas, en cuyo caso la valuación es:

$$P = \sum_{t=1}^{T} C_t e^{-y^c t}. \quad (6.2)$$

Ambas formas son exactamente equivalentes, mientras se utilicen los rendimientos correctos ($y^c \neq y$) en cada fórmula.

Estas definiciones son tautologías. Definen implícitamente la tasa de descuento y como *la tasa interna de rendimiento*, la cual iguala el valor presente de los flujos de efectivo al valor de mercado del bono. Para cualquier bono, puede reportarse su precio de mercado o, dados los flujos de efectivo del bono, su rendimiento único. La verdadera cuestión estriba en averiguar si su rendimiento puede relacionarse a las condiciones prevalecientes del mercado.

1.2 La curva de rendimiento

La estructura intertemporal de las tasas de interés representa la relación, en un punto dado en el tiempo, entre el plazo de vencimiento y el rendimiento al vencimiento del instrumento de deuda o de renta fija dentro de un nivel de riesgo dado.

La representación tradicional de la estructura intertemporal está basada en bonos de rendimientos *a la par*; esto es, utilizando el rendimiento al vencimiento de bonos con un cupón cercano a su vencimiento. Por ejemplo, podrían tomarse los bonos (notas del gobierno federal) emitidos recientemente a 2, 5, 7 y 10 años y bonos a 30 años, para inferir los rendimientos desde 2 a 30 años. La ventaja de este método es que los bonos seleccionados, denominados *on the run* (emitidos recientemente) son muy líquidos y sus precios reflejan acertadamente las condiciones del mercado. Sin embargo, este método ignora la información contenida en otros bonos que se encuentran en circulación. Algunos enfoques intentan ajustar una curva de rendimiento a través de los rendimientos de todas las emisiones vigentes.

1.3 La curva con base en bonos cupón cero

No obstante, el ajuste de una curva utilizando bonos con diferentes cupones es insatisfactorio. El problema es que los rendimientos observados no representan los rendimientos futuros, a menos que todos los cupones puedan ser reinvertidos a la misma tasa, lo cual es muy poco probable.

Considérese un bono con descuento puro, el cual tiene un sólo flujo de efectivo igual al valor nominal del bono, su precio es:

$$P = \frac{P_F}{(1 + y_T)T}. \tag{6.3}$$

En este caso, el rendimiento al vencimiento está bien definido, dado que corresponde al rendimiento compuesto en el período T sobre el bono $y_T = R_T$.

En contraste, un bono con cupones tiene muchos flujos de efectivo previos al vencimiento y puede ser descompuesto en una serie de bonos con descuento puros.

$$P = \frac{C_1}{(1 + R_1)} + \frac{C_2}{(1 + R_2)^2} + \ldots + \frac{C_N}{(1 + R_T)^T} + \frac{P_F}{(1 + R_T)^T}. \tag{6.4}$$

donde R_i, $i = 1, \ldots, T$ son las tasas *spot* que integran la estructura intertemporal en el momento t. La *curva cupón cero*, o *curva spot*, representa las tasas spot graficadas contra el tiempo.

Una curva cupón cero es, teóricamente, más precisa que la curva usual de rendimiento. La primera representa un conjunto de precios primitivos, a partir de los cuales puede ser derivado el valor de los valores de renta fija. Desgraciadamente, los mercados activos para los bonos cupón cero (denominados *strips*) existen sólo en los Estados Unidos y Francia, y son relativamente recientes. Por lo tanto, la curva de la tasa spot generalmente se estima a partir de los bonos en circulación con un cupón en proceso de pago, utilizando el mismo proceso de descomposición de la ecuación (6-4).

1.4 Modelando la estructura intertemporal

Los modelos de VAR están basados usualmente en estimaciones de las tasas spot para varios vencimientos. La pregunta es ¿Cómo fueron derivados? Para ello, pueden utilizarse dos métodos, uno basado en el seccionamiento (bootstrapping) y el otro en la interpolación de una función suavizada.

Para el método de *seccionamiento*, se requiere observar una muestra de bonos con cupón y vencimientos igualmente espaciados. Por ejemplo, asumamos que observamos un bono a un año con un rendimiento de 4.000 por ciento y un bono a la par de 2 años, con un rendimiento de 4.604 por ciento, los cupones son pagados una vez al año. El primer bono es uno sin cupones, por lo tanto, la tasa de rendimiento spot a un año es $R_1 = 4.00\%$. Para encontrar la tasa cupón cero para el segundo año, utilizamos (o seccionamos) la información del primer bono. El precio del bono a dos años es:

$$100 = \frac{4.604}{(1 + 0.0400)} + \frac{104.604}{(1 + R_2)^2}.$$

Despejando R_2, encontramos que $R_2 = 4.618\%$. Ahora, podemos utilizar la información en R_1, R_2 para resolver R_3 y así sucesivamente. En la práctica, este método es útil sólo si se tiene acceso a un rango completo de bonos que vencen en intervalos regulares. Asimismo, se ignora la información contenida en otros bonos.

El segundo método en la estimación empírica de la estructura intertemporal consiste en construir una curva de tasas spot que sea suficientemente suave aún utilizando todos los datos disponibles. Para esto, el primer paso es definir una "función de descuento" como el valor presente de un dólar pagado en el futuro:

$$D(t) = (1 + R_t)^{-t},$$

para el cual debe elegirse una forma funcional.

Por ejemplo, es conveniente seleccionar una función cúbica:

$$D(t) = a_0 + a_1 t + a_2 t^2 + a_3 t^3, \tag{6.5}$$

a la cual se le puede permitir tener diferentes parámetros a_{ij} a lo largo de los puntos fijos ("nudos") $i = 1,\ldots, K$, $t_i < t < t_{i+1}$. Esta forma funcional se genera por funciones cúbicas alineadas o referenciadas ("splined") a cierto número de nudos y es suficientemente flexible para ajustarse a gran número de las curvas. Para asegurar la continuidad y suavidad de la curva ajustada con referencia a los puntos "nudo", se establece como restricción que el valor de la función y su primera y segunda derivadas sean iguales en los nudos. Además, la función de descuento se establece igual a 1 en el periodo 0.

Segundo, los precios teóricos de la muestra de bonos seleccionados son valuados a partir de esta función de descuento. Por ejemplo, si un bono paga los flujos de efectivo c_n, $n = 1,\ldots, N$ en los momentos respectivos t_n, el precio teórico del modelo se establece como el valor presente de los flujos de efectivo futuros:

$$\hat{P} = \sum_n c_n D(t_n).$$

En esta ecuación, se desconoce los valores de a. Reagrupando términos, el precio puede ser escrito como una función lineal de los parámetros a_{ij}.

$$\hat{P} = a_0 f_0(c) + a_1 f_1(c) + a_2 f_2(c) + \ldots \tag{6.6}$$

Por ejemplo, nuestro portafolio de dos bonos genera las siguientes ecuaciones:

$$\begin{aligned}\text{Bono 1: } 100 &= 104.00\,(a_0 + a_1 + a_2 + a_3),\\ \text{Bono 2: } 100 &= 4.60\,(a_0 + a_1 + a_2 + a_3)\\ &\quad + 104.60\,(a_0 + a_1 2 + a_2 2^2 + a_3 2^3).\end{aligned}$$

Agrupando términos para el segundo bono, tenemos:

$$\begin{aligned}100 = {}&(4.60 + 104.60)\,a_0 + (4.60 + 104.60 \times 2)a_1\\ &+ (4.60 + 104.60 \times 2^2)a_2 + (4.60 + 104.60 \times 2^3)a_3.\end{aligned}$$

Estas ecuaciones son lineales en los parámetros a y pueden ser resueltas de cualquier manera algebraica usual.

Pueden introducirse parámetros adicionales, si así se desea, para cuantificar desviaciones sistemáticas a partir de esta relación. Por ejemplo, los bonos en circulación de reciente emisión, generalmente se venden a precios ligeramente superiores que las otras emisiones, lo cual refleja un premio por la liquidez. En algunos mercados, las tasas impositivas diferenciales sobre el ingreso y las ganancias de capital inducen a los inversionistas a preferir bonos de cupón bajo, lo cual se transforma en precios superiores que los de los bonos de cupón alto. Todos estos efectos pueden ser considerados a través de variables adicionales que pueden ser incorporadas en el modelo (6.6).

Los parámetros a pueden ser estimados comparando los precios teóricos $\hat{P}$ con los precios de mercado P para los bonos seleccionados. Por ejemplo, se podría optar por minimizar el cuadrado de las diferencias entre los precios de mercado y los precios del modelo. Debido a que la referencia cúbica (spline cúbico) es lineal en los valores de a, los parámetros pueden ser estimados corriendo simplemente una regresión lineal de los precios de mercado sobre los precios del modelo expresados como una función lineal de los parámetros de interés.

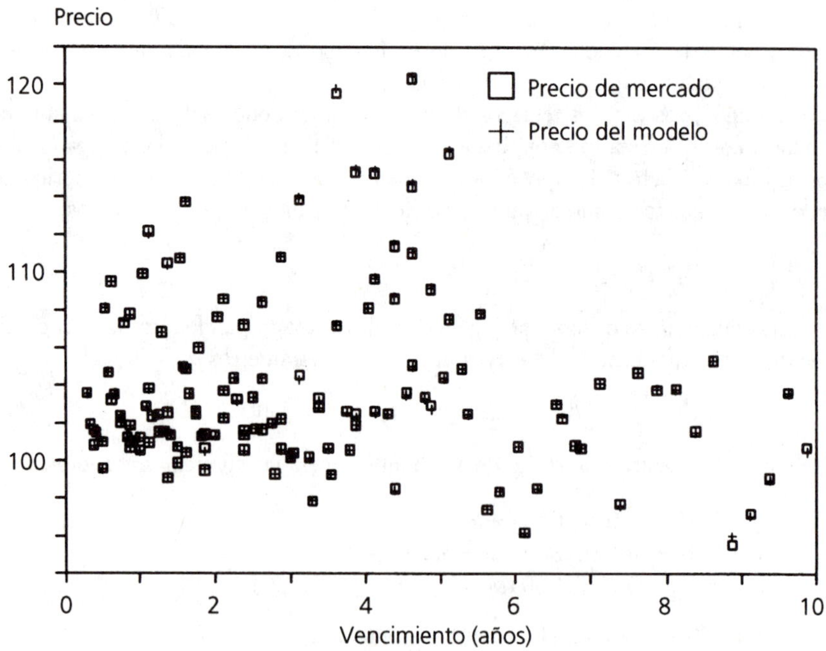

FIGURA 6-1 Ajustando los precios del mercado.

En la figura 6-1, por ejemplo, se muestra el ajuste entre los precios de mercado y los teóricos para una muestra de emisiones de bonos del Tesoro. Los precios del modelo están ajustados a un modelo cúbico (spline cúbico) con tres nudos. El ajuste generalmente es muy bueno, con errores promedio en la valuación de alrededor de 5 a 10 centavos, lo cual se encuentra dentro del diferencial (spread) de compra y venta.

Los ajustes cúbicos (splines cúbicos) pueden ser fácilmente estimados utilizando paquetes convencionales de regresión y han sido utilizados por McCulloch (1975) con resultados satisfactorios. Sin embargo, Vasicek y Fong (1982), argumentan que los splines cúbicos son inherentemente menos apropiados cuando se trata de curvas exponenciales como las estructuras intertemporales y proponen reemplazar la ecuación (6.5) por splines exponenciales. Aunque teóricamente más apropiadas, estas últimas son más difíciles de estimar porque implican una optimización no lineal.[1]

El paso final consiste en recuperar R_t a partir de la función estimada de descuento $D(t)$. En la figura 6-2 se grafica la curva de bonos del Tesoro para el 4 de

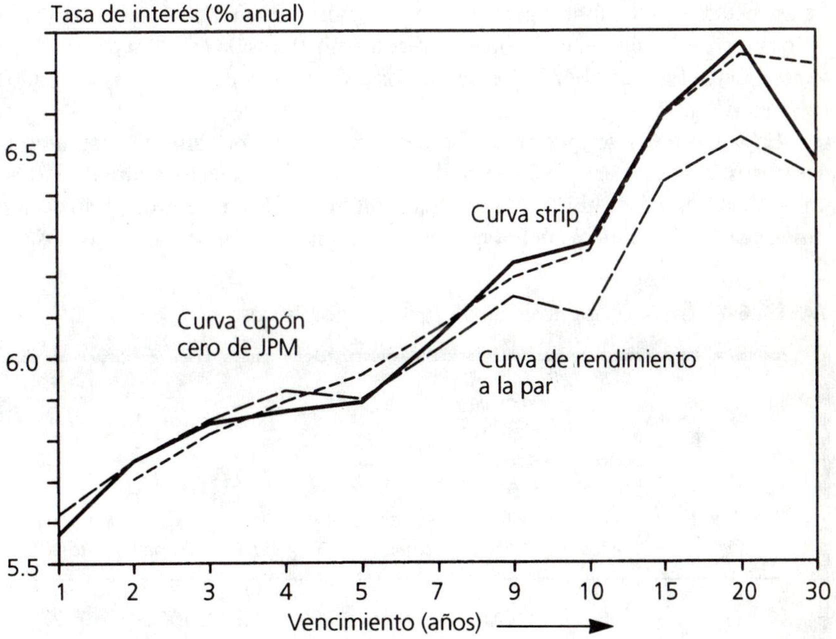

FIGURA 6-2 Curva spot y curva de rendimiento.

[1] Estas estructuras intertemporales empíricas conducen algunas veces a una estructura intertemporal irregular de tazas forward. Puede obtenerse una curva de tasas forward más plana, combinando la información muestral con un proceso razonable de tasa de interés, tal como el modelo de reversión de la media que fundamenta las teorías de la estructura intertemporal.

octubre de 1995. La curva de rendimiento usual, que consta de rendimientos de bonos a la par, está inclinada hacia arriba. La curva "strip", basada en precios de mercado de las emisiones cupón cero, o "stripped", generalmente se observa por encima de la curva de rendimiento. Sin embargo, estas curvas están basadas en los precios de sólo un número limitado de emisiones, las cuales podrían ser afectadas por consideraciones de liquidez. Un modelo de estructura intertemporal completo considera los precios de todas las emisiones que se encuentren en circulación y tiende menos a ser afectado por consideraciones de oferta y demanda de una emisión en particular. La tercera línea describe la curva de bonos cupón cero de J.P. Morgan en ese día. Esta curva es similar a la strip pero algo más suave. Aún más importante, el enfoque de la estructura intertemporal puede ser aplicado a cualquier mercado, aun a aquéllos que contienen bonos cupón cero no negociables.

1.5 Descomposición del riesgo de los bonos

La estructura intertemporal pura nos permite descomponer cualquier bono en los flujos de efectivo que lo componen, y reconstruir flujos de efectivo a través de su vencimiento. Este es el enfoque de la teoría financiera de partículas aplicado al valor en riesgo.

En la tabla 6-1 se muestra cómo descomponer un portafolio constituido por dos bonos, uno a la par a cinco años, de \$100*m* y al 6 por ciento, y otro de \$100*m* y 4 por ciento anual, también a la par. Las columnas de la izquierda establecen los flujos de efectivo a través del tiempo y la columna de en medio contiene las tasas

TABLA 6-1 Atribución de flujos de efectivo a vencimientos.

Vencimientos año	*Bono 1 \$100 m 6% 5 años*	*Flujos de efectivo Bono 2 \$100 m 4% 1 año*	*Portatolio total*	*Tasa apot %*	*Bono 1*	*Bono 2*	*Portafolio total*
1	6	104	110	4.000	5.77	100.00	105.77
2	6	0	6	4.618	5.48	0.00	5.48
3	6	0	6	5.192	5.15	0.00	5.15
4	6	0	6	6.716	4.80	0.00	4.80
5	106	0	106	6.112	78.79	0.00	78.79
Suma					100.00	100.00	200.00

de interés spot de 1 a 5 años. A partir de esta información, podemos construir el valor presente de los flujos de efectivo del portafolio, clasificados en 5 cubos de acuerdo a su vencimiento. Por lo tanto, el portafolio tiene una exposición de \$105.77*m* a los movimientos en la tasa spot a un año, alrededor de \$5m a las tasas entre 2 y 4 años y \$78.79*m* a la tasa a cinco años. En el capítulo 11 se explica cómo puede ser construido el VAR de este portafolio a partir de esta información, la cual será combinada con las características de riesgo de las tasas spot de 1 a 5 años.

2 LA INFORMACIÓN EN LAS TASAS FORWARD

2.1 La curva de las tasas forward

La curva de tasas spot obtenida a partir de bonos cupón cero permite a los analistas del mercado medir fácilmente las *tasas forward*, las cuales ofrecen una visión dinámica de los movimientos futuros en las tasas de interés.

Considérese, por ejemplo, tasas spot a un año y a dos años. Un inversionista tiene la oportunidad de cerrar una inversión a dos años a la tasa vigente o invertir a un plazo de un año y reinvertir a la tasa futura a un año, prevaleciente dentro de un año. Suponiendo neutralidad al riesgo, podría esperarse que ambas alternativas de inversión brinden el mismo pago:

$$(1 + R_2)^2 = (1 + R_1)(1 + E[R_{1,1}]), \tag{6.7}$$

donde $E[R_{1,1}]$ es la tasa a un año esperada dentro de un año. Aunque también podemos definir la tasa forward de 1 a 2 años $F_{1,2}$ a partir de:

$$(1 + R_2)^2 = (1 + R_1)(1 + F_{1,2}), \tag{6.8}$$

De acuerdo con la hipótesis de *expectativa* de las tasas de interés, las tasas forward son los mejores pronósticos de las tasas spot futuras:

$$E[R_{1,1}] = F_{1,2}. \tag{6.9}$$

De forma más general, la tasa spot para el período T puede escribirse como un promedio geométrico de las tasas spot y forward:

$$(1 + R_T)^T = (1 + R_1)(1 + F_{1,2}) \ldots (1 + F_{T-1,T}). \tag{6.10}$$

donde $F_{i,i+1}$ es la tasa forward del interés prevaleciente ahora (en el momento t) sobre un horizonte de i a $i + 1$.

La tasa de interés forward también mide la pendiente de la curva de rendimiento intertemporal. En el modelo simple de dos períodos, podemos expandir ambos lados de la ecuación (6.8). Después de simplificar y eliminar los términos cruzados, tenemos:

$$F_{1,2} \approx R_2 + (R_2 - R_1). \tag{6.11}$$

Por lo tanto, con una estructura intertemporal con desplazamiento ascendente, R_2 está por arriba de R_1 y $F_{1,2}$ también estará por encima de R_2, proporcionando una guía sobre la tendencia de los movimientos futuros de las tasas de interés.

Con tasas continuas, la definición de las tasas forward es más directa. La ecuación (6.8) puede ser generalizada para cualquier combinación de períodos τ_1 y τ_2 períodos:

$$e^{[R2\tau2]} = e^{[R1\tau1]}\, e^{[F1,2(\tau2\ -\ \tau1)]} \qquad (6.12)$$

lo cual define a la tasa forward como

$$F_{1,2}\,(\tau_2 - \tau_1) = R_2\,\tau_2 - R_1\,\tau_1. \qquad (6.13)$$

En otras palabras, la ecuación (6.11) se vuelve una igualdad exacta.

Cuando la estructura intertemporal "pura" (la curva de tasa spot) es plana, la curva spot es idéntica a la curva de rendimiento a la par y a la curva forward. En general, las curvas difieren. En la figura 6-3 se presenta el caso de una estructura intertemporal con desplazamiento ascendente. Muestra que la curva de ren-dimiento está por debajo de la curva spot mientras que la curva forward está por encima. Con una estructura intertemporal con desplazamiento descendente, como se observa en la figura 6-4, la curva de rendimiento está por encima de la curva de tasas spot, la cual está a su vez por arriba de la curva de tasas forward.

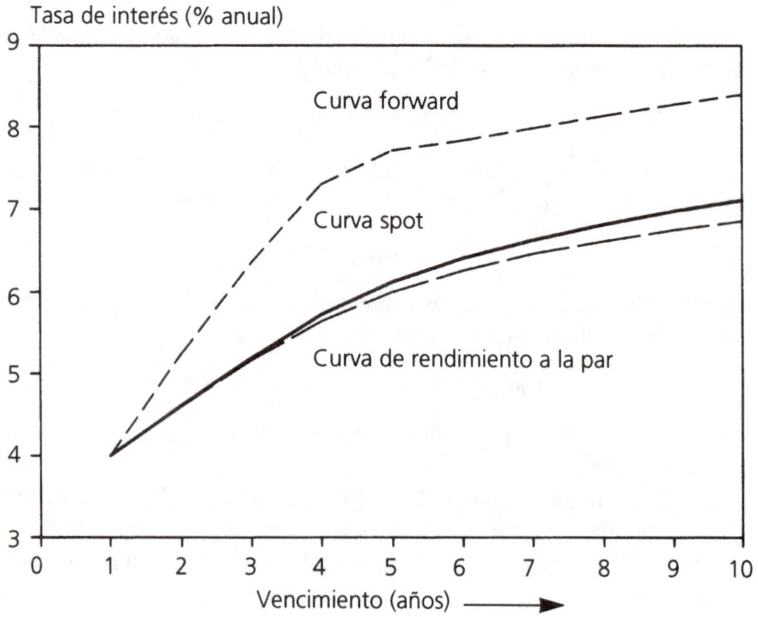

FIGURA 6-3 Desplazamiento ascendente de la estructura intertemporal.

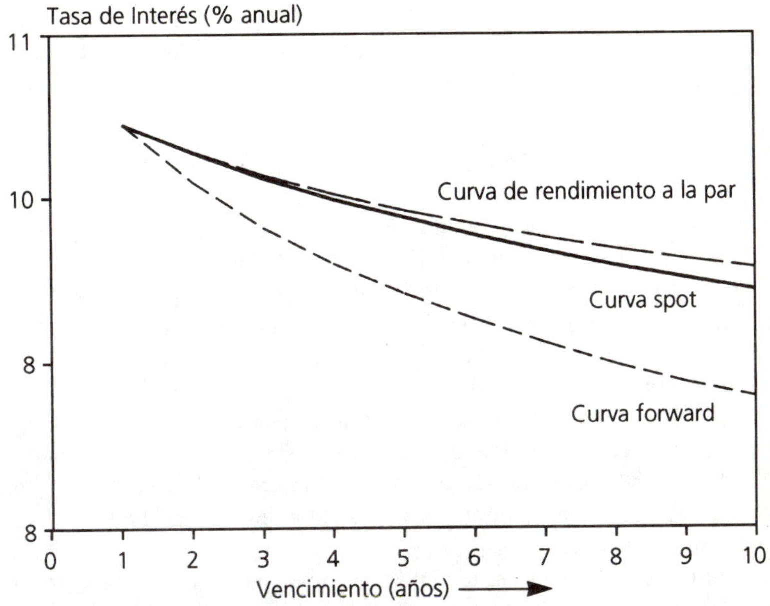

FIGURA 6-4 Desplazamiento descendente de la estructura intertemporal.

En la tabla 6-2 se detalla las tasas spot, las tasas forward y los rendimientos de la figura 6-3. Puede verificarse, por ejemplo, que la tasa forward de 1 a 2 años

TABLA 6-2 Bandas de confianza para VARs estimados.
Distribución normal, $T = 250$.

Vencimiento (año) i	*Tasa sport* R_i	*Tasa forward* $F_{i,i+1}$	*Rendimiento a la par* y_i	*Función de descuento* $D(t_i)$
1	4.000	4.000	4.000	0.9615
2	4.618	5.240	4.604	0.9136
3	5.192	6.350	5.153	0.8591
4	5.716	7.303	5.640	0.8006
5	6.112	7.712	6.000	0.7433
6	6.396	7.830	6.254	0.6893
7	6.621	7.980	6.451	0.6383
8	6.808	8.130	6.611	0.5903
9	6.970	8.270	6.745	0.5452
10	7.112	8.400	6.860	0.5030

satisface $(1 + 4\%)^2 = (1 + 4.618\%)(1 + F_{1,2})$. El rendimiento a la par es obtenido como el pago del cupón que asegura que el valor de mercado del bono es también su valor nominal.

2.2 Pronóstico con la curva de las tasas forward

Mucho han debatido los economistas financieros para establecer si la hipótesis de las expectativas es apropiada. En el contexto de la administración de riesgos, las tasas forward pueden ser utilizadas simplemente para observar tasas de interés futuras, sin tener que tomar una posición en la controversia. Los modelos que se fundamentan en las tasas forward observadas para valuar los activos, se conocen como modelos de *no−arbitraje.*

La información contenida en las tasas forward se describe en la figura 6-5, donde sólo se consideran tres períodos. Las tasas forward proporcionan información acerca de la secuencia de las tasas spot futuras a un año, $F_{1,2}$, $F_{2,3}$, así como también acerca de las estructuras intertemporales futuras, tales como las tasas spot para el siguiente año, $F_{1,2}$, $F_{1,3}$.

Esta información es esencial para la valuación de los instrumentos de deuda o renta fija. Y la valuación es esencial para la comprensión del riesgo, dado que el riesgo se deriva de cambios en la valuación de los valores.

Considérese por ejemplo un bono (nota del Tesoro) con tasa flotante a tres años, que paga intereses anualmente sobre un principal de $P_F = 1$. Supóngase

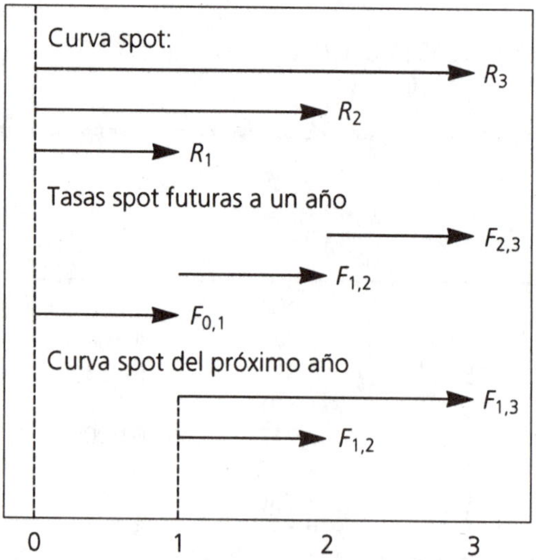

FIGURA 6-5 Las tasas forward como pronósticos de la estructura temporal.

que el pago del primer cupón está cerca de ser establecido y observamos las tasas R_1, R_2, R_3 en la estructura intertemporal. El valor de este instrumento depende de tres tasas futuras a un año:

$$P = \frac{E[R_{0,1}]}{(1 + R_1)} + \frac{E[R_{1,2}]}{(1 + R_2)^2} + \frac{E[R_{2,3}] + 1}{(1 + R_3)^3} . \tag{6.14}$$

Se sustituye cada tasa esperada por las curvas observadas en la forward:

$$P = \frac{R_1}{(1 + R_1)} + \frac{F_{1,2}}{(1 + R_2)^2} + \frac{F_{2,3} + 1}{(1 + R_3)^3} . \tag{6.15}$$

Desarrollando para un denominador común,

$$P = \frac{R_1\,(1+F_{1,2})(1+F_{2,3}) + F_{1,2}(1+F_{2,3}) + F_{2,3}+1}{(1 + R_3)^3} , \tag{6.16}$$

la cual se simplifica a:

$$P = \frac{(1 + F_{2,3})\,(1 + F_{1,2})\,(1 + R_1)}{(1 + R_3)^3} = 1. \tag{6.17}$$

Por lo tanto, el valor actual de este activo es igual al valor a la par, como se esperaba. Pero podría repetirse el mismo ejercicio en un año, con dos pagos de cupón remanentes y el instrumento seguiría valuándose a la par. Por lo tanto, es considerado como instrumento libre de riesgo. Como se verá más tarde, los swaps sobre tasas de interés contienen típicamente una posición en un instrumento de deuda. Justo antes de un reposicionamiento, esta pierna del swap tiene un VAR de cero.

En términos más generales, un bono con cupones, o incluso estructuras más complicadas, puede ser valuado sobre cualquier fecha objetivo utilizando información de las tasas forward. Considérese un bono a tres años inicialmente valuado a la par, $P_0 = 1$. Después de un año, será valuado como:

$$P_1 = \frac{C}{(1 + E[R_{1,2}])} + \frac{C + 1}{(1 + E[R_{1,3}])^2} . \tag{6.18}$$

Incorporando nuevamente las tasas forward, podemos escribir:

$$P_1 = \frac{C}{(1 + F_{1,2})} + \frac{C + 1}{(1 + F_{1,3})^2} . \tag{6.19}$$

Después de alguna manipulación algebraica, podemos demostrar que el precio futuro es tal, que el rendimiento total del bono, $R_B = C + (P_1 - P_0)\,/\,P_0$, es igual a la tasa actual a un año, R_1. Esto era de esperarse, dado que en este mundo neutral al riesgo, todos los bonos deben proporcionar el mismo rendimiento total.

Más generalmente, la distribución de precios futuros P_1, puede obtenerse simulando las tasas de interés futuras $R_{1,2}$ y $R_{1,3}$. La senda aleatoria de estas variables está determinada por dos componentes, la tendencia y la volatilidad. La importancia de las tasas forward es que definen una ruta junto con la cual se espera que evolucionen estas variables.

Como ejemplo, considérese el problema de la definición del riesgo sobre el rendimiento de un bono a tres años de \$100*m* en un horizonte de un año. De acuerdo con la tabla 6-2, la tasa spot a un año es 4.00 por ciento, y las tasas forward son $F_{1,2} = 5.24$ por ciento y $F_{1,3} = 5.79$ por ciento. El bono se vende inicialmente a la par con un cupón de 5.153 por ciento.

Supongamos ahora que los cambios en las tasas spot R_1 y R_2 están normalmente distribuidas; ambas tasas están perfectamente correlacionadas, pero su volatilidad difiere; es de 1.2 por ciento anual para la tasa a un año y 1.0 por ciento para la tasa a dos años. Debido a que existe una sola fuente efectiva de aleatoriedad, este es un "modelo unifactor" de tasas de interés. Los valores esperados para R_1 y R_2 se establecen en las tasas forward 5.24 por ciento y 5.79 por ciento.

En la figura 6-6 se presenta las distribuciones de 500 tasas futuras simuladas. Para cada realización conjunta de R_1 y R_2, podemos obtener el valor futuro

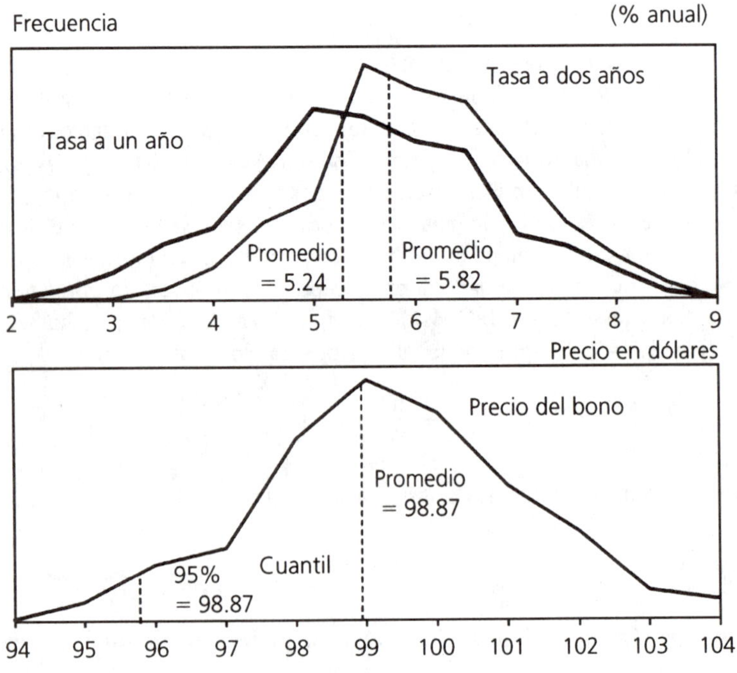

FIGURA 6-6 Simulaciones de precios de bonos: distribuciones.

del bono, P_1, cuya distribución es graficada en el panel inferior. Verificamos que los valores promedio de las tasas simuladas, 5.24 por ciento (R_1) y 5.82 por ciento (R_2), se encuentren muy cerca de sus valores esperados. La distribución para R_2 es también más estrecha que la de R_1, lo cual refleja una volatilidad menor. El panel superior revela la distribución del precio del bono en un año. Su valor promedio es 98.87, para un rendimiento total de 5.153% + (98.87 − 100)/100 = 4.02%, lo cual es muy cercano a la tasa libre de riesgo de 4.00 por ciento, como se esperaba.

Finalmente, la distribución de frecuencia también revela el VAR del bono. El cuantil muestral de 95 por ciento es 95.75. Alternativamente, podemos obtener el VAR a partir de la desviación estándar de la distribución, que es 1.87. Asumiendo una distribución normal, el valor crítico es 95.76, el cual es muy cercano al número previo. Por lo tanto, para un horizonte de una año a un nivel del 95 por ciento, el VAR del bono, debido a movimientos de capital, es \$(98.87 − 95.75) = \$3.12 millones.

En el capítulo sobre las simulaciones Monte Carlo se darán más detalles sobre este enfoque, pero basta decir que este método es suficientemente poderoso para adecuar múltiples fuentes de riesgos, distribuciones generales y estructuras complejas. Si se prefiere comodidad analítica a costa de una menor precisión, la duración proporciona un modelo de riesgo particularmente simple y se estudia a continuación.

3 DURACIÓN

Observamos que los bonos con plazo de vencimiento mayor presentan movimientos de precios más grandes. Sin embargo, el vencimiento es una medida imperfecta del riesgo porque sólo contabiliza el repago del principal e ignora todos los pagos de cupón. En contraste, la *duración* proporciona una mejor medición del riesgo de mercado, porque contabiliza todos los pagos y no sólo el principal. La duración también mide la sensibilidad del precio de un activo a movimientos en la tasa de rendimiento. Por esta razón, la duración es una herramienta muy valiosa para la administración de riesgos.

3.1 Definición

La duración es una característica de un activo; fue definida por primera vez por Macaulay en 1938 como el plazo ponderado de cada pago del bono, donde las ponderaciones son proporcionales al valor presente de los flujos de efectivo:

$$D = \sum_{t=1}^{T} t \times w_t = \sum_{t=1}^{T} t \times \frac{C_t/(1+y)^t}{\sum C_t/(1+y)^t}. \tag{6.20}$$

En la tabla 6-1, por ejemplo, se consideró un bono a cinco años con un cupón del 6 por ciento. Su duración puede obtenerse multiplicando el plazo para el flujo de efectivo (pago) por el valor presente correspondiente del pago (descontado en el rendimiento del bono) y dividiendo el total entre el valor del bono.

En la tabla 6-3 se detallan los cálculos. El valor presente de los pagos se encuentra en la cuarta columna. Nótese que se asume que el factor de descuento es la tasa de rendimiento interno del bono. La quinta columna refiere el producto del plazo y el factor del valor presente. Sumando y dividiendo por 100, (el valor nominal del bono) encontramos una duración de 4.465 años. Para el segundo bono en la tabla 6-1, el cual paga un cupón y el principal en un año, la duración es exactamente de un año, debido a que no existen pagos intermedios en efectivo.

TABLA 6-3 Obtención de la duración.

Tiempo (año)	*Pago*	*Rendimiento (%)*	*VP de pago*	*Tiempo × VP*
1	6	6.00	5.66	5.66
2	6	6.00	5.34	10.68
3	6	6.00	5.04	15.11
4	6	6.00	4.75	19.01
5	106	6.00	79.21	396.05
Suma			100.00	446.51
Duración				4.4651

3.2 La duración como exposición a las tasas de interés

Redington (1952) fue el primero que propuso que la duración podía ser utilizada para una estrategia óptima de inversión en bonos, dado un horizonte de tiempo definido. Señaló que un portafolio de inversión en seguros de vida sería inmune a fluctuaciones en las tasas de interés, si la duración del portafolio se establece igual a la de los pasivos. De hecho, Fisher y Weil (1971) probaron que la *inmunización* se logra a través de la cobertura de la duración.

Para observar el vínculo entre la duración y los cambios en el precio del bono, recordemos que el precio de mercado P de un bono puede ser escrito en términos del valor presente de los flujos de efectivo futuros, como:

$$P = \sum_{t=1}^{T} \frac{C_t}{(1+y)^t} \,. \tag{6.21}$$

La sensibilidad del precio del bono a cambios en la tasa de rendimiento (*y*), puede encontrarse tomando la derivada de *P* con respecto a *y*:

$$\frac{dP}{dy} = \sum_{t=1}^{t} \frac{(-t)C_t}{(1 + y)^{t+1}} = - \frac{1}{(1 + y)} \sum_{t=1}^{T} \frac{(t)C_t}{(1 + y)^t} . \qquad (6.22)$$

La duración de Macaulay es definida formalmente en (6.20) como el vencimiento promedio ponderado de una inversión:

$$D = (1/P) \sum_{t=1}^{T} tC_t / (1 + y)t. \qquad (6.23)$$

Consecuentemente, la sensibilidad del precio del bono a cambios en la tasa de rendimiento es:

$$(1/P) \frac{dP}{dy} = - \frac{D}{(1 + y)} . \qquad (6.24)$$

Esto fue probado originalmente por Fisher desde 1966.

Si los rendimientos son pequeños, el denominador (1 + y) puede ser aproximado por la unidad, y la duración mide la relación lineal entre el rendimiento del bono y cambios en la tasa del rendimiento. De otra forma, para una mejor aproximación, la *duración modificada* es:

$$D^* = - (1/P) \frac{dP}{dy} = \frac{D}{(1 + y)} . \qquad (6.25)$$

La duración siempre se mide en unidades de tiempo. Si *t* se expresa en otras unidades, tales como días, meses, semestres, etc., la duración resultante es expresada entonces en cierto número de fracciones de año y para propósitos de comparación, suele convertirse a años.

La duración también expresa la dimensión de tiempo de una inversión, tomando en cuenta pagos intermedios, y puede interpretarse como una medida del "vencimiento efectivo" de un bono. El enfocarse sólo en el vencimiento brinda una visión imprecisa del saldo de flujos de efectivo, porque ignora los pagos de cupón. De hecho, sólo en el caso de instrumentos cupón cero el vencimiento es igual a la medida de duración. Si *F* es el valor nominal de un bono cupón cero, estableciendo $C_t = 0$ y $C_T = F$ en (6.1) y (6.23) se obtiene $P = F/(1 + y)^T$ y $D = (1/P)TF/(1 + y)^T$. Reemplazando *P* en la medida de duración, observamos que la duración se simplifica al vencimiento $D = T$ para un bono cupón cero.

Por lo tanto, la duración aproxima los cambios en los precios de los bonos que pagan cupón a través de cambios en el precio de bonos cupón cero. Como tal, puede ser utilizada para comparar bonos con vencimiento, calendario de pago y tasas de interés diferentes. Esto se demuestra en el recuadro 6-1.

Dado que la duración es una medición de la exposición lineal, entonces la duración de un portafolio de instrumentos de deuda es un promedio simple ponderado de las duraciones individuales. Si los valores de xi representan las proporciones invertidas en N bonos diferentes, la duración del portafolio es:

$$D_p = \sum_{i=1}^{N} x_i D_i, \tag{6.26}$$

donde D_i es la duración del bono *i*.

Por ejemplo, tomemos un portafolio con $100 millones invertidos de manera proporcional en un bono a cinco años y un bono a un año, como se describe en la tabla 6-1. Las duraciones respectivas son 4.465 años y 1 año. La duración neta del portafolio es entonces $0.5 \times 4.465 + 0.5 \times 1 = 2.733$ años.

RECUADRO 6-1

USO DE LA DURACIÓN PARA CUANTIFICAR EL RIESGO

La duración es una buena medición de primer orden de la exposición de un portafolio al riesgo de tasa de interés. Es mucho más apropiada que el vencimiento, especialmente cuando el portafolio está apalancado o implica instrumentos más complejos, tales como las notas estructuradas.

En octubre de 1992, Merrill Lynch envió una carta a Bob Citron, el tesorero del Grupo de Inversión del Orange County, advirtiéndole que la duración efectiva del portafolio era de *siete* años. Esta alta duración se debía al elevado apalancamiento del portafolio, que se logró a través de acuerdos inversos de recompra. Esto permitió a Citron comprar alrededor de $20 mil millones de valores con sólo $7.5 mil millones en dinero de los inversionistas. El portafolio fue invertido en una variedad de instrumentos (notas del Tesoro) con vencimientos que llegaban hasta los cinco años, con una duración promedio de 2.6 años. La proporción de apalancamiento de 2.7 a 1 incrementó la duración efectiva a 7.

De 1989 a 1993, las tasas de interés cayeron dramáticamente, lo cual redituó grandes ganancias para los inversionistas del grupo. Pero en 1994 las tasas ascendieron a cerca del 3 por ciento. Esto creó una pérdida de:

Pérdida en dólares	=	valor en dólares 3 duración 3 cambio en rendimiento
	=	$7.5 mil millones 3 7 años 3 3%
	=	$1.575 millones

la cual es muy cercana a la pérdida real de $1.6 mil millones sufrida por este grupo.

Como se ve más adelante, esta fórmula es estrictamente válida sólo si la estructura intertemporal es plana; esto es, si y es la misma a lo largo de todos los vencimientos. Si este no es el caso, la duración del portafolio es sólo una aproximación. Para más precisión, pueden separarse los flujos de efectivo para cada bono en el portafolio y resolver para la única tasa de descuento en el portafolio. La duración puede entonces obtenerse como antes, a partir de los flujos individuales de efectivo.

Una característica principal de la duración es que se trata de una medida dinámica. Al contrario del vencimiento, la duración no evoluciona uniformemente con el tiempo. Por ejemplo, justo después del pago de un cupón, la duración se incrementa repentinamente; la duración también cambia más rápido para bonos con pagos grandes o cuando las tasas de rendimiento corrientes (spot) son bajas. Como resultado, los administradores de portafolios que buscan inmunizarlos siempre deben seguir la evolución de la duración y rebalancear periódicamente su portafolio.

3.3 Duración y riesgo

La duración puede ser utilizada para transformar la volatilidad de la tasa de rendimiento en volatilidad del precio. La volatilidad del rendimiento generalmente es considerada como más estable que la volatilidad del precio, pero, finalmente, esto es un aspecto empírico. De la ecuación (6.25), se deriva el cambio relativo en los precios como una función del cambio en la tasa de rendimiento:

$$\frac{dP}{P} = -\, D^* \, dy, \tag{6.27}$$

y por lo tanto:

$$\sigma\left(\frac{dP}{P}\right) = D^* \, \sigma(dY). \tag{6.28}$$

Por ejemplo, supongamos que la tasa spot a diez años es 8.00 por ciento, con una volatilidad anual de cambios en las tasas de 0.94. La volatilidad anual del rendimiento es entonces:

$$\sigma\left(\frac{dP}{P}\right) = \frac{10}{1 + 0.08} \times 0.94 = 8.70\%.$$

Por lo tanto, la volatilidad del precio y la volatilidad del rendimiento pueden ser obtenidos directamente una de la otra. Algunas veces, la volatilidad del rendimiento se expresa como $\sigma(dy/y)$. Entonces, el ajuste a la volatilidad del rendimiento es $\sigma(dP/P) = D^* y\sigma(dy/y)$.

3.4 Duración y valor en riesgo

La duración está directamente vinculada al valor en riesgo. De hecho, el VAR cuantifica la exposición de un portafolio a un factor de riesgo (la duración) así como la probabilidad de un movimiento adverso en las tasas. En el capítulo 1, se obtuvo el VAR de un portafolio de $100 millones invertido en una nota del Tesoro a cinco años. Durante los últimos 40 años, el 95% de las caídas en las ta-sas de rendimiento a un mes fue de 21.7 por ciento. Había una posibilidad de sólo 5 por ciento de que el portafolio cayera más de $100 millones por 21.7 por ciento, o $1.7 millones. Por lo tanto, el valor en riesgo era de $1.7 millones.

La pérdida en dólares también puede obtenerse multiplicando la duración por el crecimiento en el rendimiento. Asumamos que las notas del Tesoro a cinco años mantienen una duración de 4.5 años. Si el peor incremento en los rendimientos en un mes al nivel de 5 por ciento es de 0.38 por ciento, entonces la peor pérdida está dada por:

$$\begin{array}{ccccccc} \text{Peor pérdida en dólares} & = & \text{duración} & \times & \text{valor del portafolio} & \times & \text{peor incremento en la tasa de rendimiento} \\ & & 4.5\ \text{años} & \times & \$100m & \times & 0.38\% \end{array}$$

lo cual también da $1.7 millones. Por lo tanto, el valor en riesgo está directamente relacionado al concepto de duración, a través de la volatilidad de la tasa de rendimiento.

3.5 Limitantes de la duración

La duración ha sido considerada como una herramienta esencial para medir la exposición al riesgo sobre la tasa de interés y para administrar este riesgo.

Sin embargo, la duración de Macaulay es estrictamente válida como una medida de la exposición, sólo para movimientos pequeños y "paralelos" en la tasa de rendimiento. Primero, los movimientos en la tasa de rendimiento deben ser paralelos, dado que el mismo cambio en el rendimiento se aplica a todos los pagos de cupón intermedios sin importar su vencimiento. Se han desarrollado otras medidas de la duración para otros tipos de movimientos en las curvas de rendimiento, desafortunadamente, son válidas sólo para el cambio que se suponga en la estructura intertemporal. Segundo, los movimientos en la tasa de rendimiento deben ser pequeños para que la aproximación lineal sea válida. Para analizar con más detalle cada uno de estos supuestos, a continuación se examina cada uno de ellos.

Movimientos paralelos en las tasas de rendimientos

La duración se limita a un proceso estocástico específico para la estructura intertemporal, es decir, un modelo unifactor. Dado que cada uno de los flujos de efectivo es descontado a la misma tasa, la duración de Macaulay supone una estructura intertemporal plana y movimientos "paralelos" en toda la estructura. Dado que esta estructura rara vez es plana, los cambios en las tasas de descuento usualmente son distintos a los cambios en el rendimiento al vencimiento.

En la práctica, la duración es utilizada en conjunción con un cambio en la tasa de rendimiento para un vencimiento similar al del bono bajo escrutinio. Por ejemplo, no querríamos multiplicar la duración de un bono a 30 años por el cambio en la tasa a tres meses para estimar el movimiento en su precio. En lugar de ello, la variación en la tasa a 30 años es más apropiada.

Aun así, aunque bien es cierto que los bonos de duración grande son más sensibles a un cambio dado en el rendimiento al vencimiento que los bonos de duración menor, también es verdad que los rendimientos de corto plazo son más volátiles que los rendimientos de largo plazo. Como resultado, tanto la duración como la volatilidad del rendimiento deben ser considerados al evaluar el nivel de riesgo de un bono.

En la tabla 6-4 se compara las medidas de la duración y de la volatilidad de la tasa de rendimiento para bonos estadounidenses con vencimientos de 1 a 30 años. La duración está basada en bonos a la par con cupón de 8 por ciento. La volatilidad del rendimiento decrece generalmente con el vencimiento. Por ejem-plo, la volatilidad a dos años es 1.24 por ciento por año contra sólo 0.94 por ciento para las tasas a treinta años. El riesgo no es estrictamente proporcional a la duración. La

TABLA 6-4 Duración y volatilidad del rendimiento (rendimiento de 8%, bonos de cupón 8%).

Vencimiento (año)	*Duración (años)*	*Volatilidad del rendimiento (% anual)*	*Riesgo (% anual)*
1	0.93	1.17	1.08
2	1.78	1.24	2.22
3	2.59	1.24	3.21
5	3.99	1.18	4.70
7	5.21	1.12	5.82
10	6.71	1.05	7.04
30	11.26	0.94	10.58

proporción de la duración de 30 años y 2 años es 11.26/1.78 = 6.33, mientras que la proporción del riesgo para estos vencimientos es 10.58/2.22 = 4.77. De forma más general, este ejemplo muestra que la volatilidad de los rendimientos no es uniforme a lo largo de los vencimientos, lo cual constituye la causa de que el modelo de duración es sólo aproximado. En contraste, los métodos de VAR o modelos de factores, como se describe en el capítulo 8, pueden incorporar totalmente tanto la duración como la volatilidad del rendimiento.

Pequeños cambios en el rendimiento

Una segunda limitante de la duración es que se trata de una *aproximación lineal* de la exposición a la tasa de interés. Es válida sólo con cambios infinitesimales en los rendimientos, aun cuando la estructura intertemporal sea plana y esté sometida a cambios paralelos. Cuando existen grandes choques a la estructura intertemporal, los términos de orden superior en la derivada del precio deben ser incorporados en la valuación. Por esta razón, algunas veces la convexidad también es considerada una medida de segundo orden de la exposición.

4 CONVEXIDAD

Mientras que la duración es útil para predecir el efecto de cambios en la tasa de interés sobre el valor de los portafolios de renta fija, debería ser reconocida sólo como una aproximación de primer orden, válida para cambios pequeños en el rendimiento. Puede obtenerse una mejor precisión considerando la convexidad.

4.1 Definición

La convexidad es un efecto de segundo orden que describe la forma en que la duración cambia, a medida que cambia el rendimiento. La medida de convexidad puede obtenerse a través de la segunda derivada de la ecuación (6.21) con respecto al rendimiento y dividiendo el resultado entre el precio:

$$C = -\frac{dD^*}{dy} = \frac{1}{P}\frac{d^2P}{dy^2} = \frac{1}{P}\frac{1}{(1+y)^2}\sum_{t=1}^{T}\frac{t(t+1)C_t}{(1+y)^t}\,. \qquad (6.29)$$

La convexidad es medida en unidades de períodos al cuadrado.

Para observar por qué es importante la convexidad, podemos aproximar la tasa de rendimiento de un bono, o el cambio relativo en el precio del bono, a través de una expansión de Taylor de segundo orden:

$$(1/P)dP \approx (1/P)\frac{dP}{dy}dy + (1/2P)\frac{d^2P}{dy^2}(dy)^2$$

$$= -D^* dy + (1/2)C(dy)2. \tag{6.30}$$

Cuando los cambios en el rendimiento son pequeños, puede ignorarse la convexidad. Podemos reescribir la fórmula previa como $-[D^* - (1/2)Cdy]dy$.

Esto muestra que la convexidad provoca que la duración se incremente en respuesta a un decremento en las tasas y que decrezca en respuesta a un incremento en las mismas. Como la convexidad es *positiva* para bonos de opción libre, la curva verdadera precio-rendimiento permanece por encima de la línea de la duración. Este efecto es ventajoso porque implica que los precios del bono crecen más que por la aproximación lineal y disminuyen menos que la aproximación lineal.

Mientras más grande sea la convexidad, más benéfico es este efecto. Sin embargo, los bonos con convexidad mayor también serán más solicitados y por lo tanto, podrían ser más caros. Como en las opciones, el precio de la convexidad depende de la volatilidad en los rendimientos. Si se espera que los rendimientos permanezcan estables, entonces la convexidad no tendrá una valuación muy alta.

Para una duración y un rendimiento dado, mientras más bajo sea el cupón, más baja será la convexidad. De este modo, los bonos cupón cero tienen la menor convexidad para una duración dada. Por otro lado, los portafolios *barbell* (de barras y pesas), compuestos de bonos a corto y a largo plazo mezclados de tal forma que se mantenga la misma duración que el bono cupón cero, presentan una convexidad mucho mayor. Pero como en el caso de la duración, la calidad de estas aproximaciones depende de los movimientos paralelos en la estructura intertemporal.

4.2 Perfeccionamiento de la aproximación al precio

En la figura 6-7 se presenta los cambios reales en el precio del bono, resultantes de cambios en la tasa de rendimiento para un bono a la par de 8 por ciento. También se muestra las estimaciones para cambios en el precio, utilizando sólo la duración, y la duración y convexidad combinadas.

La duración por sí sola proporciona una estimación razonable de los cambios en el precio del bono cuando los cambios en la tasa de interés son pequeños. Por ejemplo, a medida que las tasas se incrementan un 2 por ciento, el error de precio debido a la aproximación de la duración es (87.54 − 85.89), o una subestimación de exposición de 165 puntos base. A medida que las tasas descienden un 2 por ciento, el error del precio llega a ser (114.87 − 114.13), o una exposición incompleta de 74 puntos base. La aproximación no es mala, considerando que el precio del bono por sí mismo cambió alrededor de 1,400 puntos base.

Cuando tanto la duración como la convexidad son utilizadas de manera conjunta, el precio aproximado es mucho más preciso sobre un espectro más amplio de cambios en la tasa. A medida que las tasas se incrementan un 2 por ciento, el error del precio debido a la aproximación duración/convexidad es (87.54 − 87.07), o sólo 46 puntos base. A medida que las tasas bajan a un 2 por ciento, el error de pecio es (114.87 − 115.33) o sólo 46 puntos base. Como se muestra en la figura 6-7, la convexidad puede perfeccionar sustancialmente la aproximación de la duración para grandes cambios en la tasa.

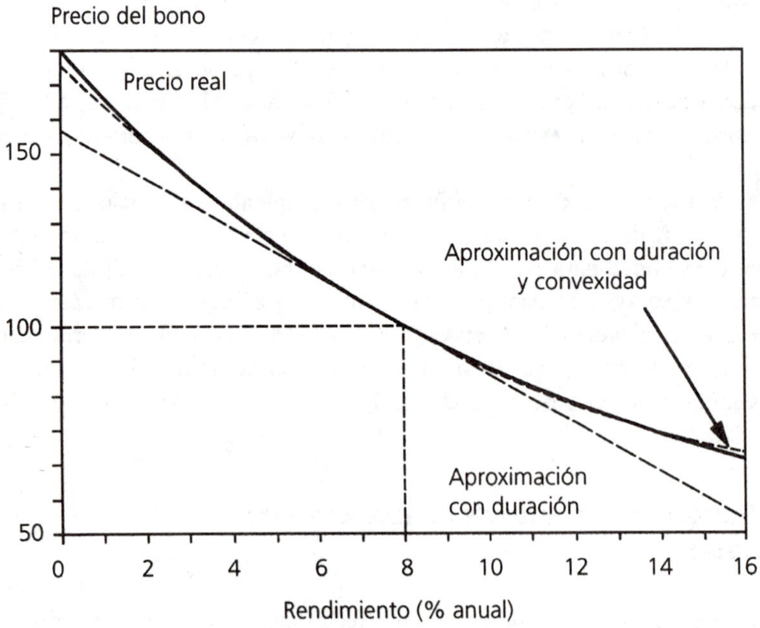

FIGURA 6-7 Aproximaciones del precio.

Como fue el caso para la duración, la convexidad de un portafolio de instrumentos de renta fija puede derivarse de un promedio simple ponderado de los componentes de la convexidad del portafolio. Si x_i es la proporción invertida en el bono i con convexidad C_i, la convexidad del portafolio puede ser aproximada por:

$$C_p = \sum_{i=1}^{N} x_i C_i. \tag{6.31}$$

En el siguiente capítulo se ve cómo medir el VAR para instrumentos no lineales.

CAPÍTULO 7

Derivados

El concepto de los derivados se remonta, al menos, a la Biblia. En el Génesis, Dios inició la creación separando la luz de la oscuridad.

Andrew Davidson, Director de una empresa de investigación en Derivados

Los instrumentos derivados permiten que los usuarios desagreguen los riesgos, para asumir los que pueden administrar y transferir los que no desean asumir. Al permitir una exposición controlada a los riesgos financieros, los derivados han dado ímpetu a los métodos modernos de administración del riesgo. En este capítulo se centra la atención en las características de los derivados que son relevantes para cuantificar el valor en riesgo.

Un *derivado* puede ser definido de forma genérica como "un contrato privado cuyo valor depende en su mayor parte de algún activo subyacente, tasa de referencia o índice, como puede ser una acción, un bono, una divisa o un producto". Los derivados abarcan desde componentes estructurales simples, como los contratos lineales (forwards, futuros y swaps) hasta productos complejos como algunos bonos estructurados o las opciones exóticas. Cualquier activo con alguna característica de derivado puede ser valuado como la suma de varios componentes. Por ejemplo, un bono gubernamental con opción a compra es equivalente a una posición en un bono gubernamental, más una posición corta en una opción de compra. El VAR del bono puede ser reconstruido a partir del VAR de sus componentes.

En la sección 1 se muestra cómo descomponer los forwards y los futuros en componentes "primitivos" para calcular el VAR. En la sección 2 se explica la forma de valuar los swaps y el riesgo de éstos. Posteriormente, en la sección 3 se describen las opciones. Los modelos lineales de VAR cuantifican adecuadamente los riesgos de los derivados lineales, tales como forwards y swaps; sin embargo, pueden representar deficientemente los riesgos de las opciones a causa de su naturaleza no lineal. El riesgo de los activos con componentes opcionales debe de ser modelado con términos de orden superior o, bien, con métodos de simulación. En la sección 4 se proporciona un ejemplo resuelto de cuantificación de VAR para una posición en opciones utilizada por Leeson.

1 FORWARDS Y FUTUROS

La clase más simple de derivados consiste en contratos forward y futuros. Se trata de acuerdos privados de intercambio de un activo dado en una fecha predeterminada en el futuro. Los términos del contrato son la cantidad, la fecha y el precio al cual se realizará el intercambio.

Generalmente, el *precio forward* se fija de manera tal que el valor del contrato por sí mismo sea cero al inicio de éste. Para analizar la valuación de estos contratos, se definen las siguientes variables:

S_t = precio spot de un activo
F_t = precio forward de un activo
r = tasa libre del riesgo
y = rendimiento del activo
τ = plazo para el vencimiento

1.1 Valuación de los forwards

En adelante vamos a utilizar tasas continuas, en cuyo caso el valor presente de un dólar pagado en una fecha τ es definido como $e^{-r\tau}$. Para valuar un contrato forward, consideramos que los inversionistas tienen dos alternativas, las cuales son económicamente equivalentes: 1) comprar $e^{-y\tau}$ unidades del activo al precio S_t y mantener la tenencia durante el mismo período, o 2) iniciar un contrato forward para comprar una unidad del activo en un período. En la alternativa 1) la inversión crecerá, con la reinversión de los dividendos, exactamente a una unidad del activo después del período (τ). En la alternativa 2) el contrato no cuesta nada, pero debemos mantener a la mano efectivo suficiente para pagar F_t en el futuro. Después de un año, ambas alternativas conducen a una posición sobre una unidad del activo.

Por lo tanto, su costo inicial debe ser idéntico. Esto conduce a la relación fundamental entre los precios forward y los precios spot, conocida como el *costo de acarreo*:

$$F_t e^{-r\tau} = S_t e^{-y\tau}. \tag{7.1}$$

Esta fórmula es muy general. Incluye:

- ❖ Futuros sobre activos tales como índices accionarios, que realizan un pago continuo de dividendos.
- ❖ Futuros sobre divisas, donde los dividendos llegan a ser la tasa de interés de la divisa $y = r^*$.

- Futuros sobre productos físicos, donde el rendimiento de conveniencia o beneficio derivado de la posesión del producto en efectivo, puede ser interpretado como un pago implícito de dividendos.
- Futuros sobre productos físicos en los que se incurren en costos de almacenamiento, como el oro y la plata, en cuyo caso el costo del almacenamiento s puede considerarse como un dividendo negativo.

Supongamos ahora que deseamos valuar un contrato adelantado donde el precio de compra K se fija de antemano. Siguiendo los mismos pasos vistos anteriormente, la inversión en el activo mismo puede ser replicada comprando el contrato forward existente (el cual tiene un valor de f_t) y estableciendo como colateral el valor presente del precio de compra K:

$$f_t = S_t e^{-y\tau} - Ke^{-r\tau}. \qquad (7.2)$$

donde:

K = precio de compra fijado en el contrato
f_t = valor actual del contrato.

Esta fórmula es central para medir el riesgo de los contratos forward. Demuestra que, aun cuando la inversión inicial sea cero, el tenedor del contrato puede estar sujeto a fluctuaciones sustanciales en el valor del mismo (como en el recuadro 7-1). De aquí la necesidad de controlar el riesgo.

RECUADRO 7-1

SHOWA SHELL: PÉRDIDAS EN FORWARDS SOBRE DIVISAS

En febrero de 1993, Showa Shell, una filial del Royal Dutch/Shell Oil Group, anunció que había perdido alrededor de 125 mil millones de yenes en contratos forward ($1.05 mil millones de dólares). Esto representaba más de tres veces las ganancias de la compañía por 40 mil millones de yenes el año anterior.

Showa Shell compra petróleo en dólares, el cual revende a clientes nacionales. Aparentemente, a partir de 1990, algunos empleados establecieron contratos forward excediendo el límite de la empresa. El problema se agravó por las reglas contables japonesas, que permitían a los operadores reconvertir sus contratos forward en contratos nuevos, sin tener que asumir pérdidas (es decir, sin marcar a mercado). La empresa se aseguró en tasas forward alrededor de 145 yenes al dólar. Para diciembre de 1992, el dólar había descendido hasta 125 yenes. Con una posición de $6.4 mil millones, la pérdida puede calcularse a partir de la ecuación (7.2). Abstrayendo del valor en el tiempo del dinero, la pérdida por contrato es $f_t = S_t - K$, para un total de $6.4 (125 − 145), o 128 mil millones de yenes.

En abril de 1992, el ministerio de finanzas prohibió las conversiones (o rollovers) de contratos forward. Sin embargo, no queda claro si se acató la nueva regla. Un año después otra empresa, Kashima Oil, perdió 153 mil millones de yenes ($1.45 mil millones de dólares) en una operación similar de divisas.

1.2 Riesgo de los contratos forward

El riesgo que se tiene al mantener posiciones sobre contratos forward puede determinarse diferenciando la ecuación (7.2) con respecto a las distintas variables que representan las diversas fuentes de riesgos a los cuales está expuesto el contrato. Estas fuentes de riesgo incluyen el precio spot del subyacente, la tasa de interés local y el rendimiento del activo.

$$df = \frac{\partial f}{\partial S}\, dS + \frac{\partial f}{\partial r}\, dr + \frac{\partial f}{\partial y}\, dy = e^{-y\tau}\, dS + Ke^{-r\tau}\, \tau dr - Se^{-y\tau}\, dy. \qquad (7.3)$$

Esta diferencial muestra cómo puede descomponerse un contrato forward en los componentes que lo constituyen para cuantificar el VAR. El riesgo se deriva de la exposición a cada una de las fuentes de riesgo (tal como $e^{-y\tau}$) y de movimientos conjuntos en las fuentes de riesgo (tal como dS).

Esto puede ser transformado de otras maneras. Considérese, por ejemplo, un contrato sobre alguna divisa. El rendimiento es, entonces, la tasa de interés de la divisa $y = r^*$.

Supongamos ahora que los factores básicos de riesgo se definen en términos de los cambios relativos en el precio spot (dS/S) y de los cambios relativos en los precios de los bonos cupón cero (dP/P) y (dP^*/P^*). El cambio en el precio del bono puede expresarse en términos de los cambios en los rendimientos como $dP = -\tau e^{-r\tau}\, dr$, o $(dP/P) = -\tau dr$, y la ecuación (7.3) puede escribirse como:

$$df = (Se^{-r^*\tau})\,\frac{dS}{S} - (Ke^{-r\tau})\,\frac{dP}{P} + (Se^{-r^*\tau})\,\frac{dP^*}{P^*}\,. \qquad (7.4)$$

1.3 El VAR de los contratos lineales

Esta descomposición de acuerdo a los diferentes factores de riesgo es el primer paso en la "teoría financiera de las partículas". El segundo paso es la reconstrucción del riesgo total a partir de los componentes individuales.

Considérese, por ejemplo, una situación donde el riesgo de los bonos del Tesoro es poco significativo en relación al precio del spot. En otras palabras, sólo hay una fuente de riesgo, S. La delta de esta posición es tal que $df = \Delta dS$, donde $\Delta = e^{-r^*\tau}$.

El VAR del contrato forward está directamente relacionado con el VAR del activo subyacente, $\text{VAR}(dS) = \alpha\sigma\,(dS)$, donde a es una función del nivel de confianza seleccionado. El VAR del contrato es simplemente una función lineal.

$$\text{VAR}(df) = |\Delta| \times \text{VAR}(dS). \qquad (7.5)$$

De manera más general, el contrato forward puede considerarse como un "portafolio" de exposiciones sobre factores de riesgo. Su VAR está relacionado con las volatilidades y correlaciones de los diversos factores de riesgo, como se explica en el siguiente capítulo.

2 SWAPS

Los swaps son acuerdos entre dos partes para intercambiar flujos de efectivo en el futuro, de acuerdo con una fórmula preestablecida. El primer swap fue realizado en 1981. En aquel tiempo, el Banco Mundial acumulaba $290 millones en préstamos a tasa fija y los intercambió por pasivos en francos suizos y marcos alemanes. Desde entonces, el mercado de swaps ha crecido muy rápidamente, alcanzando billones de dólares.

Los *swaps sobre divisas* implican el intercambio de distintas monedas. Para ilustrar un swap de este tipo, considérense dos instituciones que desean tomar un préstamo en diferentes monedas, IBM por ejemplo, desea acumular 10,000 millones de yenes japoneses en un periodo de 10 años, y el Banco Mundial desea acumular $100 millones de dólares estadounidenses en el mismo periodo. El tipo de cambio spot es de 100 yenes por dólar. Supongamos que los costos de capital respectivos respectivos son:

	Yen	*Dólar*
Banco Mundial	5.0%	9.5%
IBM	6.5%	10.0%

Observe que el Banco Mundial ha tenido acceso a capital más barato en ambos mercados; tiene una "ventaja absoluta", en la jerga del comercio internacional. Sin embargo, quizás a causa de que tiene un acceso más fácil al mercado de yenes, el Banco Mundial tiene una "ventaja comparativa" para emitir deuda denominada en yenes. Por lo que respecta a IBM, sus costos de financiamiento son 1.5 por ciento más baratos en el yen y sólo 0.5 por ciento más barato en dólares.

Esto constituye la base para un swap, el cual redundará en una ventaja mutua para ambas partes. Si ambas instituciones colocan fondos en su divisa final deseada, el costo total será 9.5% (costo en dólares para el Banco Mundial) + 6.5% (costo en yenes para IBM) = 16.0%. En contraste, el costo total de la acumulación de capital donde cada uno tiene una ventaja comparativa es de 5.0% (costo en yenes para el el Banco Mundial) + 10.0% (costo en dólares para IBM) = 15.0%. La ganancia para ambas partes por abrir el swap es 16.0 − 15.0 = 1.0%. Por ejemplo, el siguiente swap distribuye el beneficio equitativamente entre ambas partes:

Banco Mundial	*Yen*	*Dólar*
Deuda emitida	Paga 5.0%	
Swap iniciado	Recibe 5.0%	Paga 9.0%
Neto		Paga 9.0%

El banco emite deuda en yenes al 5.0 por ciento, firma un swap a 10 años en el que promete pagar 9.0 por ciento en dólares a cambio de recibir pagos de interés en yenes del 5.0 por ciento. Su costo efectivo de financiamiento en dólares es por lo tanto de 9.0 por ciento, el cual es menor que el 9.5 por ciento si hubiera obtenido el financiamiento directamente en dólares. IBM se beneficia de manera similar. Este ejemplo ilustra la forma en que las instituciones utilizan los swaps para disminuir sus costos financieros. Desde 1981, el Banco Mundial estima que lo swaps han ahorrado $845 millones en costos de financiamiento.

Un *swap sobre tasa de interés* es un mecanismo para transformar un flujo de efectivo fijo a flotante o viceversa, o de flotante en contra de cierto índice a flotante en contra de otro índice. Los swaps sobre interés implican sólo el intercambio de los pagos de interés sobre los préstamos respectivos (denominados como valores nominales). El principal no requiere ser intercambiado. El intercambio de flujos de efectivo comúnmente se realiza sobre una base *neta*, donde sólo el monto neto es transferido entre las partes en cada fecha de pago.

Los swaps sobre tasa de interés pueden combinarse con swaps sobre divisas para transformar un pasivo fijo en una divisa, en un pasivo flotante en otra divisa. Los swaps ahora incluyen swaps sobre productos físicos sobre índices accionarios, sobre diferenciales, crediticios, y así sucesivamente.

2.1 Valuación de swaps

Los swaps pueden valuarse generalmente de dos formas: como la diferencia en el valor presente de los dos flujos de efectivo o como un portafolio de contratos forward correspondiente a cada intercambio de fondos.

Considérese por ejemplo el swap sobre divisas descrito en la sección anterior. El valor del mismo para el Banco Mundial es un bono largo en yenes menos un bono en dólares. Definiendo S como el precio en dólares del yen y P y P^* como los bonos en dólares y en yenes respectivamente, tenemos:

$$V = S(\$/¥)\, P^*(¥) - P(\$). \tag{7.6}$$

Observe la similitud que existe entre esta ecuación y la ecuación (7.2). Si hay sólo un flujo de efectivo, el bono en yenes es un bono cupón cero, por lo que su valor es entonces $P^* = P_F^* e^{-r^*\tau}$, donde P_F^* es el valor nominal en yenes. Similarmente, el bono en dólares con valor nominal P_F vale $P = P_F e^{-r\tau}$,. El valor del swap es ahora $V = S\,P_F^* e^{-r^*\tau} - P_F^* e^{-r\tau}$. La valuación del forward en (7.2) se refiere a una unidad de divisa. Ajustando para el pago principal, tenemos:

$$(V/P_F^*) = Se^{-r^*\tau} - (P_F/P_F^*)\,e^{-r\tau},$$

la cual es idéntica a la valuación del forward si se establece que $K = (P_F/P_F^*)$.

Regresando al caso general, definamos el valor del bono como $P(C, y, P_F)$, donde el cupón es C, el rendimiento y y el valor nominal P_F. Utilizando estos datos, el swap para el banco vale inicialmente:

$$\begin{aligned} V &= (1/100)\,P(5\%, 5\%, ¥10000) - P(9\%, 9\%\ \$100) \\ &= (1/110)10000 - 100 = 0. \end{aligned}$$

Como con los contratos forward, el valor inicial del swap es cero.

El valor de mercado de los swaps es afectado por las variaciones en los tipos de cambio y en las tasas de interés. Supongamos, por ejemplo, que el Banco de Japón reduce sus tasas 1 por ciento, lo cual genera un deslizamiento en el tipo de cambio spot a 110 yenes por dólar. Con esto, el nuevo valor del swap es:

$$\begin{aligned} V &= (1/100)\,P(5\%, 4\%, ¥10000) - P(9\%, 9\%\ \$100) \\ &= (1/110)10811 - 100 = -\ \$1.72m. \end{aligned}$$

El swap pierde valor debido a que la posición larga sobre el yen que se depreció. Algo de esto fue compensado por un valor mayor para el bono en yenes, pero el efecto neto fue una pérdida.

Los swaps sobre tasas de interés pueden valuarse de forma similar. Supongamos que la empresa A realiza pagos a tasa flotante a cambio de recibir pagos a tasa fija. Si B_F es el valor del bono a tasa fija y B_f es el valor del bono a tasa flotante, el valor del swap es $V = B_F - B_f$.

En su inicio, el valor del swap es cero, y $B_F = B_f$. Si las tasas de interés descienden, el swap de A tendrá un valor mayor dado que recibe cupones mayores que los rendimientos prevalecientes en el mercado. B_F se incrementará al valor presente de los flujos fijos de efectivo, utilizando las tasas de descuento apropiadas, mientras que B_f variará muy poco, porque los pagos de interés son restablecidos a intervalos regulares. De hecho, justo antes de un reposicionamiento, B_f. se comportará exactamente como una inversión en efectivo, con un valor similar igual al principal.

2.2 Riesgos de los swaps

Los riesgos de los swaps se asemejan a los de los contratos forward. En el caso de un swap sobre divisas, los movimientos en el valor pueden deberse a movimientos en el tipo de cambio spot y en las tasas de interés locales y extranjeras $V = V(S, r, r^*)$, donde r es el rendimiento al vencimiento del bono local y r^* es el rendimiento al vencimiento en el bono referido a una divisa extranjera. Utilizando la aproximación de la duración y tasas continuas,

$$dV = \frac{\partial V}{\partial S}\, dS + \frac{\partial V}{\partial r}\, dr + \frac{\partial V}{\partial r}\, dr^*$$

$$= P^*dS + S(-D^*P^*)dr^* + DPdr. \qquad (7.7)$$

El riesgo de un swap de tasa de interés depende del momento del reposicionamiento en el lado de la tasa flotante. Con un reposicionamiento continuo, este lado no tiene riesgo. En la práctica, el cupón debe ser reestablecido cada 6 meses, por ejemplo. Justo antes de un período de reposicionamiento, el movimiento en el valor de un swap de tasa de interés se debe únicamente al componente fijo de la posición:

$$dV = \frac{\partial P}{\partial r}\, dr = -\, DPdr. \qquad (7.8)$$

Justo después del reposicionamiento, el bono a tasa flotante se transforma en un bono de corto plazo a tasa fija.

Como antes, la aproximación de la duración puede mejorar aun más al considerar los movimientos no paralelos en la estructura intertemporal de tasas. Más adelante se explicará cómo atribuir los flujos de efectivo para separar los sectores de la estructura intertemporal de tasas.

3 OPCIONES

Las opciones son valiosos instrumentos de cobertura y de inversión apalancada, debido a la flexibilidad que ofrecen. Una opción es un contrato que otorga el derecho a comprar (una opción call) o a vender (una opción put) una cantidad determinada de un activo a un precio específico, denominado *precio de ejercicio*, en o antes de una fecha de vencimiento designada.

Al vencimiento, una opción call (una opción de compra) será ejercida si termina dentro del dinero; esto es, si el precio spot S_T es mayor que el precio de ejercicio K. Por lo tanto, su valor es $c_T = \text{Máx}(S_T - K, 0)$. En contraste, una opción put (una opción de venta) será ejercida al vencimiento sólo si el precio spot es menor que el precio de ejercicio. Por lo tanto, su valor es $p_T = \text{Máx}(K - S_T, 0)$. Sin embargo, el patrón no lineal de las opciones acarrea serias dificultades para cuantificar el valor en riesgo.

En adelante, nos concentraremos sólo en las calls y puts europeas convencionales. A diferencia de las opciones americanas, las opciones europeas sólo pueden ser ejercidas al vencimiento del contrato. A partir de la introducción de estas opciones básicas en 1973, la industria de la ingeniería financiera ha creado un sinnúmero de nuevos instrumentos con distintos beneficios. Estas "opciones exóticas" algunas veces carecen de una solución en forma cerrada, en cuyo caso debe recurrirse a métodos numéricos para determinar su exposición a los factores de riesgo. Ahora bien, debido a que estos factores de riesgo generalmente son los mismos que los de las opciones convencionales, los principios desarrollados aquí pueden extenderse directamente a otros tipos de opciones.

3.1 Valuación de las opciones

La valuación de las opciones es un arte y una ciencia. Lo importante con las opciones es si la *prima* está valuada adecuadamente de acuerdo a mercado. Esta búsqueda de valuación condujo al bien conocido modelo de valuación de opciones Black-Scholes (BS), posiblemente el modelo más exitoso en economía aplicada. La derivación del modelo está basada en los siguientes supuestos.

Supuestos del modelo Black-Scholes:

1. El precio del activo subyacente es continuo y sigue un proceso de caminata aleatoria denominado *movimiento browniano geométrico*.
2. La tasa de interés y la varianza son conocidas y constantes.
3. Los mercados de capitales son perfectos (se permiten las ventas en corto, no existen costos de transacción o impuestos, y los mercados operan continuamente).

El supuesto más importante en el modelo es que los precios son continuos. Esto descarta las discontinuidades en el patrón muestral, tales como los saltos, los cuales invalidan el argumento de cobertura continua en el modelo BS. El supuesto sobre la caminata aleatoria también descarta una reversión de la media en el precio del activo, o la convergencia hacia un valor fijo. Por lo tanto, el modelo BS no es estrictamente aplicable al mercado de renta fija, donde los precios de los bonos convergen hacia valores nominales. En la práctica, el modelo puede ofrecer una buena aproximación para las opciones sobre bonos de mediano a largo plazo, los cuales vencen mucho después que la opción.

Basándose en estos supuestos, Black y Scholes (1973) derivaron una fórmula de forma cerrada para opciones europeas sobre una acción que no paga dividendos. El punto clave para su derivación es que una posición sobre una opción es estrictamente equivalente a una posición "delta" en el activo subyacente. Por lo tanto, un portafolio que combine el activo y la opción en proporciones apropiadas está "localmente" libre de riesgo. *Localmente* significa que el portafolio está libre de riesgo sólo para pequeños movimientos en el precio del spot. A través del arbitraje, este portafolio debe tener un rendimiento igual a la tasa libre de riesgo.

Merton (1973) extendió el modelo al caso de una acción que paga un dividendo como rendimiento continuo. El valor o prima de un call europeo es,

$$c = Se^{-y\tau}N(d_1) - Ke^{-r\tau}N(d_2), \tag{7.9}$$

donde $N(d)$ es la función de distribución acumulada para la distribución normal estándar:

$$N(d) = \int_{-\infty}^{d} \Phi(x)\,dx = \frac{1}{\sqrt{2\pi}} \int_{-\infty}^{d} e^{-\frac{1}{2}x^2}\,dx,$$

donde Φ es la función de distribución normal estándar; $N(d)$ es también el área a la izquierda de una variable normal estándar con valor igual a d. Los valores reales de d_1 y d_2 son:

$$d_1 = \frac{\ln(Se^{-y\tau} / Ke^{-r\tau})}{\sigma\sqrt{\tau}} + \frac{\sigma\sqrt{\tau}}{2}, d_2 = d_1 - \sigma\sqrt{\tau}.$$

La expresión $\sigma\sqrt{\tau}$. mide la volatilidad durante la vida de la opción; si la volatilidad es medida con una base anual, entonces T debe expresarse en número de años.

Por la paridad put-call, el valor de la opción put europea es:

$$p = Se^{-y\tau}[N(d_1) - 1] - Ke^{-r\tau}[N(d_2) - 1], \tag{7.10}$$

Es importante hacer notar que la tasa de rendimiento esperada sobre el activo subyacente no aparece en el modelo de valuación. Esto refleja la observación fundamental de Black y Scholes de que la opción puede ser valuada utilizando un argumento de arbitraje, estructurando un portafolio con la acción y con el call que es localmente libre de riesgo. Como resultado, la prima de riesgo sobre el activo, si existe, debe desaparecer de la fórmula de valuación final.

Como en el caso de los contratos de futuros, el modelo de valuación es aplicable a cualquier activo que genere un pago continuo. Dado que las divisas pagan una tasa de interés continua, lo cual puede interpretarse como un "rendimiento por dividendos", el modelo BS puede extenderse directamente a las opciones sobre divisas, como demostraron Garman y Kohlhagen (1983). El modelo también es aplicable a opciones sobre futuros. Como lo demostró Black (1976), los futuros permiten al inversionista tomar una posición en un activo sin pago frontal, es decir, sin pagar el precio del activo. Por lo tanto, sus ahorros son la tasa de interés libre de riesgo. El modelo de Black es simplemente el modelo BS donde los futuros son impactados con un rendimiento igual a la tasa libre de riesgo.

El modelo también puede extenderse fácilmente para valuar la opción para intercambiar un activo B por otro activo A. Margrabe (1978) demostró que la fórmula de valuación es similar al modelo BS, excepto que K es sustituida por el precio del activo $B(S_B)$, y la tasa de interés libre de riesgo por el rendimiento del activo $B(y_B)$. La volatilidad σ es ahora tal que está referida a las diferencias entre los dos activos, reconociendo la correlación existente entre los rendimientos de ambos activos.

3.2 Riesgos en opciones

El modelo de valuación BS relaciona el valor de una opción a varios factores de riesgo: $c = f(S, \sigma, r, y)$. Los valores de la opción también dependen del plazo al vencimiento, pero en un sentido determinístico. Los movimientos en el valor de la opción pueden escribirse como:

$$dc = \frac{\partial f}{\partial S}\, dS + (1/2)\, \frac{\partial^2 V}{\partial S^2}\, dS^2 + \frac{\partial f}{\partial \sigma}\, d\sigma + \frac{\partial f}{\partial r}\, dr + \frac{\partial f}{\partial y}\, dy + \frac{\partial f}{\partial t}\, dt. \qquad (7.11)$$

El principal factor de riesgo es el precio del activo subyacente. La derivación del BS demostró que la tenencia de un call es equivalente a la tenencia de una fracción del activo subyacente, donde dicha fracción cambia dinámicamente en el tiempo. Esta observación justifica la aproximación lineal para la cuantificación del VAR de un portafolio que incluye derivados tales como las opciones. Para un mejor ajuste, la segunda derivada parcial también puede ser tomada en cuenta, de manera similar al uso de la convexidad para los bonos.

Esta equivalencia se ilustra en la figura 7-1, la cual presenta el valor actual de un call como una función del precio del activo subyacente. La posición larga en un call es replicada por una posición parcial en el activo subyacente. El tamaño de la opción se incrementa a medida que crece el precio de la acción, como en una orden de pérdida limitada graduada. La fracción del activo subyacente que se debe mantener en posición larga (para el caso del call) es denominada también *tasa de cobertura* (hedge ratio), o *delta* (Δ) de la opción. Esta equivalencia dinámica, no obstante, es válida sólo si el modelo y los supuestos utilizados para obtener la tasa de cobertura son correctos.

Dado que la fórmula del BS es de forma cerrada, la derivada parcial de un call con respecto al precio del activo subyacente puede escribirse explícitamente como:

$$\Delta = \frac{\partial c}{\partial S} = e^{-y\tau} N(d1), \qquad (7.12)$$

la cual es siempre positiva y menor que la unidad.

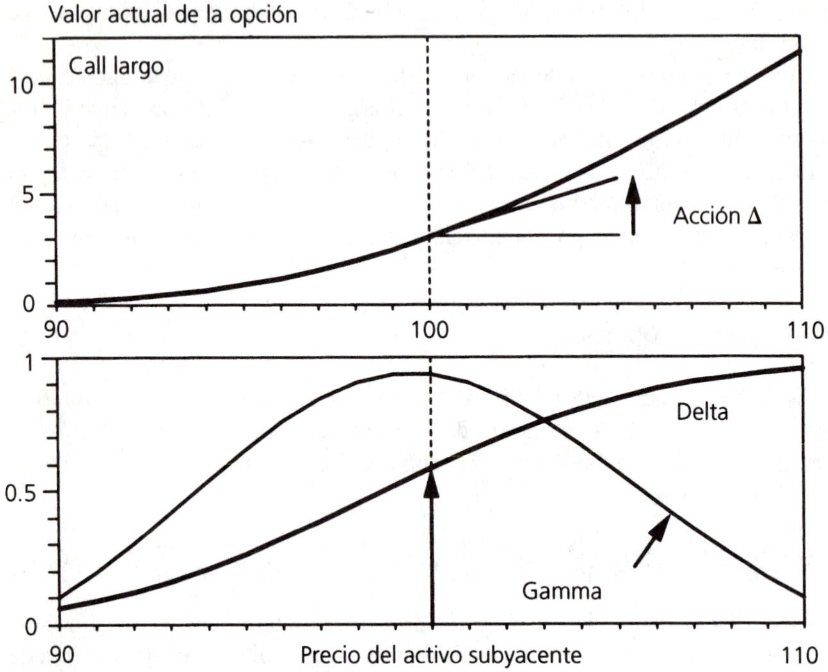

FIGURA 7-1 Réplica dinámica de una opción call.

El panel inferior de la figura 7-1 muestra cómo varía la delta con respecto al precio del activo subyacente. La característica esencial que se observa en esta gráfica es que delta varía sustancialmente con respecto al precio del activo subyacente (y también con el tiempo). A medida que se incrementa el precio del subyacente, la opción se vuelve *dentro del dinero* y se comporta de manera similar a una posición larga en la acción, avanzando casi uno a uno con la acción ($\Delta \rightarrow 1$). A medida que disminuye el precio del activo subyacente, la opción se vuelve *fuera del dinero*, con una delta cercana a cero.

La delta de un put es:

$$\Delta = \frac{\partial p}{\partial S} = e^{-y\tau}[N(d1) - 1], \tag{7.13}$$

la cual es siempre negativa. Como se muestra en la figura 7-2, la tenencia de un put es equivalente a una posición *corta* en la acción por un monto Δ.

La gran ventaja de las deltas es que son aditivas. Los operadores mantienen muchas opciones distintas en su posición. Sería poco práctico tratar de cubrir

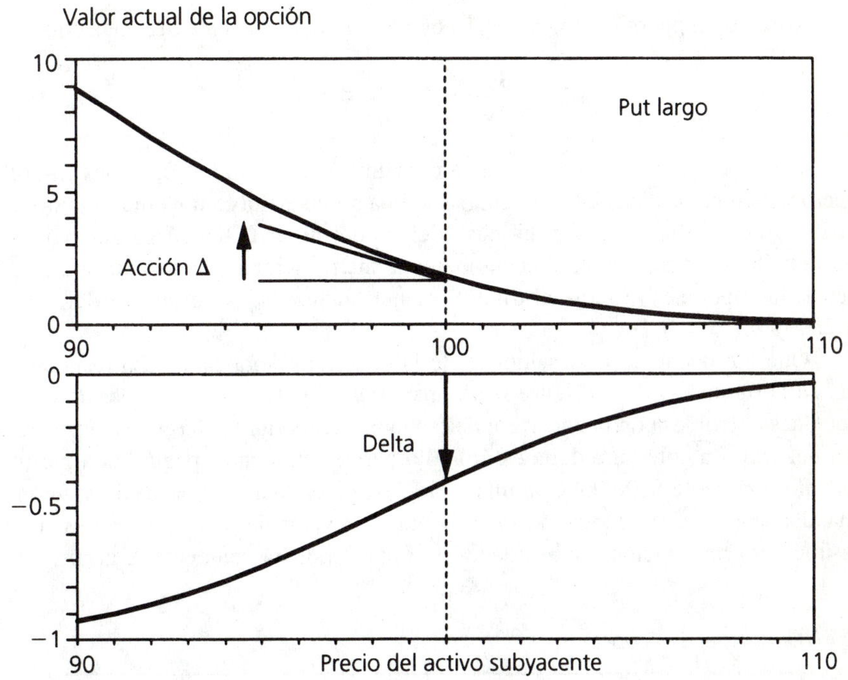

FIGURA 7-2 Réplica dinámica de una opción put.

cada una de ellas individualmente. En lugar de eso, se resumen en "libros" de opciones mediante su delta total del portafolio, obtenida como:

$$\Delta \hat{p} = \sum_{i=1}^{N} x_i \Delta_i, \tag{7.14}$$

donde x_i es el número de opciones tipo i en el portafolio. Los operadores pueden entonces cubrir la delta neta de su portafolio.

Las opciones son funciones no lineales de los precios del activo subyacente. Por lo tanto, la cobertura lineal o delta puede fallar para grandes movimientos, por lo cual es útil examinar el componente cuadrático de las opciones. Como en el caso de la valuación de bonos, el cambio en el valor de la opción puede escribirse como una serie de Taylor:

$$dc = \Delta dS + \frac{1}{2}\,\Gamma dS^2 + \ldots \tag{7.15}$$

Para un call o un put europeo, gama (Γ) puede ser analíticamente derivada como:

$$\Gamma = \frac{\partial^2 c}{\partial S^2} = \frac{e^{-y\tau}\,\Phi(d_1)}{S\sigma\sqrt{\tau}}. \tag{7.16}$$

En la figura 7-1 se observa la gama para una opción call. Las opciones en-el-dinero tienen gamas más altas, lo cual significa que la delta cambia muy rápido a medida que cambia S. Las opciones "dentro-del-dinero" tienen gamas bajas, dado que la opción equivale esencialmente a una posición en la acción. Similarmente, las opciones "fuera-del-dinero" tienen gamas bajas porque su delta es cercana a 0.

¿Qué tan bueno es el desempeño de la cobertura delta-gama? La respuesta está en la figura 7-3. En la figura se compara una respuesta. Compara las aproximaciones obtenidas con la cobertura delta y con la cobertura delta-gama al precio real del call. La cobertura delta es útil sólo para movimientos pequeños a partir del valor inicial de \$100.00. Con un precio de \$94, el cual es casi una desviación estándar abajo, la aproximación lineal genera un valor negativo (el cual es imposible para una opción), subvaluando la opción por 94 centavos. A un precio

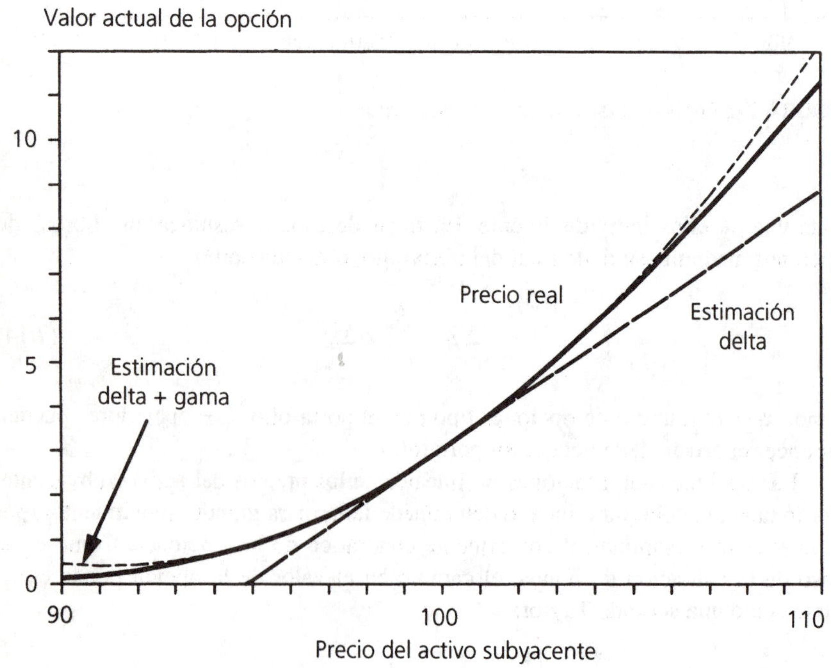

FIGURA 7-3 Aproximación delta-gamma para un call largo.

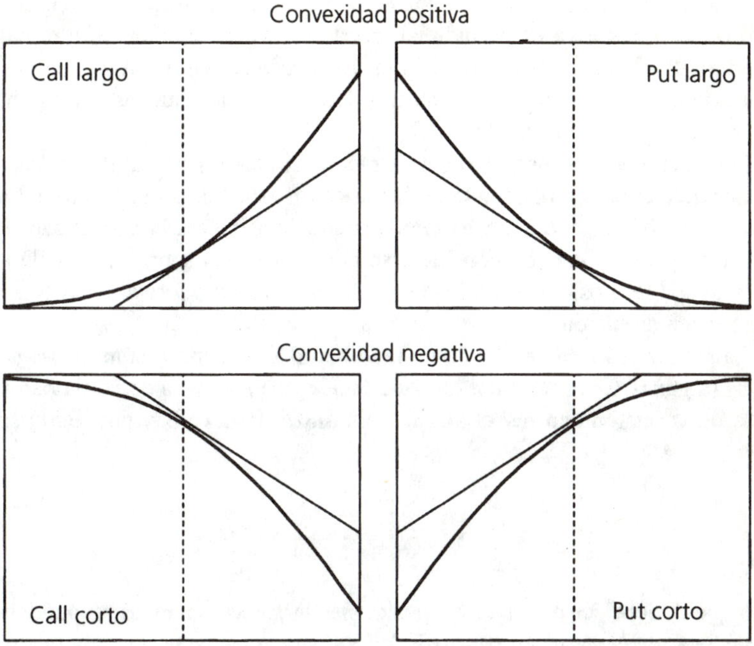

FIGURA 7-4 Convexidad.

spot de $106, la aproximación delta es de $6.54, la cual está 104 centavos por debajo del valor real.

La cobertura delta-gamma, como se esperaba, proporciona una aproximación mucho mejor para un amplio rango de precios del subyacente. El único inconveniente de este método es que tiende a sobrestimar el valor real de la opción ante movimientos extremos. A un precio del subyacente de S = $94, sobrestima la prima verdadera de la opción sólo por 5 centavos. Cuando S = $106, el error es de 15 centavos.

Por lo tanto, la gamma extiende a las opciones el concepto de convexidad desarrollado para los bonos. Mientras que los bonos convencionales ofrecen una convexidad positiva, las opciones pueden crear una convexidad positiva o negativa. La convexidad positiva es benéfica porque implica que el valor del activo decrece más suavemente y se incrementa más rápidamente en relación con una aproximación lineal. En contraste, la convexidad negativa puede ser peligrosa porque implica caídas más rápidas e incrementos más suaves en los precios que en cualquier otra alternativa.

En la figura 7-4 se asocia la convexidad con las posiciones en opciones. La compra de opciones, tanto calls como puts, conduce a una convexidad positiva.

La venta de opciones implica la toma de una convexidad negativa. Debido a que la convexidad negativa es perjudicial, puede ser asumida sólo sobre el pago de una prima. Por lo tanto, la prima de la opción puede ser vista como el precio de la convexidad. Sin embargo, a estas alturas debe estar claro que las gamas altas invalidan los modelos lineales de VAR.

Las opciones son instrumentos extraños. El análisis BS ha demostrado que su valor de mercado no depende de la variación esperada en el precio del activo subyacente. No obstante, son extremadamente sensibles a la volatilidad. Por lo tanto, las opciones pueden considerarse como apuestas sobre la volatilidad, en contraste con las posiciones en los mercados al contado o forward, los cuales son apuestas con dirección.

La sensibilidad de una opción a la volatilidad se conoce como la vega de la opción (algunas veces también llamada *lambda*). *Vega* es la derivada parcial del precio de la opción con respecto a la volatilidad. Para calls y puts europeas, tenemos:

$$\Lambda = \frac{\partial c}{\partial \sigma} = Se^{-y\tau}\sqrt{\tau}\,\Phi(d_1). \tag{7.17}$$

Dado que Λ debe ser positiva, las posiciones largas en opciones responden positivamente a incrementos en la volatilidad y disminuyen en el precio a medida que disminuye la volatilidad. Además, dado que Λ sigue la forma usual de campana de $\Phi\,(x)$, las opciones en-el-dinero son las más sensibles a la volatilidad.

Las opciones también son sensibles a movimientos en las tasas de interés y en los rendimientos, aunque típicamente la exposición a estos factores de riesgo es menor que para los precios del subyacente o para la volatilidad. La exposición de una call europea a la tasa de interés, también conocida como *rho*, es:

$$\rho = \frac{\partial c}{\partial r} = Ke^{-r\tau}\,\tau N(d_2). \tag{7.18}$$

Para una put:

$$\rho = \frac{\partial p}{\partial r} = -Ke^{-r\tau}\,\tau N(-d_2). \tag{7.19}$$

La exposición al rendimiento sobre el activo, para calls y puts, respectivamente, es:

$$\rho^* = \frac{\partial c}{\partial y} = -Se^{-y\tau}\,\tau N(d_1), \tag{7.20}$$

$$\rho^* = \frac{\partial p}{\partial y} = Se^{-y\tau}\tau N(-d_1), \qquad (7.21)$$

Finalmente, para complementar, es necesario mencionar el efecto del *deterioro en el tiempo*. Para una call europea, la variación en el valor de la opción debido al paso del tiempo, *theta*, es:

$$\Theta = \frac{\partial c}{\partial t} = -\frac{\partial c}{\partial \tau}$$

$$= -\frac{Se^{-y\tau}\sigma\Phi(d_1)}{2\sqrt{\tau}} + ySe^{-y\tau}N(d_1) - rKe^{-r\tau}N(d_2). \qquad (7.22)$$

Para la mayoría de las opciones, Θ generalmente es negativa, lo cual significa que la opción pierde valor a medida que pasa el tiempo. La derivada siempre es negativa para las opciones americanas, lo cual brinda a sus tenedores la elección de un ejercicio temprano.

Para resumir el riesgo de las posiciones en opciones, la tabla 7-1 presenta las derivadas parciales para una call europea típica. Las medidas Γ, Λ y Θ son todas más altas cuando la opción está en el dinero ($K = 100$). Tales opciones tienen los mayores patrones no lineales; también se muestra que entre todas las variables, los cambios en el precio del activo subyacente tienen el efecto más grande sobre los valores de la opción.

TABLA 7-1 Derivados para un call europeo (Parámetros: $S = \$100$, $\sigma = 20\%$, $r = 5\%$, $y = 3\%$, $\tau = 3$ meses).

	Variable	*Unidad*	*K = 90*	*Precio del ejercicio K = 100*	*K = 100*
c		Dólares	11.02	4.22	1.05
		Cambio por			
Δ	Precio del activo subyacente	dólar	0.868	0.536	0.197
Γ	Precio del activo subyacente	dólar	0.020	0.039	0.028
Λ	Volatilidad	(% anual)	0.103	0.198	0.139
ρ	Tasa de interés	(% anual)	0.191	0.124	0.047
ρ^*	Rendimiento del activo	(% anual)	−0.220	−0.135	−0.049
Θ	Tiempo	día	−0.014	−0.024	−0.016

3.3 El VAR de los contratos no lineales

Como las opciones son funciones no lineales de los factores de riesgo subyacentes, su VAR no puede basarse sólo en su delta. Ahora desarrollaremos una aproximación mejor al VAR de una opción a partir de la aproximación delta-gama.

Tomando la varianza en ambos lados de la aproximación cuadrática (7.15), se obtiene:

$$V(dc) = \Delta^2\, V(dS) + (\tfrac{1}{2}\,\Gamma)^2\, V(dS^2) + 2(\Delta\tfrac{1}{2}\Gamma)\, Cov(dS, dS^2). \qquad (7.23)$$

Si la variable dS está distribuida normalmente, todos los momentos irregulares son 0 y el último término en la ecuación se desvanece. Bajo el mismo supuesto, puede demostrarse que $V(dS^2) = 2V(dS)^2$, y la varianza se simplifica a:

$$V(dc) = \Delta^2\, V(dS) + \tfrac{1}{2}\, [\Gamma V(dS)]^2. \qquad (7.24)$$

Definida de la misma forma que se hizo anteriormente, σ es la volatilidad de los rendimientos en el precio, $\sigma(dS/S)$. Entonces el VAR de la opción es:

$$\text{VAR}(dc) = \alpha\, \sqrt{\Delta^2 S^2 \sigma^2 + \tfrac{1}{2}\, [\Gamma S^2 \sigma^2]^2}, \qquad (7.25)$$

lo cual demuestra la relación no lineal entre el VAR del activo subyacente y el VAR de la opción. Cuando $\Gamma = 0$, se simplifica al VAR de contratos lineales en la ecuación (7.5). Hay que subrayar que la ecuación (7.25 proporciona sólo una aproximación al VAR verdadero. El VAR exacto puede medirse sólo a partir de la distribución real de los pagos de la opción.

4 EL STRADDLE DE LEESON

El caso de Barings constituye un buen ejemplo de la desventaja de la cobertura delta. La quiebra de Barings se derivó de una gran posición que tenía sobre el Nikkei 225, un índice accionario japonés, que se acumuló a la asombrosa posición larga de \$7 mil millones. Fueron logrados por la posesión, al finalizar febrero de 1995, de inusuales posiciones largas en futuros en las bolsas de Osaka, Tokio y Singapur. El VAR de este portafolio, incluyendo las posiciones en futuros sobre bonos, se examina con mayor detalle en el capítulo 8.

Dado que los futuros son instrumentos altamente apalancados, Barings no requería depositar el monto total de los \$7 mil millones. En lugar de eso, Leeson fijó márgenes con la bolsa y quedó sujeto a márgenes de variación a medida que los contratos acumulaban ganancias o pérdidas. Leeson también vendió opciones, alrededor de 35,000 calls y puts sobre futuros del Nikkei. Esta posición, conocida como un *straddle corto*, es casi neutral a la delta, dado que la delta positiva para el call es compensada por la delta negativa para el put, suponiendo que la mayoría de las opciones estuviesen en el dinero.

En efecto, la posición sobre las opciones crea un potencial para grandes pérdidas. La posición en calls es equivalente a 35,000 por el multiplicador para el contrato, el cual es de 500 yenes, dividido al tipo de cambio yen/dólar, el cual es de alrededor de 100 yenes. Por lo tanto, las variaciones en la posición son equivalente a la delta de la opción por las variaciones en el índice Nikkei por $0.175 millones. Basados en esta información, en la figura 7-5 se presenta el beneficio potencial para esta posición, se abstrae de la recepción inicial de la prima de la opción. Al valor actual del índice de 18,000, el VAR basado en la delta de esta posición es cercano a 0.

Por supuesto, reportar un VAR de cero es altamente engañoso. Cualquier movimiento hacia arriba o hacia abajo tiene el potencial de crear una gran pérdida. Una caída en el índice hasta 17,000, por ejemplo, podría conducir a una pérdida de alrededor de $150 millones. En la figura 7-5 se compara el valor real del straddle con la aproximación delta-gamma. Como en el caso de la duración

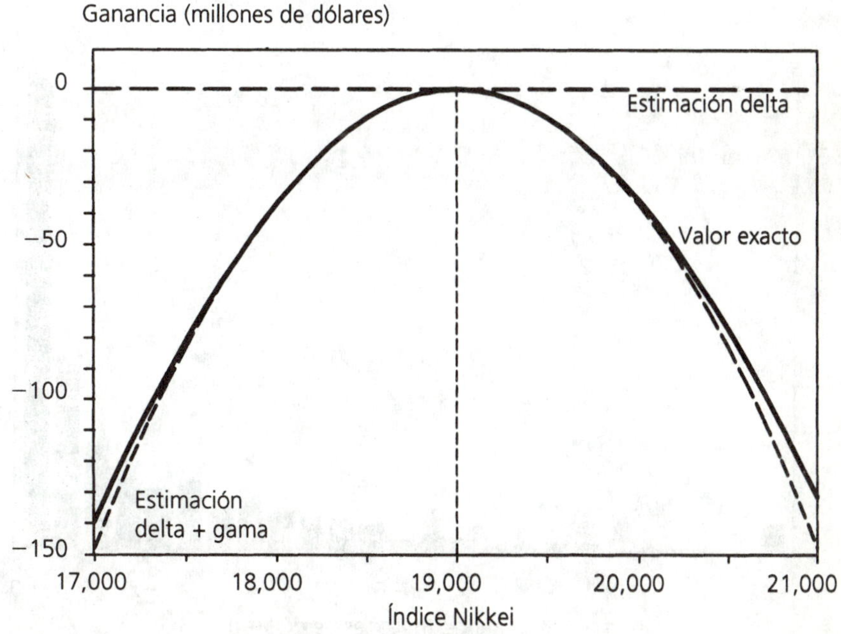

FIGURA 7.5 Straddle de Leeson.

más la convexidad, esta función de segundo orden proporciona una mejor aproximación.

Los riesgos implícitos se describen en la figura 7-6, la cual presenta la distribución de frecuencia de las ganancias sobre el straddle. Esta distribución se obtiene combinando los movimientos posibles en el índice accionario en un día con la función de beneficios en la figura 7-5. Se asume que el factor de riesgo subyacente está distribuido normalmente con una volatilidad diaria del 1.26 por ciento.

La distribución de las ganancias difiere mucho de la distribución geométrica gaussiana usual. La distribución de ganancias alcanza su valor más probable en cero pero está muy sesgada a la izquierda, lo cual indica grandes pérdidas potenciales. Aún cuando el modelo delta reporta un VAR de cero. En este caso, la aproximación delta falla desastrosamente.

El VAR de esta posición puede ser evaluado directamente a partir de la distribución. La media y la desviación estándar son $-\$2.3m$ y $\$3.0m$, respectivamente; el cuantil izquierdo del 5 por ciento es $-\$8.6m$. Por lo tanto, en relación con el valor esperado, el VAR $= 8.6 - 2.3 = \$6.3m$. Utilizando una aproximación normal a la distribución verdadera, el VAR $= 1.65 \times 3.0 = \$5.0m$. Este

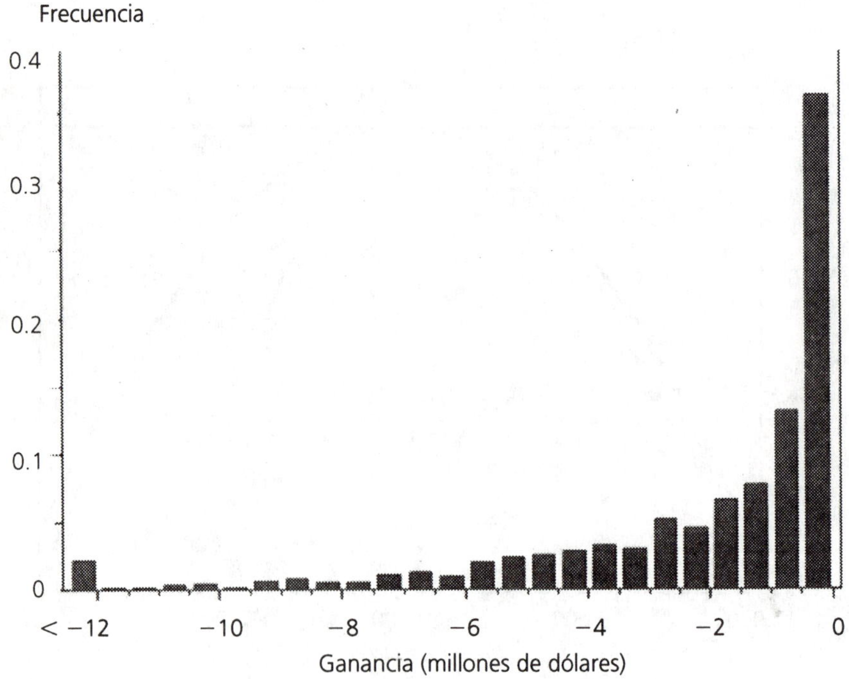

FIGURA 7-6 Distribución de las ganancias a un día para el straddle.

número subestima el verdadero VAR, como se esperaba, dada la asimetría de esta distribución.

La distribución puede ser aproximada por el enfoque delta-gamma. Aquí, la gama neta de una posición en un call y put es $\Gamma = 0.000422$. La gamma total es $\$0.175m \times 0.000422 = \$0.0000739m$. Con una delta de 0, el rendimiento esperado en el horizonte de un día es:

$$E(dc) = \tfrac{1}{2}\,[(dS)]^2 = \tfrac{1}{2}\,\$0.0000739m\,(19{,}000 \times 0.0126)^2 = -\$2.1m,$$

lo cual es muy cercano a la media real de $-\$2.3m$.

Para obtener el VAR de la posición, se puede partir de la ecuación (7.25). Con $\alpha = 1.65$ en el nivel de confianza de 95 por ciento, el VAR es:

$$\mathrm{VAR} = \alpha\sqrt{\tfrac{1}{2}\,[\Gamma S^2\sigma^2]^2}$$

$$= 1.65\,\tfrac{1}{2}\,[\$0.0000739m \times 19{,}000^2 \times 0.0126^2]^2 = \$4.9m$$

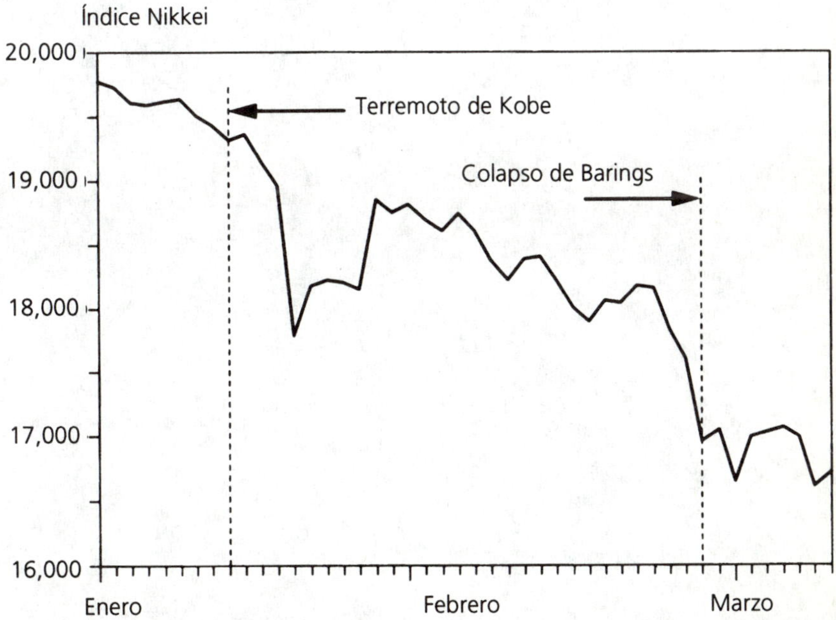

FIGURA 7-7 La caída del Nikkei.

lo cual también está muy cercano a la aproximación de $5.0*m*. En relación con la aproximación lineal, la cual encubrió por completo el riesgo de mercado del straddle, esto constituye una mejora sustancial.

De hecho, la posición sobre opciones contribuyó a la caída de Barings. Al iniciar enero de 1995, la volatilidad histórica del mercado japonés fue muy baja, de alrededor del 10 por ciento, y Leeson generó ingresos en efectivo por la venta de opciones. En ese momento, el Nikkei fluctuaba alrededor de los 19,000. La posición sobre opciones habría sido redituable si el mercado hubiese sido estable. Desafortunadamente no fue así. El terremoto de Kobe sacudió Japón el 17 de enero y condujo a un desplome en el Nikkei hasta 18,000, como se muestra en la figura 7-7. Para empeorar las cosas, las opciones se volvieron más caras a medida que se incrementaba la volatilidad en el mercado. Tanto los futuros largos como el straddle perdieron dinero. A medida que se acumulaban las pérdidas, Leeson incrementó sus posiciones para recuperar dichas pérdidas, pero todo fue en vano. El 27 de febrero el Nikkei se derrumbó todavía más hasta llegar a 17,000. Incapaz de cumplir con las crecientes llamadas de margen, Barings quebró.

CAPÍTULO 8

El riesgo del portafolio

No confíes todos tus bienes a un solo barco.

Erasmo

Los capítulos previos se han enfocado sobre los instrumentos financieros individuales. En ausencia de cualquier percepción del futuro, los inversionistas prudentes deben diversificar a través de las fuentes de riesgo. Este fue el mensaje del análisis de portafolios planteado por Harry Markowitz en 1959. De este modo, el concepto de valor en riesgo, o riesgo del portafolio, no es nuevo. Lo que sí es nuevo es la aplicación sistemática del VAR a múltiples fuentes de riesgos financieros, incluyendo los derivados y culminando con un número que se aplica a toda la empresa.

Como se ve en el capítulo 10, existen varios enfoques para la medición del VAR. El más corto supone que los rendimientos de los activos tienen una relación lineal. De hecho, el método "delta-normal" es una aplicación directa del análisis de portafolio tradicional basado en varianzas y covarianzas.

En este capítulo se hace un breve repaso del análisis de portafolio. En la sección 1 se relacionan las medidas de VAR al riesgo total del portafolio y se muestra cómo puede descomponerse el VAR en componentes "incrementales". El VAR incremental permite a los usuarios identificar el activo que contribuye de manera más significativa a su riesgo total. En la sección 2 se desarrolla un ejemplo totalmente resuelto de cuantificación del VAR, utilizando las posiciones fatales de Barings. Una desventaja de los modelos lineales de VAR es que el tamaño de la matriz de covarianza se incrementa geométricamente con el número de activos. En la sección 3 se realizan simplificaciones a la matriz de covarianza basadas en los modelos y el diagonal de factor.

1 EL VAR DEL PORTAFOLIO

1.1 Definiciones

Un portafolio puede caracterizarse por posiciones sobre un cierto número de factores de riesgo. Una vez que se determina la descomposición, el rendimiento del portafolio es una combinación *lineal* de los rendimientos de los activos subyacentes, donde las ponderaciones se determinan por los montos relativos invertidos al inicio del periodo. Por lo tanto, el VAR de un portafolio puede reconstruirse a partir de una combinación de los riesgos de los valores subyacentes.

Definamos el rendimiento del portafolio de t a $t + 1$ como

$$R_{p,t+1} + \sum_{i=1}^{N} w_{i,t} R_{i,t+1}, \tag{8.1}$$

donde las ponderaciones $w_{i,t}$ fueron establecidas al inicio del periodo y suman la unidad. Para abreviar la notación, el rendimiento del portafolio puede escribirse utilizando la notación matricial, reemplazando cadenas de números por un sólo vector:

$$R_p = [w_1\, w_2 \dots w_N] \begin{bmatrix} R_1 \\ R_2 \\ \vdots \\ R_N \end{bmatrix} = \boldsymbol{w'R}, \tag{8.2}$$

donde w' representa el vector transpuesto (es decir, horizontal) de las ponderaciones y $\boldsymbol{R}$ es el vector vertical que contiene los rendimientos individuales de los activos.

Por extensión de las fórmulas del capítulo 4, el rendimiento esperado del portafolio es

$$E(R_p) = \mu_p = \sum_{i=1}^{N} w_i \mu_i \tag{8.3}$$

y la varianza es

$$V(R_p) = \sigma_p^2 = \sum_{i=1}^{N} w_i^2 \sigma_i^2 + \sum_{i=1}^{N} \sum_{j=1,\, j\neq 1}^{N} w_i w_j \sigma_{ij}$$

$$= \sum_{i=1}^{N} w_i^2 \sigma_i^2 + 2 \sum_{i=1}^{N} \sum_{i=1,\, j<1}^{N} w_i w_j \sigma_{ij}. \tag{8.4}$$

Esta suma no sólo contiene el riesgo de los valores individuales σ_i^2, sino también todos los distintos productos cruzados, los cuales suman un total de $N(N - 1)/2$ covarianzas distintas.

A medida que el número de activos se incrementa, se vuelve difícil seguir la pista de todos los términos de covarianza, por lo cual resulta más fácil utilizar notación matricial. La varianza es

$$\sigma_i^2 = [w1 \ldots wN] \begin{bmatrix} \sigma_1^2 & \sigma_{12} & \sigma_{13} \ldots & \sigma_{1N} \\ \vdots & & & \\ \sigma_{N1} & \sigma_{N2} & \sigma_{N3} \ldots & \sigma_N^2 \end{bmatrix} \begin{bmatrix} w_1 \\ \vdots \\ w_N \end{bmatrix} \ldots$$

Definiendo $\sum$ como la matriz de covarianzas, la varianza del portafolio puede escribirse de manera más compacta como

$$\sigma_p^2 = \mathbf{w}'\Sigma\mathbf{w}. \tag{8.5}$$

Utilizando una distribución normal, la medida de VAR es entonces asp multiplicada por la inversión inicial.

Puede lograrse un riesgo de portafolio menor a través de correlaciones bajas o de un gran número de activos. Para observar el efecto del número de activos N, supongamos que todos los activos tienen el mismo riesgo y que todas las correlaciones son la misma, es decir, que se establece la misma ponderación a todos los activos. En la figura 8-1 se muestra cómo disminuye el riesgo del portafolio con el número de activos.

Iniciemos con el riesgo de un activo, el cual se supone que es del 12 por ciento. Cuando ρ es igual a 0, el riesgo de un portafolio de 10 activos desciende a 3.8 por ciento; al aumentar N a 100 disminuye el riesgo aun más, a 1.2 por ciento. El riesgo tiende asintóticamente a cero. De forma más general, el riesgo de un portafolio es

$$\sigma_p = \sqrt{\sigma \frac{1}{N} + \left(1 - \frac{1}{N}\right)\rho}, \tag{8.6}$$

el cual tiende a $\sigma\sqrt{\rho}$ conforme N se incrementa. De tal forma, cuando $\rho = 0.5$, el riesgo decrece rápidamente de 12 por ciento a 8.9 por ciento a medida que N se acerca a 10, y converge mucho más suavemente hacia su valor mínimo que es de 8.5 por ciento. Las correlaciones son esenciales para reducir el riesgo en un portafolio.

La covarianza puede estimarse a partir de datos muestrales como

$$\hat{\sigma}_{ij} = \frac{1}{(T-1)} \sum_{t=1}^{T} (x_{t,i} - \hat{\mu}_i)(x_{t,j} - \hat{\mu}j). \tag{8.7}$$

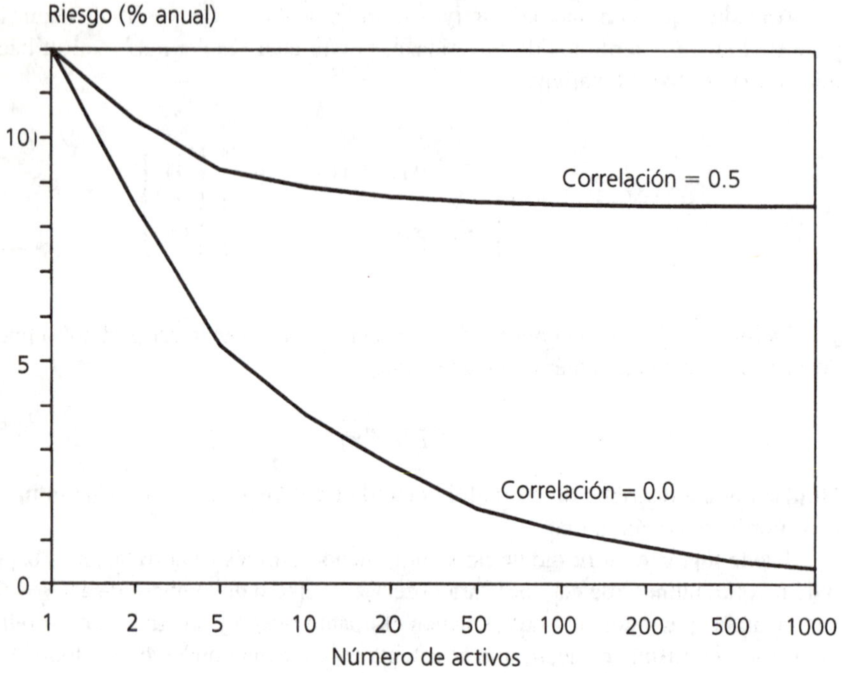

FIGURA 8-1 Riesgo y número de activos.

La covarianza es una medida de la forma en que dos variables juntas se mueven linealmente. Si dos variables son independientes, su covarianza es igual a 0. Una covarianza positiva significa que ambas variables tienden a moverse en la misma dirección; una covarianza negativa significa que tienden a moverse en direcciones opuestas.

No obstante, la magnitud de las covarianzas depende de las varianzas de los componentes individuales y no se interpreta fácilmente. El *coeficiente de correlación* es una medida de la dependencia lineal libre de escala y más conveniente:

$$\rho_{12} = \sigma_{12} / (\sigma_1 \sigma_2). \qquad (8.8)$$

El coeficiente de correlación ρ se encuentra entre -1 y $+1$. Cuando es igual a la unidad, se dice que ambas variables están perfectamente correlacionadas. Cuando es igual a 0, las variables no están correlacionadas.

Las correlaciones ayudan a diversificar el riesgo de un portafolio. Con dos activos, la varianza del portafolio "diversificado" es

$$\sigma_p^2 = w_1^2 \sigma_1^2 + w_2^2 \sigma_2^2 + 2 w_1 w_2 \rho_{12} \sigma_1 \sigma_2. \qquad (8.9)$$

Para simplificar, supongamos que ambos activos tienen la misma volatilidad. Cuando la correlación es 0, la ecuación (8.9) se reduce a

$$\sigma_p^2 = V(R_1 + R_2) = w_1^2\,\sigma_1^2 + w_2^2\,\sigma^2 = (w_1^2 + w_2^2)V(R). \quad (8.10)$$

El riesgo del portafolio debe ser más bajo que la suma de los riesgos individuales.

Cuando la correlación es exactamente la unidad, la ecuación (8.9) se reduce a

$$\begin{aligned} V[w_1R_1 + w_2R_2] &= w_1^2V[R] + w_2^2V[R] + 2w_1w_2V[R] \quad (8.11)\\ &= (w_1 + w_2)^2V[R]\\ &= V[R], \end{aligned}$$

dado que las ponderaciones del portafolio suman la unidad. Generalmente, el VAR "no diversificado" es la suma de las medidas de VAR individuales. La diversificación en activos perfectamente correlacionados no aporta a la reducción del riesgo.

Hasta ahora, no se ha mencionado nada acerca de la distribución de los rendimientos del portafolio. Esencialmente, nos gustaría traducir la varianza del portafolio en una medida de VAR. Para hacerlo, requerimos conocer la distribución de sus rendimientos. En el modelo "delta-normal", se asume que todos los rendimientos de los activos individuales están normalmente distribuidos. Esto resulta particularmente conveniente dado que el portafolio, una combinación li-neal de variables aleatorias normales, está también distribuido normalmente. En un nivel de confianza dado, el VAR del portafolio es valor en riesgo = $\alpha\sigma_p$.

1.2 El VAR Incremental

Un aspecto importante de calcular el VAR es entender cuál activo, o combinación de los mismos, contribuye más al riesgo. Armados con esta información, los usuarios pueden alterar las posiciones para modificar su VAR más eficientemente.

Para este propósito, los VAR individuales no son suficientes. La volatilidad mide la incertidumbre en el rendimiento de un activo, tomado aisladamente. No obstante, cuando dicho activo pertenece a un portafolio, lo que importa es la contribución al riesgo del mismo.

Supongamos ahora que un portafolio consiste de $N - 1$ activos, numerados como $j = 1,\ldots,N - 1$. Al agregar un valor, denominado i, se obtiene un nuevo portafolio. La contribución marginal al riesgo se mide diferenciando la ecuación (8.4) con respecto a w_i:

$$\frac{\partial\sigma_p^2}{w_i} = 2w_i\sigma_i^2 + 2 \sum_{j=1, j\neq i}^{N} w_j\sigma_{ij}$$

$$= 2\,\mathrm{Cov}\left(R_i, w_iR_i + \sum_{j\neq i}^{N} w_jR_j\right) = 2\,\mathrm{Cov}(R_i, R_p). \qquad (8.12)$$

Observamos que $\partial\sigma_p^2 \,/\, w_i = 2\sigma_p\partial\sigma_p \,/\, \partial w_i$. Entonces, la sensibilidad del cambio relativo en la volatilidad del portafolio a un cambio en la ponderación es

$$\frac{\partial\sigma_p}{\sigma_p\partial w_i} = \frac{\mathrm{Cov}(R_i, R_p)}{\sigma_p^2} = \beta_i. \qquad (8.13)$$

Por lo tanto, β mide la contribución de un valor al riesgo total del portafolio. Este es llamado también el *riesgo sistémico* del valor i con respecto al portafolio p. Utilizando notación matricial, β es

$$\beta = \frac{\boldsymbol{\Sigma w}}{(\boldsymbol{w}'\boldsymbol{\Sigma w})}.$$

El riesgo beta es la base del modelo de valuación de activos de capital, desarrollado por Sharpe (1964). De acuerdo a este modelo, los inversionistas bien diversificados desean ser compensados sólo del riesgo sistémico de los valores. En otras palabras, la prima riesgo sobre todos los activos debería depender sólo de la beta. Sea o no ésta una descripción apropiada de los mercados de capitales, ha sido objeto de gran parte de la investigación financiera en los últimos 20 años. Aunque dicha proposición ha sido muy debatida, el riesgo sistémico sigue siendo una medida estadística útil para el riesgo de un portafolio.

La medida de β es particularmente útil para la descomposición del VAR de un portafolio en sus fuentes de riesgo. Podemos expandir la varianza del portafolio como

$$\sigma_p^2 = w_1(w_1\sigma_1^2 + \sum_{j=1, j\neq 1}^{N} w_j\sigma_{1j}) \qquad (8.14)$$

$$= w_2(w_2\sigma_2^2 + \sum_{j=1, j\neq 2}^{N} w_j\sigma_{2j}) + \ldots$$

Que es también

$$\sigma_p^2 = w_1 \operatorname{Cov}(R_1, R_p) + w_2 \operatorname{Cov}(R_2, R_p) + \ldots \tag{8.15}$$

$$= w_1 (\beta_1, \sigma_p^2) + w_2 (\beta_2, \sigma_p^2) + \ldots$$

$$= \sigma_p^2 \left(\sum_{i=1}^{N} w_i \beta_i \right),$$

lo cual demuestra que la varianza del portafolio puede descomponerse en una suma de componentes, cada uno de los cuales se debe al activo *i*. Utilizando una descomposición similar, escribimos

$$\text{VAR} = \text{VAR} \left(\sum_{i=1}^{N} w_i \beta_i \right) = \text{VAR}_1 + \text{VAR}_2 + \ldots \tag{8.16}$$

Aquí descompusimos el VAR total en medidas incrementales. Esto proporciona información vital, dado que el riesgo debe ser considerado en relación con el portafolio total y no en forma aislada. A continuación se desarrolla un ejemplo de una descomposición como la mencionada.

2 BARINGS: UN EJEMPLO SOBRE RIESGOS

El VAR puede utilizarse para medir el riesgo total de un portafolio y las contribuciones incrementales a éste. El colapso de Barings es un ejemplo de esto. Se reportó que Leeson estaba largo por un valor cercano a los $7.7 mil millones de dólares en futuros sobre el índice accionario japonés (Nikkei) y corto por un valor de $16 mil millones de futuros sobre bonos del gobierno japonés (BGJ). Desgraciadamente, los reportes oficiales a Barings mostraban riesgo "nulo".

El panel superior de la tabla 8-1 presenta las medidas mensuales de la volatilidad y las correlaciones para las posiciones en los BGJ cupón cero a 10 años y en el índice Nikkei.[1] La correlación entre las acciones japonesas y los bonos es negativa, lo que indica que los incrementos en los precios de las acciones están asociados con las bajas en los precios de los bonos, o con incrementos en las tasas de interés. En la última columna se observa las posiciones, las cuales son equivalentes de millones de dólares.

[1] Asumimos que el riesgo de los futuros sobre los BGJ es aproximado al de un bono cupón cero a diez años. En la realidad, el riesgo es un tanto menor porque la duración de este bono es menor a diez años.

TABLA 8-1 Los riesgos de Baring.

	Riesgo (%) σ	*Matriz de correlaciones*		*Matriz de covarianzas* Σ		*Posiciones (millones de dólares)* x
10 yr JGB	1.18	1	−0.114	0.000139	−0.000078	($16,000)
Nikkei	5.83	−0.114	1	−0.000078	0.003397	$7,700
Total						$8,300

Activo	*VAR total*		*VAR incremental*		
i	$(\Sigma x)_i$	$x_i'(\Sigma x)_i$	β_i $(\Sigma x)_i/(x'\Sigma x)$	*Para $1m* β_i *VAR*	*Para* x_i $\beta_i x_i$ *VAR*
10 yr JGB	−2.82	45138.8	−0.0000110	($0.00920)	$147.15
Nikkei	27.41	211055.1	0.0001070	$0.08935	$688.01
Total		256193.8			$835.16
Riesgo = σ_p		506.16			
VAR = $\alpha\sigma_p(\$m)$		$835.16			

Para obtener el VAR, primero construimos la matriz de covarianzas Σ de las correlaciones. Después, obtenemos el vector Σx, el cual está en la primer columna del panel inferior. Por ejemplo, la entrada 22.82 se encuentra a partir de $x_1\sigma_1^2 + x_2\sigma_{12} = -\$16{,}000 \times 0.000139 + \$7{,}700 \times (20.000078) = 22.82$. La siguiente columna reporta $x_1(\Sigma x)_1$ y $x_2(\Sigma x)_2$, lo cual suma la varianza total del portafolio de 256,193.8, lo que nos arroja una volatilidad del portafolio de $\sqrt{256{,}194} = \$506m$. En un nivel de confianza del 95 por ciento, el VAR de Barings fue de 1.65 3 $506 = $835 millones.

Esto representa la peor pérdida mensual en un nivel de confianza del 95 por ciento bajo condiciones normales del mercado. La pérdida total reportada de Leeson fue de $1.3 mil millones, la cual es comparable al VAR reportado aquí. La diferencia se debe a que la posición fue cambiada en el curso de dos meses, a que existieron otras posiciones (tales como opciones cortas) y también gracias a la mala fortuna. En particular, el 23 de enero de 1995, una semana después del terremoto de Kobe, el índice Nikkei perdió el 6.4 por ciento. Basado en una volatilidad mensual del 5.83 por ciento, el VAR diario de las acciones japonesas en el nivel de 95 por ciento debía ser del 2.5 por ciento. Por lo tanto, este fue un movimiento muy inusual, aun cuando esperamos exceder el VAR en el 5 por ciento de las situaciones.

El riesgo incremental de cada pierna también es revelador. Con una correlación negativa entre los bonos y las acciones, una posición cubierta estaría típicamente larga en los dos activos. En cambio, Leeson estaba corto en el mercado de bonos, lo cual no podía ser explicado por los analistas del mercado. Un operador dijo "Esto no funcionaba como una cobertura. Para ello tendría que estar al revés".[2] Por lo tanto, Leeson estaba incrementando su riesgo a partir de las dos piernas de la posición.

Esto se plantea de manera más formal en el panel del extremo derecho de la tabla, el cual despliega el VAR incremental. La columna β se obtiene dividiendo cada elemento de Σx entre $x'\Sigma x$, por ejemplo -2.82 entre 256194 para obtener -0.000011. Multiplicando por el VAR, obtenemos el cambio marginal en el VAR debido al incremento de \$1 millón en la posición en bonos, lo cual es $-\$0.00920$ millones. Similarmente, el incremento de la posición en acciones en \$1 millón incrementó el VAR en \$0.08935.

En conjunto, el VAR incremental debido a la posición total en bonos es de \$147.15 millones y el VAR incremental debido a la posición en acciones es de \$688.01 millones. Por construcción, estos dos números suman el VAR total de \$835.16 millones. Esto demuestra que la mayor parte de la pérdida se debió a la exposición al Nikkei y que la posición en bonos todavía empeoró más las cosas.

3 SIMPLIFICACIÓN DE LA MATRIZ DE COVARIANZAS

Hasta ahora, hemos mostrado que las correlaciones son un poderoso objetivo en el estudio del riesgo de portafolios. Sin embargo, cuando el número de activos es grande, la medición de la matriz de covarianzas se torna crecientemente difícil. Con 10 activos, por ejemplo, se requiere estimar $10 \times 11/2 = 55$ diferentes varianzas y covarianzas. Con 100 activos, este número se eleva a 5,500. El número de correlaciones se incrementa geométricamente con el número de activos. Para portafolios grandes, esto ocasiona grandes problemas: 1) El VAR del portafolio podría no ser positivo y 2) las correlaciones pueden estimarse de manera imprecisa.

En esta sección se ve hasta dónde pueden afectar tales problemas las medidas de VAR y propone algunas soluciones. Para múltiples usuarios, no obstante, dichos problemas pueden no ser relevantes porque no tienen control sobre la

[2] *Financial Times* (Marzo 1, 1995).

medición de las entradas. Estos usuarios pueden omitir tranquilamente esta sección, a menos que identifiquen un VAR igual a cero.

3.1 Medidas de VAR igual a cero

La medición del VAR se deriva de la varianza del portafolio, la cual se define como

$$\sigma_p^2 = w'\Sigma w. \tag{8.17}$$

La pregunta es ¿Está garantizado que este producto será siempre positivo?

Desafortunadamente, no siempre. Para que este sea el caso, se requiere que la matriz Σ sea *positiva definida.*[3] Esto se verifica bajo dos condiciones: el número de observaciones históricas T debe ser mayor que el número de activos N, y las series no pueden estar linealmente correlacionadas. La primer condición establece que, si un portafolio consta de 100 activos, debe haber al menos 100 observaciones históricas para asegurar que, independientemente del que sea seleccionado, su varianza será positiva. La segunda condición descarta las situaciones donde un activo es exactamente equivalente a una combinación lineal de otros activos.

Un ejemplo de una matriz no definida positiva se obtiene cuando dos activos son idénticos ($\rho = 1$). En esta situación, un portafolio que consta de \$1 sobre el primer activo y −\$1 sobre el segundo tendrá riesgo cero.

En la práctica, este problema ocurrirá más probablemente con un gran número de activos que estén altamente correlacionados (tales como bonos cupón cero o divisas con paridad fija entre ellas). Adicionalmente, las posiciones deben haber sido ajustadas perfectamente con los activos para generar un riesgo cero. Esto ocurrirá con más probabilidad si las ponderaciones han sido *optimizadas* con base en la matriz covarianza por sí misma. Tal optimización es particularmente peligrosa dado que puede crear posiciones que sean muy grandes, aunque aparentemente compensadas mutuamente con un riesgo total pequeño.

Si los usuarios detectan que las mediciones de VAR parecen anormalmente pequeñas en relación con las posiciones, deberán verificar si cambios pequeños en las correlaciones conducen a cambios grandes en sus VAR.

3.2 Modelo diagonal

Un problema relacionado con el anterior es que, a medida que se incrementa el número de activos, es más probable que algunas correlaciones se midan con

[3] Abstrayendo del caso obvio donde todos los elementos de w son 0.

error. Algunos modelos pueden ayudar a simplificar este proceso, proporcionando una estructura más simple para la matriz de covarianzas. Uno de dichos modelos es el *modelo diagonal*, originalmente propuesto por Sharpe en el contexto de los portafolios accionarios.[4]

El supuesto es que el movimiento común en todos los activos se debe a un solo factor común, el mercado. Formalmente, el modelo es

$$R_i = \alpha_i + \beta_i R_m + \epsilon_i, \qquad E[\epsilon_i] = 0,$$

$$E[\epsilon_i R_m] = 0, \qquad E[\epsilon_i \epsilon_j] = 0, \qquad E[\epsilon_1^2] = \sigma_{\epsilon,i}^2. \tag{8.18}$$

El rendimiento del activo i es derivado del rendimiento del mercado Rm y por un término aleatorio ϵ_i, el cual no está correlacionado con el mercado ni a través de los distintos activos. Como resultado, la varianza puede descomponerse como

$$\sigma_i^2 = \beta_i^2 \sigma_m^2 + \sigma_{\epsilon,i}^2. \tag{8.19}$$

La covarianza entre dos activos es

$$\sigma_{i,j}^2 = \beta_i \beta_j \sigma_m^2, \tag{8.20}$$

la cual se debe únicamente al factor común. La matriz de covarianzas completa es

$$\Sigma = \begin{bmatrix} \beta_1 \\ \vdots \\ \beta_N \end{bmatrix} [\beta_1 \ldots \beta_N]\sigma_m^2 + \begin{bmatrix} \sigma_{\epsilon,1}^2 & \ldots & 0 \\ \vdots & \ldots & \vdots \\ 0 & \ldots & \sigma_{\epsilon,N}^2 \end{bmatrix}.$$

Escrita en notación matricial, la matriz de covarianzas es

$$\Sigma = \beta\beta'\sigma_m^2 + D_\epsilon. \tag{8.21}$$

Como la matriz D_ϵ es diagonal, el número de parámetros se reduce de $N \times (N + 1)/2$ a $2N + 1$ (N para las betas, N en D y uno para σ_m). Con 100 activos, por ejemplo, el número se reduce de 5,500 a 201, una mejora considerable.

[4] Nótese que este modelo es frecuentemente referido como el CAPM, lo cual es incorrecto. El modelo diagonal es sólo una simplificación de la matriz de covarianzas y no dice nada acerca de los rendimientos esperados, cuya descripción es la esencia del CAPM.

Por si fuera poco, la varianza de portafolios grandes bien diversificados se simplifica aun más, reflejando sólo la exposición al factor común. La varianza del portafolio es

$$\mathrm{Var}(R_p) = \mathrm{Var}(w'R) = w'\Sigma w = (w'\beta\beta' w)\sigma_m^2 + w'D_\epsilon w. \qquad (8.22)$$

El segundo término consiste de $\sum_{i=1}^{N} w_i^2 \sigma_{\epsilon,i}^2$. Pero este término se vuelve muy pequeño a medida que se incrementa el número de valores en el portafolio. Por ejemplo, si todas las varianzas residuales son idénticas y tienen ponderaciones iguales, este segundo término es $[\sum_{i=1}^{N} (1/N)^2]\sigma_\epsilon^2$, el cual converge a 0 a medida que N se incrementa. Por lo tanto, la varianza del portafolio converge a

$$\mathrm{Var}(R_p) \rightarrow (w'\beta\beta' w)\sigma_m^2, \qquad (8.23)$$

la cual depende de un solo factor. Esta aproximación es particularmente útil para establecer el VAR de un portafolio que conste de múltiples acciones. Ha sido adoptado por el Comité de Basilea para reflejar el riesgo de mercado de portafolios bien diversificados.

Como ejemplo, considérense tres acciones, General Motors (GM), Ford y Hewlett Packard (HWP). En el panel superior de la tabla 8-2 se muestra la matriz

TABLA 8-2 El modelo diagonal.

	Covariaciones			*Correlaciones*		
	GM	*FORD*	*HWP*	*GM*	*FORD*	*HWP*
Matriz completa						
GM	72.17			1		
FORD	43.92	66.12		0.636	1	
HWP	26.32	44.31	90.41	0.326	0.573	1
Regresión						
β_i	0.806	1.183	1.864			
$V(R_i)$	72.17	66.12	90.41			
$V(\epsilon_i)$	64.44	49.46	49.10			
$\beta_i^2 V(R_m)$	7.73	16.65	41.32			
Modelo diagonal						
GM	72.17			1		
FORD	11.35	66.12		0.164	1	
HWP	17.87	26.23	90.41	0.221	0.339	1

de covarianzas completa para datos mensuales. Esta matriz puede simplificarse estimando una regresión para cada acción en el mercado accionario estadounidense. Estas regresiones se muestran en el segundo panel de la tabla, el cual muestra betas de 0.806, 1.183 y 1.864, respectivamente. GM tiene la beta más baja; HWP tiene el riesgo sistémico más alto. La varianza de mercado es $V(R_m) = 11.90$. En el panel inferior de la tabla se reconstruye la matriz de covarianzas utilizando la aproximación diagonal. Por ejemplo, la varianza para GM se toma como $\beta_1^2 \times V(R_m) + V(\epsilon_1)$, es decir, $0.806^2 \times 11.90 + 64.44 = 7.73 + 64.44 = 72.17$. La covarianza entre GM y Ford es $\beta_1\beta_2V(R_m)$, es decir, $0.806 \times 1.183 \times 11.90 = 11.35$.

Las últimas tres columnas en la tabla reportan las correlaciones entre pares de acciones. Todas las correlaciones son positivas, como lo son las que se encuentran bajo el modelo diagonal. Aunque la matriz del modelo diagonal se asemeja a la matriz de covarianzas original, la aproximación no es perfecta. Por ejemplo, la correlación observada entre GM y Ford es 0.636. Utilizando el modelo diagonal, la correlación es conducida por la exposición al mercado y es de 0.164, lo cual es menor que la correlación verdadera. Esto es así porque el mercado es la única fuente de variación común. El que este modelo produzca aproximaciones aceptables depende del propósito establecido; en el capítulo 11 se calcula números reales de VAR. No obstante, no hay duda de que el modelo diagonal proporciona una simplificación considerable.

3.3 Modelos de factores

Si un modelo de un factor no es suficiente, puede obtenerse una mayor precisión con modelos de factores múltiples. La ecuación (8.18) puede generalizarse a K factores:

$$R_i = \alpha_i + \beta_{i1}R_1 + \ldots + \beta_{iK}R_K + \epsilon_i, \tag{8.24}$$

donde $R_1,\ldots, R_K$ son factores independientes entre sí. En el ejemplo previo de tres acciones, el modelo de matriz de covarianzas puede ser mejorado con un segundo factor, tal como el de la industria del transporte, que recogerá la correlación mayor entre GM y Ford. Con factores múltiples, la matriz de covarianzas adquiere una estructura más rica

$$\Sigma = \beta_1\beta'_1\sigma_1^2 + \ldots + \beta_K\beta'_K\sigma_K^2 + D_\epsilon. \tag{8.25}$$

El número total de parámetros es $(K + N \times K + N)$, el cual puede seguir siendo considerablemente menor que para el modelo completo. Con 100 activos y cinco factores, por ejemplo, el número se reduce de 5,500 a 605, lo cual no constituye un decremento menor.

Los modelos de factores también son importantes porque pueden ayudarnos a decidir sobre el número de componentes constitutivos de VAR para cada mercado. Considérese, por ejemplo, un mercado de bonos gubernamentales que despliega una continuidad de vencimientos que van de uno a 30 días. El punto es ¿Cuántos componentes constitutivos de VAR requerimos para representar este mercado adecuadamente?

Para ilustrarlo, considérese el mercado de bonos del Tesoro de Estados Unidos. En la tabla 8-3 se presenta los VAR mensuales de los bonos cupón cero, así como las correlaciones, para vencimientos que van de 1 a 30 años. Bajo la convención del RiskMetrics, el VAR corresponde a 1.65 desviaciones estándar. Con movimientos estrictamente paralelos en la estructura intertemporal de tasas, el VAR debería incrementarse linealmente con el vencimiento. De hecho, este no es el caso. Vencimientos mayores observan un VAR ligeramente menor que bajo una relación lineal. El bono cupón cero a 30 años, por ejemplo, tiene un VAR de 11.12 en lugar del valor de 14.09 extrapolado a partir del vencimiento de un año (0.470 × 30/1).

Particularmente interesantes resultan las correlaciones muy altas, que confirman la presencia de un factor principal en el análisis de los rendimientos de los bonos. Las correlaciones son altas para vencimientos cercanos pero tienden a decrecer con el diferencial entre vencimientos. El valor más bajo, 0.644, se obtiene entre los bonos cupón cero a 1 año y los de 30 años. ¿Podría simplificarse este patrón de correlaciones a sólo unos pocos factores comunes?

TABLA 8-3 Riesgo y correlaciones para bonos estadounidenses (VAR mensual a un nivel de 95%).

Plazo (año)	*VAR (%)*	*1A*	*2YA*	*3A*	*4A*	*5A*	*7A*	*9A*	*10A*	*15A*	*20A*	*30A*
1	0.470	1										
2	0.987	.897	1									
3	1.484	.886	.991	1								
4	1.971	.866	.976	.994	1							
5	2.426	.855	.966	.988	.998	1						
7	3.192	.825	.936	.965	.982	.990	1					
9	3.913	.796	.909	.942	.964	.975	.996	1				
10	4.250	.788	.903	.937	.959	.971	.994	.999	1			
15	6.234	.740	.853	.891	.915	.930	.961	.976	.981	1		
20	8.146	.679	.791	.832	.860	.878	.919	.942	.951	.991	1	
30	11.119	.644	.761	.801	.831	.853	.902	.931	.943	.975	.986	1

La respuesta está en la tabla 8-4. Los primeros tres componentes para la matriz de correlaciones de los rendimientos de los bonos estadounidenses se presentan en la misma tabla, basándonos en un análisis de componentes principales.[5] La característica más sorprendente de la tabla es que el primer factor proporciona un ajuste excelente para los movimientos de la estructura intertemporal. El poder explicativo promedio es muy alto, de 91.9 por ciento. Este factor común puede definirse como una variable de "nivel" de rendimiento y explica porqué la duración es una buena medida del riesgo de tasa de interés.

El segundo factor explica un 6.0 por ciento adicional en los movimientos. Dado que contiene el poder explicativo más alto y las cargas más pesadas para vencimientos cortos y largos, este factor describe la "pendiente" de la estructura intertemporal. Finalmente, el último factor es mucho menos importante. Parece estar más relacionado a las tasas a un año, quizás por las distintas

TABLA 8-4 Principales componentes de la matriz de correlaciones: Bonos estadounidenses.

Vencimiento (año	*Porcentaje de variancia explicado por*			*Variancia total explicada*
	Factor 1 "Nivel"	*Factor 2 "Pendiente"*	*Factor 3*	
1	72.2	17.9	9.8	99.8
2	89.7	7.8	0.5	98.0
3	94.3	4.5	0.7	99.5
4	96.5	2.2	1.0	99.7
5	97.7	1.1	0.9	99.7
7	98.9	0.0	0.4	99.3
9	98.2	0.7	0.2	99.1
10	98.1	1.2	0.1	99.4
15	94.1	5.3	0.2	99.6
20	87.2	11.0	0.9	99.1
30	83.6	14.5	0.9	99.0
Promedio	91.9	6.0	1.4	99.3

[5] Intuitivamente, los componentes principales desglosan una matriz en una serie de matrices simplificadas del tipo $\beta\beta'$ ocasionadas por un solo factor. Así se pretende encontrar una serie de vectores β que proporcionen la mejor explicación de los términos diagonales y que sean ortogonales entre sí.

características de los instrumentos del mercado de dinero. En conjunto, los tres factores explican un impresionante 99.3 por ciento de toda las variaciones del rendimiento.

Esta descomposición muestra que el riesgo de un portafolio de bonos puede ser útilmente resumido por su exposición a sólo dos factores. Por ejemplo, el portafolio puede estructurarse de forma tal que la exposición neta a los dos factores sea muy pequeña. Esto mejorará considerablemente con respecto a la cobertura de duración, aunque requiere la ausencia de pronósticos de bandazos futuros en la curva de rendimiento. En otras palabras, requerimos sólo dos factores primitivos de riesgo para representar los movimientos en la curva de rendimiento.

CAPÍTULO 9

Pronóstico de riesgos y correlaciones

Prepararse para el futuro es construirse el presente.

Antoine de Saint-Exupéry

En el capítulo 4 se describió el riesgo de las variables financieras básicas, tales como las tasas de interés, los tipos de cambio y los precios accionarios. Un lector que observe más de cerca la gráfica ará que el riesgo aparentemente cambia con el tiempo. Esto es demasiado obvio para los tipos de cambio, los cuales desplegaron una variación mucho mayor después de 1973. Los rendimientos de los bonos también fueron más volátiles a principios de los ochenta. Estos períodos correspondieron a cambios estructurales: los tipos de cambio iniciaron su flotación en 1973 y la Reserva Federal cambió abruptamente sus políticas monetarias en octubre de 1979. Aún durante otros períodos, la volatilidad parece *agruparse* de una forma predecible.

La observación de que la volatilidad del mercado financiero es predecible, tiene implicaciones importantes para la administración del riesgo. Si la volatilidad se incrementa, también lo hará el valor en riesgo. Los inversionistas pueden desear ajustar sus portafolios para reducir su exposición a aquellos activos cuya volatilidad se pronostica se incrementará. Asimismo, una volatilidad predecible significa que los activos que dependen directamente de la volatilidad —como las opciones— variarán su valor en una forma predecible. Finalmente, en un mercado racional, los precios de equilibrio del activo serán afectados por los cambios en la volatilidad. Los inversionistas que puedan predecir confiablemente los cambios en la volatilidad estarán en mejor situación para controlar mejor los riesgos en los mercados financieros.

En este capítulo se presentan las técnicas para pronosticar la variación en el riesgo y en las correlaciones. Los usuarios que no tienen ingerencia en la entrada de datos o que no desean saber cómo fueron generados, pueden omitir este capítulo y avanzar directamente al capítulo 10, en el cual se compara distintos enfoques para el VAR.

En la sección 1 se presentan los últimos desarrollos en los modelos de series de tiempo que capturan la variación del tiempo en la volatilidad. Una aplicación particular de estos modelos es el enfoque exponencial adoptado por J.P. Morgan para el sistema RiskMetrics. En la sección 2 se extienden los modelos de una variable a pronósticos de correlación. Finalmente, en la sección 3 se plantea que los modelos de series de tiempo son inherentemente inferiores a los pronósticos de riesgo contenidos en los precios de las opciones.

1 MODELACIÓN DEL RIESGO CON VARIACIÓN DEL TIEMPO

1.1 ¿Riesgo u observaciones aberrantes?

Como ejemplo, a lo largo de este capítulo nos concentraremos en el tipo de cambio del dólar estadounidense/libra esterlina ($/BP) con observaciones diarias. Los movimientos en el tipo de cambio se presentan en la figura 9-1. El período de

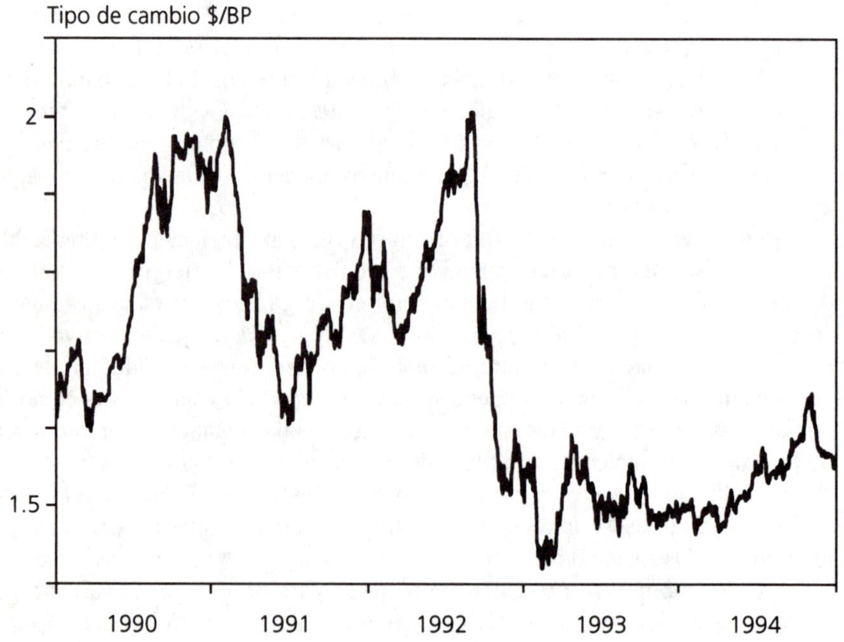

FIGURA 9-1 Tipo de cambio spot: Libra esterlina contra dólar.

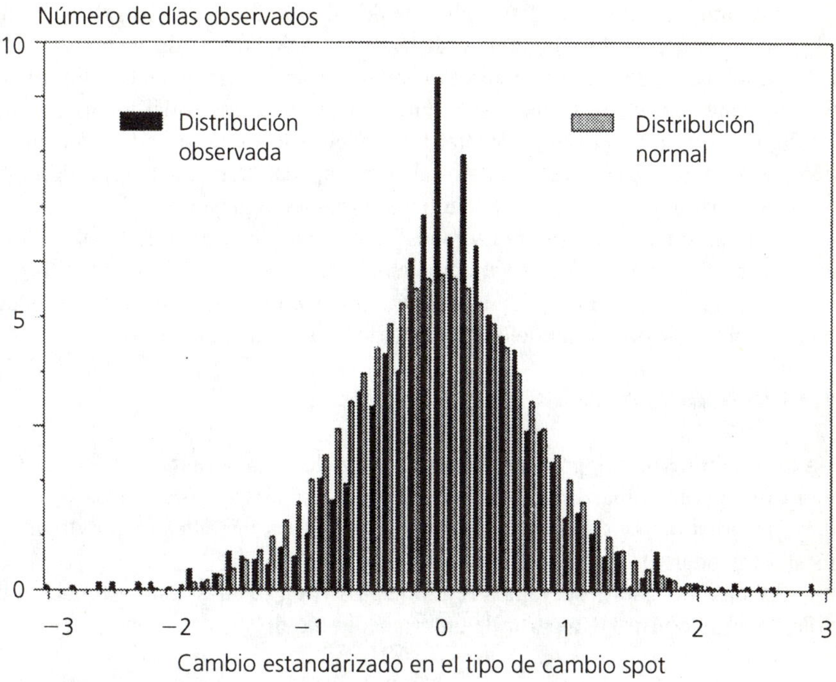

FIGURA 9-2 Distribución del tipo de cambio $/BP.

1990-1994 fue bastante típico, con pequeñas fluctuaciones de operación y amplias oscilaciones. El mes de septiembre de 1992 fue particularmente turbulento. Después de varios intentos infructuosos por parte del Banco de Inglaterra para sostener la libra contra el marco alemán, la libra abandonó el Sistema Monetario Europeo. Hubo varios días con grandes movimientos. Sólo el 16 de septiembre, la libra cayó 6 centavos. Por lo tanto, podemos esperar patrones interesantes en su volatilidad.

Durante este período, la volatilidad promedio diaria fue de 0.694 por ciento, lo cual se traduce en un 11.02 por ciento anual (utilizando un ajuste de 252 días de operación). No obstante, esta medición del riesgo seguramente no fue constante a lo largo del tiempo. Además, la variación del tiempo en el riesgo podría explicar el hecho de que la distribución empírica de los rendimientos no se ajusta de manera muy exacta a una distribución normal.

En la figura 9-2 se compara la aproximación a la distribución normal y a la empírica observada del tipo de cambio $/BP. En relación a la distribución normal, la distribución observada contiene más observaciones en el centro y en las colas.

Estas amplias colas pueden explicarse desde dos puntos de vista alternativos. El primero es que la distribución verdadera es estacionaria y, de hecho, contiene colas amplias; en tal caso una aproximación normal es claramente inapropiada. El otro punto de vista es que la distribución cambia a través del tiempo. Como resultado, en tiempos de turbulencia, un modelo estacionario podría considerar las observaciones grandes como datos aberrantes, cuando realmente son descritas por una distribución con una dispersión temporalmente mayor.

En la práctica, ambas explicaciones tienen algo de verdad. Esta es la razón por la cual el pronóstico de la variación en el riesgo es particularmente útil para la administración del riesgo. En este capítulo nos concentramos en los enfoques tradicionales basados en modelos "paramétricos" de series de tiempo.[1]

1.2 Promedios móviles

Un método muy burdo, pero ampliamente utilizado, es una *ventana móvil*, de longitud fija, para estimar la volatilidad. Por ejemplo, una longitud típica es de 20 días operados (cerca de un mes calendario) ó 60 días operados (cerca de un trimestre calendario).

Asumiendo que observamos rendimientos r_t en M días, esta estimación de volatilidad se construye a partir de un promedio móvil,

$$\sigma_t^2 = (1/M) \sum_{i=1}^{M} r_{t-i}^2. \tag{9.1}$$

Aquí, nos concentramos en los rendimientos brutos y no en los rendimientos alrededor de la media. Esto es porque con la mayoría de las series financieras, para las estimaciones de volatilidad, el ignorar los rendimientos esperados constituye una diferencia pequeña.

Cada día, el pronóstico es actualizado al agregar la información del día anterior y omitiendo la información de $(M + 1)$ días previos. Todas las ponderaciones sobre los rendimientos pasados son iguales y fijados a $(1/M)$. Aunque su implementación es simple, este modelo tiene serias desventajas.

La más importante es que ignora la ordenación dinámica de las observaciones. En particular, la información reciente recibe el mismo peso que la información más vieja, aunque los datos recientes deberían ser más relevantes. Además, si existiesen rendimientos muy grandes hace M días, la omisión de éstos a medida

[1] Aunque existen otros métodos. Por ejemplo, la estimación de densidad de variables múltiples es un modelo no paramétrico que aparentemente es muy flexible, como lo señalan Boudoukh, Richardson, Stanton y Whitelaw (1995). Los estimadores de riesgo, además, no deben basarse necesariamente sólo en los precios de cierre diarios. Parkinson (1980) ha demostrado que utilizar la información en los valores extremos (máximo y mínimo diario) conduce a una estimación que es doblemente eficiente en comparación con la volatilidad usual.

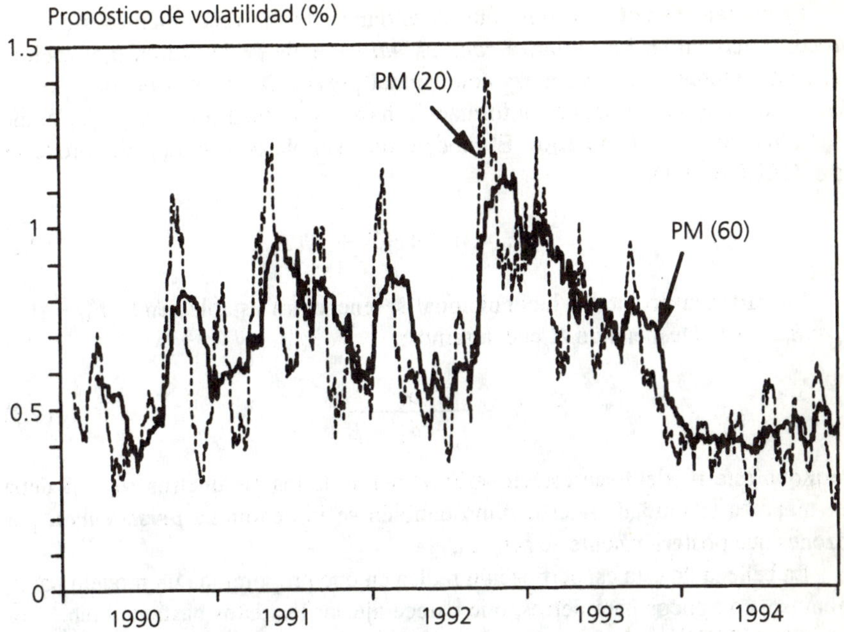

FIGURA 9-3 Promedio móvil (PM) de los pronósticos de volatilidad.

que la ventana se desplaza un día hacia adelante afectará sustancialmente la estimación de la volatilidad. Como resultado, las mediciones de promedio móvil de la volatilidad tienden a parecer "mesetas" de amplitud M cuando se grafican contra el tiempo.

En la figura 9-3 se muestra los promedios móviles a 20 y a 60 días para nuestro tipo de cambio $/BP. Los movimientos en el promedio de 60 días son mucho más estables que para el promedio de 20 días. Esto se debe a que para períodos más prolongados decrece la ponderación de cualquier día por sí sola. Pero, ¿esto es mejor? Este enfoque deja sin respuesta la elección de la ventana móvil. Períodos más prolongados incrementan la precisión de la estimación, pero podrían omitir la variación implícita en la volatilidad.

1.3 La estimación GARCH

Por lo anterior, para la estimación de la volatilidad se ha optado por modelos que confieren una ponderación mayor a la información reciente. El primer modelo de este tipo fue el modelo generalizado autorregresivo heteroscedástico (GARCH) propuesto por Engle y Bollerslev.

El modelo GARCH asume que la varianza de los rendimientos sigue un proceso predecible. La varianza *condicional* depende de la última innovación, así como también de la varianza condicional previa. Definamos h_t como la varianza condicional, utilizando información hasta el momento $t - 1$, y r_{t-1} como el rendimiento del día anterior. El modelo más simple de este tipo de procesos es el GARCH (1,1):

$$h_t = 0 + 1r_{t-1}^2 + \beta h_{t-1}. \tag{9.2}$$

La varianza promedio incondicional se encuentra estableciendo $E[r_{t-1}^2] = h_t = h_{t-1} = h$. Despejando h, encontramos:

$$h = \frac{\alpha_0}{1 - \alpha_1 - \beta}. \tag{9.3}$$

Para que este modelo sea estacionario, la suma de los parámetros $\alpha_1 + \beta$ debe ser menor a la unidad. A esta suma también se le denomina *persistencia*, por razones que posteriormente se aclaran.

La belleza de esta especificación radica en que proporciona un modelo parsimonioso, con pocos parámetros, que parece ajustar los datos bastante bien.[2] Los modelos GARCH se han convertido en un apoyo importante para el análisis de series de tiempo en los mercados financieros, los cuales muestran sistemáticamente agrupamientos de volatilidades. Literalmente, en cientos de artículos se han aplicado los modelos GARCH a datos sobre rendimientos de acciones (French, Schwert y Stambaugh, 1987) a datos sobre tasas de interés (Engle, Liliency y Robins, 1987), tipos de cambio (Hsieh, 1988; Giovannini y Jorion, 1989). Los econometristas también se han dado a la tarea de crear muchas variantes del modelo GARCH, la mayoría de las cuales proporcionan sólo un mejoramiento marginal del modelo original. Los interesados en un análisis extensivo del tema pueden consultar a Bollerslev, Chou y Kroner (1992).[3]

El inconveniente de los modelos GARCH es su no-linealidad. Los parámetros deben estimarse por máxima verosimilitud, lo cual implica el desarrollo de una optimización numérica. Típicamente, los investigadores asumen que el residual $\epsilon_t = r_t/\sqrt{h_t}$, tiene una distribución normal.

[2] Para el fundamento teórico del éxito de los modelos GARCH, véase Nelson (1990).

[3] Los modelos GARCH tienen otras propiedades interesantes. Los rendimientos r_t pueden estar no-correlacionados serialmente, pero no son independientes, dado que tienen una relación no-lineal a través de momentos secundarios. Los modelos de esta clase están también relacionados con la teoría del caos. Algunos trabajos recientes revelan que muchos precios financieros exhiben propiedades "caóticas". Frecuentemente, la no-linealidad en la teoría del caos puede ser adjudicada a la variación del tiempo en las varianzas. Por lo tanto, los modelos GARCH explican una parte de la conducta caótica referida de los mercados financieros.

TABLA 9-1 Modelos de riesgo: datos diarios, 1990-1994.

Parámetro	*Divisa RB/P*	*Divisa DM/$*	*Divisa DM/BP*	*Acciones estado-unidenses*	*Bono a 30 años*	*Mercado de bonos*
σ (% pa)	11.33	11.48	7.08	12.02	9.12	3.78
α_0	0.00695	0.01185	0.00316	0.00233	0.00410	0.00067
α_1	0.0678	0.0507	0.0979	0.0213	0.0256	0.0132
β	0.9186	0.9260	0.8908	0.9740	0.9634	0.9749
Persistencia ($\alpha_1 + \beta$)	0.9864	0.9767	0.9887	0.9953	0.9890	0.9881

En la tabla 9-1 se presenta los resultados de la estimación para un grupo de series financieras durante el período 1990-1994. Existen amplias diferencias en el nivel de volatilidad entre las series, aunque para todas ellas, la variación del riesgo en el tiempo es altamente significativo. El parámetro de persistencia también es es un tanto elevado, del orden de 0.97-0.99.

En la figura 9-4 se muestra el pronóstico GARCH de la volatilidad para el tipo de cambio $/BP; se observa un incremento en la volatilidad en el otoño de

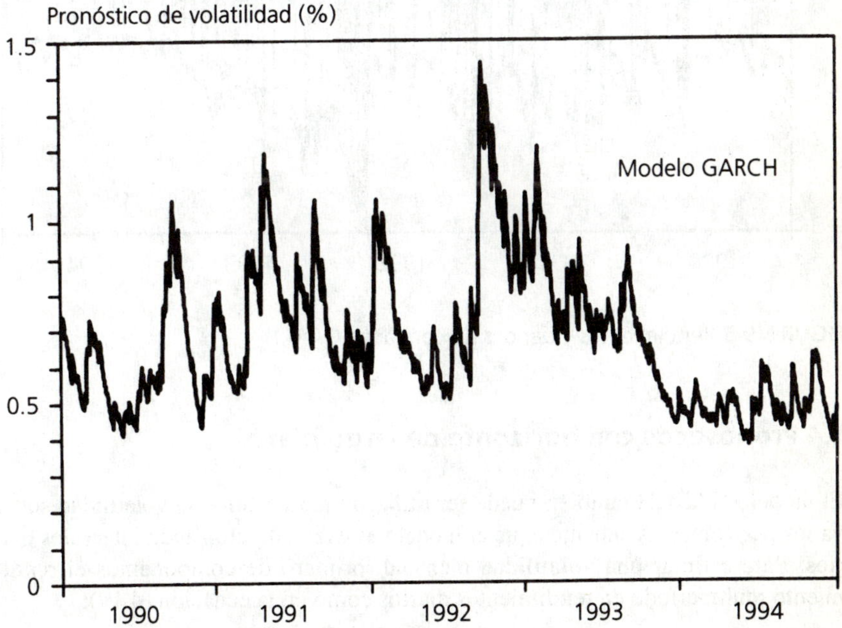

FIGURA 9-4 Pronóstico GARCH sobre la volatilidad.

1992. Posteriormente, la volatilidad decrece progresivamente en el tiempo, no de la forma abrupta observada en la figura 9-3.

El uso práctico de esta información se ilustra en la figura 9-5, la cual muestra los rendimientos diarios junto con las bandas condicionales de confianza del 95 por ciento. Este modelo parece capturar adecuadamente la variación en el riesgo. La mayor parte de los rendimientos cayeron dentro de la banda del 95 por ciento. Los pocos de ellos fuera de las bandas corresponden al otro 5 por ciento de las ocurrencias.

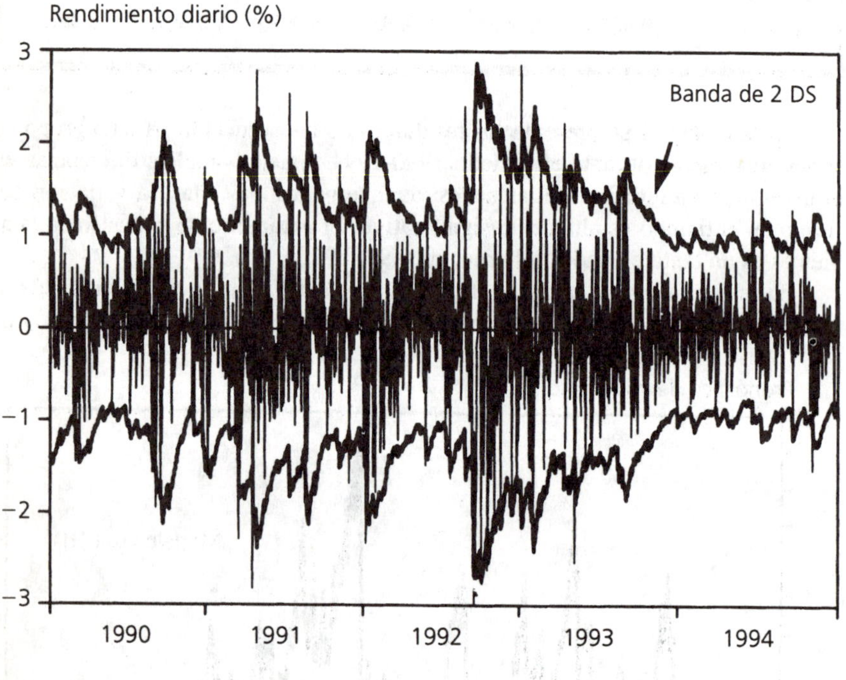

FIGURA 9-5 Rendimientos y bandas de confianza GARCH.

1.4 Pronósticos con horizonte.de largo plazo

El modelo GARCH también puede ser utilizado para estimar la volatilidad sobre varios horizontes. Asumamos que el modelo es estimado utilizando intervalos diarios. Para estimar una volatilidad mensual, primero descomponemos el rendimiento multiperíodo en rendimientos diarios como en la ecuación (4.19):

$$r_{t,T} = r_t + r_{t+1} + r_{t+2} + \ldots + r_T.$$

Si los rendimientos no están correlacionados a través de los días, la varianza del horizonte de largo plazo a partir de $t - 1$, es:

$$E_{t-1}[r^2_{t,T}] = E_{t-1}[r^2_t] + E_{t-1}[r^2_{t+1}] + E_{t-1}[r^2_{t+2}] + \ldots + E_{t-1}[r^2_T].$$

Después de algunas manipulaciones algebraicas, el pronóstico de la varianza para t días en adelante es:

$$E_{t-1}[r^2_{t+\tau}] = \alpha_0 \frac{1 - (\alpha_1 + \beta)^\tau}{1 - (\alpha_1 + \beta)} + (\alpha_1 + \beta)^\tau h_t.$$

En la figura 9-6 se observa el efecto de diferentes parámetros de persistencia (a1+b) sobre la varianza. Empezamos a partir del valor de largo plazo para la varianza 0.51. Entonces, un choque desplaza la varianza condicionada a dos veces su valor inicial, alrededor de 1.02. Una persistencia grande significa que el choque se desvanecerá suavemente. Por ejemplo, con una persistencia de 0.986, la varianza condicional sigue siendo 0.90 después de 20 días. Con una persistencia de 0.8, la varianza desciende muy cerca de su valor de largo plazo después de

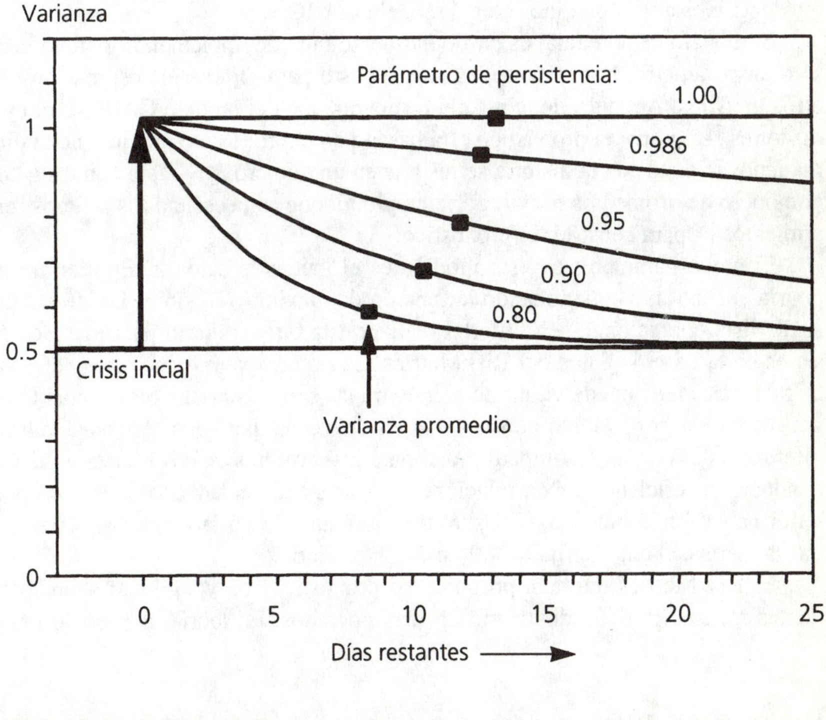

FIGURA 9-6 Reversión media para la varianza.

sólo 20 días. La marca en cada línea representa la varianza promedio diaria para los siguientes 25 días. Una persistencia elevada implica que la varianza promedio permanecerá alta.

1.5 El enfoque del RiskMetrics

El sistema RiskMetrics adopta un enfoque pragmático para modelar el riesgo.[4] Las varianzas son modeladas utilizando un pronóstico *exponencial*. Formalmente, el pronóstico para el periodo t es un promedio ponderado del pronóstico previo, utilizando la ponderación l y de la última innovación al cuadrado, utilizando la ponderación $(1 - \lambda)$

$$h_t = \lambda h_{t-1} + (1 - \lambda) r_{t-1}^2. \tag{9.4}$$

Aquí, el parámetro λ es llamado el factor de *caída* o deterioro y debe ser menor que la unidad.

Este modelo puede ser visto como un caso especial del proceso GARCH, donde α_0 es 0, y α_1 y β suman la unidad. El modelo, por lo tanto, considera la persistencia. Como se muestra en la figura 9-7, al parecer produce resultados muy cercanos a los obtenidos con el modelo GARCH.

El modelo exponencial es particularmente fácil de implementar porque tiene sólo un parámetro. Por lo tanto, es más robusto para el error de estimación que otros modelos. Además, de la misma forma que para el modelo GARCH, el estimador es *recursivo*; el pronóstico está basado en el pronóstico previo y en la última innovación. Toda la historia se resume en un número h_{t-1}. Esto contrasta con el modelo de promedios móvil, por ejemplo, donde se necesitan los últimos rendimientos M para construir el pronóstico.

El único parámetro en este modelo es el factor de caída λ. En teoría, éste podría encontrarse maximizando la función de máximo verosímil. Desde el punto de vista operacional, sería mortal realizar esta tarea a diario para más de 450 series en la base de datos del RiskMetrics. La optimización tiene otros defectos. El factor de caída puede variar no sólo entre las series, sino también con el tiempo, perdiendo por lo tanto consistencia en diferentes períodos. Además, valores diferentes de λ crean incompatibilidad para los términos de covarianza y pueden conducir a coeficientes de correlaciones mayores a la unidad, como veremos posteriormente. En la práctica, el RiskMetrics utiliza sólo un factor de caída para todas las series, el cual se fija en 0.94 para datos diarios.

El RiskMetrics también proporciona pronósticos de volatilidad sobre horizontes mensuales definidos como 25 días operados. En teoría, el modelo expo-

[4] Para mayor detalle sobre la metodología, véase el Technical Manual de J.P. Morgan.

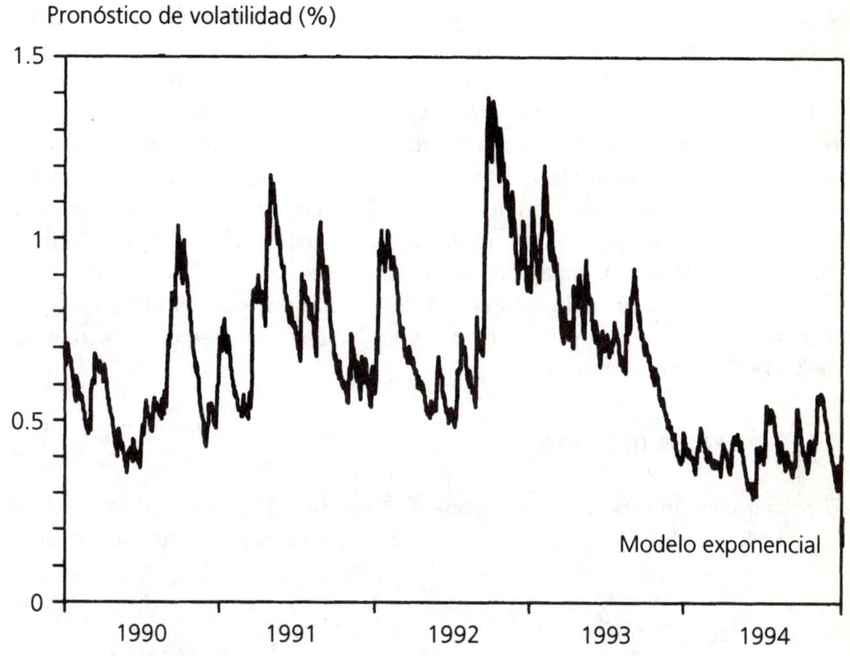

FIGURA 9-7 Pronóstico exponencial de la volatilidad.

nencial debería utilizarse para extrapolar la volatilidad al día siguiente, después al tercero y así hasta el día 25, como se hizo previamente para el modelo GARCH. Justo aquí radica la dificultad.

El parámetro de persistencia para el modelo exponencial es la unidad. Por lo tanto, no existe reversión a la media y la volatilidad mensual debería ser la misma que la volatilidad diaria. En la práctica, la estimación es idéntica a (9.4), sólo que ésta define las innovaciones como la varianza para 25 días. Tras experimentar con datos, J.P. Morgan eligió $\lambda = 0.97$ como el factor de caída óptimo. Por lo tanto, las especificaciones diarias y mensuales son mutuamente inconsistentes. Sin embargo, ambas son fáciles de utilizar, se aproximan bastante bien al comportamiento de los datos reales y son robustos para la subespecificación.

2 MODELANDO CORRELACIONES

La correlación es de fundamental importancia para el análisis de riesgo de un portafolio, incluso más que las varianzas individuales. Para ilustrar la estimación de la correlación, elegimos dos series: el tipo de cambio del dólar/libra esterlina y el tipo de cambio del dólar/marco alemán.

Para el período 1990-1994, el coeficiente de correlación promedio diario fue de 0.7732. No obstante, cabría esperar alguna variación en el coeficiente de correlación, porque este período cubre tanto regímenes de tipo de cambio fijo como flotantes. El 8 de octubre de 1990 la libra llegó a estabilizarse con el marco dentro del Sistema Monetario Europeo (SME). Esto perduró hasta la turbulencia de septiembre de 1992, período en el que la libra abandonó el SME y pasó a un régimen de libre flotación contra el marco.

Como en el caso de la estimación de la varianza, pueden utilizarse varios métodos para capturar la variación de la correlación en el tiempo: promedios móviles, GARCH y el exponencial.

2.1 Promedios móviles

El primer método está basado en promedios móviles (PM), que utilizan un orden fijo de *M* periodos. En la figura 9-8 se presenta estimaciones basadas en un PM

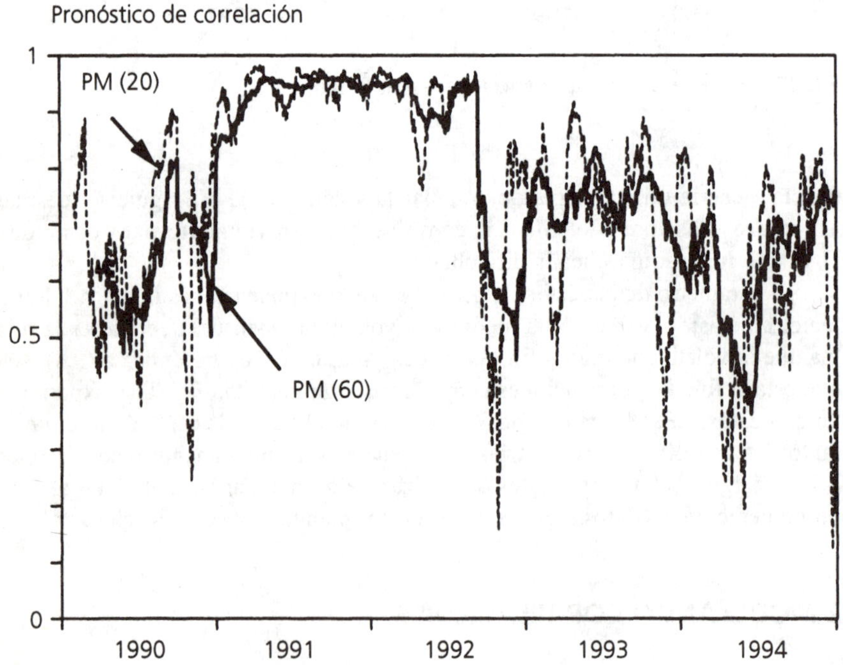

FIGURA 9-8 Correlación exponencial: $/BP y $/DM.

(20) y PM (60). Las correlaciones inician bajas, alrededor de 0.5, y se incrementan a 0.9 cuando la libra entra al SME. Durante la crisis de septiembre de 1992, las correlaciones cayeron agudamente, regresando luego al patrón previo al SME. La última caída en el nivel de correlación habría sido desastrosa para las posiciones consideradas de bajo riesgo, teniendo como base las correlaciones SME.

Estas estimaciones están sujetas a las mismas críticas señaladas en el capítulo anterior. Los modelos de promedios móviles asignan la misma ponderación a todas las observaciones dentro de la ventana móvil e ignoran el hecho de que las observaciones más recientes pueden contener más información que las pasadas. Además, desechar observaciones de la ventana tiene algunas veces efectos serios sobre la correlación medida.

2.2 Promedios exponenciales

En teoría, la estimación GARCH podría extenderse a un sistema de múltiples variables. El problema es que el número de parámetros a ser estimados se incrementa exponencialmente con el número de series. Con dos series, por ejemplo, se requiere estimar nueve términos, tres parámetros α_0, α_1, β para cada uno de los tres términos de covarianza. Para muestras grandes de activos, este número rápidamente se vuelve inmanejable.

Aquí resalta la simplicidad del enfoque del RiskMetrics. Las covarianzas son estimadas de forma muy similar a las varianzas, utilizando un esquema exponencial ponderado:

$$h_{12,t} = \lambda h_{12,t-1} + (1 - \lambda) r_{1,t-1} r_{2,t-1}. \tag{9.5}$$

Como antes, el factor de caída λ es arbitrariamente determinado en 0.94 para datos diarios y en 0.97 para datos mensuales. Con ello, la correlación condicional es entonces:

$$\rho_{12,t} = \frac{h_{12,t}}{\sqrt{h_{1,t} h_{2,t}}}. \tag{9.6}$$

En la figura 9-9 se muestra la variación de la correlación en el tiempo entre la libra y el marco. El patrón de movimientos en las correlaciones no parece diferir mucho del modelo entre el PM (20) y el PM (60).

Debemos hacer notar que la razón por la cual J.P. Morgan decidió fijar un factor común λ entre todas las series, es asegurar que todas las estimaciones de ρ se encuentren entre -1 y 1. De otra forma, no hay garantía de que éste será siempre el caso.

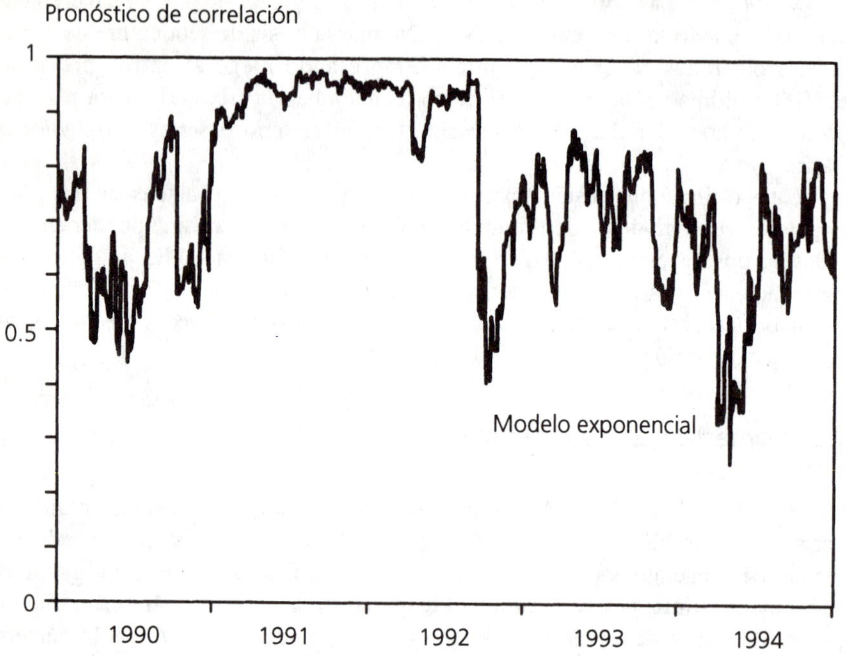

FIGURA 9-9 Correlación exponencial: \$/BP y \$/DM.

2.3 Cracks y correlaciones

Las correlaciones bajas ayudan a reducir el riesgo en un portafolio. Sin embargo, frecuentemente se argumenta que las correlaciones se incrementan en períodos de turbulencia global. Si esto es cierto, dichos argumentos son particularmente preocupantes, porque correlaciones crecientes ocurriendo al mismo tiempo que una volatilidad creciente, anularán las propiedades de diversificación de portafolios. Entonces, las mediciones del VAR basadas en datos históricos subestimarán seriamente el riesgo real de falla, dado que no sólo se subestimará el riesgo, sino también las correlaciones. Estos dos factores podría llevar a obtener rendimientos muy alejados del rango de pronóstico.

De hecho, se espera que la estructura de la matriz de correlaciones dependa del tipo de crisis que afecten a la economía. Los factores globales, tales como las crisis petroleras y la Guerra del Golfo, crean turbulencia creciente y correlaciones crecientes. Longin y Solnik (1995), por ejemplo, examinan el comportamiento de las correlaciones de los mercados accionarios locales y han encontrado que las correlaciones se incrementan típicamente un 27 por ciento (de 0.43 a 0.55) en períodos de alta turbulencia. Suponiendo un portafolio muy grande (dondel riesgo es proporcional a $\sqrt{\rho}$), esto implica que el VAR deberá ser multiplicado por un factor de $\sqrt{(0.55/0.43)} = 1.13$. Por lo tanto, justo a causa del efecto sobre las correlaciones, las mediciones del VAR podrían subestimar el riesgo verdadero en un 13 por ciento.

La magnitud del sesgo, sin embargo, depende del signo de las posiciones. Las correlaciones más elevadas son perjudiciales para los portafolios con posiciones únicamente largas, como es típico de los portafolios accionarios. En contraste, las correlaciones decrecientes son peligrosas para portafolios con ventas en corto. Consideremos nuestro ejemplo previo, donde un operador está largo en libras y corto en marcos. Como se muestra en la figura 9-4, esta posición habría presentado un riesgo muy bajo en 1991 y en la primera mitad de 1992; pero el operador habría sido sorprendido en corto durante la devaluación de la libra en septiembre de 1992. Las estimaciones del VAR basadas en los datos del año anterior habrían subestimado enormemente el riesgo de la posición.

Tal vez estos resultados incómodos explican por qué los reguladores imponen grandes factores multiplicativos a las estimaciones del VAR obtenidas internamente. Pero estas observaciones también señalan la necesidad de realizar simulaciones extremas (de estrés) para establecer la robustez de las mediciones de VAR a los cambios en las correlaciones. Robert Gumerlock, director administrativo del Swiss Bank Corporation, sostiene que, para confrontar eventos poco frecuentes y altamente destructivos, "existe sólo una respuesta: simulaciones extremas sobre escenarios extraordinarios".

3 UTILIZACIÓN DE DATOS SOBRE OPCIONES

Las mediciones del valor en riesgo son sólo tan buenas como la calidad de los pronósticos de volatilidad y de las correlaciones. No obstante, los datos históricos pueden no proporcionar los mejores pronósticos disponibles de los riesgos futuros. Situaciones que impliquen cambios en los regímenes cambiarios, por ejemplo, simplemente no se reflejan en los datos históricos recientes. Esta es la razón por la cual resulta útil consultar los *pronósticos implícitos* existentes en los últimos datos de mercado.

3.1 Volatilidades implícitas

Una función importante de los mercados de derivados es el *descubrimiento de precios*. Los derivados proporcionan información acerca de los precios de liquidación en los mercados, lo cual incluye el descubrimiento de la *volatilidad*. Las opciones son activos cuyo precio está determinado por una serie de factores observables, excepto la volatilidad del precio del activo subyacente. Igualando el precio de mercado de una opción a su valor teórico o de modelo, puede obtenerse una desviación estándar implícita (ISD).[5]

Las correlaciones implícitas también pueden recuperarse a partir de tripletes de opciones, utilizando, por ejemplo, el modelo de valuación Margrabe. Las correlaciones también están implícitas en las así llamadas opciones cuanto, las cuales también implican dos variables aleatorias. Un ejemplo de una opción de cantidad ajustada sería una opción sobre un índice accionario extranjero, donde el saldo de la divisa extranjera es traducido en dólares a una tasa fija. La fórmula de valuación para una opción como ésta también implica la correlación entre dos fuentes de riesgo. De este modo, las opciones pueden revelar potencialmente un caudal de información acerca de los riesgos futuros y las correlaciones futuras.

Si los mercados de opciones son eficientes, la ISD debería proporcionar el mejor estimado de la volatilidad futura del mercado. Después de todo, la operación de opciones implica apostar sobre la volatilidad. La expresión sobre la volatilidad ha llegado a ser tan penetrante en los mercados de opciones, que los precios son frecuentemente cotizados en términos de número de volatilidad para establecer posturas de compra y venta. Dado que las primas de las opciones reflejan el consenso del mercado acerca de la volatilidad futura, hay razones importantes para creer que los pronósticos basados en éstas deben ser superiores a los estimaciones históricas.

La evidencia empírica de hecho ha demostrado la superioridad de los datos sobre opciones.[6] Una forma intuitiva de demostrar la utilidad de estos datos es analizar la ruptura del Sistema Monetario Europeo (SME) en septiembre de 1992. En la figura 9-10 se compara los pronósticos de volatilidad durante 1992, incluyendo las volatilidades implícitas para las opciones sobre DM/BP, la volatilidad RiskMetrics y un promedio móvil con una ventana de 60 días.

Como la libra cayó bajo fuertes presiones de venta por parte de los especuladores, la ISD ascendió fuertemente, anticipando un gran salto en el tipo de cambio. De hecho, la libra abandonó el SME el 16 de septiembre. En contraste, la volatilidad del RiskMetrics ascendió sólo después del primer gran desplazamiento, y la volatilidad de PM cambió muy suavemente. Dado que los operadores de opciones anticiparon, con justa razón, una turbulencia mayor, la volatilidad implícita resultó mucho más útil que la volatilidad estimada con los modelos de series de tiempo.

[5] Una objeción potencial al uso de las volatilidades implícitas en las opciones es que el modelo Black-Scholes es, *sensu stricto*, inconsistente con las volatilidades estocásticas. La investigación reciente sobre el efecto de las volatilidades estocásticas, no obstante, ha demostrado que el modelo BS se desempeña bien para opciones en el dinero y de corto plazo. Para más detalles, véase Heston (1993), Duan (1995) y Bates (1995).

[6] Jorion (1995a), por ejemplo, demuestra que, para futuros sobre divisas, las volatilidades implícitas de las opciones incluyen toda la información contenida en los modelos de series de tiempo.

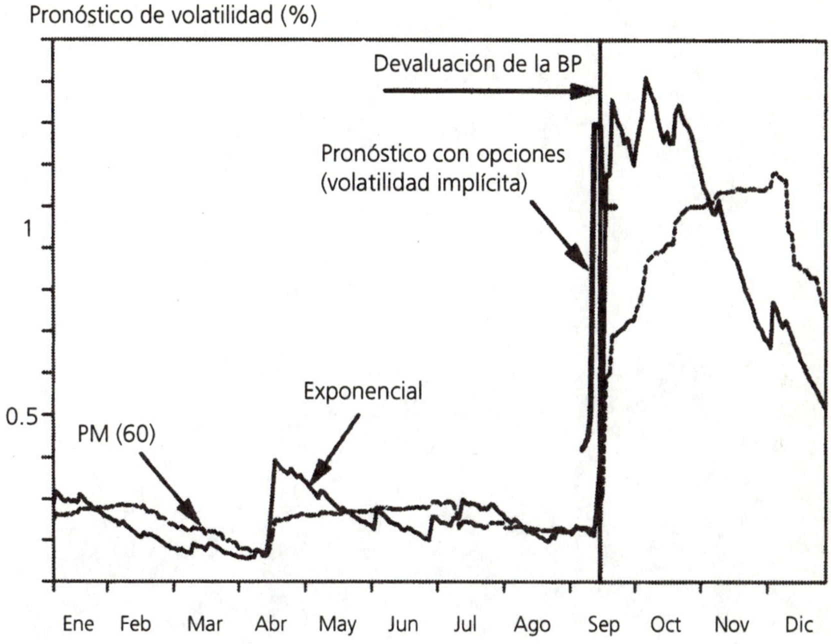

FIGURA 9-10 Pronósticos de volatilidad: DM/Libra.

3.2 Conclusiones

En resumen, la evidencia indica que las opciones contienen un caudal de información acerca del riesgo (volatilidad) del precio, que es generalmente superior a los modelos de series de tiempo. Esta información es particularmente útil en momentos de alta inestabilidad en los mercados, cuando el mercado tiene acceso a información actual que simplemente no se refleja en los modelos históricos. Por lo tanto, mi consejo es el siguiente: *Siempre que sea posible, el valor en riesgo deberá utilizar parámetros implícitos.*

El único defecto de los parámetros implícitos en las opciones, es que el menú de las opciones operadas no es lo suficientemente amplio para recuperar la volatilidad de todos los precios financieros esenciales. Incluso podrían utilizarse menos opciones cruzadas para derivar correlaciones implícitas. Sin embargo, conforme surgen más contratos y más bolsas de opciones en todo el mundo, seremos capaces de utilizar datos visionarios sobre los contratos de opciones para medir el riesgo. Mientras tanto, los datos históricos constituyen una alternativa de visión en retrospectiva.

PARTE TRES

SISTEMAS DE VALOR EN RIESGO

Capítulo 10

Enfoques para la medición del VAR

En la práctica funciona, pero ¿qué tal en la teoría?

Atribuido a un matemático francés

En los capítulos previos se han establecido los fundamentos para la medición del valor en riesgo. El VAR sintetiza las pérdidas máximas esperadas sobre un horizonte objetivo, dentro de un intervalo de confianza dado. Sin embargo, existen varios métodos para obtener medidas de VAR. El propósito de este capítulo es presentar y evaluar de manera crítica distintos enfoques para el VAR.

Los enfoques del VAR pueden clasificarse básicamente en dos grupos. El primero se fundamenta en la valuación local; el mejor ejemplo es el *método delta-normal*, el cual se explica en la sección 1. El segundo grupo utiliza valuaciones completas. Los pros y los contras de la valuación local versus la valuación completa se discuten en la sección 2. La valuación completa se implementa con los métodos de *simulación histórica, de prueba de estrés* y con el método *Monte Carlo estructurado.* Cada uno de estos métodos es presentado en las secciones 3, 4 y 5, respectivamente.

Esta clasificación refleja un balance fundamental entre el manejo de las correlaciones, las cuales se manejan más fácilmente en el enfoque delta-normal, que en el enfoque no lineal. Debido a que el enfoque delta-normal es mucho más fácil de implementar, algunas veces se utiliza una variante conocida como *las griegas*. Este método, el cual se explica en la sección 2, consiste en aproximaciones analíticas a las derivadas de primer y segundo orden y es más apropiado para portafolios con fuentes limitadas de riesgo.

1 EL MÉTODO DELTA-NORMAL

Si el VAR fuese medido para un solo activo, el asunto sería relativamente simple. El problema es que éj2ste debe utilizarse para medir portafolios grandes y complejos que evolucionan a través del tiempo. El rendimiento de un portafolio para el siguiente período puede escribirse como:

$$R_{p,t+1} = \sum_{i=1}^{N} w_{i,t} R_{i,t+1}. \tag{10.1}$$

donde las ponderaciones $w_{i,t}$ están indizadas por el tiempo, para reconocer la naturaleza dinámica de las operaciones dentro de los portafolios.

El método delta-normal asume que los rendimientos de todos los activos están distribuidos normalmente. Como el rendimiento de un portafolio es una combinación lineal de las variables normales, también este está distribuido de manera normal. Utilizando notación matricial, la varianza del portafolio está dada por:

$$V(R_{p,t+1}) = w_t' \Sigma_{t+1} w_i. \tag{10.2}$$

Por lo tanto, el riesgo es generado por una combinación de exposiciones lineales a múltiples factores, que se asumen están distribuidas normalmente y por el pronóstico de la matriz de covarianza Σ_{t+1}. Este método implica una aproximación local a los movimientos del precio. Con esto se puede manejar un gran número de activos y es fácil de implementar.

Dentro de esta clase de modelos, pueden utilizarse dos métodos para medir la matriz de varianza-covarianza Σ. El primero puede basarse únicamente en datos históricos, utilizando, por ejemplo, un modelo que permita la variación del tiempo en el riesgo, o alternativamente, puede incluir medidas implícitas del riesgo de las opciones. O puede utilizar una combinación de ambos. Como hemos visto en el capítulo previo, las medidas de riesgo implícitas en las opciones son superiores a los datos históricos, pero no se cuenta con ellas para cualquier activo o para cualquier par de activos. La figura 10-1 detalla los pasos en este enfoque.

El método delta-normal puede estar sujeto a una serie de críticas. Primero, cuantifica pobremente el *riesgo evento*. El cual se refiere a la posibilidad de que se presenten circunstancias inusuales o extremas, tales como desplomes de los mercados accionarios o colapsos en el tipo de cambio. El problema es que el riesgo evento no ocurre con la frecuencia suficiente para ser representado adecuadamente por una distribución de probabilidad basada en datos históricos recientes. Esta es una deficiencia general de todos los métodos que utilizan series históricas.

Un segundo problema relacionado es la existencia de "colas anchas" en la distribución de los rendimientos en la mayoría de los activos financieros. Estas colas anchas son en particular preocupantes, porque el VAR pretende capturar precisamente el comportamiento del rendimiento del portafolio en la cola izquierda. Con colas anchas, un modelo basado en la aproximación normal subestima la proporción de datos aberrantes (atípicos) y por lo tanto, el verdadero valor en riesgo. Como se planteó en el capítulo 9, algunas de estas colas anchas pueden explicarse en términos de la variación del riesgo en el tiempo. No obstante, aún después del ajuste quedan demasiadas observaciones en las colas.

Tercero, el método mide inadecuadamente el riesgo de los instrumentos no lineales, tales como las opciones o las hipotecas. Bajo el método delta-normal, las posiciones de opciones se representan por sus "deltas" con relación al activo subyacente. El movimiento del precio de una opción se representa por $c_1 - c_0 = \Delta(S_1 - S_0)$. Por ejemplo, con una opción de compra (call) en-el-

FIGURA 10-1 Método delta-normal.

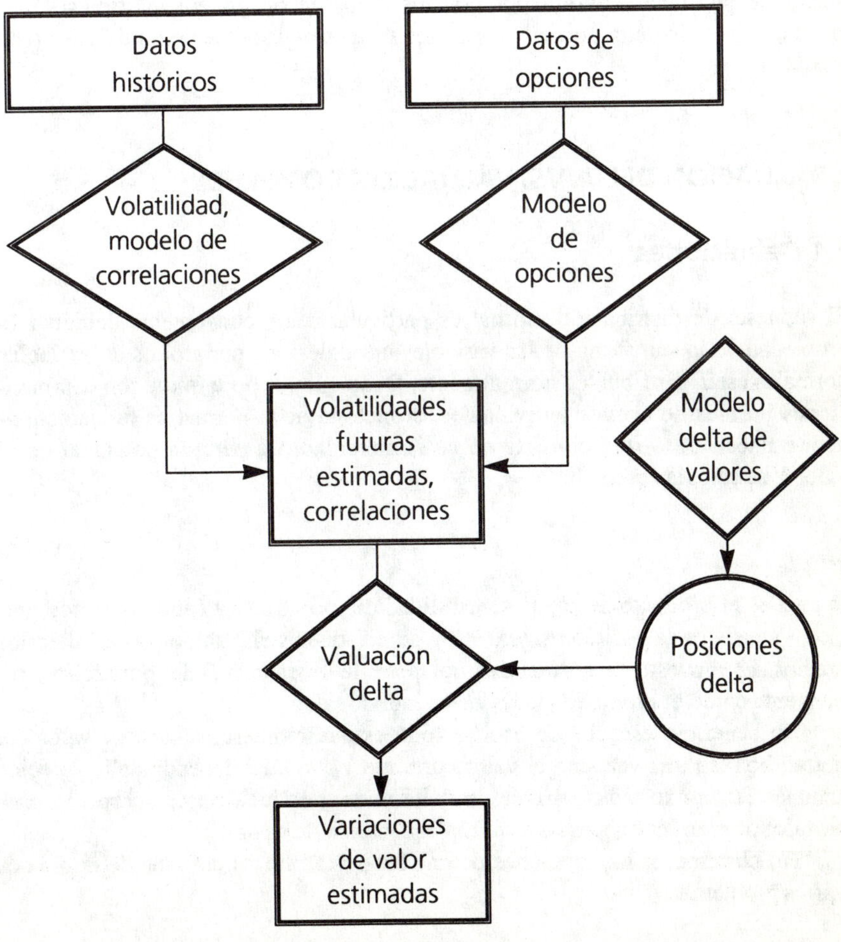

dinero, $\Delta = 0.5$ y una posición larga en la opción es reemplazada simplemente por una posición del 50 por ciento en el activo subyacente.

Desafortunadamente, los cambios en los valores de las posiciones sobre opciones dependen de los cambios en el activo subyacente, pero también en el nivel de las tasas spot.

Las opciones "en-el-dinero", por ejemplo, presentan una convexidad muy alta, lo cual se traduce en deltas inestables. En otras palabras, la aproximación lineal a los valores de la opción es válida sólo para un rango muy estrecho de precios spot subyacentes.

Para no inducir al lector a pensar que este método es inferior, demostraremos ahora que los métodos alternativos no son la panacea, porque implican un enorme salto en dificultad. El método delta-normal es computacionalmente fácil de implementar. Sólo requiere los valores de mercado y la exposición de las posiciones actuales, combinados con los datos de riesgo. En múltiples situaciones, el método delta-normal proporciona una adecuada medición del riesgo de mercado.

2 VALUACIÓN DELTA VS. VALUACIÓN COMPLETA

2.1 Definiciones

El supuesto de distribución normal es particularmente conveniente debido a la propiedad de la sumatoria de las variables normales: los portafolios de variables normales están distribuidos normalmente. Dado que los portafolios son combinaciones lineales de activos individuales, el método delta-normal es fundamentalmente lineal. Su virtud consiste en su simplicidad. La pérdida potencial en el valor V se calcula como:

$$\Delta V = \beta_0 \times S, \tag{10.3}$$

lo cual es el producto de β_0, la sensibilidad del portafolio a cambios en los precios, valuada en la posición actual V_0, y de ΔS, que es el cambio potencial en los precios. El supuesto de normalidad nos permite obtener la β del portafolio simplemente como el promedio de las betas individuales.

Un beneficio esencial de este método es que requiere calcular el valor del portafolio sólo una vez, con el valor corriente V_0, lo cual depende de los precios actuales S_0. Por lo tanto, el método delta-normal es idealmente apropiado para portafolios grandes expuestos a múltiples factores de riesgo.

No obstante, si hay opciones dentro del portafolio, el enfoque delta plantea varios problemas:

- La delta del portafolio puede cambiar muy rápido (gama alta).
- La delta del portafolio puede ser distinta para movimientos ascendentes y descendentes en los precios.
- La peor pérdida podría no ser obtenida por dos realizaciones extremas del subyacente.

Un ejemplo del último problema es el de la compra de un call y un put. El peor pago, que es la suma de las primas, se realizará si el precio subyacente no se mueve. En general, esto no es suficiente para evaluar el portafolio en los dos extremos. Todos los valores intermedios deben ser revisados.

El enfoque de valuación completa, por lo tanto, requiere obtener el valor del portafolio para diferentes niveles de precios:

$$\Delta V = V(S_1) - V(S_0), \tag{10.4}$$

lo cual, en teoría, es más correcto. Computacionalmente, este enfoque puede ser muy demandante, dado que requiere marcar a mercado todo el portafolio para un gran número de realizaciones de variables aleatorias subyacentes.

La valuación completa debe emplearse para evaluar el riesgo de los libros de operación de opciones expuestos a un número limitado de fuentes de riesgo. Por ejemplo, un portafolio complejo de opciones, todas sobre la misma divisa, puede evaluarse a través de la evaluación sistemática de las posiciones para cada valor posible del tipo de cambio. A partir de la distribución completa de los pagos potenciales, el VAR puede calcularse utilizando los percentiles observados en las distribuciones.

Para ilustrar el resultado de las exposiciones no-lineales, en las figuras 10-2 y 10-3 se compara el proceso a través del cual se obtiene la distribución de las ganancias. En ambos casos, se asume que la variable del mercado subyacente sigue una distribución normal. En la figura 10-2, los pagos son una función lineal del precio del subyacente y se muestran en el lado superior izquierdo; el precio en sí mismo está normalmente distribuido, como se ve en el panel derecho. Como resultado, la ganancia misma está normalmente distribuida, como se muestra en la parte inferior de la figura. El VAR de las ganancias puede encontrarse a partir de la exposición y del VAR del precio subyacente. Hay una relación o correspondencia de uno a uno entre ambas medidas del VAR.

En contraste, la figura 10-3 presenta la función de beneficios para un straddle corto (el ejemplo de Leeson), el cual es altamente no-lineal. La distribución de los beneficios está sesgada a la izquierda. Además, no existe una forma directa para relacionar el VAR del portafolio al VAR del activo subyacente.

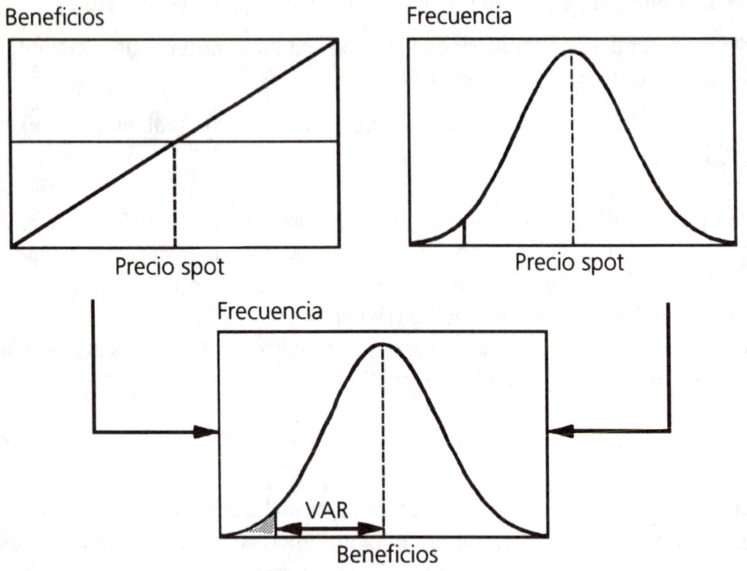

FIGURA 10-2 Distribución con exposiciones lineales.

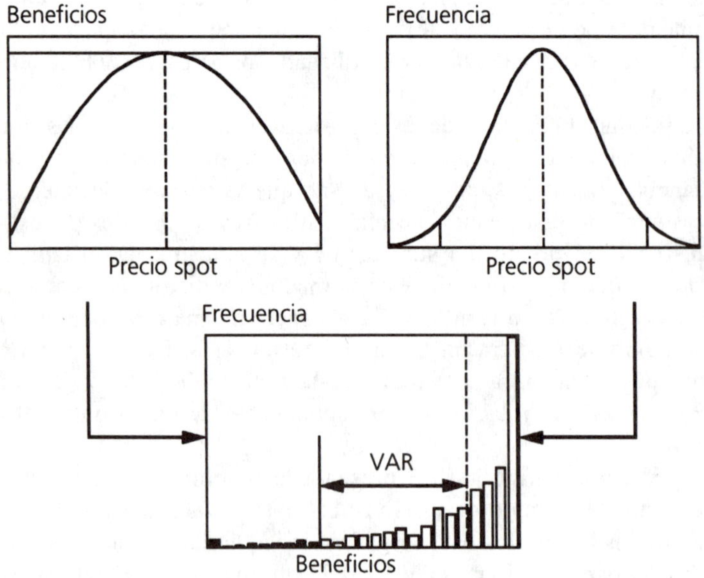

FIGURA 10-3 Distribución con exposiciones no-lineales.

2.2 Aproximaciones delta-gamma (las griegas)

El principal defecto del método delta-normal es que se pierden todos los tipos de riesgo, excepto el riesgo delta. En principio, se podrían agregar términos para incorporar los riesgos gama y vega, los cuales son términos adicionales, en la expansión de Taylor:

$$dc = \Delta dS + \frac{1}{2}\Gamma dS^2 + \Lambda d\sigma + \ldots, \tag{10.5}$$

donde Δ, Γ y Λ son valores netos para el portafolio de opciones referidas al mismo activo subyacente. De hecho, la propuesta de Basilea de 1995 recomienda: "Como mínimo, los sistemas internos de medición del riesgo deberán incorporar el comportamiento del precio de la opción a través de un enfoque de aproximación no-lineal que implique sensibilidades del factor de riesgo de orden superior (tal como la gama)".

Vamos a ilustrar el método $\Delta + \Gamma$ para una posición simple, tal como una posición larga o corta en un call o en un put. Con la aproximación delta-normal, el VAR se calcula con la ecuación (7.5):

$$\text{VAR}_1 = |\Delta|(\alpha\sigma S). \tag{10.6}$$

Utilizando términos de orden superior, el VAR puede obtenerse utilizando la ecuación 7.5, como

$$\text{VAR}_2 = |\Delta|(\alpha\sigma S) - \frac{1}{2}\Gamma(\alpha\sigma S)^2 + |\Delta|\,|Sd\sigma|. \tag{10.7}$$

Si Γ es negativa, lo cual corresponde a una posición neta corta en opciones, el segundo término resulta una adición; de otra forma, el segundo término disminuirá el VAR total. El tercer término representa una adición debida a exposición a los cambios en la volatilidad. Si la posición neta tiene una Λ positiva, $d\sigma$ representa un movimiento adverso (decrecimiento) en la volatilidad en el nivel de confianza c; por otro lado, las posiciones con Λ negativa, como las posiciones cortas en opciones, serán afectadas por incrementos en la volatilidad.

Desafortunadamente, tan pronto como se pierde la linealidad, la distribución de cambios en el valor V del portafolio llega a ser muy compleja y, en general, no puede relacionarse al VAR del activo subyacente. En el caso del straddle corto de Leeson, por ejemplo, las peores pérdidas se obtienen tanto por movimientos ascendentes como por movimientos descendentes en el subyacente. Esta es la razón por la cual tuvimos que recurrir a simulaciones numéricas para obtener el VAR de Leeson.

Un posible atajo se presenta en la ecuación (7.25), donde el VAR de la posición de opciones se obtuvo asumiendo que dS y dS^2 están distribuidas normalmente. Sin embargo, la calidad de esta aproximación en situaciones reales es todavía un asunto pendiente.

En teoría, el método $\Delta + \Gamma$ podría ser generalizado a múltiples fuentes de riesgo. En una estructura de múltiples variables, la expansión de Taylor es

$$dP(S) - \Delta' \mathbf{dS} + \frac{1}{2} (\mathbf{dS})' \Gamma (\mathbf{dS}) + \dots , \qquad (10.8)$$

donde $\mathbf{dS}$ es ahora un vector de N cambios en los precios de mercado, Δ es un vector de N posiciones y Γ es una matriz de $N \times N$ de gamas con respecto a los diversos factores de riesgo.

Un enfoque para encontrar el VAR del portafolio consiste en realizar simulaciones de movimientos en los precios de mercado dS. Por ejemplo, un número importante de realizaciones puede ser diseñado a partir de la distribución

$$dS \sim N(0, \Sigma), \qquad (10.9)$$

donde Σ es la matriz de covarianzas de los cambios en los precios. Aún más, en términos generales, la distribución no requiere ser normal. Para cada realización, el valor del portafolio se obtiene de acuerdo con la ecuación (10.8). Observe que sigue siendo un método de valuación local, dado que el portafolio es valuado completamente sólo en el punto inicial V_0. El VAR puede encontrarse entonces a partir de la distribución empírica del valor del portafolio.

Desafortunadamente, el método $\Delta + \Gamma$ no es práctico con múltiples fuentes de riesgo, dado que la cantidad de datos requeridos se incrementa geométricamente. Por ejemplo, con $N = 100$, requerimos 100 estimaciones de Δ, 5,050 estimaciones para la matriz de covarianzas Σ y 5,050 adicionales para la matriz Γ, lo cual incluye las segundas derivadas de cada posición con respecto a cada fuente de riesgo. Para tales portafolios, el método Monte Carlo completo proporciona una ruta más directa para la medición del VAR.

2.3 Comparación de métodos

En resumen, cada uno de estos métodos está mejor adaptado a un ambiente diferente:

- Para portafolios grandes, donde la opcionalidad no es un factor dominante, el método delta-normal proporciona un método rápido y eficiente para medir el VAR.
- Para portafolios expuestos a pocas fuentes de riesgo y con componentes opcionales sustanciales, el método de "las griegas" proporciona una mejor precisión a un bajo costo computacional.

- Para portafolios con componentes opcionales importantes (como hipotecas), se requiere un método de valuación completa, como la simulación Monte Carlo.

Debe resaltarse que la dicotomía lineal/no-lineal también tiene implicaciones para la elección del horizonte de tiempo sobre el cual se calcula el VAR. Como se vio en el capítulo 4, con modelos lineales, el VAR diario puede ser ajustado fácilmente a otros períodos, simplemente escalando a través de una raíz cuadrada del factor tiempo. Este ajuste asume que la posición es constante y que los rendimientos diarios son independientes e idénticamente distribuidos.

No obstante, este ajuste de tiempo no es válido para posiciones en opciones. Dado que las opciones pueden replicarse cambiando dinámicamente las posiciones en los activos subyacentes, el riesgo de las posiciones en opciones puede diferir dramáticamente de la medición ajustada del riesgo diario. Por lo tanto, *los ajustes de la volatilidad diaria para horizontes más prolongados, utilizando la raíz cuadrada del factor tiempo, son válidos sólo cuando las posiciones son constantes y cuando la opcionalidad en el portafolio es insignificante.* Para portafolios con posiciones en opciones importantes, debe implementarse el método de valuación completa sobre el horizonte deseado, en lugar de ajustar sobre una medida diaria del VAR.

3 MÉTODO DE SIMULACIÓN HISTÓRICA

El método de simulación histórica proporciona una implementación directa de valuación completa (ver la figura 10-4). Consiste en regresar en el tiempo, por ejemplo a los últimos 90 días, y aplicar ponderaciones actuales a una serie de tiempo de rendimientos históricos del activo.

$$R_{p,\tau} = \sum_{i=1}^{N} w_{i,t} R_{i,\tau}, \qquad \tau = 1,\ldots, t. \tag{10.10}$$

Observe que las ponderaciones w_t se mantienen en sus valores actuales. Este rendimiento no representa un portafolio real, pero reconstruye bastante la historia de un portafolio hipotético, utilizando la posición corriente.

De forma más general, la valuación completa puede requerir un conjunto completo de precios, tales como curvas de rendimiento, en lugar de sólo los rendimientos. Los precios futuros hipotéticos para el escenario t se obtienen aplicando cambios históricos en los precios, al nivel actual de precios:

$$P^*_{i,\tau} = P_{i,0} + \Delta P_{i,\tau}, \qquad i = 1,\ldots, N. \tag{10.11}$$

FIGURA 10-4 Método de simulación histórica.

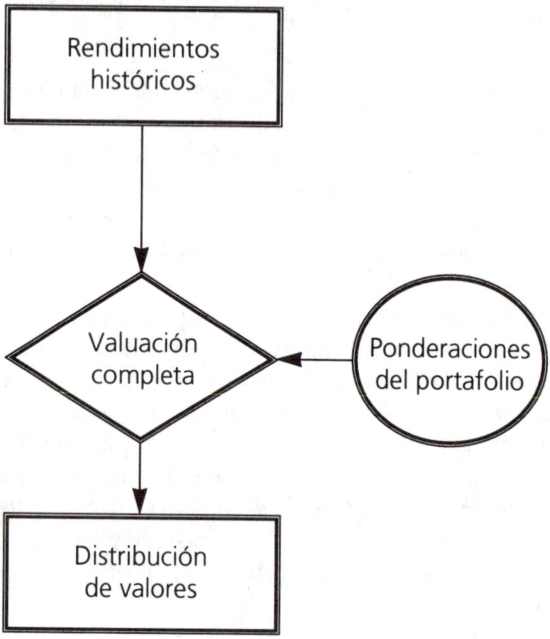

Luego, se obtiene un nuevo valor del portafolio $P^*_{p,\tau}$ con el conjunto completo de precios hipotéticos, quizás incorporando relaciones no lineales. Debemos observar que, para capturar el riesgo vega, el conjunto de precios puede incorporar mediciones de volatilidades implícitas. Esto genera el rendimiento hipotético correspondiente a la observación τ:

$$R_{p,\tau} = (P^*_{p,\tau} - P_{p,0}) \,/\, P_{p,0}. \tag{10.12}$$

El valor en riesgo se obtiene entonces a partir de la distribución completa de los rendimientos hipotéticos. Alternativamente, podría asumirse normalidad y confiar en la varianza para obtener el VAR. Como se vio en el capítulo 5, al suavizar la distribución utilizando una aproximación normal, se reduce el efecto de la irregularidad en la distribución, debido a variaciones en la muestra. Esto proporciona estimaciones más precisas del VAR, mientras la distribución real no difiera demasiado de la normal.

Este método es relativamente simple de implementar, si los datos históricos han sido registrados internamente a partir de valuaciones diarias a mercado.

Los mismos datos pueden ser entonces archivados para su reutilización posterior en la estimación del VAR. Como siempre, la elección del período muestral refleja un balance entre el uso de tamaños muestrales más largos y más cortos. Los intervalos más grandes incrementan la precisión de la estimación, pero podrían utilizar datos irrelevantes, omitiendo por lo tanto importantes cambios en el proceso subyacente.

El método también tiene que ver directamente con la elección del horizonte de tiempo para la obtención del VAR. Los rendimientos son simplemente medidos sobre intervalos que corresponden a la longitud del horizonte. Por ejemplo, para obtener un VAR mensual, el usuario reconstruirá los rendimientos históricos mensuales del portafolio para, digamos, los últimos cinco años.

Basándose en los precios observados, el método permite no linealidades y distribuciones no normales. La valuación completa se obtiene de la forma más simple: a partir de datos históricos. El método captura los riesgos gama y vega y las correlaciones. No se fundamenta en supuestos específicos acerca de los mo-delos de valuación o de la estructura estocástica del mercado subyacente. Cuantifica las "colas anchas" y, dado que no se basa en modelos de valuación, no está propenso al riesgo de modelo. El método es robusto e intuitivo y, como tal, constituye la base para las propuestas de Basilea de 1993 sobre riesgos de mercado.

Por otro lado, el método de simulación histórica está sujeto a cierto número de críticas. Sólo se utiliza un patrón muestral. El supuesto es que el pasado representa acertadamente el futuro inmediato. Y, como lo demostramos en el capítulo 9, el riesgo contiene una significativa y predecible variación en el tiempo. El método de simulación histórica omitirá situaciones con volatilidad temporalmente elevada.

Además, la calidad de los resultados depende críticamente de la longitud del período histórico. Como se señaló en el capítulo 5, el VAR es sólo un estimado estadístico y puede estar sujeto a un gran error de estimación, si el tamaño de muestra es muy corto.

Este enfoque también está sujeto a las mismas críticas que la estimación de las varianzas con promedios móviles. El método fija la misma ponderación en todas las observaciones contenidas en la muestra, incluyendo los puntos de datos antiguos. La medida del riesgo puede cambiar significativamente después de que una observación antigua ha sido desechada de la muestra.

Una última desventaja es que el método se vuelve rápidamente incómodo para portafolios grandes con estructuras complicadas. En la práctica, los usuarios adoptan simplificaciones tales como agrupar los saldos de la tasa de interés en bandas, lo cual incrementa considerablemente la velocidad de cómputo. Los reguladores también han adoptado este enfoque de "cubeo". Pero si se hacen demasiadas simplificaciones, como reemplazar los activos por sus equivalentes delta, pueden perderse los beneficios de la valuación completa.

4 PRUEBA DE ESTRÉS

Las pruebas de estrés adopta un enfoque completamente opuesto al método de simulación histórica. Este método, denominado algunas veces como *análisis de escenario*, examina el efecto de grandes movimientos simulados en variables financieras clave sobre el portafolio. Consiste en escenarios de interés especificados de manera subjetiva, para determinar los posibles cambios en el valor del portafolio.

Por ejemplo, podría especificarse un escenario donde la curva de rendimiento se desplaza hacia arriba 100 puntos base (pb) en un mes o un escenario de un día ruinoso, donde una divisa se devalúa repentinamente 30 por ciento. Estos son escenarios típicos utilizados por el enfoque de la administración tradicional de activos y pasivos (ALM). Las directrices específicas del Derivatives Policy Group incluyen:

- La curva de rendimiento intertemporal se desplaza ± 100 pb de forma paralela
- La curva de rendimiento intertemporal fluctúa ± 25 pb
- El valor del índice accionario cambia ± 10 por ciento
- Las divisas se mueven ± 6 por ciento
- Las volatilidades cambian ± 20 por ciento respecto de los valores actuales

La utilidad de estas directrices depende de que representen adecuadamente los movimientos típicos del mercado. Si las tasas de interés se mueven comúnmente más de 100 pb en el período de interés, tales pruebas de estrés no serán efectivas para la identificación de pérdidas potenciales.

Todos los activos del portafolio son revaluados utilizando el nuevo entorno, y el rendimiento del portafolio se deriva del componente hipotético $R_{i,s}$ bajo el nuevo escenario s:

$$R_{p,s} = \sum_{i=1}^{N} w_{i,t} R_{i,s}. \tag{10.13}$$

Muchos ejercicios como éste generan varios valores de $R_{p,s}$. Al especificar una probabilidad ps para cada escenario s, se crea una distribución de los rendimientos del portafolio, con los cuales se puede obtener el VAR. La figura 10-5 detalla los pasos que se deben seguir bajo este enfoque.

La ventaja de este método es que puede cubrir situaciones completamente ajenas a los datos históricos. En el verano de 1992, por ejemplo, habría sido útil determinar el efecto de una realineación en el Sistema Monetario Europeo. De hecho, el marco alemán se movió abruptamente de 760 a 880 liras en septiembre de 1992. Dado que la lira había estado fija al marco y estable durante los dos años previos, las volatilidades históricas habían omitido por completo la posibilidad de una devaluación. Esta es la razón por la cual el método es uno de los recomendados por el dictamen del G-30 para proporcionar un análisis de sensibilidad de los resultados (recomendación 6). La prueba de estrés obliga a la administración a considerar eventos que de otra forma podría ignorar.

No obstante, la prueba de estrés está pobremente adaptada para la medición del VAR en el mismo sentido científico que otros métodos. El método es completamente subjetivo. Escenarios malos o poco probables conducirán a medidas equivocadas del VAR. La historia de algunas empresas ha demostrado que la gente puede ser muy ineficiente para predecir situaciones extremas.

Además, la elección de escenarios puede ser afectada por la propia posición del portafolio. En un primer mes, el portafolio puede invertirse en un mercado nacional de renta fija. Para el mes siguiente, el portafolio puede invertirse principalmente en divisas. Si los escenarios cambian en el tiempo, las medidas de riesgo pueden cambiar a su vez sólo a causa de estas variaciones. Asimismo, la prueba de estrés no especifica la probabilidad de situaciones del peor caso po-

FIGURA 10-5 Método de pruebas de estrés.

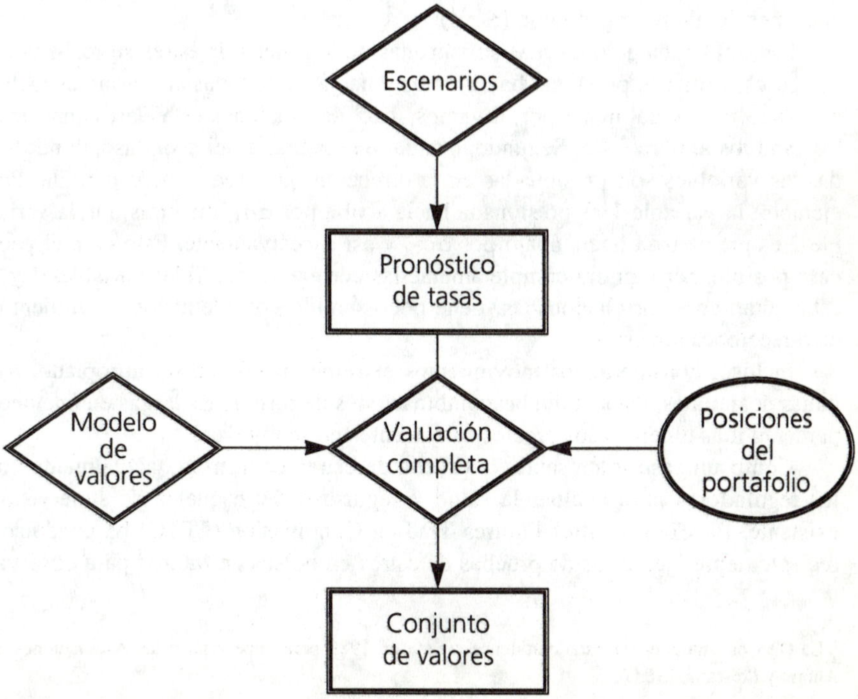

sible. El riesgo esperado debería ser una función no sólo de las pérdidas, sino también de la probabilidad de ocurrencia de dichas pérdidas.

La crítica más condenatoria de la prueba de estrés es que maneja pobremente las correlaciones, lo cual, según hemos mostrado, es un componente esencial para cuantificar el riesgo de un portafolio. Típicamente, la prueba de estrés examina el efecto de un movimiento grande en una variable financiera a la vez, o quizás sólo unas pocas. Como el escenario previo se fundamentó en un pronóstico educado, podría conjeturarse que, si el banco central italiano deja flotar la lira, las tasas de corto plazo podrían descender de la misma forma y el mercado accionario subir. Tras el efecto sobre las tasas de interés italianas y los precios accionarios, no es fácil generar escenarios probables para otras variables financieras. Por lo tanto, la prueba de estrés no está bien ajustada para portafolios grandes y complejos.

No obstante, este método puede ser apropiado en situaciones donde el portafolio depende principalmente de una fuente de riesgo. La Office of Thrift Supervisions (OTS), por ejemplo, utiliza el análisis de escenario para determinar el riesgo de mercado de las asociaciones de ahorro.[1] La OTS requiere que las instituciones estimen lo que podría suceder a su valor económico, bajo desplazamientos paralelos en la curva de rendimiento, que varíen de 2400 a 1400 puntos base. La OTS ha impuesto recientemente un requerimiento de capital basado en el riesgo, directamente vinculado a la exposición a la tasa de interés de las asociaciones de ahorro y préstamo (S&L).

Las implementaciones más sofisticadas de la prueba de estrés se realizan en dos pasos. Primero, presionar hacia arriba y hacia abajo todas las variables factor de riesgo individualmente por, digamos, 1.65 desviaciones estándar; cuantificar los cambios al portafolio. Segundo, evaluar un escenario del peor caso, donde todas las variables son presionadas en la dirección que crea la peor pérdida. Por ejemplo, la variable 1 es presionada hacia arriba por $\alpha\sigma_1$, mientras que la variable 2 es presionada hacia abajo por $\alpha\sigma_2$, y así sucesivamente. Esto crea el peor caso posible, pero ignora completamente las correlaciones. Si las variables 1 y 2 están altamente correlacionadas, tiene poco sentido considerar los movimientos en direcciones opuestas.

Incluso, considerar los movimientos extremos puede no ser apropiado. Algunas posiciones, tales como las combinaciones de posiciones largas en opciones perderán más dinero si los precios subyacentes no se mueven.

Como un caso interesante, la prueba de estrés es utilizada actualmente por los reguladores para evaluar la salud y seguridad del esquema de supervisión existente. La Commodities Futures Trading Commission (CFTC) ha conducido recientemente ejercicios de pruebas de estrés en bolsas de futuros para observar

[1] La OTS es una agencia estadounidense creada en 1989 para supervisar a las Asociaciones de Ahorro y Préstamo (S&L).

cómo se manejaría un incumplimiento de $100 millones de dólares. El ejercicio reveló algunos defectos en el sistema existente, y las regulaciones han sido ajustadas en consecuencia.

Después de todo, las pruebas de estrés deberían ser consideradas como un complemento más que como un sustituto de otras formas de medición del VAR. Las pruebas de estrés son útiles para evaluar el efecto del peor caso de movimientos grandes en las variables clave. Esto es parecido a trazar unos pocos puntos sobre las colas extremas: información útil, pero sólo después de que el riesgo de la distribución ha sido especificado.

5 MONTE CARLO ESTRUCTURADO

En contraste con el análisis de escenario, las simulaciones Monte Carlo estructuradas (MCE), cubren un extenso rango de valores posibles en las variables financieras y consideran completamente las correlaciones. El MCE será desarrollado con más detalle en un capítulo posterior. En breve, el método consta de dos pasos. Primero, el administrador del riesgo especifica un proceso estocástico para variables financieras, así como los parámetros del proceso; los parámetros como el riesgo y las correlaciones pueden derivarse de datos históricos o implícitos en opciones. Segundo, se simulan senderos de precios ficticios para todas las variables de interés. En cada horizonte considerado, que puede ir de un día a muchos meses, el portafolio es valuado a mercado utilizando una valuación completa. Cada una de estas "pseudo" realizaciones es utilizada para compilar una distribución de rendimientos, con la cual puede obtenerse un VAR. El método se resume en la figura 10-6.

El método Monte Carlo es similar al método de simulación histórica, la diferencia es que los cambios hipotéticos en los precios ΔP_i para el activo i en la ecuación (10.11) se crean por diseños aleatorios a partir de un proceso estocástico.

El análisis Monte Carlo es, por mucho, el método más poderoso para cuantificar el valor en riesgo. Puede considerar un amplio rango de riesgos, incluyendo el riesgo precio no-lineal, el riesgo de volatilidad e incluso el riesgo de modelo. Puede incorporar variaciones en el tiempo en la volatilidad, colas amplias y escenarios extremos.

El defecto más grande de este método es su costo computacional. Si se generan 1,000 senderos de muestra con un portafolio de 1,000 activos, el número total de valuaciones suma 1 millón. Cuando la valuación completa de los activos es compleja, la implementación de este método se vuelve rápidamente demasiado onerosa para una base frecuente.

Este método es el más caro de implementar en términos de infraestructura de sistemas y desarrollo intelectual. No obstante, cuando la institución ya cuenta con un sistema para modelar estructuras complejas utilizando simulaciones, la implementación del MCE es menos costosa porque ya se tiene la experiencia requerida. Además, estas son situaciones donde es absolutamente necesaria una apropiada administración del riesgo de posiciones complejas.

FIGURA 10-6 Método Monte Carlo.

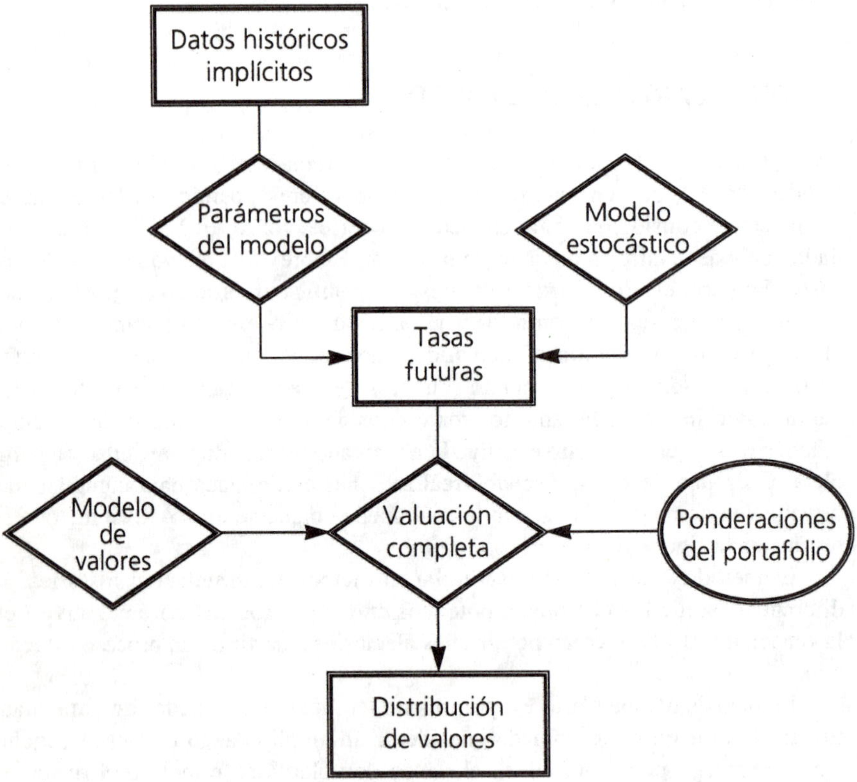

De lo contrario, el desarrollo del método MCE a partir de cero es relativamente oneroso, a pesar de la rápida disminución de los precios del hardware. Entonces, quizás debería ser comprado a vendedores externos.

Otra desventaja potencial del método es que se fundamenta en un modelo estocástico específico para los factores de riesgo subyacentes, así como en modelos de valuación para valores, tales como las opciones o las hipotecas.

Por lo tanto, está sujeto al riesgo de que los modelos estén equivocados. Para verificar si los resultados son robustos a los cambios en el modelo, los resultados de la simulación deberían ser complementados por algún análisis de sensibilidad.

Después de todo, este método es probablemente el enfoque más completo para la medición del riesgo de mercado, si la modelación se hace correctamente. Hasta cierto punto, el método puede manejar incluso riesgos crédito. Esta es la razón por la cual se dedica un capítulo completo a la implementación del método Monte Carlo estructurado.

6 RESUMEN

Podemos distinguir cuatro métodos distintos para la medición del VAR. En el nivel más fundamental, se dividen en valuación delta (o lineal) y valuación completa. Esta separación refleja un balance entre el manejo de correlaciones, las cuales se manejan más fácilmente en una estructura lineal, que en una relación no lineal.

Los modelos delta pueden utilizar parámetros basados en datos históricos, como los implementados por el RiskMetrics, o en datos implícitos, donde las volatilidades se derivan del precio de las opciones. Ambos métodos generan una matriz de covarianzas, a la cual se aplican las "delta" o posiciones lineales para encontrar el VAR del portafolio. Entre los modelos de valuación completa, la simulación histórica es la más fácil de implementar. Se fundamenta simplemente en datos históricos para la valuación de valores, pero aplica la misma ponderación a datos actuales que a los precios históricos. El tercer modelo es el enfoque de escenario o de prueba de estrés, el cual se fundamenta en datos históricos, en pronósticos educados o en ambos. Finalmente, el modelo más completo, pero al mismo tiempo, el más difícil de implementar, es el enfoque del "Monte Carlo estructurado", el cual impone un proceso estocástico particular sobre las variables financieras de interés, a partir de las cuales se simulan varios senderos muestrales. La valuación completa para cada sendero muestral genera una distribución sobre los valores del portafolio.

En la tabla 10-1 se describe los pros y los contras de cada método. La elección del método depende ampliamente de la composición del portafolio. Para portafolios sin opciones, el método delta-normal bien puede ser la mejor elección. El VAR es relativamente fácil de cuantificar y no es muy propenso al riesgo de modelo (ocasionado por supuestos o cómputos defectuosos). El VAR resultante es fácil de explicar a la administración y al público. No obstante, el método no es apropiado para portafolios que contengan posiciones sobre opciones. En su lugar, los usuarios deberán regresar a las simulaciones históricas o a las simulaciones Monte Carlo.

TABLA 10-1 Comparación de métodos para cuantificar el VAR.

	Delta normal	*Simulación histórica*	*Escenarios*	
			Prueba de estrés	*Monte Carlo*
Posición				
Valuación	Lineal	Completa	Completa	Completa
Activos no-lineales	No	Sí	Sí	Sí
Distribución				
Histórica	Normal	Real	Subjetiva	Completa
Variaciones en el tiempo	Sí	No	Subjetiva	Sí
Implícita	Posible	No	Posible	Sí
Mercado				
Distribución no-normal	No	Sí	Sí	Sí
Medida de eventos extremos	Un poco	Un poco	Sí	Posible
Uso de correlaciones	Sí	Sí	No	Sí
Implementación				
Evita el riesgo de modelo	Un poco	Sí	No	No
Fácil de computar	Sí	Un poco	Un poco	No
Comunicación	Fácil	Fácil	Buena	Difícil
Peligros principales	No-linealidades, eventos extremos	Variación en tiempo, eventos extremos	Conjetura equivocada, correlaciones	Riesgo de modelo

El segundo método, la simulación histórica, también es relativamente fácil de implementar y utiliza una valuación completa y real de todos los valores. Sin embargo, no puede considerar la variación del tiempo en el riesgo y, como el modelo delta-normal, puede quedarse corto para eventos extremos.

El método de prueba de estrés permite a los usuarios establecer el efecto de escenarios de "día ruinoso". Considera posiciones no lineales y es relativamente fácil implementarlo y comunicarlo. Por otro lado, la prueba de estrés se enfoca usualmente sólo en una variable e ignora las correlaciones. También es altamente subjetivo, dado que el producto depende directamente del insumo: escenario equivocado, valor en riesgo equivocado.

En teoría, el enfoque Monte Carlo puede aliviar todas estas dificultades técnicas. Puede incorporar posiciones no lineales, distribuciones no normales, parámetros implícitos e incluso, escenarios definidos por el usuario. No obstante, el precio a pagar por esta flexibilidad es muy grande. Los requerimientos de cómputo y datos están verdaderamente muy lejos de los otros dos enfoques, el riesgo de modelo cobra mucha importancia y el valor en riesgo pierde su faceta intuitiva.

Todos estos métodos presentan algunas ventajas. También están relacionados. El análisis Monte Carlo de posiciones simples con rendimientos normales, por ejemplo debe generar el mismo resultado que el método delta-normal. Tal vez la mejor lección de este capítulo es verificar las medidas del VAR con diferentes metodologías y analizar entonces las fuentes de las diferencias.

CAPÍTULO 11

LA IMPLEMENTACIÓN DEL VAR DELTA-NORMAL

El segundo [principio], para dividir cada una de las dificultades sujetas a análisis en tantas partes como sea posible, y como pueda requerirse para su solución adecuada.

René Descartes

Entre varios enfoques para la medición del VAR, el método delta-normal parece ser el más fácil de implementar. Dado que el método supone linealidad, lo único que se requiere es la combinación de las posiciones del portafolio y la matriz de varianza y covarianza. El principio básico en el VAR delta-normal se presenta en la sección 1.

En este capítulo se repasa varios ejemplos de VAR, los cuales se presentan en un orden creciente de complejidad. En la sección 2 se muestra cómo determinar el valor en riesgo para una empresa multinacional con flujos de efectivo en distintas divisas. En este ejemplo, todas las posiciones corresponden a factores de riesgo. No obstante, en general este no es el caso, dado que la matriz de co-varianza se simplifica hasta un conjunto limitado de factores "primitivos" de riesgo. En la sección 3 se explica cómo elegir un conjunto de factores como el mencionado.

Procedemos entonces a ilustrar los casos donde los valores son desagregados en sus componentes constitutivos. En las secciones 4 y 5 se explica cómo descomponer instrumentos de renta fija y derivados en posiciones de flujos de efectivo que asignamos a varios factores de riesgo. Este enfoque es comparable al método de duración. Por último, en la sección 6 se presentan varios métodos para medir los riesgos sobre acciones.

1 PANORAMA GENERAL

En la figura 11-1 se describe una implementación típica del método delta-normal. El primer componente lo proporciona un sistema de alimentación de datos, tal como el sistema RiskMetrics actualmente disponible en Internet. El segundo

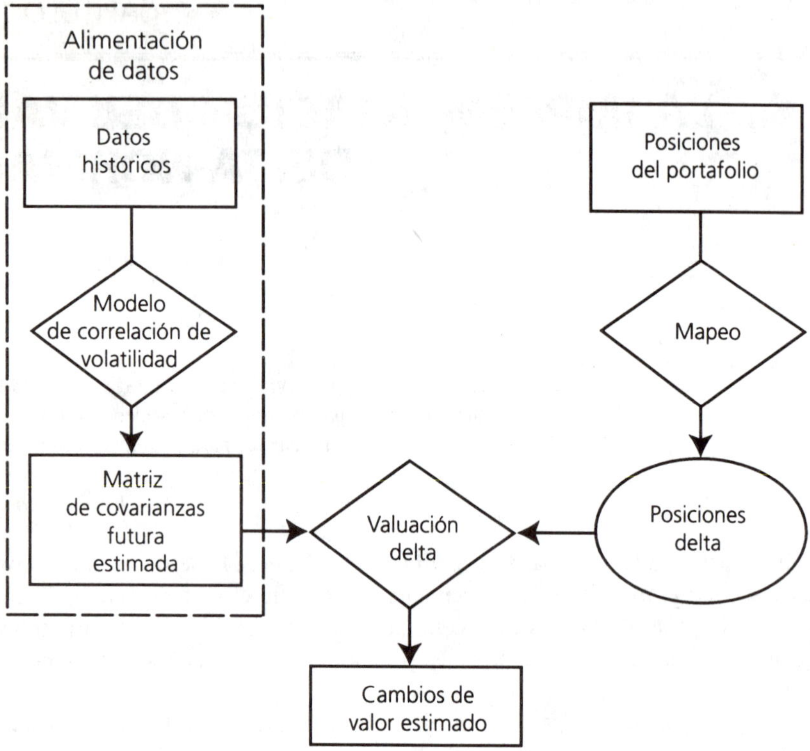

FIGURA 11-1 Implementación del método delta-normal.
Alimentación de datos

componente es de origen local y consiste en un "sistema de mapeo" que transforma las posiciones del portafolio en ponderaciones sobre cada uno de los valores para los cuales se mide el riesgo. El cambio estimado en el valor, o VAR, resulta de la combinación de estos dos componentes.

Hasta ahora, hemos supuesto que para todos los valores contenidos en el portafolio, se dispone de datos sobre riesgo y correlaciones. Con excepción de los portafolios más simples, este método no es práctico. Con decenas de miles de acciones y bonos en circulación, y una variedad casi infinita de derivados, no existe forma de cubrir el universo existente de valores.

Es igualmente importante resaltar que, ni aun la historia completa de todos los valores sería relevante. Las características de riesgo de los bonos, por ejemplo, cambian a medida que los bonos se van acercando a su vencimiento. El riesgo de las opciones depende del precio corriente del activo subyacente. Por lo tanto, la historia pasada podría no ser una guía útil para riesgos futuros.

Esta es la razón por la cual el riesgo se mide típicamente para un conjunto de factores "primitivos", tales como divisas, bonos cupón cero, mercados accionarios nacionales y mercancías. Para los portafolios invertidos sólo en estos factores primitivos, el VAR puede calcularse directamente a partir de la matriz de covarianza de los factores y del vector de posiciones.

En la mayoría de los casos, los portafolios también contienen activos más complejos. En este capítulo se muestra cómo descomponer los valores en sus componentes constitutivos con posiciones delta x alineadas en relación con cada uno de los factores primitivos de riesgo. Una vez que se obtienen éstos, se puede calcular el VAR del portafolio a partir de la matriz de covarianza para el horizonte objetivo Σ y el número de desviaciones estándar correspondientes al nivel de confianza especificado:

$$\text{Valor en riesgo} = \sqrt{\alpha x'\Sigma x}. \tag{11.1}$$

Por ejemplo, se establece α en 1.65 para un nivel de una cola al 95 por ciento. Alternativamente, la matriz de covarianza se presenta algunas veces en términos de la matriz de correlaciones R, y volatilidades individuales σ, $\Sigma = S'RS$, donde S es una matriz con las volatilidades sobre su diagonal y ceros. Si el factor de "riesgo" es medido directamente como el vector $V = (\alpha\sigma)$, el

$$\text{Valor en riesgo} = \sqrt{x'\alpha S'RS\alpha x} = \sqrt{(x \times V)'R(x \times V)}. \tag{11.2}$$

Dado que el sistema RiskMetrics proporciona estimaciones de V y de R, el VAR de un portafolio puede obtenerse multiplicando, primero, cada posición x por el riesgo asociado y, segundo, pre y post multiplicando la matriz de correlación R.

2 APLICACIÓN A DIVISAS

El VAR puede utilizarse para determinar la exposición a los riesgos financieros tales como los riesgos cambiarios. Como ejemplo, consideremos el caso de un fabricante de automóviles estadounidense con ventas anuales de $52 mil millones. La empresa tiene plantas de ensamblaje en Canadá, que anualmente exporta vehículos por un valor de $9.2 mil millones a los Estados Unidos. Las exportaciones directas de los Estados Unidos a Alemania suman $1.4 mil millones y a Japón $1.3 mil millones.

Concentrándonos solamente en los tipos de cambio, la pregunta es ¿cuál es el VAR de los flujos de efectivo de la empresa para un horizonte mensual? La exposición de la empresa se deriva de la denominación de sus costos y sus ingresos en divisas. Simplificando hasta el extremo, podèmos traducir los flujos anuales de efectivo en números mensuales: −$767 millones en dólares canadienses, $117 millones en marcos alemanes y $108 millones en yenes.

TABLA 11-1 Cuantificación del VAR de flujos de efectivo multinacionales (VAR mensual en un nivel de 95%)

	Riesgo (%)	*Correlaciones* (*R*)			*Flujo de efectivo*
	$V = \alpha\sigma$	*C$*	*DM*	*YJP*	*X*
C$	2.747	1	−0.208	−0.216	−767
DM	6.220	−0.208	1	0.787	117
YJP	8.046	−0.216	0.787	1	108

	VAR total		*VAR incremental*	
	$(V'RV)x$	$x(V'RV)x$	β	$\beta x VAR$
C$	−0.6717	514.97	−0.00082	$18.0
DM	1.1505	134.23	0.00141	$4.7
YJP	1.5269	165.41	0.00187	$5.8
Total:		814.61		$28.5

En la tabla 11-1 se muestra el riesgo y la correlación de estas tres divisas. La volatilidad del marco (DM) y del yen (YJP) son más de dos veces la del dólar canadiense (C$). Además, estas dos divisas están altamente correlacionadas entre sí. A modo de contraste, el dólar canadiense presenta una correlación negativa con las otras dos divisas.

El panel inferior de la tabla muestra el cálculo del VAR considerando los flujos totales de efectivo. La primera columna muestra el vector resultante del producto $(V'RV)x$; la segunda columna multiplica cada elemento de la primera columna por el flujo de efectivo correspondiente. La suma de la segunda columna genera el VAR total, el cual es de $28.5 millones sobre un horizonte mensual bajo un nivel de confianza del 95 por ciento. Por lo tanto, bajo condiciones normales de mercado, la empresa podría perder hasta $28.5 millones debido a movimientos desfavorables en los tipos de cambio.

Los cálculos del VAR incremental se muestran en las últimas dos columnas. Primero necesitamos obtener la β_i de cada flujo de efectivo, el cual se obtiene dividiendo cada elemento de la primer columna por el VAR total al cuadrado (es decir, $-0.6717/814.61 = -0.00082$). Como vimos en el capítulo de riesgo sobre portafolios, la contribución marginal al riesgo de portafolio es ($\beta_i \times x_i \times$ VAR). Esto representa la proporción del VAR total debido a la posición x_i en la divisa i. Por construcción, esto suma el VAR total.

El VAR incremental para la posición en dólares canadienses es de $18.0 millones, contra $4.7 y $5.8 para el marco y para el yen respectivamente. Esto es mucho más alto para la primera divisa porque la posición es mayor, aun cuando el dólar canadiense es menos volátil que los otros. Debemos hacer notar que la correlación negativa indica que los mejores beneficios de la diversificación se obtendrán con posiciones de signos semejantes en dólares canadienses y en las otras divisas. Desafortunadamente, este no es el caso. La subcontratación se realiza en dólares canadienses y los ingresos se obtienen en otras divisas. Los signos de estos flujos incrementan el VAR total del flujo de efectivo.

En general, con relación a las ganancias totales anuales de la empresa de $5.8 mil millones, el riesgo de pérdidas ocasionadas por los tipos de cambio es pequeño. Otras empresas no son tan afortunadas. Toyota, por ejemplo, vende el 49 por ciento de sus vehículos fuera de Japón, aunque sólo produce el 20 por ciento fuera del país. Como resultado, para cada caída de Y1 en la tasa yen/dólar, las ganancias de la empresa disminuyen $100 millones. La exposición a los tipos de cambio ha tenido un efecto significativo en el renglón de los resultados de Toyota.

Este tipo de información es esencial para decidir si debe o no cubrirse la posición. La cobertura puede lograrse con instrumentos financieros o, en el largo plazo, alterando las estrategias de mercado o intercambiando la producción y la subcontratación entre países. Por lo tanto, el VAR es un primer paso esencial hacia un sistema informado de administración del riesgo.

El siguiente paso lógico en la administración de riesgos es la medición de los riesgos económicos debidos a las variables financieras, no sólo los riesgos de los flujos de efectivo. Esto es mucho más complejo por varias razones. Primero, el análisis previo asume que las cantidades no cambian con los precios. En la práctica, el cambio de precios en las divisas puede afectar la demanda y por lo tanto, los ingresos totales. Segundo, la divisa de denominación no es necesariamente la misma que la divisa de determinación. Por ejemplo, el precio de las partes utilizadas para la construcción en Canadá podría fluctuar junto con el dólar estadounidense, aun cuando los precios están facturados en dólares canadienses. Tercero, y más común, aun las operaciones domésticas podrían ser afectadas por los tipos de cambio. El resurgimiento de los fabricantes de automóviles norteamericanos puede atribuirse en parte a la sostenida apreciación del yen, la cual ha hecho más caros los automóviles japoneses en América. Determinar si estos riesgos financieros deben o no ser cubiertos es un asunto todavía más complejo. Aun así, las empresas y sus accionistas deberían estar conscientes de su exposición a los riesgos financieros.

3 ELECCIÓN DE VALORES PRIMITIVOS

El ejemplo anterior es directo porque las divisas son factores básicos de riesgo. En general, los portafolios deben reducirse a posiciones sobre un conjunto "primitivo" de valores. En un amplio sentido, la elección de estos factores primitivos de riesgo es arbitraria. Más factores conducen a una medición de riesgo más estrecha. Sin embargo, se presenta el caso en el cual una mejora marginal podría no justificar el costo y la complejidad adicional.

En el mercado de bonos, por ejemplo, un modelo de un factor puede proporcionar una buena primera aproximación al riesgo para algunos portafolios. Para más precisión, deben añadirse más factores. La necesidad de cobertura adicional depende de la complejidad de la exposición al riesgo financiero. Los portafolios simples pueden describirse adecuadamente a través de un solo factor de tasa de interés. Las posiciones más complejas, tales como las de los operadores de valores gubernamentales, deberían considerar cada cambio y forma de la curva de rendimiento. El grado de apalancamiento en estos portafolios es tal que el error de rastreo puede ser exagerado hasta crear enormes pérdidas.

Otro razonamiento para la elección de factores de riesgo es definir las fuentes de riesgo que pueden ser fácilmente cubiertas utilizando contratos de futuros listados en una bolsa. Esto conduce al siguiente paso para la medición de la exposición, la cobertura. Las fuentes de riesgo que pueden ser fácilmente cubiertas son particularmente útiles para identificar.

Un beneficio colateral de los contratos de futuros es que revelan lo que el mercado visualiza como factores "primitivos". Esta elección no es obvia, pues existen pocos contratos derivados exitosos.[1] La clave para explicar el éxito de los contratos listados en bolsa reside en comprender su función económica. Los contratos exitosos requieren las siguientes condiciones:

- ❖ Grandes mercados de subyacentes Un gran mercado de subyacentes demuestra interés sobre el activo en cuestión. Esto proporciona también confianza de que el contrato puede ser valuado adecuadamente en relación con el activo subyacente.
- ❖ Gran volatilidad del activo subyacente Una alta volatilidad genera la necesidad de coberturas para los riesgos financieros relacionados con el negocio y también crea la posibilidad de ganancias rápidas para los especuladores. De hecho, la evidencia empírica muestra que existe una gran relación entre el volumen operado y la volatilidad.
- ❖ Ausencia de sustitutos cercanos Los derivados suelen ser exitosos cuando proporcionan un medio para cubrir riesgos sobre precios que no pueden alcanzarse con los contratos existentes. Si los precios sobre dos activos se mueven de una forma similar, por ejemplo, un derivado puede ser suficiente para cubrir los dos riesgos precio. El riesgo residual, conocido como riesgo base, puede no ser suficientemente grande para garantizar la operación en un nuevo contrato, especialmente si éste es menos líquido.

[1] Silber (1981), por ejemplo, reporta que la proporción de éxito de los contratos es de sólo uno de cada cuatro.

Todas estas condiciones son relevantes para la elección de los factores "primitivos" para la administración del riesgo. En el peor de los casos, los factores de riesgo deben incluir instrumentos listados en bolsa, los cuales han revelado su importancia económica.

4 APLICACIÓN A PORTAFOLIOS DE BONOS

Las posiciones en bonos describen la distribución de los flujos de efectivo en el tiempo de acuerdo o en función del monto, el plazo y la calidad crediticia del emisor. El riesgo de las posiciones en tasas de interés puede describirse a través de diversos sistemas de mapeo: el principal, el vencimiento y los flujos de efectivo. Con el *mapeo del principal*, el riesgo del bono está asociado sólo con el vencimiento del pago del principal. Con el *mapeo de duración*, el riesgo está asociado con el de un bono cupón cero con vencimiento igual a la duración del bono. Con el *mapeo del flujo de efectivo*, el riesgo de los instrumentos de renta fija se descompone en el riesgo de cada uno de los flujos de efectivo del bono.

Para ilustrar las diferencias entre estos enfoques, en la tabla 11-2 se presenta los VAR mensuales de los bonos cupón cero, así como las correlaciones de los

TABLA 11-2 Riesgos y correlaciones para bonos cupón cero estadounidenses (VAR mensual en un nivel de 95%).

Vértice	*VAR (%)*	*1m*	*3m*	*6m*	*1A*	*2A*	*3A*	*4A*	*5A*	*7A*	*9A*	*10A*	*15A*	*20A*	*30A*
1m	0.21	1													
3m	0.064	.56	1												
6m	0.162	.50	.69	1											
1A	0.470	.51	.67	.87	1										
2A	0.987	.45	.52	.80	.90	1									
3A	1.484	.44	.50	.79	.89	.99	1								
4A	1.971	.42	.47	.76	.87	.98	.99	1							
5A	2.426	.41	.46	.74	.86	.97	.99	1.0	1						
7A	3.192	.39	.44	.70	.83	.94	.97	.98	.99	1					
9A	3.913	.37	.42	.66	.80	.91	.94	.96	.98	1.0	1				
10A	4.250	.36	.41	.65	.79	.90	.94	.96	.97	.99	1.0	1			
15A	6.234	.33	.38	.61	.74	.85	.89	.92	.93	.96	.98	.98	1		
20A	8.146	.30	.35	.55	.68	.79	.83	.86	.88	.92	.94	.95	.99	1	
30A	11.119	.26	.31	.51	.64	.76	.80	.83	.85	.90	.93	.94	.98	.99	1

distintos vencimientos desde un mes hasta 30 años. Aquí, el VAR corresponde a un movimiento de 1.65 veces la desviación estándar. Con movimientos estrictamente paralelos en la estructura intertemporal, el VAR deberá incrementarse linealmente con el vencimiento. Este no es el caso. Como se apuntó en un capítulo previo, los vencimientos más prolongados muestran ligeramente menos riesgo que a través de una simple extrapolación de vencimientos cortos. Además, las correlaciones están por abajo de la unidad.

4.1 El VAR del portafolio

Consideremos ahora el portafolio de dos bonos descrito en el capítulo 6, una colocación de $100 millones a cinco años al 6 por ciento a la par y una colocación de $100 millones a un año al 4 por ciento a la par. Este portafolio tiene una duración de 2.733 años, o un vencimiento promedio de tres años.

Los tres métodos se comparan en la tabla 11-3. El mapeo del principal consiste en un pago en $t = 3$, el mapeo de la duración de un pago en $t = 2.733$ y el mapeo del flujo de efectivo se describe en la última columna. La tabla presenta el valor presente de todos los flujos de efectivo del portafolio, descontados a la tasa cupón cero apropiada.

Para cuantificar el VAR del portafolio se tienen tres enfoques. El mapeo del principal considera sólo el plazo de redención de los pagos. Dado que el vencimiento promedio de este portafolio es de tres años, puede encontrarse el VAR a partir del riesgo de un bono cupón cero con vencimiento de tres años, el cual es de 1.484 por ciento. Entonces, el VAR es de $200 × 1.484% = $2.97. El único aspecto positivo de este método es su simplicidad. Este enfoque sobrestima el riesgo verdadero porque ignora los pagos intermedios.

El siguiente paso en cuanto a precisión es el mapeo de duración. Si la estructura intertemporal siguiera siempre movimientos paralelos, la evaluación del riesgo de los portafolios de bonos sería relativamente simple. La duración corres-

TABLA 11-3 Mapeo para un portafolio de bonos.

Plazo (año)	*6% Año 5*	*4% Año 1*	*Tasa spot*	*Mapeo*		
				Principal	*Duración*	*Flujo de efectivo*
1	6	104	4.000	.00	.00	105.77
2	6	0	4.618	.00	.00	5.48
2.733	–	–		–	200.00	–
3	6	0	5.192	200.00	.00	5.15
4	6	0	5.716	.00	.00	4.80
5	106	0	6.112	.00	.00	78.79
Total			200.00		200.00	200.00

ponde al vencimiento de un bono cupón cero con una vida de 2.733 años. Utilizando una interpolación lineal entre las mediciones de los dos y los tres años, encontramos un riesgo de 0.987 + (1.484 − 0.987) × (2.733 − 2) = 1.351% para este bono cupón cero hipotético. Con un portafolio de $200 millones, el VAR basado en la duración es de $2.70 millones, ligeramente menor que antes.

El método de mapeo del flujo de efectivo consiste en agrupar todos los flujos de efectivo de los "vértices" de la estructura intertemporal, lo cual corresponde a los vencimientos para los cuales se proporcionan las volatilidades. Cada flujo de efectivo es representado por el valor presente del pago de efectivo, descontado a la tasa cupón cero apropiada.

Bono que paga	=	cupón VP del flujo de efectivo sobre el vértice 1	+	VP del flujo de efectivo sobre el vértice 2	+ . . . +	VP del principal sobre el último vértice

En la tabla 11-4 se muestra cómo obtener el VAR del portafolio utilizando un mapeo de flujo de efectivo. La segunda columna reporta los flujos de efectivo x a partir de la tabla 11-3. La tercera columna presenta el producto de estos flujos de efectivo con el riesgo de cada vértice V = as (al nivel del 95 por ciento). Con una correlación perfecta a través de todos los bonos cupón cero, el VAR del portafolio debería ser

$$\text{Valor en riesgo no diversificado} = \sum_{i=1}^{N} x_i V_i,$$

TABLA 11-4 Cuantificación del VAR de un portafolio de bonos de $200 millones de dólares (VAR mensual en un nivel de 95%).

Plazo (Año)	*Flujos de efectivo x($m)*	*x 3 V (%)*	*Matriz de correlaciones R* 1A	*2A*	*3A*	*4A*	*5A*	*Var ($m)*
1	105.77	49.66	1					
2	5.48	5.40	.897	1				
3	5.15	7.65	.886	.991	1			
4	4.80	9.47	.866	.976	.994	1		
5	78.79	191.15	.855	.966	.988	.998	1	
Total	200.00	263.35						
VAR ($m)								
No diversificado		$2.63						
Diversificado								$2.57

el cual es 263.35%, o \$2.63 millones. Este número representa el VAR no diversificado. Es cercano al VAR obtenido con el enfoque de la duración, el cual fue de \$2.70 millones. Como analizamos en el capítulo 8, el hecho de que el VAR no diversificado sea simplemente la suma ponderada de los VAR individuales se puede demostrar para un portafolio de dos activos con $\rho = 1$, como $V[x_1R_1 + x_2R_2] = x_1^2\sigma_1^2 + x_2^2\sigma_2^2 + 2x_1x_2\rho\sigma_1\sigma_2 = (x_1\sigma_1 + x_2)^2$. Por lo tanto,

$$\alpha(x_1R_1 + x_2R_2) = (x_1\alpha_1 + x_2\alpha_2). \tag{11.3}$$

El lado derecho de la tabla presenta la matriz de correlaciones de los bonos cupón cero con vencimientos que van de uno a cinco años. Para obtener el VAR del portafolio, premultiplicamos y postmultiplicamos la matriz por los montos en dólares (xV) en cada vértice. Tomando la raíz cuadrada, encontramos una medida de VAR de \$2.57 millones. Esto es lo más que podría perder el portafolio en un horizonte de un mes con un nivel de confianza del 95 por ciento.

Observe que el VAR basado en la duración fue de \$2.70 millones, y el VAR no diversificado fue de \$2.63 millones. Estas diferencias se deben a dos factores. Primero, las medidas de riesgo no son perfectamente lineales en relación al vencimiento, lo cual debería suceder si los desplazamientos de la estructura intertemporal fueran estrictamente paralelos. Segundo, la diversificación reduce aún más el riesgo. Por lo tanto, de la diferencia de \$130,000 en los VAR extremos (\$2.70m − \$2.57m), \$70,000 se deben a las diferencias en la volatilidad del rendimiento (\$2.70m − \$2.63m) y \$60,000 se deben a correlaciones imperfectas.

La tabla 11-5 presenta otro enfoque al VAR, el cual se deriva directamente de los movimientos en el valor de los bonos cupón cero, como en la prueba de estrés. Supongamos que todos los bonos cupón cero estuviesen perfectamente correlacionados. Entonces podríamos hacer disminuir todos los valores de los bonos cupón cero a través de su VAR. Por ejemplo, el bono cupón cero a un año se valúa en 0.9615. Dado el VAR en la tabla 11-1 de 0.4696, habrá una probabi-lidad del 95 por ciento de que el bono cupón cero caiga hasta 0.9615 × (1 − 0.4696%) = 0.9570. Si todos los bonos cupón cero estuviesen perfectamente correlacionados, deberían caer sus respectivos VARs. Esto genera una nueva distribución de factores de valor presente, la cual puede utilizarse para valuar el portafolio. La tabla 11-5 muestra que el nuevo valor es de \$197.37 millones, el cual está exactamente \$2.63 millones por debajo del valor original. Este número es exactamente el mismo que el que se obtuvo en el párrafo previo, con correlaciones fijas a la unidad.

Ambos enfoques ilustran el vínculo entre cuantificar el VAR a través de la multiplicación matricial y a través de movimientos en los precios subyacentes. Sin embargo, el cálculo del VAR a través de la multiplicación matricial es mucho más directo y, lo que es más importante, también permite las correlaciones no perfectas entre distintos sectores de la curva de rendimiento.

TABLA 11-5 Cuantificación del VAR a partir del cambio de los precios de los bonos cupón cero.

Plazo en efectivo (año)	*Flujos antiguos ($m)*	*Valor antiguo del bono cupón cero*	*VP de los flujos del bono cupón cero*	*Riesgo del bono cupón cero (VAR)*	*Nuevo valor del bono cupón cero*	*VP de los flujos*
1	109	0.9615	105.77	0.4696	0.9570	105.27
2	6	0.9136	5.48	0.9868	0.9046	5.43
3	6	0.8591	5.15	1.4841	0.8463	5.08
4	6	0.8006	4.80	1.9714	0.7848	4.71
5	106	0.7433	78.79	2.4261	0.7252	76.88
Total			200.00			197.37
Pérdida						$2.63 *m*

4.2 Asignación de ponderaciones a los vértices

En el ejemplo previo, cada flujo de efectivo del portafolio quedó en uno de los vértices preseleccionados. Sin embargo, en general éste no será el caso. Asumamos por ejemplo, que el portafolio consta de un flujo de efectivo con vencimientos de $D_p = 2.7325$ años y un valor presente de $200 millones. La pregunta es ¿cómo deberíamos distribuir los $200 millones a los vértices adyacentes de una forma tal que se represente mejor el riesgo de la inversión original?

Un método simple consiste en asignar los fondos de acuerdo a una interpolación de duración. Definamos x como la ponderación en el primer vértice y D_1, D_2 como la duración del primero y del segundo vértices. La duración del portafolio D_p será ajustada con x, de la siguiente forma: $xD_1 + (1 - x)D_2 = D_p$, ó $x = (D_2 - D_p)/(D_2 - D_1)$. En nuestro caso, $x = (3 - 2.7325)/(3 - 2) = 0.26675$, lo cual conduce a un monto de $53.49 millones sobre el primer vértice. El balance de $146.51 millones es distribuido al vértice de tres años.

Desafortunadamente, este enfoque puede no crear un portafolio con el mismo riesgo del portafolio original. Para mantener el mismo VAR, puede emplearse un método diferente. Definamos σ_1 y σ_2 como las respectivas volatilidades y ρ como la correlación.

La varianza del portafolio es

$$V[R_p] = x^2\sigma_1^2 + (1 - x)^2\sigma_2^2 + 2x(1 - x)\rho\sigma_1\sigma_2, \tag{11.4}$$

la cual es igual a la varianza del bono cupón cero que cae entre los dos vértices. Por la interpolación lineal de las volatilidades de los precios para los bonos cupón cero de dos y de tres años, la volatilidad del portafolio es $\sigma_p = 1.351\%$, como hemos hecho antes.[2] Por lo tanto, la ponderación x que mantiene el riesgo del portafolio al nivel del de la inversión inicial se encuentra a partir de la solución de la ecuación cuadrática

$$(\sigma_1^2 + \sigma_2^2 - 2\rho_1\sigma_2)x^2 + 2(-\sigma_2^2 + \rho\sigma_1\sigma_2)x + (\sigma_2^2 - \sigma 2\rho = 0. \qquad (11.5)$$

La solución a la ecuación $ax^2 + 2bx + c = 0$ es $x = (-b \pm \sqrt{b^2 - ac})/a$, de la cual obtenemos las dos raíces $x_1 = 0.2635$ y $x_2 = 5.2168$. Elegimos la primer raíz, la cual está entre cero y uno. Como se demuestra en la tabla 11-6, esto se traduce en una posición de \$52.71 millones en el vértice de dos años y \$147.29 millones en el vértice de tres años.

En este ejemplo, la diferencia entre los dos enfoques es menor. El VAR real del flujo de efectivo es \$2.702 millones, contra \$2.698 millones para el portafolio basado en las ponderaciones de la duración. De hecho, el enfoque de la duración es exacto bajo dos condiciones: 1) el coeficiente de correlación es la unidad y 2) la volatilidad de cada vértice es proporcional a su duración ($\sigma_1 = \sigma D_1$, $\sigma_2 = \sigma D_2$, $\rho = 1$). Bajo estas condiciones, la ecuación (11.4) se simplifica a

$$V[Rp] = x^2\sigma^2D_1^2 + (1 - x)^2\sigma^2D_2^2 + 2x(1 - x)\sigma^2D_1D_2 \qquad (11.6)$$

$$= \sigma^2(xD_1 + (1 - x)D_2)^2,$$

lo cual es igual a $(\sigma D_p)^2$ si $xD_1 + (1 - x)D_2 = Dp$. En otras palabras, el ajuste de la duración es perfectamente apropiado bajo estas condiciones. En casos más generales, especialmente si ρ es mucho menor que uno, el enfoque de la duración fallará al tratar de proporcionar un portafolio con el mismo riesgo que el del flujo de efectivo original.

4.3 Valuación de un portafolio con base en índices de referencia

Finalmente, ilustramos cómo cuantificar el VAR en términos relativos; esto es, con relación a un índice de referencia de desempeño. La tabla 11-7 presenta la descomposición del flujo de efectivo del índice de bonos estadounidenses de J. P. Morgan,

[2] Otro enfoque consiste en interpolar las volatilidades del rendimiento, para lo cual puede obtenerse la volatilidad del precio. Desafortunadamente, este método no garantiza una solución x que siempre sea igual a $0 < x < 1$. Además, no existe ninguna teoría que sugiera que la interpolación de las volatilidades del rendimiento sea más apropiada que la interpolación de las volatilidades de precios.

TABLA 11-6 Asignación de ponderaciones a los vértices.

Plazo (año)	*VAR (%)*	*Ajuste de VAR*			*Ajuste de duración*	
		Correlación	*Ponderación*	*Monto*	*Ponderación*	*Monto*
2	0.9868		0.2635	\$52.71	0.2675	\$53.49
3	1.4841	0.9908	0.7365	\$147.29	0.7325	\$146.51
2.7325	1.3510					
Total			1.0000	\$200.00	1.0000	\$200.00

el cual tiene una duración de 4.62 años. Podemos utilizar el patrón de flujos de efectivo y la información acerca del riesgo y las correlaciones para encontrar el VAR diversificado. Supongamos que tratamos de valuar un portafolio de \$100 millones contra un índice de referencia. Sobre un horizonte mensual, el VAR, en un nivel de 95 por ciento, es de \$1.99 millones. Esto es casi equivalente al riesgo de un bono a cuatro años. El VAR no diversificado es de \$2.07 millones, ligeramente mayor.

Posteriormente, tratamos de ajustar el índice con dos bonos. Las columnas del extremo derecho en la tabla muestran las posiciones de portafolios de dos bonos con duración ajustada a la del índice. Dado que ningún bono cupón cero tiene un vencimiento de exactamente 4.62 años, el portafolio más cercano consta de dos posiciones, cada una en un bono cupón cero a cuatro y a cinco años. Las ponderaciones correspondientes para este portafolio son \$38 y \$62 millones.

Definamos ahora el vector de posiciones para este portafolio como x, y para el índice como x_0. El VAR de la desviación en relación con el punto de referencia es

$$\text{Valor en riesgo} = \sigma\sqrt{(x - x_0)'\Sigma(x - x_0)}.$$

Después de efectuar los cálculos necesarios, encontramos que el VAR relativo de este portafolio cubierto con duración es de \$0.43 millones. Por lo tanto, la desviación máxima entre el índice y el portafolio es cuando más de \$0.43 millones bajo condiciones normales de mercado. Esta pequeña caída potencial es mucho menor que el riesgo absoluto de \$1.99 millones del índice. El error de rastreo remanente se debe a movimientos no paralelos en la estructura intertemporal.

En cuanto al índice original, el error de rastreo puede medirse en términos de la reducción de la varianza, similar a una R^2 en una regresión. El perfeccionamiento de la varianza es

TABLA 11-7 Valuación contra un índice de referencia de un portafolio de bonos de \$100 millones de dólares (VAR mensual en un nivel de 95%).

Vértice	*Riesgo (%)*	*Posición: Índice estadounidense de JPM ($m)*	*Posición: Portafolio*				
			1 ($m)	*2 ($m)*	*3 ($m)*	*4 ($m)*	*5 ($m)*
1m	0.022	1.05	0.0	0.0	0.0	0.0	84.8
2m	0.065	1.35	0.0	0.0	0.0	0.0	0.0
6m	0.163	2.49	0.0	0.0	0.0	0.0	0.0
1Y	0.470	13.96	0.0	0.0	0.0	59.8	0.0
2Y	0.987	24.83	0.0	0.0	62.6	0.0	0.0
3Y	1.484	15.40	0.0	59.5	0.0	0.0	0.0
4Y	1.971	11.57	38.0	0.0	0.0	0.0	0.0
5Y	2.426	7.62	62.0	0.0	0.0	0.0	0.0
7Y	3.192	6.43	0.0	40.5	0.0	0.0	0.0
9Y	3.913	4.51	0.0	0.0	37.4	0.0	0.0
10Y	4.250	3.34	0.0	0.0	0.0	40.2	0.0
15Y	6.234	3.00	0.0	0.0	0.0	0.0	0.0
20Y	8.146	3.15	0.0	0.0	0.0	0.0	0.0
30Y	11.119	1.31	0.0	0.0	0.0	0.0	15.2
Total		100.00	100.0	100.0	100.0	100.0	100.0
Duración		4.62	4.62	4.62	4.62	4.62	4.62
VAR ($m)							
Absoluto		1.99	2.25	2.20	2.13	2.07	1.10
Relativo		0.00	0.43	0.29	0.16	0.20	0.36

$$1 - \left(\frac{0.43}{1.99}\right)^2 = 95.4\%,$$

lo cual coincide con el poder explicativo del primer factor en la descomposición de la varianza de los rendimientos de los bonos, detallada en el capítulo 8.

Posteriormente, exploramos el efecto de alterar la composición del rastreo del portafolio. El portafolio 2 amplía el grupo de vértices de tiempo; consta de posiciones en los años 3 y 7. El VAR debido al error de rastreo es de \$0.29 millones, lo cual constituye una mejora sobre el número previo.

El portafolio 3 consta de posiciones en los años 2 y 9. Este resulta el más cercano a la aproximación de las posiciones de los flujos de efectivo en el índice, el cual tiene la mayor ponderación sobre el vértice de dos años. El VAR debido al error de rastreo se reduce aún más a \$0.16 millones. El portafolio 4 consta de posiciones en los años 1 y 10. Ahora el VAR se incrementa a \$0.20 millones.

Esta falta de rastreo es aun más pronunciada para un portafolio consistente en bonos a un mes y bonos cupón cero a 30 años, para los cuales el VAR residual se incrementa a \$0.36 millones.

Entre los portafolios considerados aquí, el error de rastreo más bajo se obtiene con el portafolio 3. Nótese que el riesgo absoluto de estos portafolios es más bajo para el portafolio 5. Dado que las correlaciones decrecen entre los vencimientos más alejados, deberíamos esperar que un portafolio con duración ajustada tuviera que el riesgo absoluto más bajo para la combinación de vencimientos más alejados, tal como un portafolio *barbell* de efectivo y de un bono cupón cero a treinta años. No obstante, no es lo mismo minimizar el riesgo absoluto de mercado que minimizar el riesgo relativo de mercado.

Este ejemplo demuestra que la cobertura con duración sólo constituye una aproximación inicial a la administración del riesgo de tasa de interés. Si el objetivo es minimizar el error de rastreo en relación con el índice, es esencial utilizar una descomposición fina del índice a través de los vencimientos. Entre las combinaciones consideradas aquí, el error de rastreo más bajo se logra para un portafolio con posiciones en efectivo que son las más cercanas a las del índice.

5 APLICACIÓN A LOS DERIVADOS

5.1 Contratos forward sobre divisas

Dado que los contratos forward y los futuros son lineales en relación al precio spot del activo subyacente, su riesgo puede ser fácilmente construido a partir de componentes constitutivos básicos. Supongamos por ejemplo que estamos negociando un contrato forward sobre una divisa extranjera. La fórmula básica de valuación desarrollada en el capítulo sobre derivados es

$$f_t = S_t^{e^{-r^*\tau}} - Ke^{-r\tau}, \tag{11.7}$$

donde S_t es el precio spot, K es el precio de compra pactado en el contrato, r es la tasa libre de riesgo en los Estados Unidos, $y = r^*$ es la tasa libre de riesgo en el extranjero y τ es el plazo al vencimiento. Una posición en un contrato forward puede descomponerse en

Posición larga en el forward	=	Posición larga en la divisa extranjera spot	+	Posición larga en un bono en divisa extranjera	+	Posición corta sobre un bono en dólares estadounidenses

La inversión inicial es cero, dado que la posición en el bono en divisa extranjera está financiada con un préstamo en moneda local.

TABLA 11-8 Riesgo y correlaciones para flujos de efectivo de forward (VAR mensual en un nivel de 95%)

			Correlaciones		
Plazo (año)	*Precio*	*VAR (%)*	*DM spot*	*DM 1A*	*USD A1*
DM spot	$0.6962	6.2201	1	0.1912	0.0400
DM largo	3.9375%	0.2876	0.1912	1	0.2937
USD corto	5.8125%	0.4696	0.0400	0.2937	1
Forward	$0.7088				

Examinemos el riesgo de un contrato forward a un año con un nocional (monto nominal) de 100 millones de DM. La tabla 11-8 muestra la información de valuación para el contrato (spot, forward y tasas de interés), el riesgo y las correlaciones. Entre las tres fuentes de riesgo, la más alta, con mucho, es la volatilidad del tipo de cambio spot, con un VAR de 6.22 por ciento (correspondiente a 1.65 desviaciones estándar sobre un mes con un nivel de confianza del 95 por ciento). Esto es mucho mayor que el VAR del 0.29 por ciento del bono a un año en DM, o incluso que el VAR de 0.47 por ciento del bono en dólares estadounidenses. Por lo tanto, la mayor parte del riesgo del contrato forward es inducido por la posición en efectivo sobre DM.

Pero el riesgo también es afectado por las correlaciones. La correlación positiva de 0.19 entre el DM spot y las posiciones en bonos indican que, cuando el DM sube de valor con respecto al dólar, el valor de una inversión a un año en DM probablemente se apreciará. Por lo tanto, los valores más altos del DM están asociados con tasas de interés más bajas en marcos.

Esta correlación positiva incrementa el riesgo de la posición combinada. Por otro lado, la posición también está corta un bono en dólares estadounidenses a un año, el cual está correlacionado con las otras dos piernas de la transacción. El punto es ¿cuál será el efecto neto sobre el riesgo del contrato forward?

El VAR proporciona una respuesta exacta a esta pregunta, la cual se muestra en la tabla 11-9. Pero primero tenemos que cuantificar las posiciones x en cada uno de los tres componentes constitutivos del contrato. En el capítulo sobre derivados se mostró que el riesgo de un contrato forward es

$$df = \frac{\partial f}{\partial S}dS + \frac{\partial f}{\partial r^*}dr^* + \frac{\partial f}{\partial r}dr = e^{-r^*\tau}dS - Se^{-r^*\tau}\tau dr^* + Ke^{-r\tau}\tau dr. \quad (11.8)$$

Estas exposiciones pueden expresarse en términos del riesgo del tipo de cambio spot y de las inversiones en los bonos locales y extranjeros. Definamos éstos

TABLA 11-9 Cálculo del VAR de un contrato forward de DM 100 millones (VAR mensual en un nivel de 95%)

Posición	*Factor de VP*	*Flujos de efectivo*	*VP de los flujos x*	*VAR total (V'RV)x*	*x(V'RV)x*	*VAR incremental βxVAR*
DM spot			\$66.99	2606.72	17.461	\$4.155
DM largo	0.962116	DM100.00	\$66.99	25.79	1.727	\$0.041
USD corto	0.945067	–\$70.88	–\$66.99	–4.30	0.288	\$0.007
VAR (\$m)					17.663	\$4.203
Total VAR (\$m)					\$4.203	

como $P = e^{-r\tau}$ y $P^* = e^{-r^*\tau}$. Si los componentes constitutivos son rendimientos sobre los bonos cupón cero, $\sigma(dP/P)$, transformamos dr en dP utilizando $dP = (-\tau)e^{-r\tau}dr$ y $dP^* = (-\tau)e^{-r^*\tau}dr^*$. El riesgo del contrato forward llega a ser

$$df = (Se^{-r^*\tau})\frac{dS}{S} + (Se^{-r^*\tau})\frac{dP^*}{P^*} - (Ke^{-r\tau})\frac{dP}{P}. \tag{11.9}$$

Esto demuestra que la posición forward puede separarse en tres flujos de efectivo, 1) una posición larga en marcos alemanes, con valor de $100m$ de marcos = \$70.88 millones de dólares en un año, o (Se^{-r^*t}) = \$66.99 millones de dólares ahora; 2) una posición larga en una inversión en marcos, también por un valor de \$66.99 millones de dólares; y 3) una posición corta en una inversión en dólares estadounidenses, por un valor de \$70.88 millones en un año, o (Ke^{-rt}) = \$66.99 millones ahora.

Considerando sólo la posición spot, el VAR es \$66.99 millones de veces el riesgo de 6.22 por ciento. Para cuantificar el VAR diversificado utilizamos la matriz con los datos en la tabla 11-8 y la pre y post multiplicamos por el vector de las posiciones (VP de la columna de flujo de efectivo en la tabla).[3] El VAR total del contrato forward es de \$4.2027 millones de dólares. Este número es casi del mismo tamaño que el del contrato spot, porque la volatilidad del tipo de cambio domina sobre la volatilidad del bono. El valor ligeramente mayor se debe al efecto adicional de las posiciones en bonos a un año.

El riesgo de un contrato forward incluye tanto el riesgo cambiario como el de tasa de interés. Los vencimientos más grandes están expuestos a un mayor riesgo de tasa de interés. Por ejemplo, si se altera el vencimiento en nuestro

[3] Nótese que todas las medidas de riesgo se expresan en por ciento al cuadrado, lo cual es más fácil de manejar. Después de ejecutar todos los cálculos, debemos corregir por el factor de 100.

ejemplo de 1 año a 10 años, se incrementará el VAR de $4.203 millones de dólares a $4.867 millones.

De forma más general, puede utilizarse la misma metodología para swaps sobre divisas de largo plazo, los cuales son equivalentes a portafolios de contratos forward. Por ejemplo, un contrato a 10 años para pagar dólares y recibir marcos es equivalente a una serie de 10 contratos forward para intercambiar un monto establecido de dólares por marcos. Para cuantificar el VAR, el contrato debe ser desagregado en un componente de riesgo cambiario y una cadena de componentes de renta fija en dólares y en marcos. Como antes, el VAR total será inducido por el componente cambiario.

5.2 Acuerdos de tasa forward

Los acuerdos de tasa forward (FRA) son contratos forward que permiten a los usuarios asegurar una tasa de interés en cierta fecha futura. El comprador de un FRA asegura una tasa pasiva; el vendedor asegura una tasa activa. En otras palabras, la posición larga recibe un pago si la tasa spot está por encima de la tasa forward.

Consideremos por ejemplo un contrato donde la pierna corta del FRA está definida por el año τ_1 y la pierna larga por el año τ_2. Para simplificar, supongamos composición lineal. Como se vio en el capítulo 6, la tasa forward se define como la tasa que iguala el rendimiento sobre un periodo de inversión τ_2 con un periodo de inversión τ_1 reinvertido a la tasa forward

$$(1 + R_2\tau_2) = (1 + R_1\tau_1[1 + F_{1,2}(\tau_2 - \tau_1)]. \tag{11.10}$$

Por ejemplo, supongamos que usted vendió un FRA de 6 × 12 sobre $100 millones de dólares. Esto es equivalente a tomar prestado $1 millón por seis meses e invertir los beneficios por 12 meses. Cuando el FRA vence en 6 meses, asumamos que la tasa spot prevaleciente a seis meses es más alta que la tasa forward asegurada. El vendedor paga entonces al comprador la diferencia entre las tasas spot y forward aplicadas sobre el principal. En efecto, este pago compensa el rendimiento mayor que el inversionista recibiría de otra forma, garantizando por lo tanto un rendimiento igual a la tasa forward. Por lo tanto, un FRA puede ser descompuesto en dos componentes constitutivos de cupones ceros:

FRA largo 6 × 12 = Largo sobre bono a seis meses + Corto sobre bono a doce meses

En la tabla 11-10 se proporciona un ejemplo. Si la tasa spot a 360 días es de 5.8125 por ciento y la tasa a 180 días es de 5.625 por ciento, la tasa forward de seis meses debe ser

TABLA 11-10 Cálculo del VAR de una FRA de $100 millones de dólares (VAR mensual en un nivel de 95%).

Plazo (días)	*VP de los flujos x*	*Riesgo (%) V*	*Matriz de correlaciones x*		*VAR (V'RV)x*	*x(V'RV)x*	*VAR incremental xxVAR*
180	−$97.264	0.1629	1	0.8738	0.00030	−0.0381	−$0.116
360	$97.264	0.4696	0.8738	1	0.00149	0.1454	$0.444
Total	$0					0.1072	$0.327
VAR ($m)						$0.327	

$$[1 + F_{1,2}/2] = \frac{(1 + 5.8125\%)}{(1 + 5.625\%/2)},$$

ó $F = 5.836\%$. El valor presente de los $100 millones nocionales en 6 meses es de $x = \$100/(1 + 5.625\%/2) = \$97.264$ millones. Este monto es invertido por 12 meses. Mientras tanto, ¿cuál es el riesgo de este FRA?

En la tabla 11-10 se muestra el valor en riesgo para el FRA. El VAR de los bonos cupón cero a 6 y a 12 meses es de 0.1629 y de 0.4696, respectivamente, con una correlación de 0.8738. Aplicado al principal de $97.26 millones, el VAR de los bonos cupón cero por sí solos será $0.158 millones y $0.457 millones, respectivamente. Si los bonos cupón cero no están correlacionados, el VAR total del FRA se obtendrá de la raíz cuadrada de la suma de las varianzas, que es de $0.484 millones.

Afortunadamente, la correlación disminuye sustancialmente el riesgo del FRA. Como se muestra en la tabla, el mayor monto que puede perder la posición en un mes a un nivel del 95 por ciento es de $0.327 millones, que es menor que el riesgo de un bono cupón cero a 12 meses.

5.3 Swaps sobre tasas de interés

Los swaps sobre tasas de interés permiten a los inversionistas intercambiar flujos de tasa de interés de tasa fija por tasa flotante o viceversa. Como se vio en el capítulo 7, los swaps pueden descomponerse en dos piernas, una fija y una flotante. La pierna fija puede valuarse como un bono que paga cupón; la pierna flotante es equivalente a un bono a tasa flotante.

Para ilustrarlo, calculemos el valor en riesgo de un swap sobre tasa de interés de $100 millones a cinco años. Abrimos un swap en dólares que paga 6.195 por ciento anualmente durante cinco años a cambio de pagos a tasa flotante

TABLA 11-11 Cálculo del VAR de un swap sobre tasa de interés de $100 millones de dólares (VAR mensual en un nivel de 95%)

Plazo (año)	*Flujo fijo*	*Flujo flotante*	*Tasa (% anual)*	*VP de los flujos ($)x*	*VAR de los flujos x×V*	*VAR incremental ($m)*
1	–6.195	–	5.813	–5.855	–0.027	0.024
2	–6.195	–	5.929	–5.521	–0.054	0.053
3	–6.195	–	6.034	–5.196	–0.077	0.075
4	–6.195	–	6.130	–4.883	–0.096	0.096
5	–106.195	–	6.217	–78.546	–1.905	1.905
Total	–100.00					
VAR	($*m*)					
No diversificado					$2.160*m*	
Diversificado						$2.152 *m*

indizados a la London Interbank Offer Rate (LIBOR). Inicialmente, consideramos una situación donde el bono a tasa flotante está cerca de ser recolocado. Por lo tanto, no tiene riesgo.

Hay dos enfoques posibles para evaluar los riesgos de los swaps sobre tasa de interés. Podemos considerarlos como una posición combinada en un bono a tasa fija y en un bono a tasa flotante o como un portafolio de contratos forward. Valuamos primero el swap como una posición en dos bonos, utilizando las medidas de riesgo de la tabla 11-2. Los detalles se muestran en la tabla 11-11.

La segunda y la tercera columnas muestran los pagos sobre ambas piernas. La siguiente columna lista la tasa spot para los vencimientos de uno a cinco años. La quinta columna reporta el valor presente de los flujos netos, fijos menos flotantes. La última columna presenta el VAR incremental, el cual suma un VAR total diversificado de $2.152 millones. El VAR no diversificado se obtiene sumando todos los VAR individuales; como de costumbre, el valor de $2.160 millones sobrestima un tanto el riesgo.

Este swap también puede considerarse como la suma de cinco contratos forward, como se muestra en la tabla 11-12. El contrato a un año promete pagar $100 millones más el cupón de 6.195 por ciento; descontado a la tasa spot de 5.813 por ciento, esto genera un valor presente de −$100.36. Esto es a cambio de $100 millones ahora, lo cual no tiene riesgo.

El siguiente es un contrato de 1× 2, que promete pagar el principal más el cupón fijo en dos años, o −$106.195 millones; descontado a la tasa spot a dos años, esto genera −$94.64 millones. Esto es a cambio de $100 millones en un

TABLA 11-12 Un swap sobre tasa de interés visto como una serie de contratos forward.

	VP de los flujos Contrato					
Plazo (año)	*1*	*1 × 2*	*2× 3*	*3× 4*	*4 × 5*	*VAR*
1	–100.36	94.50				
2		–94.64	89.11			
3			–89.08	83.88		
4				–83.70	78.82	
5					–78.55	
VAR ($*m*)	$0.471	$0.571	$0.488	$0.446	$0.425	
No diversificado						$2.401 *m*
Diversificado						$2.152 *m*

año, lo cual es también $94.50 millones descontados a la tasa spot a un año. Y así sucesivamente hasta el quinto contrato, un contrato forward 4 × 5.

La tabla 11-12 muestra el VAR de cada contrato. El VAR "no diversificado" de $2.401 millones es el resultado de una simple suma de los cinco VAR. Esto sobrestima el verdadero riesgo de la posición, dado que asume una correlación perfecta entre los cinco contratos forward, que no es el caso. El VAR completamente diversificado es de $2.152*m*, exactamente el mismo que en la tabla previa. Esto demuestra la equivalencia de ambos enfoques.

Finalmente, examinamos el cambio en el riesgo justo después de liquidar el primer pago sobre la pierna de la tasa flotante. El bono a tasa flotante (FRN), llega a ser entonces un bono a un año inicialmente valuado a la par pero sujeto a fluctuaciones en las tasas. El único cambio en el patrón de flujos de efectivo es sumar $100 millones a la posición en el año 1 (de −$5.855 a $94.145). El VAR resultante se reduce entonces de $2.152 millones a $1.939 millones. De manera más general, el VAR del swap convergerá a cero a medida que se acerca su vencimiento, descendiendo cada vez que es liquidado un cupón.

5.4 Opciones

Debería izarse una bandera de advertencia al principio: el método delta-normal mide en forma deficiente el riesgo mercado de las opciones. Esto es porque las opciones son instrumentos no lineales, mientras que el método delta-normal es fundamentalmente lineal.

No obstante, el riesgo de las posiciones en opciones puede ser analizado por una posición delta-equivalente en el activo subyacente:

$$dc = \Delta dS, \tag{11.11}$$

donde la derivada puede obtenerse analíticamente para opciones simples o numéricamente para opciones que no tengan una solución de forma cerrada:

Largo en una opción = Largo Δ activo + Corto ($\Delta S - c$) bonos

Por ejemplo, asumamos que la delta para una opción call (de compra) que se encuentra en-el-dinero sobre un activo con valor de \$100 es $\Delta = 0.536$. La opción por sí misma vale \$4.2. Esta opción es equivalente a una posición de \$53.6 en el activo subyacente financiada por un préstamo de \$49.4. Para portafolios de opciones sobre el mismo subyacente, el riesgo mercado de la posición puede capturarse fijando la posición x a la delta total del portafolio. La principal desventaja de este enfoque, por supuesto, es que las deltas cambian dinámicamente en el tiempo y, por lo tanto, que el análisis es válido sólo para movimientos pequeños en el activo subyacente.

Si desea continuar con el análisis lineal, el riesgo de una posición en opciones puede ilustrarse utilizando el esquema Black-Scholes. Tomemos por ejemplo una posición larga en un call europeo sobre una divisa extranjera:

$$\begin{aligned} dc &= \frac{\partial f}{\partial S}dS + \frac{\partial f}{\partial r}{}^{*}dr^{*} + \frac{\partial f}{\partial r}dr \\ &= \Delta dS + \rho^{*}dr^{*} + \rho dr \\ &= e^{-r^{*}\tau}N(d_1)dS + [-Se^{-r^{*}\tau}N(d_1)]dr^{*} + [Ke^{-r\tau}N(d_2)]dr \\ &= [Se^{-r^{*}\tau}N(d_1)]\frac{dS}{S} + [Se^{-r^{*}\tau}N(d_1)]\frac{dP^{*}}{P^{*}} - [Ke^{-r\tau}N(d_2)]\frac{dP}{P}. \end{aligned} \tag{11.12}$$

Esta fórmula tiene una impresionante semejanza a la de los forward sobre divisas extranjeras, como en la ecuación (11.9). La única diferencia es que las posiciones en la divisa extranjera spot y en el bono en divisa extranjera ahora se multiplican por $N(d_1)$ y la posición en el bono en dólares se multiplica por $N(d_2)$.

En el caso extremo, donde la opción está profundamente dentro del dinero, tanto $N(d_1)$ como $N(d_2)$ son iguales a uno, y la opción se comporta exactamente como una posición en un contrato forward. En este caso, el modelo BS se reduce a $c = Se^{-r^{*}\tau} - Ke^{-r\tau}$, que es de hecho la fórmula de valuación para un contrato forward, como en la ecuación (11).

Finalmente, debemos notar que la posición en el bill en dólares, $Ke^{-r\tau}N(d_2)$ es también equivalente a $Se^{-r^{*}\tau}N(d_1) - c = S\Delta - c$, confirmando de este modo que la opción call (de compra) es equivalente a una posición de Δ en el activo subyacente más una posición corta de $(S\Delta - c)$ en un bono en dólares. Este ejemplo muestra que, cuando $N(d)$ es relativamente estable, el riesgo de las posiciones en opciones puede construirse a través de componentes constitutivos utilizando el enfoque delta-normal.

6 ACCIONES

Los portafolios de acciones pueden ser bastante largos, frecuentemente con posiciones que superan las centenas de valores. Esto motiva la modelación para simplificar la matriz de covarianzas. En el capítulo 8 se examina una serie de estos modelos. El asunto es averiguar si las simplificaciones ocasionan errores materiales en la medición del VAR.

El modelo más simple es el modelo "diagonal", donde la varianza del rendimiento del portafolio Rp es [véase la ecuación (8.22)]

$$V(Rp) = (x'\Sigma x) = (x'\beta\beta' x)\sigma^2_m + x'D_\epsilon x. \tag{11.13}$$

(Para cuantificar el riesgo del portafolio, se requiere el vector de betas, el cual representa los riesgos sistemáticos con relación a un índice del mercado m, la varianza de este índice del mercado $\sigma^2{}_m$, y las varianzas residuales, las cuales son capturadas por la matriz diagonal D_ϵ.

Puede conseguirse una mayor simplificación si se ignora el riesgo residual. El RiskMetrics, por ejemplo, proporciona medidas del riesgo para una serie de mercados accionarios. Dado que la beta del portafolio es

$$\beta_p = \sum_{i=1}^{N} x_i\beta_i = x'\beta, \tag{11.14}$$

el VAR del portafolio es $\text{VAR}_p = \text{VAR}_m\beta_p$. En efecto, este enfoque consiste en ignorar el segundo término en la ecuación (11.13). Nos referimos a este modelo como el *modelo beta*.

Finalmente, los reguladores están considerando una medida del VAR que no está diversificada, es decir, donde todas las correlaciones se igualan a uno. La pregunta es ¿cuál es el efecto de estos enfoques sobre el VAR del portafolio?

Como un ejemplo, regresemos al portafolio de tres acciones descrito en el capítulo 8. Se invierte un total de $100 millones de dólares de forma equitativa entre GM, Ford y Hewlett Packard (HWP). El VAR es cuantificado para un horizonte mensual en un nivel de 95 por ciento. La primera línea en la tabla 11-13 muestra el VAR de cada acción, los cuales van de $13.41 a $15.68 millones de dólares para una posición de $100 millones de dólares.

TABLA 11-13 Cálculo del VAR de un portafolio accionario de $100 millones de dólares (VAR mensual en un nivel de 95%).

		Matriz de covarancias			
	Efectivo ($m)	*GM*	*FORD*	*HW P*	*VAR ($m)*
VAR		14.01	13.41	15.68	
Beta		0.806	1.183	1.864	
Matriz de covarianza					
Lleno					
GM	33.33	72.17	43.92	26.32	11.76
FORD	33.33	43.92	66.12	44.31	
HWP	33.33	26.32	44.31	90.41	
Diagonal					
GM	33.33	72.17	11.35	17.87	10.13
FORD	33.33	11.35	66.12	26.23	
HWP	33.33	17.87	26.23	90.41	
Beta					
GM	33.33	7.73	11.35	17.88	7.30
FORD	33.33	11.35	16.65	26.24	
HWP	33.33	17.88	26.24	41.32	
No diversificado					
GM	33.33	72.17	69.08	80.78	14.37
FORD	33.33	69.08	66.12	77.32	

Después, la tabla muestra cuatro matrices de covarianzas: el modelo completo, el modelo diagonal, el modelo beta y el modelo no diversificado. Los VAR respectivos son $11.76, $10.13, $7.30 y $14.37 millones. Estos números indican que el modelo diagonal proporciona una buena aproximación del VAR real del portafolio, aunque ligeramente sesgado al lado bajo. El modelo beta, en contraste, subestima sustancialmente el VAR verdadero porque ignora el riesgo residual.

Finalmente, el VAR no diversificado también es demasiado conservador. El valor de $14.37 millones, se obtiene también a partir de un promedio simple del VAR de los tres activos, 1/3 × (14.01 + 13.41 + 15.68) = $14.37. Esta medida del riesgo ignora las propiedades de diversificación de los portafolios.

A medida que el número de acciones en el portafolio se incrementa de tres a cientos, esperaríamos que el VAR del modelo diagonal proporcione una aproximación crecientemente mejor del VAR real. Esto se debe a que el riesgo total del portafolio se reduce a medida que el número de activos se incrementa.

CAPÍTULO 12

Monte Carlo estructurado

Deux ex machina.

Wall Street es comparado frecuentemente con un casino. La analogía es apropiada en un aspecto: las empresas de valores utilizan comúnmente técnicas de simulación, conocidas como *métodos Monte Carlo*, para valuar derivados complejos. El método Monte Carlo aproxima el comportamiento de los precios de activos financieros, utilizando simulaciones computarizadas para generar caminatas aleatorias de precios.

Las simulaciones numéricas fueron utilizadas por primera vez por los científicos de la bomba atómica en Los Álamos en 1942, para enfrentar problemas que no podían ser resueltos por medios convencionales. El nombre *Monte Carlo* derivó del famoso casino establecido en 1862 en el sur de Francia (actualmente Mónaco). ¿Qué mejor forma de evocar movimientos aleatorios como la ruleta y los juegos de azar?

El Monte Carlo estructurado se utiliza para simular una variedad de escenarios sobre el valor que podría tener el portafolio en una fecha objetivo. El VAR del portafolio puede leerse entonces directamente a partir de la distribución de los valores del portafolio simulado.

Por su flexibilidad, el análisis de Monte Carlo es con mucho el método más poderoso para cuantificar el valor en riesgo. Tiene el potencial para considerar un amplio rango de riesgos, incluyendo el riesgo precio, el riesgo volatilidad y el riesgo crédito. Utilizando distintos modelos, puede incluso considerar la forma más insidiosa de riesgo, el riesgo modelo. Como tal, el Monte Carlo estructurado es el método analítico más completo para medir los riesgos financieros. No obstante, este método implica inversiones costosas en recursos intelectuales y de sistemas.

En este capítulo se muestra cómo puede utilizarse el Monte Carlo estructurado para obtener el VAR. La primera sección se enfoca en un caso simple con una sola variable aleatoria. El riesgo de mercado con múltiples fuentes de riesgo se discute en la sección 2.

1 SIMULACIONES CON UNA VARIABLE ALEATORIA

El concepto básico Monte Carlo estructurado es simular repetidamente un proceso aleatorio para la variable financiera de interés, cubriendo un amplio rango de situaciones posibles. Por lo tanto, las simulaciones recrean la distribución completa de los valores del portafolio. Nos concentraremos primero en un caso simple, con una sola variable aleatoria.

1.1 Simulación de una trayectoria de precios

El primer paso y el más crucial en la simulación, consiste en la elección de un modelo estocástico particular para el comportamiento de los precios. Un modelo comúnmente utilizado es el de *movimiento geométrico browniano* el cual está implícito en gran parte de la teoría de valuación de opciones. El modelo asume que las innovaciones o movimientos en el precio del activo no están correlacionadas en el tiempo y que los movimientos pequeños en los precios pueden describirse por:

$$dS_t = \mu_t S_t d_t + \sigma_t S_t dz, \tag{12.1}$$

donde dz es una variable aleatoria distribuida normalmente con media cero y varianza dt. Esta variable conduce los choques aleatorios al precio y no depende de información pasada. Es "browniana" en el sentido de que su varianza decrece continuamente con el intervalo de tiempo, $V(dz) = dt$. Esto descarta los procesos con saltos repentinos, por ejemplo. El proceso es "geométrico" porque todos los parámetros son escalados por el precio actual S_t.

Los parámetros μ_t y σ_t representan la tendencia instantánea y la volatilidad en el momento t, los cuales pueden evolucionar en el tiempo. Por simplicidad, en adelante asumiremos que estos parámetros son constantes en el tiempo. Pero, debido a que μ_t y σ_t pueden ser funciones de variables pasadas, será fácil simular la variación del tiempo en las varianzas, como en un proceso GARCH, por ejemplo.

En la práctica, el proceso con un incremento infinitesimalmente pequeño dt es aproximado por movimientos de tamaño discretos Δt. Como ya hemos hecho antes, definamos t como el momento presente, T como el momento objetivo y $\tau = T - t$ como el horizonte, o tiempo al vencimiento. Para generar una serie de variables aleatorias S_{t+i} en el intervalo τ, primero segmentamos τ en n incrementos, con $\Delta t = \tau/n$.

Integrando dS/S sobre un intervalo infinito, tenemos aproximadamente:

$$\Delta S_t = S_{t-1}(\mu\Delta t + \sigma\epsilon\sqrt{\Delta t}), \tag{12.2}$$

donde ϵ es ahora una variable aleatoria normal estándar; esto es, con media cero y varianza igual a uno. Podemos verificar que este proceso genera una media $E[(\Delta S/S] = \mu\Delta t$, la cual crece con el tiempo, de la misma forma que la varianza $V[(\Delta S/S] = \sigma^2\Delta t$.

Para simular la trayectoria de precios para S, iniciamos con S_t y generamos una secuencia de épsilon (ϵ) para $i = 1, 2, ..., n$. Entonces S_{t+1} se establece como $S_{t+1} = S_t + S_t(\mu\Delta t + \sigma\epsilon_1\sqrt{\Delta t})$, S_{t+2} se calcula de la misma manera a partir de $S_{t+1} = S_{t+1} + S_{t+1}(\mu\Delta t + \sigma\epsilon_2\sqrt{\Delta t})$, y así sucesivamente para todos los valores futuros hasta el periodo que deseamos, hasta obtener el periodo que deseamos, en el cual el precio es $S_{t+n} = S_T$.

En la tabla 12-1 se ilustra una simulación de un proceso con una tendencia (μ) de cero y una volatilidad (σ) de 10 por ciento sobre todo el intervalo. El precio inicial es de $100 dólares y el intervalo es seccionado en 100 periodos. Por lo tanto, la volatilidad local o equivalente para el periodo es $0.10 \times \sqrt{1/100} = 0.01$.

La segunda columna empieza con el precio inicial. La columna siguiente muestra el valor que se genera con la realización de una variable normal estándar. Sin tendencia, el incremento en la siguiente columna es simplemente ($\epsilon \times 0.01$). Finalmente, la última columna cuantifica el precio actual a partir del precio previo y del incremento. Los valores en cada punto están condicionados a los valores simulados en el punto previo. El proceso se repite hasta que se obtiene el precio final de $91.06 en el 100ésimo periodo.

TABLA 12-1 Simulación de una caminata de precios.

Paso i	*Precio anterior* S_{t+i-1}	*Variable aleatoria* ϵ_i	*Incremento* ΔS	*Precio corriente* S_{t+i}
1	100.00	0.199	0.00199	100.20
2	100.20	1.665	0.01665	101.87
3	101.87	−0.445	−0.00446	101.41
4	101.41	−0.667	−0.00668	100.74
...				
100	92.47	1.153	−0.01153	91.06

En la figura 12-1 se presenta dos trayectorias de precios, cada una de las cuales conduce a un precio final distinto. Dados estos supuestos, el precio final debe seguir una distribución normal con una media de \$100 y una desviación estándar de \$10.[1] Esta distribución se ilustra en el lado derecho de la figura, junto con las bandas de confianza del 95 por ciento, correspondientes a un intervalo de dos desviaciones estándar.

La distribución también es identificada en cualquier punto intermedio. La figura muestra una banda de confianza del 95 por ciento, la cual se incrementa con la raíz cuadrada del tiempo hasta que alcanza $\pm 2 \times 10\%$. En este modelo simple, el riesgo puede cuantificarse en cualquier punto superior al horizonte objetivo.

Sin embargo, el Monte Carlo estructurado es propenso al riesgo del modelo. Si el proceso estocástico elegido para el precio no es realista, tampoco lo será la estimación de VAR. Esta es la razón por la cual resulta particularmente importante la elección del proceso subyacente. El modelo del movimiento browniano

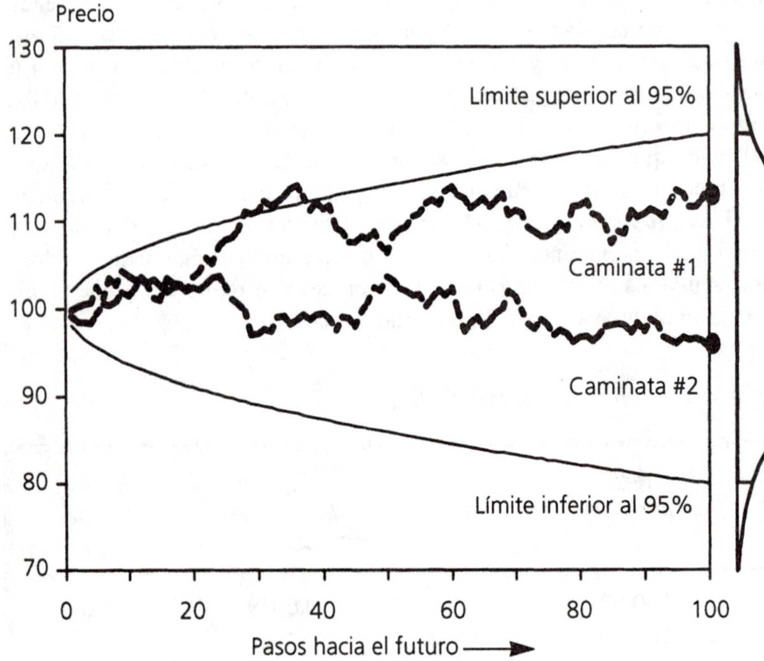

FIGURA 12-1 Simulación de caminatas de precios.

[1] De hecho, la distribución final es realmente lognormal, dado que el precio nunca puede ser menor a 0.

geométrico (12.1) describe adecuadamente el comportamiento de algunas variables financieras, pero ciertamente no el de los valores de renta fija de corto plazo. En el movimiento browniano nunca se revierten los choques sobre el precio. Esto no representa el proceso aleatorio de precios para bonos libres de incumplimiento, el cual debe converger a su valor nominal al vencimiento.

Otro enfoque es modelar la dinámica de las tasas de interés como:

$$dr_t = \kappa(\theta - r_t)dt + \sigma\sqrt{r_t}dz \tag{12.3}$$

la cual fue utilizada por Cox, Ingersoll y Ross (1985) para modelar la estructura intertemporal en un entorno de equilibrio general.

Este proceso es importante porque proporciona una descripción simple de la naturaleza estocástica de las tasas de interés, que es consistente con la observación empírica de que las tasas de interés presentan reversión a la media. Aquí, el parámetro $\kappa < 1$ define la velocidad de la reversión a la media hacia el valor θ de largo plazo; las situaciones donde las tasas de interés vigentes son altas, tal como $r_t > \theta$, implican una tendencia negativa $\kappa(\theta - r_t)$ hasta que las tasas se revierten a θ. Recíprocamente, las tasas bajas están asociadas con una tendencia esperada positiva. También debe notarse que la varianza de este proceso es proporcional al nivel de las tasas de interés; a medida que la tasa de interés se mueve hacia 0, la varianza cae, de tal forma que r nunca puede caer por abajo de 0.

La ecuación (12.3) describe un modelo de las tasas de interés de un factor, el cual es conducido por movimientos en las tasas de corto plazo dr_t. En este modelo, los movimientos en las tasas de largo plazo están perfectamente correlacionados con movimientos en esta tasa de corto plazo a través de dz. Sin embargo, pueden exhibir varias tendencias. Para evitar el arbitraje, las tasas forward pueden incorporarse en los rendimientos esperados μ_t para distintos vencimientos, como se mostró en la ecuación (6.15). El experimento Monte Carlo consiste en primero, simular movimientos en las tasas de interés de corto plazo, y entonces utilizar la estructura intertemporal simulada para valuar los valores en la fecha objetivo.

El proceso de la tasa de interés también puede extenderse a un entorno multidivisas, incorporando correlaciones entre tasas de interés y tipos de cambio. Para divisas, el impulso o tendencia puede basarse en una paridad descubierta de tasas de interés de corto plazo, lo cual define el rendimiento esperado como la diferencia entre las tasas de interés locales y las extranjeras. Esto crea un gran sistema con interacciones que proporcionan un modelaje realista de portafolios globales de renta fija.

Para mayor precisión, pueden considerarse factores adicionales. Longstaff y Schwartz (1992), por ejemplo, extienden el modelo Cox, Ingersoll y Ross (CIR) a un modelo de dos factores, utilizando la tasa de corto plazo y su varianza como fuentes de riesgo. Encuentran que el modelo de dos factores proporciona una descripción aceptable de los precios de bonos cruzados, mientras que el modelo de un sólo factor es rechazado por los datos.

1.2 Generación de números aleatorios

Las simulaciones Monte Carlo se fundamentan en inferencias aleatorias ϵ para una variable con la distribución de probabilidad deseada. El análisis numérico procede usualmente en dos pasos.

El primer componente para un generador de números aleatorios es una distribución uniforme sobre el intervalo [0, 1], la cual produce una variable aleatoria x. En términos más formales, estos números son "pseudo" aleatorios, dado que se generan a partir de un algoritmo utilizando una regla determinística. Iniciando a partir del mismo número "semilla", la secuencia puede repetirse a voluntad.

El siguiente paso es transformar el número aleatorio uniforme x en la distribución deseada, a través de la función de distribución de probabilidad acumulativa inversa (*fdp*). Tomemos la distribución normal. Por definición, la *fdp* acumulativa $N(y)$ está definida entre 0 y 1. Por lo tanto, para generar una variable aleatoria normalmente distribuida calculamos y tal que $x = N(y)$, o $y = N^{-1}(x)$.[2] En términos más generales, cualquier función de distribución puede generarse mientras la función $N(y)$ pueda ser invertida.

En este punto surge una advertencia importante. Parece fácil generar variables que sean puramente aleatorias, pero en la práctica, es muy difícil. Un algoritmo bien diseñado generará observaciones que "parecerán" independientes en el tiempo. El discernir si esta secuencia es realmente aleatoria es un asunto filosófico que no discutiremos. Los buenos generadores de números aleatorios deben crear series que aprueben todas las pruebas convencionales de independencia. De lo contrario, las características del proceso de precios simulados no obedecerá al modelo subyacente.

La mayoría de los sistemas en uso, desafortunadamente, proporcionan un generador de número aleatorio que es simple pero inexacto. Todos los algoritmos "se mueven por ciclos" después de algunas iteraciones; esto es, repiten la misma secuencia de números pseudo aleatorios. Los buenos algoritmos se mueven por ciclos después de miles de millones de observaciones; los malos algoritmos pueden moverse por ciclos después de sólo unos cuantos miles.

Si el ciclo es demasiado corto, se presentarán dependencias en el proceso debido sólo al generador de números aleatorios. Como resultado, el rango de valores posibles del portafolio puede estar incompleto y por consiguiente, conducir a una medida incorrecta del VAR. Esta es la razón por la cual resulta importante

[2] Moro (1995) muestra cómo usar aproximaciones a la función N^{-1} para acelerar la velocidad de cálculo.

investigar las cualidades del algoritmo, el cual, después de todo, conduce a todos los resultados.

Debe hacerse una aclaración final respecto a la utilización del método Monte Carlo. Este método se basa en observaciones aleatorias que "llenan" un espacio dimensional N, donde N es el número de variables que determinan el precio de los títulos en cuestión. Para instrumentos financieros complejos, tales como las hipotecas, los métodos de simulación todavía son relativamente lentos con relación al rápido movimiento de los mercados financieros. Sin embargo, existen otros métodos.

Los investigadores han notado actualmente que la secuencia de puntos $\{x\}$ no tiene que ser elegida aleatoriamente. Es posible utilizar un esquema *determinístico* que se construye para proporcionar un llenado más consistente del espacio N. La elección debe tomar en cuenta el tamaño de la muestra, la dimensión del problema y posiblemente la forma de la función que es integrada.

Paskov y Taub (1995), por ejemplo, encuentran que, para un caso particular de valores sobre hipotecas con dimensionalidad alta, la utilización de simulaciones con conjuntos de puntos predeterminados constituye una mejora notable en la velocidad. Ya que los métodos de simulación empiezan a ser ampliamente utilizados para medir el VAR, podemos esperar grandes mejoras en la generación de resultados.

1.3 Seccionamiento (bootstrap)

Una alternativa para la generación de números aleatorios a partir de una distribución hipotética dada es hacer un muestreo a partir de datos históricos con sustitución. Por ejemplo, supongamos que observamos una serie de M rendimientos $R = \Delta S/S$, $\{R\} = (R_1 \ldots R_M)$, los cuales, puede asumirse, son variables aleatorias independientes e idénticamente distribuidas (iid) a partir de una distribución desconocida. El método de simulación histórica consiste en la utilización de estas series en una sola ocasión para generar pseudo-rendimientos. Pero esto puede extenderse aún más.

Con el seccionamiento, se estima la distribución mediante la distribución empírica de R, asignando una probabilidad igual a cada realización. El método fue propuesto inicialmente por Efron (1979) como una técnica de aleatorización no paramétrica, que se infiere a partir de la distribución de los datos observados, para modelar la distribución de un estadístico de interés.[3]

El procedimiento se desarrolla realizando muestras de $\{R\}$ con sustitución, con tantas observaciones como sea necesario. Por ejemplo, supongamos que de-

[2] Bickel y Freedman (1981) han estudiado las propiedades asintóticas de la franja para los estadísticos comúnmente utilizados, tales como la media, la mediana, la varianza y los cuantiles de distribución.

seamos generar 100 rendimientos en el futuro, pero no queremos imponer ningún supuesto sobre la distribución de los rendimientos diarios. Podríamos proyectar los rendimientos eligiendo aleatoriamente un rendimiento por periodo de la muestra sobre los pasados $M = 500$ días, con sustitución. Definamos el índice de selección como $m(1)$, un número entre 1 y 500. El rendimiento seleccionado es entonces $R_{m(1)}$ y el rendimiento simulado del siguiente día será $S_{t+1} = S_t(1 + R_{m(1)})$. La repetición de la operación para un total de 100 inferencias rinde un total de 100 pseudo-valores $S_{t+1}, \ldots, S_{t+n}$.

Una ventaja esencial de esta técnica es que puede incluir colas amplias, o saltos, o cualquier desviación de la distribución normal. Por ejemplo, podríamos incluir el rendimiento durante el crack del 19 de octubre de 1987, el cual nunca (o casi nunca) ocurriría bajo una distribución normal. El método también considera las correlaciones entre las series, dado que una observación simulada consiste en los rendimientos simultáneos para N series, tales como acciones, bonos y precios de divisas.

Hay que subrayar que el enfoque de seccionamiento tiene limitantes. Para tamaños muestrales pequeños M, la distribución simulada puede ser una pobre aproximación a la distribución real. Por lo tanto, es importante tener acceso a suficientes número de datos. La otra desventaja de esta técnica es que se apoya fuertemente en el supuesto de que los rendimientos son independientes. Rehaciendo la muestra aleatoriamente, se rompe cualquier patrón de variación en el tiempo.

No obstante, esta técnica también puede tolerar cierta variación del tiempo en los parámetros, siempre que estemos dispuestos a tomar una posición en el modelo. Por ejemplo, el seccionamiento puede aplicarse a los residuales normalizados de un proceso GARCH:

$$\epsilon_t = r_t / \sqrt{h_t},$$

donde r_t es el rendimiento real y ht es la varianza condicional para el proceso GARCH estimado. Para recrear los pseudo-rendimientos, entonces podríamos hacer primero, un muestreo a partir de la distribución histórica de ϵ y reconstruir entonces la varianza condicional y los pseudo-rendimientos.

En resumen, las ventajas del seccionamiento superan con mucho sus desventajas. Dado que el propósito del VAR es capturar el comportamiento en las colas y que los datos históricos muestran colas más amplias que en distribuciones normales, la técnica está idealmente adaptada a los métodos de VAR.

1.4 El cálculo del VAR

Una vez que ha sido simulada una trayectoria de precios, podemos construir la distribución del portafolio al final del horizonte de tiempo seleccionado. La simulación se lleva a cabo de acuerdo con los siguientes pasos:

1. Seleccionar un proceso estocástico y sus parámetros.
2. Generar una pseudo-secuencia de variables $\epsilon_1, \epsilon_2, \ldots, \epsilon_n$, con las cuales se obtienen los precios como $S_{t+1}, S_{t+2}, \ldots, S_{t+n}$.
3. Calcular el valor del activo $F_{t+n} = F_T$ bajo esta secuencia particular de precios en el horizonte de tiempo objetivo.
4. Repetir los pasos 2 y 3 tantas veces como sea necesario, digamos 10,000, obteniendo una distribución de valores, $F_T^1, \ldots, F_T^{10,000}$, para los cuales puede ser calculado el VAR. En el nivel de significancia seleccionado c, el VAR es el valor del portafolio excedido en c veces 10,000 replicaciones.

El número de iteraciones debe reflejar la interrelación usual entre la precisión y el costo de cómputo. Siempre existe cierto error en la estimación de una simulación, debido a la variabilidad muestral. A medida que se incrementa el número de repeticiones, la estimación converge al valor verdadero, usualmente a una velocidad proporcional de $\sqrt{K}$, la raíz cuadrada del número de repeticiones. Más repeticiones conducen a estimaciones más precisas, pero requieren más tiempo. En mercados con movimiento rápido, o con valores complejos, la velocidad puede ser más importante que la precisión.

La figura 12-2 muestra la convergencia de la distribución empírica hacia la distribución verdadera. Con 100 repeticiones, el histograma que representa la dis-

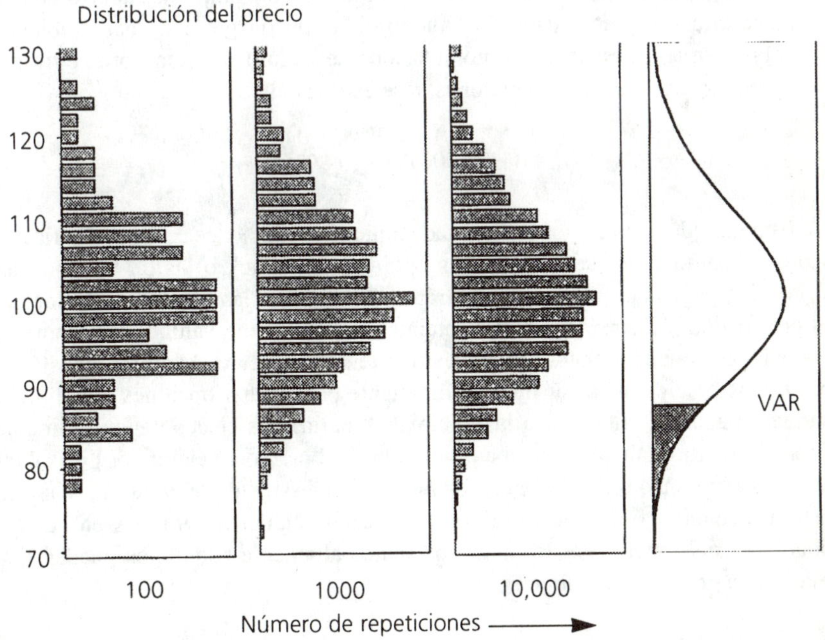

FIGURA 12-2 Convergencia a la distribución verdadera.

tribución del precio final es muy irregular. El histograma se torna más suave con 1,000 repeticiones, y aún más con 10,000 repeticiones, y eventualmente debería converger a la distribución continua en el panel derecho.

Si el proceso subyacente es normal, la distribución empírica debe converger a una distribución normal. En esta situación, el análisis Monte Carlo debería rendir exactamente el mismo resultado que el método delta-normal: el VAR estimado para el cuantil muestral debe converger en el valor de $\alpha\sigma$. Cualquier desviación tiene que deberse a una variación muestral.

Es interesante hacer notar que el método Monte Carlo fue propuesto originalmente en el contexto de la valuación de opciones.[4] Las simulaciones son particularmente útiles para valuar opciones que no tienen una solución de forma cerrada. Bajo el método de valuación de riesgo neutral, la simulación Monte Carlo consiste en: 1) simulación de precios, utilizando una tendencia igual a la tasa libre de riesgo; 2) evaluar el pago del derivado al vencimiento $T, F(S_T)$; y 3) descontar el pago a la tasa libre de riesgo. La operación puede repetirse tan frecuentemente como se requiera, y el valor actual del derivado se obtiene promediando entre todos los experimentos:

$$f_t = E^*[e^{-r\tau}F(S_T)], \tag{12.4}$$

donde la expectativa indica el promedio y el asterisco es un recordatorio de que las trayectorias de precio están bajo neutralidad de riesgo; esto es, cambiando tanto el rendimiento esperado como la tasa de descuento a la tasa libre de riesgo. En la práctica, con 10,000 repeticiones, f_t se estima como:

$$f_t = (1/10{,}000) \sum_{k=1}^{10{,}000} e^{-r\tau} F_T^k.$$

Este método es muy general y puede aplicarse a opciones con trayectorias de precios dependientes (tales como las opciones lookback o las de tasa promedio) o para pagos de vencimiento extraños (tales como las funciones no lineales del precio final). Su principal desventaja es que no puede valuar acertadamente las opciones donde el tenedor puede ejercer tempranamente. Además, la distribución de los precios debe ser medida finamente para valuar opciones con discontinuidades agudas, tales como las opciones binarias, las cuales pagan un monto fijo si el precio finaliza por arriba o por abajo del precio de ejercicio. Los saldos sobre las combinaciones de opciones binarias podrían simplemente no aparecer en la distribución final del portafolio, si existen "agujeros" grandes en las distribuciones del precio. Por lo tanto, los saldos altamente complejos pueden manejarse con precisión creciente.

[4] Ver Boyle (1977).

El método Monte Carlo permite a los usuarios medir el riesgo vega, o exposición a los cambios en la volatilidad. Lo único que se requiere es repetir la simulación con la misma secuencia de valores ϵ pero con otro valor para σ. El cambio en el valor del activo debido únicamente al cambio en la volatilidad, mide el riesgo vega.

Las simulaciones también son adecuadas para las opciones que dependen de más de una variable. Esto se debe a que el tiempo de cómputo se incrementa linealmente con N, mientras que con otros métodos, como el binomial o el de diferencia finita, se incrementa geométricamente con N.

Para resumir, el cálculo del VAR se fundamenta en el esquema desarrollado para la valuación de opciones complejas, sólo que no existe descuento. Por lo tanto, la inversión en recursos intelectuales y de sistemas para la operación de derivados puede utilizarse fácilmente para calcular el valor en riesgo. Sin duda, esta es la razón por la cual los oficiales de la Fed han declarado que los derivados "han tenido favorables efectos de rebote en las habilidades de las instituciones para administrar sus portafolios totales".

2 SIMULACIONES CON VARIANZAS MÚLTIPLES

En la práctica, los portafolios contienen más de una fuente de riesgo financiero. Aún los valores simples, tales como los bonos corporativos, dependen de una combinación de dos o más variables financieras. La metodología de simulación puede extenderse fácilmente al caso más general de variables múltiples, el cual considera N fuentes de riesgo.

Si las variables no están correlacionadas, la aleatorización puede realizarse de forma independiente para cada variable:

$$\Delta S_{j,t} = S_{j,t-1}\,(\mu_j \Delta_t + \sigma_j\, \epsilon_{j,t}\, \sqrt{\Delta t}), \tag{12.5}$$

donde los valores ϵ son independientes a lo largo del tiempo y de las series $j = 1, \ldots, N$.

Pero, generalmente, las variables están correlacionadas. Para probar esta correlación, empezamos por un conjunto de variables independientes η, las cuales se transforman entonces en ϵ. En un marco de dos variables, construimos:

$$\begin{aligned} \epsilon_1 &= \eta_1 \\ \epsilon_2 &= \rho\eta_1 + (1-\rho^2)^{1/2}\eta_2, \end{aligned} \tag{12.6}$$

donde ρ es el coeficiente de correlación entre las variables ϵ. Primero, verificamos que la varianza de ϵ_2 es la unidad:

$$\mathrm{Var}(\epsilon_2) = \rho^2\mathrm{Var}(\eta_1) + [(1-\rho^2)^{1/2}]^2\,\mathrm{Var}(\eta_2) = \rho^2 + (1-\rho^2) = 1.$$

Después obtenemos la covarianza de ϵ como:

$$\text{Cov}(\epsilon_1, \epsilon_2) = \text{Cov}(\eta_1, \rho\eta_1 + (1 - \rho^2)^{1/2}\eta_2) = \rho\text{Cov}(\eta_1, \eta_1) = \rho.$$

Esto confirma que los valores de ϵ tienen una correlación de ρ. La pregunta es ¿Cómo se eligió la transformación (12.6)?

2.1 Factorización de Cholesky

En términos más generales, supongamos que tenemos un vector de N valores de ϵ, para los cuales deseamos desplegar alguna estructura de correlación $V(\epsilon) = E(\epsilon\epsilon') = R$. Como la matriz R es una matriz simétrica real, puede descomponerse en sus factores de *Cholesky* $R = TT'$, donde T es una matriz triangular menor con ceros en las esquinas superiores derechas.

Entonces iniciamos a partir de un N vector η, el cual está compuesto por variables independientes, todas con varianzas unitarias. En otras palabras, $V(\eta) = I$ donde I es la matriz identidad con ceros en todas partes, excepto sobre la diagonal principal. Después, construimos la variable $\epsilon = T\eta$. Su matriz de covarianzas es $V(\epsilon) = E(\epsilon\epsilon') = E(T\eta\eta'T') = TE(T\eta\eta'T') = TIT' = TT' = R$. Por lo tanto, confirmamos que los valores de ϵ tienen las correlaciones deseadas.

Como ejemplo, consideremos el caso de dos variables. La matriz puede descomponerse en:

$$\begin{bmatrix} 1 & \rho \\ \rho & 1 \end{bmatrix} = \begin{bmatrix} a_{11} & 0 \\ a_{12} & a_{22} \end{bmatrix} \begin{bmatrix} a_{11} & a_{12} \\ 0 & a_{22} \end{bmatrix} = \begin{bmatrix} a_{11}^2 & a_{11}a_{12} \\ a_{11}a_{12} & a_{12}^2 + a_{22}^2 \end{bmatrix}.$$

Dado que la matriz de Cholesky es triangular, los factores pueden determinarse con sustituciones sucesivas, estableciendo:

$$\begin{aligned} a_{11}^2 &= 1 \\ a_{11}a_{12} &= \rho \\ a_{12}^2 + a_{22}^2 &= 1, \end{aligned}$$

lo cual produce:

$$\begin{bmatrix} 1 & \rho \\ \rho & 1 \end{bmatrix} = \begin{bmatrix} 1 & 0 \\ \rho & (1 - \rho^2)^{1/2} \end{bmatrix} \begin{bmatrix} 1 & \rho \\ 0 & (1 - \rho^2)^{1/2} \end{bmatrix}.$$

Y, de hecho, esta es la forma en que se obtuvo (12.6):

$$\begin{bmatrix} \epsilon_1 \\ \epsilon_2 \end{bmatrix} = \begin{bmatrix} 1 & 0 \\ \rho & (1 - \rho^2)^{1/2} \end{bmatrix} \begin{bmatrix} \eta_1 \backslash \eta_2 \end{bmatrix}.$$

Esto explica cómo puede crearse un conjunto multivariado de variables aleatorias, a partir de componentes constitutivos simples consistentes en variables *i*-ésimas. Además de proporcionar un método para generar variables correlacionadas, este enfoque proporciona una valiosa profundización en el proceso de generación de números aleatorios.

2.2 Números de factores independientes

Para que la descomposición funcione, la matriz R debe ser positiva definida. De lo contrario, no hay manera de transformar N fuentes independientes de riesgo en N variables correlacionadas de ϵ. Para que la matriz sea positiva definida, el número de observaciones T debe ser al menos tan grande como el número de factores N, y la serie no puede estar linealmente correlacionada, como se señaló en el capítulo 8.

Cuando la matriz R no es positiva definida, su *determinante* es 0. Hablando intuitivamente, el determinante d es una medida del "volumen" de una matriz. Si d es 0, la dimensión de la matriz es menor a N. El determinante puede calcularse fácilmente a partir de la descomposición de Cholesky en dos matrices. Dado que la matriz T tiene ceros a lo largo de su diagonal, su determinante se reduce al producto de todos los coeficientes diagonales, $d_T = \Pi_{i=1}^{N} a_{ii}$ El determinante de la matriz de covarianzas R es entonces $d = d_T^2$.

En nuestro ejemplo de dos factores, la matriz no es positiva definida si $\rho = 1$, lo cual implica que ambos factores son realmente el mismo. Entonces, la descomposición de Cholesky produce $a_{11} = 1$, $a_{12} = 1$ y $a_{22} = 0$, y el determinante $d = (a_{11}a_{22})^2$ es 0. Como resultado, el segundo factor η_2 nunca es utilizado, y ϵ_1 es siempre el mismo que ϵ_2. La segunda variable aleatoria es totalmente superflua.

Estas condiciones podrían parecer académicas, pero desafortunadamente pronto llegan a ser muy reales con simulaciones basadas en un gran número de factores. A medida que se incrementa el tamaño de la matriz, N puede aproximarse al número de observaciones T de series de tiempo y, con errores de redondeo, la matriz puede resultar no definida positiva definida. Esta es la razón por la cual es crítico el diseño del experimento, incluyendo el número de variables a simular. Frecuentemente puede resolverse un problema utilizando una matriz de dimensiones menores, lo cual también acelera considerablemente el trabajo de cómputo.

2.3 Cálculo del VAR

Para encontrar la distribución del valor del portafolio bajo un conjunto complejo de variables predeterminadas, la simulación se lleva a cabo primero como en la sección previa.

Para cada experimento k, calculamos primero el valor de todos los activos $F_{i,T}^k$ en el portafolio. En general, no se requiere que el número de activos sea el mismo que el de variables aleatorias N. El valor del portafolio en el horizonte de tiempo objetivo es entonces:

$$P_T^k = \sum_{i=1}^{N} w_{i,t} F_{i,T}^k, \tag{12.7}$$

utilizando las ponderaciones del portafolio $w_{i,t}$.

Repitiendo la simulación para $K = 10{,}000$ veces, por ejemplo, obtenemos la distribución completa del valor del portafolio en la fecha objetivo P_T. El VAR del portafolio puede ser medido entonces a partir de la distribución de valores en el horizonte de tiempo objetivo.

En la figura 12-3 se muestra la distribución Monte Carlo para una inversión de la Asociación Nacional de Hipotecas del Gobierno de los Estados Unidos (GNMA), obtenida por el modelo RAROC 2020 de Bankers Trust. El valor de mercado de la inversión es de \$296 millones. Como dichas hipotecas incluyen opciones con pagos complejos, no pueden ser aproximados eficientemente por una distribución normal. De hecho, la figura muestra tres modos, en lugar de uno para una distribución normal. El VAR estimado para un año al nivel del 99 por ciento es de \$95.4 millones.

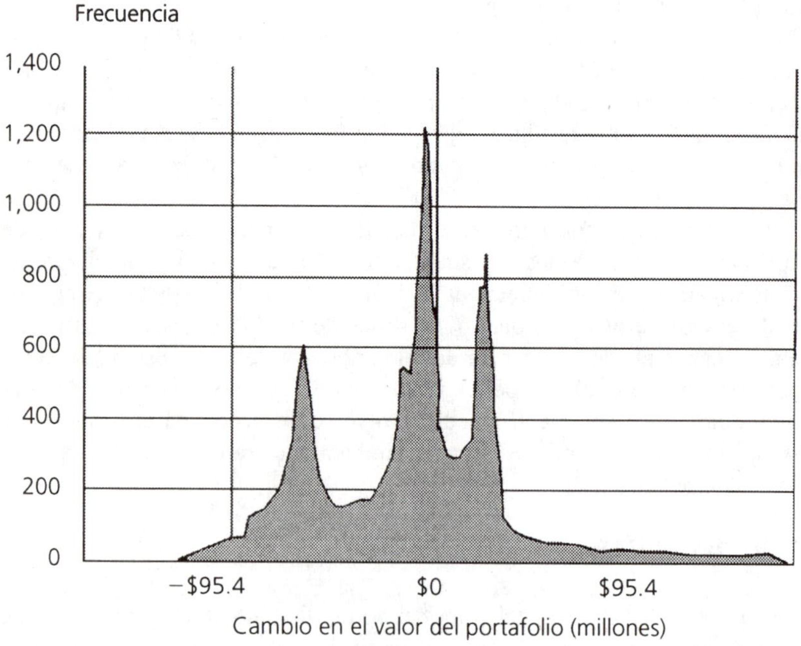

FIGURA 12-3 El VAR para las inversones GNMA.

CAPÍTULO 13

Riesgo crédito

Mientras paguen, que canten.

Julio Mazarino, Primer Ministro de Luis XIV

El riesgo crédito se está convirtiendo en uno de los aspectos claves que enfrenta la industria de los derivados en la década de los noventa. A principios de los ochenta, mientras el mercado disfrutaba de un crecimiento rápido, este tipo de riesgo parecía poco importante. En el mercado de swaps de largo plazo, por ejemplo, el riesgo crédito de todas las contrapartes fue calificado al mejor nivel y los incumplimientos fueron pocos. A medida que el mercado maduró, mayores volúmenes expusieron a los participantes al deterioro de estos riesgos. Con spreads más estrechos, surgió la necesidad de poner énfasis en la medición precisa de este riesgo. El punto es cómo controlar las pérdidas potenciales derivadas de un incumplimiento y cómo determinarles un precio, es decir, cómo valuar ese riesgo.

El riesgo crédito, uno de los componentes fundamentales de la teoría financiera de las partículas, surge cuando las contrapartes están indispuestas o son totalmente incapaces de cumplir sus obligaciones contractuales. El riesgo crédito abarca tanto el riesgo de incumplimiento, como el riesgo de mercado. El riesgo de incumplimiento es la valuación objetiva de la probabilidad de que una contraparte incumpla; el riesgo de mercado mide la pérdida financiera que será experimentada si el cliente incumple.

El riesgo crédito en derivados tiene dos características distintivas. La primera es la necesidad de cuantificar el nivel de exposición, o riesgo de mercado. En la banca tradicional, la exposición crediticia se determina fácilmente; para un bono o para un contrato de préstamo, se mide como el principal remanente más cualquier interés acumulado. Con derivados, la exposición depende de si el contrato tiene un valor de mercado positivo o negativo y de los cambios futuros en su valor. La segunda característica es el potencial para la diversificación a través de contrapartes e instrumentos. Puesto que las exposiciones tienden a compensarse entre sí, el riesgo de un portafolio será considerablemente menor que la suma de cada exposición crediticia. Las instituciones que puedan cuantificar acertadamente el riesgo crédito de su portafolio, serán capaces de determinar mejor el precio de sus productos, ganando por lo tanto una ventaja sobre la competencia.

La teoría sobre el riesgo crédito está relativamente menos desarrollada que los modelos de riesgo de mercado basados en el VAR. El riesgo crédito también es objeto de una intensa investigación, tanto a nivel de la industria como académico. Como resultado, debemos esperar que dicha área evolucione rápidamente.

En la sección 1 se presenta un panorama general de la naturaleza del riesgo crédito; éste es comparado con las mediciones de riesgo de mercado basadas en el VAR. El mercado ha creado cierto número de métodos para mitigar este riesgo, los cuales se describen en la sección 2. Estos métodos, así como las posibles incertidumbres legales acerca de la posibilidad de ponerlos en vigor, deben ser tomadas en cuenta al evaluar el riesgo crédito. Finalmente, en la sección 3 se muestra cómo modificar los métodos Monte Carlo para explicar el riesgo crédito.

1 LA NATURALEZA DEL RIESGO CRÉDITO

La función de la administración del riesgo crédito se centra en un conjunto de aspectos que difieren bastante de aquéllos relacionados con los administradores de riesgo de mercado. Ambos enfoques se comparan en la tabla 13-1. Primero, el

TABLA 13-1 Comparación del valor en riesgo y el riesgo crédito.

Aspecto	*Valor en riesgo*	*Riesto crédito*
Fuente del riesgo	Riesgo de mercado	Riesgo de mercado e incumplimiento
Unidad a la cual se aplican los límites de riesgo	Algún nivel de la organización operativa	Entidad legal de la contraparte
Horizonte de tiempo	Costo (días)	Potencialmente largo (años)
Aspectos legales	No son aplicables	Muy importante

VAR se ocupa sólo del riesgo de mercado, mientras que el riesgo crédito aborda el efecto combinado del riesgo de mercado y del riesgo de incumplimiento. Segundo, los límites de riesgo se aplican a unidades diferentes. Para el VAR, los límites se aplican a niveles en la organización operativa (tales como unidades de negocio, mesas de operación o portafolios); para el riesgo crédito, los límites se aplican a la exposición total, bruta o neta, para cada contraparte, en la entidad definida legalmente. Tercero, el horizonte de tiempo generalmente es muy distinto, usualmente muy corto (días) en el caso de medidas del VAR, pero mucho más largo (años) al considerar el incumplimiento potencial. Cuarto, los aspectos legales son muy importantes para la evaluación del riesgo crédito, mientras que no son aplicables para el riesgo de mercado.

Como resultado de estos factores adicionales, el riesgo crédito se presta mucho menos que el riesgo mercado para obtener mediciones precisas. Las probabilidades de incumplimiento y las tasas de recuperación son mucho más difíciles de medir que la dispersión en los movimientos del mercado. A causa de que la exposición crediticia cubre horizontes prolongados, las posiciones actuales no pueden representar adecuadamente los riesgos futuros si tienen lugar nuevas transacciones con la misma contraparte. Como han habido pocos incumplimientos que involucren swaps de largo plazo, siguen siendo poco claros los efectos de las reglas de quebranto y del carácter ejecutorio de los acuerdos para mejorar un crédito, desafortunadamente, las diferencias en la interpretación legal pueden ocasionar drásticas diferencias en las pérdidas potenciales derivadas del incumplimiento.

Para que el riesgo de incumplimiento genere pérdidas, deben satisfacerse dos condiciones. Primero, debe haber un reclamo neto contra la contraparte y segundo, la contraparte debe incumplir. La primera condición es relevante cuando una de las partes incumple en un contrato derivado, el cual puede tener tanto un valor positivo (un activo neto para la parte solvente) como un valor negativo (un pasivo de la parte solvente).

En efecto, la pérdida debida al incumplimiento es muy semejante a la de una opción. Definamos V_t como el valor actual, o de sustitución, del activo de la parte solvente. Asumiendo que no habrá recuperación en caso de incumplimiento, la pérdida es V_t, si es positiva,

$$\text{Pérdida}_t = \text{Máx}(V_t,0). \tag{13.1}$$

Si V_t representa el valor de una deuda riesgosa, tal como un bono corporativo, entonces debe ser positivo. Sin embargo, si V_t representa un contrato derivado, puede ser tanto negativo como positivo; los contratos con valor positivo son comúnmente denominados como contratos que se encuentran *dentro del dinero*.

Este tratamiento asimétrico se deriva del hecho de que, si la contraparte incumple mientras el contrato tiene valor negativo, la parte solvente típicamente no es libre de "escapar" del contrato, como se muestra en el recuadro 13-1. En contraste, puede ocurrir una pérdida si la contraparte que incumple se va a la bancarrota, en cuyo caso puede ser "salvada" de hacer los pagos. Aun si el pago se realiza, es probable que sea menor al valor actual total del contrato dado que las contrapartes en derivados pueden ser calificadas igual que acreedores principales no asegurados. Por lo tanto, la exposición *actual* al incumplimiento tiene un patrón asimétrico, como una opción.

No obstante, el riesgo crédito debería incluir no solo el valor actual de sustitución sino también la pérdida *potencial* derivada del incumplimiento. De hecho, el dictamen del G-30 recomienda que los usuarios "midan la exposición crediticia de dos formas: 1) la exposición actual... y 2) la exposición potencial, la cual es una estimación del costo futuro de sustitución de las transacciones con derivados."

La *exposición crediticia* frecuentemente se mide como

$$\text{Exposición crediticia}_t = \text{Máx}\,(V_t + \Delta V_T, 0), \tag{13.2}$$

RECUADRO 13-1

LA CLÁUSULA DE "ESCAPE" EN EL COLAPSO DE DREXEL

El colapso del Grupo Drexel Burnham Lambert (DBL Group) en 1990 ofrece un ejemplo de la asimetría en los saldos cuando ocurren incumplimientos.*

El quebranto de DBL Products atrapó a su subsidiaria que manejaba los swap en incumplimiento. La mayoría de los contratos de DBL contenían una cláusula de "escape" o ganancia rápida que permitían a la parte solvente cesar el pago aun si debía dinero a la parte deudora (a partir de entonces se modificó la documentación convencional para los swaps).

No obstante, casi todas las contrapartes pagaron a DBL Products el dinero que le debían, por una serie de razones. DBL Products amenazó con recusar el derecho al pago fácil a través de un litigio. Las contrapartes decidieron evitar un litigio caro, dado que había aspectos legales aun no resueltos acerca de la obligatoriedad de estos contratos. Cierto número de contrapartes también temieron que otras instituciones estarían probablemente menos dispuestas a negociar con ellas si tomaban ventaja de la cláusula de ganancia fácil con Drexel. Como resultado, DBL obtuvo el 100 por ciento de los pagos que se le adeudaban pero negoció para pagar sólo el 70 por ciento del valor de los contratos que estaban dentro del dinero para las partes solventes.

*Para más detalles, véanse las audiencias del Congreso de los Estados Unidos sobre derivados (1993).

donde ΔV_τ representa el incremento máximo en el valor de contrato a lo largo de su vigencia τ en un nivel de confianza especificado c. El riesgo crédito es medido entonces como la exposición crediticia por la probabilidad de incumplimiento.

Este enfoque tiene el mérito de la simplicidad. Desafortunadamente, se adapta pobremente a los portafolios de instrumentos, dado que las peores exposiciones pueden ocurrir en diferentes fechas. Además, obtener promedios para las duraciones ampliamente distintas de los contratos no tiene mucho sentido. Los enfoque más precisos se basan en el *perfil de exposición potencial*, el cual describe la peor pérdida potencial, medida en algún nivel de confianza, en un conjunto de fechas futuras (por ejemplo, intervalos mensuales). El patrón de la exposición crediticia dinámica puede combinarse con probabilidades de incumplimiento futuro para crear un perfil de riesgo crédito.

Este esquema demuestra que el riesgo crédito está relacionado con el riesgo de mercado. Pero la relación es aún más compleja para portafolios grandes. Algunas veces el riesgo crédito es evaluado *transacción-por-transacción*, con lo cual se ignora esencialmente el efecto portafolio o de diversificación. La diversificación del portafolio puede realizarse en dos dimensiones: entre transacciones (riesgo de mercado) y/o entre contrapartes.

Considérese por ejemplo un portafolio formado por una posición larga sobre un forward de DM y un corto sobre un forward de DM con dos contrapartes distintas. El portafolio está cubierto del riesgo de mercado. El enfoque de transacción-por-transacción considera el efecto del incumplimiento en cada posición por separado. Se observa una pérdida en la posición larga si se aprecia el DM y la primer contraparte incumple; ocurre una pérdida en la posición corta si se deprecia el DM y la segunda contraparte incumple. En este enfoque, se suman las pérdidas potenciales de ambas posiciones.

Aunque la apreciación y la depreciación del DM son eventos mutuamente excluyentes, este método sobrestima la verdadera pérdida potencial derivada del riesgo crédito. En su lugar, un *enfoque de portafolio* considerará las interacciones entre los movimientos del mercado y determinará entonces la pérdida potencial. En este caso, asumiendo una probabilidad igual de apreciación y de depreciación, así como de incumplimiento por ambas contrapartes, la pérdida potencial es sólo la mitad de la medición previa. De forma más general, el riesgo crédito debe considerar los efectos de la diversificación del portafolio así como el beneficio neto de los acuerdos de valoración del crédito, los cuales se describen posteriormente.

2 DISMINUCIÓN DEL RIESGO CRÉDITO

Los derivados pueden ser operados en *bolsas organizadas* o en una red descentralizada de instituciones financieras, típicamente conocida como mercados *over the counter* (OTC). Cada uno de estos mercados ha desarrollado sus propias técnicas para combatir el riesgo crédito. Estos métodos deben modelarse formalmente cuando se evalúan las pérdidas posibles derivadas del incumplimiento.

2.1 Bolsas organizadas

Las bolsas han implementado acuerdos institucionales que reducen el riesgo contraparte, incluyendo los requerimientos de margen, la valuación diaria a mercado y una *cámara de compensación* organizada. Los clientes que deseen establecer posiciones en las bolsas estadounidenses deben abrir previamente una cuenta con un intermediario autorizado por la comisión de futuros (FCM). Esta empresa desempeña una función similar al de un intermediario bursátil y está autorizado para aceptar dinero con el fin de asegurar las operaciones en las bolsas organizadas. El FCM puede o no ser miembro de la cámara de compensación. Si no lo es, todas las operaciones deben dirigirse a un FCM liquidador.

Requerimientos de margen

Cuando se abre una posición sobre un futuro, éste no tiene valor. Para resguardarse contra la posibilidad de incumplimientos del cliente, deben establecerse márgenes iniciales tan pronto como sea abierta la posición. Este margen funge como un bono de desempeño, o colateral, para compensar las posibles pérdidas futuras en caso de que el cliente incumpla.

Los márgenes se establecen en dos niveles. La cámara de compensación determina márgenes que deben mantener los socios liquidadores para todas las posiciones abiertas, tanto de cuentas de clientes como de posición propia. Los márgenes de clientes pueden calcularse sobre la base de posiciones *netas* o *brutas*. Un sistema de margen bruto requiere que el socio liquidador deposite márgenes para cada posición corta y larga. Con un sistema neto los miembros liquidadores combinan todos los contratos de clientes en una posición neta. A su vez, cada socio liquidador debe requerir márgenes a sus clientes los que son, cuando menos, tan altos como los requeridos por la cámara de compensación.

Estos márgenes se establecen típicamente en relación a la volatilidad del precio y al tipo de posición, especulativa o de cobertura. Algunas bolsas, por ejemplo, determinan márgenes en un nivel que cubre el percentil 95o de los cambios absolutos diarios del precio, lo cual es, en esencia, un sistema de VAR diario para el riesgo crédito.

Valuando a mercado diariamente

La valuación a mercado implica la liquidación diaria de las pérdidas y las ganancias. Cuando los movimientos diarios del precio crean una pérdida, se requerirá al cliente que deposite un margen adicional. Si el cliente incumple en la llamada de margen, el FCM tiene la autoridad para liquidar el contrato. Este sistema mantiene una especie de colchón dinámico para cubrir las pérdidas por incumplimiento.

Límites a las posiciones

Los límites a las posiciones pueden aplicarse tanto a los operadores como a los socios liquidadores. Esto es útil para diversificar los riesgos de incumplimiento más profundos.

Cámara de compensación organizada

Una ventaja importante de las bolsas organizadas en relación con los mercados OTC es la estandarización del riesgo contraparte. Después de que se confirma una operación en una bolsa, la *cámara de compensación* se interpone entre todos los socios liquidadores. Esto elimina esencialmente el riesgo crédito de la contraparte, lo cual conduce a transacciones más eficientes. Como apuntó un observador, "Los mercados de futuros están diseñados para permitir la operación entre extraños, en contraposición a otros mercados que permiten la operación sólo entre amigos."

Diversos niveles de protección aseguran una operación confiable de la bolsa. El primer nivel de garantía es el margen del cliente. El segundo es una garantía dada por los intermediarios bursátiles; éstos responden por todos sus clientes ante un socio liquidador, quien proporciona un tercer nivel de garantía. Finalmente, si el miembro liquidador incumple, la garantía de último recurso es el fondo de compensación, el cual se crea con recursos depositados por todos los miembros o es respaldado por garantías bancarias o ambos.

Los márgenes, la marcación a mercado y los acuerdos de auto-aseguramiento garantizan una mejor calificación de crédito para las cámaras de compensación. Como resultado, existe un riesgo crédito muy pequeño en los instrumentos cotizados en bolsa. A lo largo de 120 años de operación de futuros en los Estados Unidos, nunca se ha presentado un caso de incumplimiento por parte de alguna cámara de compensación.

No obstante, cabe señalar que la cámara de compensación permanece sólo entre los miembros liquidadores. Esto no impediría que los márgenes de clientes se utilizaran para cubrir el incumplimiento de otro cliente en la misma FCM. Para ilustrarlo, consideremos el caso de Volume Investors, una FCM y socio liquidador del COMEX. En 1985, Volume incumplió porque un cliente grande no pudo atender las llamadas de margen. Dado que la llamada de margen de la cámara de compensación excedió todo el capital de Volume, la cámara de compensación embargó todo el margen depositado por Volume. Esto incluyó los márgenes de los clientes que no incurrieron en incumplimiento, quienes efectivamente tenían un riesgo crédito sustancial a través de su intermediario.[1] De este modo, el argumento de que "la cámara de compensación se convierte en la contraparte legal de todas las operaciones", el cual se encuentra en casi todos los libros de texto sobre finanzas, no es estrictamente cierto.

RECUADRO 13-2

EL COLAPSO DE BARINGS EN EL SIMEX

El colapso de Barings llamó la atención de los operadores en la calidad crediticia de las bolsas de futuros y de opciones, supuestamente los lugares más seguros para operar.

Leeson había acumulado una posición de 43,000 futuros en posición larga sobre el Nikkei en la Bolsa de Singapur (SIMEX), lo cual sumó un sorprendente 30 por ciento de todo el interés abierto en este contrato. Esto había excedido el límite teórico de 1,000 contratos, pero Barings había sido objeto de una excepción como miembro liquidador.

Los ejecutivos de las bolsas de futuros estadounidenses han declarado que tales posiciones habrían atraído su atención mucho antes de rebasar el límite. Además, en las bolsas estadounidenses los fondos de los clientes depositados en la Cámara de Compensación deben ser segregados de los fondos propiedad de los intermediarios. En el caso de un incumplimiento por parte del intermediario, los fondos del cliente no pueden utilizarse para saldar las pérdidas en que haya incurrido dicho intermediario (aunque el ejemplo de Volumen Investors ha demostrado que pueden utilizarse los fondos combinados de los clientes para pagar las pérdidas de otros clientes).

En contraste, Barings no había mantenido dicha segregación en el SIMEX. El 27 de febrero de 1995, dado que Barings cayó en la administración, el SIMEX tomó posesión de las posiciones de futuros y fueron congeladas todas las cuentas de clientes, incluyendo $350 millones de dólares de clientes estadounidenses. Un cliente que había cerrado una posición larga a medida que el mercado estaba cayendo tuvo que establecer una posición compensatoria con otro intermediario como cobertura. Por un momento, no estaba claro si la Cámara de Compensación incumpliría. En ese lapso, el fondo de reserva bursátil del SIMEX era de sólo $5.5 millones.

Finalmente, la situación fue resuelta cuando el Internationale Nederlanden Group, un banco holandés, asumió los pasivos de Barings. Los fondos de Barings también fueron suficientes para cubrir todas las posiciones en el SIMEX y la Cámara de Compensación sobrevivió a la tormenta. Lo que esta crisis puso en claro es que los estándares de credibilidad varían en las Cámaras de Compensación. La evaluación del riesgo crédito implica un análisis muy objetivo sobre las salvaguardas contra los incumplimientos.

[1] Para mayores detalles sobre este caso y sobre la relación cliente-intermediario, véase Jordan y Morgan (1990).

Las cámaras de compensación garantizan la posición neta sólo a los socios liquidadores, no a todos los contratos futuros. Por lo tanto, los clientes tienen que evaluar la integridad financiera de su FCM.[2] Sin este incentivo de mercado, caeríamos de nuevo en la trampa del riesgo moral, como en los esquemas de aseguramiento con depósitos bancarios. La moraleja de esta historia es que el conocimiento detallado de los acuerdos legales e institucionales es esencial para evaluar el riesgo crédito (como se demuestra en el recuadro 13-2).

2.2 Mercados OTC

Los participantes en mercados OTC mitigan el riesgo crédito a través de una variedad de características que mejoran el crédito, las cuales pueden ser también factorizadas en simulaciones.

Acuerdos de neteo

Los participantes en swaps pueden reducir el impacto potencial del incumplimiento a través de *acuerdos de neteo* de cierre bilateral. Hoy en día es común que los intermediarios que contratan frecuentemente swaps con las mismas contrapartes utilicen acuerdos *maestros de swap*. Estos acuerdos estipulan el neteo de los pagos a lo largo de un conjunto de contratos. En caso de incumplimiento, una contraparte no puede suspender los pagos sobre los contratos que tengan valor negativo mientras demande los pagos sobre los contratos con valor positivo. Esencialmente, este sistema reduce la exposición al pago neto para todos los contratos cubiertos por el acuerdo de neteo.

Límites a la posición

Los participantes en mercados OTC típicamente establecen límites sobre el monto de la exposición que están dispuestos a tomar con cada contraparte. La información sobre las transacciones se concentra en los sistemas de back-office que generan un "perfil de exposición" para cada contraparte. El perfil de exposición se utiliza, entonces, para administrar la utilización de la línea de crédito para múltiples cubos de vencimiento, arbitrariamente definidos. Cada operación adicional propuesta con la misma contraparte es examinada entonces para determinar el efecto incremental sobre la exposición total.

Una vez más, las consideraciones sobre portafolios son importantes. Mientras que los límites de la contraparte pueden parecer razonables sobre una base

[2] En el caso de los clientes de Volume, se ha comentado que no fueron víctimas inocentes dado que prefirieron un intermediario con comisión baja en lugar de intermediarios más caros pero mejor capitalizados.

individual, pueden sumar una exposición excesiva para algunos sectores que sean vulnerables a choques específicos. Por ejemplo, puede no ser aconsejable la concentración de exposición a los bancos japoneses o a la industria petrolera.

Márgenes y colaterales

Cada vez más, los participantes en los mercados de swaps requieren que sus contrapartes depositen márgenes. Estos márgenes pueden variar a medida que evoluciona el valor del contrato en el tiempo o en relación con los cambios en la calificación crediticia de cierta contraparte. Es fundamental determinar el nivel apropiado del colateral: demasiado pequeño, no ofrece una protección adecuada; demasiado alto, incrementa el costo de la utilización de derivados.

Cambios en cupones

Esta práctica consiste en cambiar periódicamente el cupón para regresar constantemente a cero el valor de mercado del contrato. Esto se logra haciendo pagos adicionales a la contraparte que está dentro del dinero.

Disparadores crediticios

La mayoría de los swaps de largo plazo contienen disparadores (triggers) crediticios. Estos especifican, por ejemplo, que si cada contraparte cae por abajo del grado de inversión, la otra parte tiene el derecho de tener compensado el efectivo del swap. Estos recursos ofrecen protección en situaciones donde la calificación crediticia de una empresa se deteriora lentamente, dado que pocas empresas pasan directamente del grado de inversión a la bancarrota. No obstante, esta protección es una navaja de doble filo, dado que podría crear una presión sustancial de liquidez sobre la contraparte precisamente cuando su credibilidad crediticia se está debilitando y se reduce su acceso a la liquidez. En otras palabras, estos disparadores crediticios pueden precipitar una crisis si se utilizan inconscientemente.

Empresas de productos derivados

La calificación del crédito se está convirtiendo en un asunto de suprema importancia para algunas empresas, las cuales, por razones regulatorias o de reputación, prefieren negociar sólo con contrapartes con calificación alta. Para satisfacer esta necesidad, cierto número de intermediarios bursátiles han establecido empresas de productos derivados como subsidiarias capitalizadas por separado. Típicamente, los creadores de las empresas de productos derivados o DPC (por sus siglas en inglés) son participantes en el mercado OTC que han visto declinar su participación en el mercado dado que han sido incapaces de mantener altas calificaciones. Estas empresas están consolidando su presencia en este mercado crediticiamente sensible estableciendo DPC calificadas como AAA/Aaa.[3] Las altas calificaciones crediticias se logran proporcionando un nivel de capital que es más que suficiente para protegerse contra los riesgos crédito y de mercado. Además, la matriz garantiza a la subsidiaria, ahora bien, la separación completa implica que la subsidiaria no garantiza a la empresa matriz.

Sin embargo, es importante resaltar que la protección ofrecida por algunos de estos acuerdos puede no ser totalmente efectiva. Existen todavía muchos asuntos no resueltos, como ¿cuál será el tratamiento que otorguen las cortes de bancarrota a los acuerdos de márgenes y de neteo?

Como resultado, pueden plantearse dos escenarios para simulación. En el primero, el valor del incumplimiento de todos los contratos es determinado y compensado simultáneamente (el escenario "congelación"); la corte hace cumplir todos los acuerdos de neteo de cierre al momento del congelamiento. En el segundo escenario, la corte de bancarrota permite que todos los contratos persistan hasta su vencimiento; la compensación puede proceder entonces secuencialmente, seleccionando los contratos que tengan valor positivo (el escenario de "selección en la compensación"). El segundo escenario es peor para la parte cumplidora, dado que los contratos que tienen valor negativo en el momento del incumplimiento pueden ser elegidos posteriormente, en cuanto caigan dentro del dinero. Hasta ahora, la selección secuencial no ha sido ordenada por ninguna corte de bancarrota, pero sigue siendo una posibilidad temida por muchos abogados.

3 MODELACIÓN DEL RIESGO CRÉDITO

El riesgo crédito depende de una serie de factores: el valor actual puro de los contratos, la exposición crediticia futura potencial, la extensión a la cual los acuerdos de neteo y los colaterales pueden efectivamente reducir la exposición y la probabilidad de incumplimiento por parte del cliente. El punto es cómo modelar todos estos factores en una medida cuantitativa del riesgo crédito.

El método de Monte Carlo estructurado desarrollado anteriormente, puede modificarse para considerar el riesgo crédito. El procedimiento es el mismo que antes, pero ahora incluye una probabilidad de incumplimiento en cada paso. Ilustraremos primero el riesgo crédito cuando el activo debe tener un valor positivo,

[3] Estas DPC pueden definirse con una estructura de terminación, donde todos los contratos son terminados en caso de incumplimiento de la DPC o de su matriz, o con una estructura de continuación, donde un nuevo administrador se encarga del portafolio y todos los contratos pueden continuarse hasta el vencimiento.

tal como un bono, y entonces continuamos con el caso de los derivados, donde los contratos pueden tener tanto valores positivos como negativos.

3.1 El incumplimiento en bonos

El ejemplo más simple de un valor con riesgo crédito es el de un bono corporativo. El incumplimiento ocurre cuando la empresa falla en hacer el pago de cupón o del principal. En este caso, la *exposición crediticia*, la cual es el costo de sustitución si la otra parte incumple, es simplemente el valor nominal del bono.

El Monte Carlos estructurado puede acomodar los incumplimientos de la siguiente manera. El objetivo es medir el valor del bono con riesgo entre el momento actual t y el vencimiento T. Como hemos hecho antes, seccionamos el horizonte de tiempo $\tau = T - t$ en n incrementos $\Delta t = \tau/n$. Primero modelamos el precio de un activo libre de riesgo P_t que es idéntico al bono con riesgo, salvo por la posibilidad del incumplimiento. En la práctica, éste será un bono gubernamental con el mismo vencimiento, cuyo precio puede obtenerse utilizando modelos estándar de simulación.

En cada punto en el tiempo, un modelo de pérdida por incumplimiento crea incumplimientos aleatorios de la contraparte. Definamos λ como la tasa instantánea de incumplimiento; sobre un intervalo de tiempo Δt, el incumplimiento ocurre con una probabilidad de $\lambda\Delta t$. También tenemos que establecer un supuesto acerca del valor del pago residual a los inversionistas (después de los gastos legales) si ocurre incumplimiento. Definamos f como una fracción representativa de la *tasa de recuperación*, la cual puede ser modelada a partir de la experiencia histórica.[4] El precio del bono con riesgoso, P^*_t, que se deriva de la probabilidad de cumplimiento $(1 - \lambda\Delta t)$ y de la probabilidad de incumplimiento $\lambda\Delta t$, es

$$P^*_t = (1 - \lambda\Delta t) \times P_t + \lambda\Delta t \times f P_t. \tag{13.3}$$

En general, la tasa de incumplimiento λ puede variar en el tiempo. La experiencia de incumplimiento está típicamente correlacionada con el ciclo económico. Las tasas de incumplimiento pueden depender además de la edad del bono, de los indicadores de rentabilidad de la empresa y de consideraciones geográficas y de la industria, o del estado de la economía. La tasa de incumplimiento puede se modelada como

$$d\lambda_t = \mu_t dt + \sigma_t dz, \tag{13.4}$$

[4] Moody's, la agencia calificadora, estima que las tasas históricas de incumplimiento de los bonos corporativos estadounidenses han estado típicamente alrededor del 45 por ciento del principal, y la recuperación puede tomar años. No hay evidencia suficiente sobre las tasas de recuperación para los contratos de derivados, aunque sus tenedores serán probablemente tratados también como acreedores principales no asegurados.

donde las interacciones con las innovaciones en la tasa de interés pueden introducirse a través de la correlación entre los términos aleatorios.

Consideremos, por ejemplo, un bono cupón cero. Si λ es constante, la pro-babilidad acumulada de cumplimiento está dada por $(1 - \lambda\Delta t)^n$, la cual tiende a $e^{-\lambda\tau}$ a medida que se incrementa n. El precio esperado al vencimiento es

$$P_T^* = e^{-\lambda\tau}P_T + (1 - e^{-\lambda\tau})fP_T = fP_T + (1 - f)e^{-\lambda\tau}P_T. \qquad (13.5)$$

El precio del bono con riesgo está dado por dos términos, el primero que implica un bono fraccional libre de incumplimiento y el segundo la probabilidad de cumplimiento multiplicada por la pérdida.

Asumiendo no recuperación, podemos deducir la probabilidad de incumplimiento considerando el rendimiento sobre el bono con riesgo. Si y es el rendimiento libre de incumplimiento, el precio corriente del bono con riesgo P_t^* es

$$P_t^* = e^{-\lambda\tau}P_t = e^{-\lambda\tau}e^{-y\tau} = e^{-(\lambda+y)\tau}. \qquad (13.6)$$

Dado que $P_t^* = e^{-y^*\tau}$, el rendimiento del bono con riesgo y^* es igual a la tasa libre de riesgo más la tasa anual de incumplimiento $y^* = y + \lambda$. Aquí, el *spread crediticio*, $y^* - y$, representa una tasa anualizada de incumplimiento; de manera general, también considera la recuperación parcial.

Finalmente, la pérdida crediticia esperada se mide por la caída en el valor del bono ocasionada por la posibilidad de incumplimiento:

$$\text{Pérdida crediticia esperada} = P_t(\text{libre de riesgo}) - P_t^*(\text{con riesgo}). \qquad (13.7)$$

Las probabilidades de incumplimiento pueden estimarse a partir de un análisis de la contraparte; esto incluye estados financieros, historia financiera y tasas históricas de incumplimiento para créditos con riesgo similares.[5] Alternativamente, las expectativas de incumplimiento del mercado pueden recuperarse directamente a partir de los spread crediticios, los cuales pueden depender del vencimiento. Sarig y Warga (1989) utilizan bonos cupón cero corporativos y gubernamentales para recuperar la estructura intertemporal de los spread crediticios. La figura 13-1 muestra que el spread crediticio depende de la *calidad* de la contraparte y del *plazo* del préstamo.

[5] Existen considerables publicaciones sobre la historia de incumplimiento en los bonos corporativos. Véase, por ejemplo, Blume y Keim (1991). Gluck (1996) también revisa los métodos para establecer las probabilidades de incumplimiento.

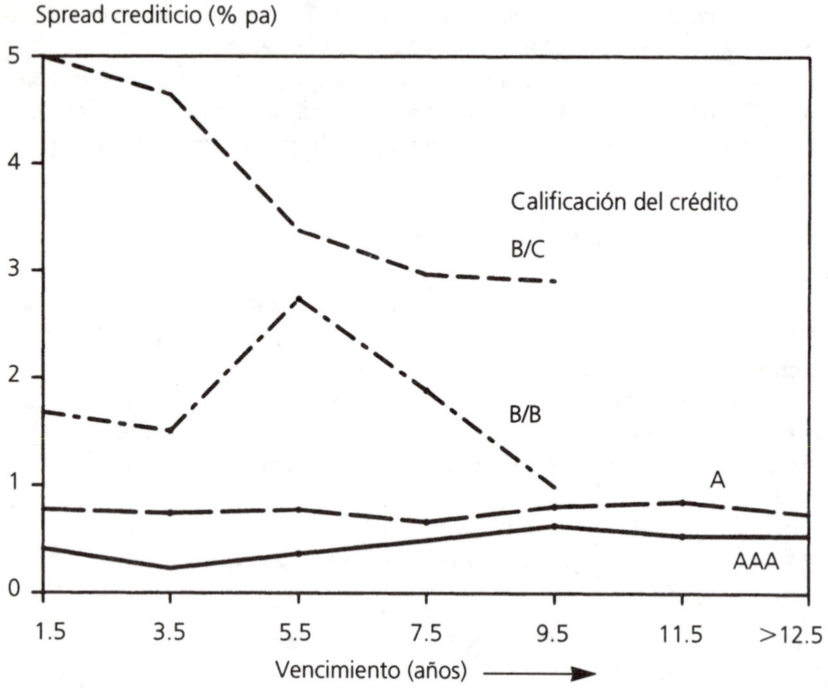

FIGURA 13-1 Estructura intertemporal de los spread crediticios.

Este patrón de rangos crediticios fundamenta el punto de vista de Merton (1974) sobre deuda con riesgo. Merton modela la deuda como el valor de la empresa menos el valor de un call sobre los activos de la empresa emitido hacia los accionistas de parte de los tenedores de deuda. El valor de la deuda es afectado entonces por los mismos factores que determinan el valor de esta opción. Para bonos con calificación muy alta (AAA), la estructura intertem-poral se desplaza hacia arriba, reflejando el hecho de que estas empresas tie-nen una baja probabilidad de incumplimiento en el futuro cercano, pero que su fortuna se puede deteriorar más tarde. Los bonos con calificación baja (B/C) observan un comportamiento opuesto, pues el incumplimiento es más probable si la deuda debe ser saldada en el corto plazo, pero lo será menos si debe pagarse más tarde. En el punto medio, los bonos con calificación BB muestran un comportamiento en forma de joroba, que refleja una mayor posibilidad de incumplimiento en el mediano plazo. De este modo, los precios de mercado constituyen una fuente de información acerca de los efectos del incumplimiento, el cual varía a lo largo de las calificaciones crediticias y de los vencimientos.

3.2 El incumplimiento en derivados

Tal vez la razón más importante del crecimiento del mercado de swaps es la reducida exposición de dichos instrumentos a incumplimientos. Los orígenes de los swaps pueden ubicarse en los préstamos paralelos, los cuales implican un intercambio de pagos en dos divisas. El problema con los préstamos paralelos era que el incumplimiento de una de las partes le permitía a la contraparte detener el pago. En contraste, los swaps proporcionan el marco legal donde está perfectamente establecido el derecho de la compensación.

En un swap sobre tasa de interés fija por flotante, por ejemplo, se intercambian en cada periodo sólo los pagos *netos* de intereses. Por lo tanto, la exposición será mucho menor que el principal de referencia. Con un swap de $100 millones de dólares, una tasa fija de 6 por ciento y una tasa flotante actual de 5 por ciento, el pago inicial implica sólo el 1 por ciento anualmente, es decir, $ 1 millón.

La exposición actual está limitada al *valor de sustitución* del swap. Al inicio del swap, éste será valuado de tal forma que el valor presente de los pagos sea 0. A medida que pasa el tiempo, el valor del swap se desviará de 0. Por lo tanto, necesitamos considerar su exposición potencial.

En la figura 13-2 se presenta el valor promedio de sustitución para un swap sobre tasa de interés a cinco años con pagos semestrales. Inicialmente, la exposi-

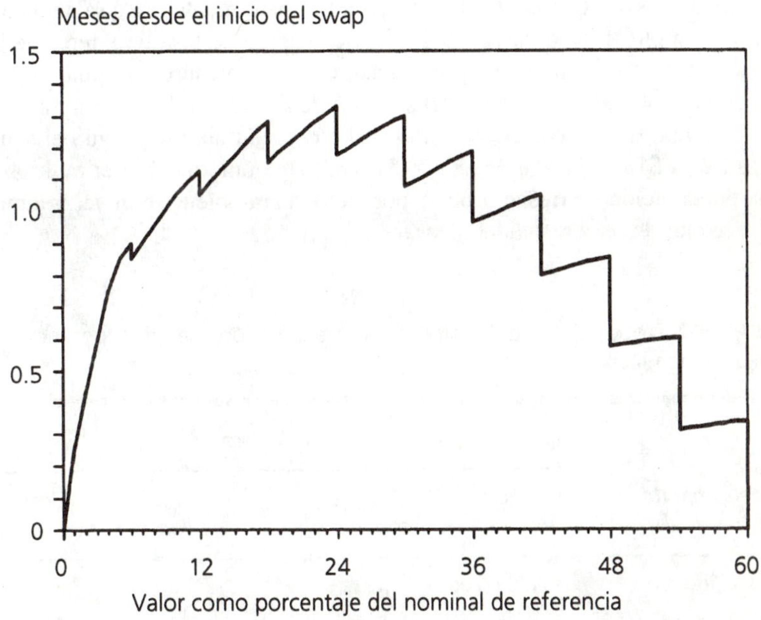

FIGURA 13-2 Costo de sustitución promedio para un swap sobre tasa de interés a 5 años.

ción es 0. Después de dos años, se eleva a cerca del 1 por ciento del valor nominal. La exposición se reduce cada vez que se realiza un pago. Finalmente, el valor del swap converge en 0 al vencimiento. Por contraste, la exposición en un swap sobre divisas de largo plazo se incrementa constantemente con el paso del tiempo, alcanzando de un 10 a un 20 por ciento antes de su vencimiento. Esto sucede porque todavía queda un riesgo cambiario sustancial antes del intercambio del principal en dos divisas. Este riesgo es nulo para los swaps sobre tasa de interés.

Mientras que la exposición promedio es de sólo alrededor del 1 por ciento del valor nominal para los swaps sobre tasa de interés, la exposición máxima puede ser mucho mayor, de 10 a 15 por ciento. La exposición también depende de la forma de la estructura intertemporal. Si la curva de rendimiento se vuelve hacia arriba, el lado del pago fijo hará pagos inicialmente mayores a la contraparte y por lo tanto, está más expuesta al riesgo crédito.

El acuerdo de Basilea de 1988 intenta medir la exposición crediticia dinámica de los derivados especificando un "aditivo" o agregado para cubrir la exposición crediticia potencial. El requerimiento total de capital es la suma del valor actual de sustitución más este factor aditivo, que se muestra en la tabla 13-2. El aditivo se incrementa con el vencimiento del contrato y con la volatilidad del instrumento subyacente, como las opciones. Esto explica porqué el aditivo es mayor para los swaps sobre divisas que para los instrumentos de tasa de interés.

Por ejemplo, considerese el caso de un swap sobre tasa de interés de $100 millones de dólares con una empresa local. Con una madurez residual de cuatro años, el valor actual de mercado del swap es de $1 millón. Utilizando la proporción de capital de 0.5 por ciento, la exposición crediticia total según el acuerdo de Basilea es $1*m* 1 $100*m* 3 0.5% = $1.5*m*. Este número debe ser multiplicado por la ponderación de riesgo y por 8 por ciento para obtener el nivel mínimo de capital requerido para respaldar el swap.

TABLA 13-2 Proporciones de capital para la exposición crediticia potencial (porcentaje del nominal de referencia).

	Contrato			
Vencimiento residual	*Tasa de interés*	*Tipo de cambio, oro*	*Acción*	*Otras mercancías*
< 1 año	0.0	1.0	6.0	10.0
1-5 años	0.5	5.0	8.0	12.0
> 5 años	1.5	7.5	10.0	15.0

En el esquema de Basilea, el riesgo crédito es evaluado *transacción-por-transacción*. El riesgo de incumplimiento es tomado en cuenta de manera indirecta a través de las ponderaciones de riesgo, las cuales se utilizan para calcular el cargo mínimo de capital y varían a lo largo de los tipos de contrapartes. El defecto de este enfoque es que ignora por completo el potencial de la diversificación para reducir el riesgo.

Aunque el enfoque de Basilea tiene la ventaja de la simplicidad, el enfoque Monte Carlo proporciona una estimación dinámica del riesgo crédito que es más precisa que los aditivos estáticos. Las simulaciones pueden considerar la diversificación, variando los niveles de volatilidad, los vencimientos remanentes, las tasas de incumplimiento esperado y otras características. El neteo puede ser modelado explícitamente. También pueden serlo los componentes de opciones, los cuales mitigan el riesgo crédito. Si el swap contiene una opción americana, el tenedor de un swap dentro-del-dinero podría querer realizar un ejercicio temprano si la calificación crediticia de su contraparte se empieza a deteriorar.

La pérdida crediticia es una función de la exposición crediticia y de los parámetros de incumplimiento. En el caso de la deuda riesgosa, la exposición crediticia es el principal. Con derivados, la exposición crediticia es mucho más compleja, dado que representa el valor positivo de un contrato. Para simplificar, supongamos que el saldo está distribuido normalmente. La exposición crediticia promedio en cualquier fecha futura es entonces

$$\text{Exposición crediticia promedio} = \int_{-\infty}^{+\infty} \text{Máx}(x, 0) f(x) dx, \qquad (13.8)$$

donde $f(x)$ es la función de distribución normal. Después de la integración, la exposición crediticia esperada es $\sigma/\sqrt{2\pi}$. Pero la distribución de la exposición crediticia también es importante. La peor exposición crediticia en el nivel de 95 por ciento, por ejemplo, está dada por 1.65σ. Estos números pueden combinarse con las tasas de incumplimiento y recuperación para obtener las pérdidas crediticias esperada e inesperada para cada transacción con derivados. La *pérdida crediticia esperada* puede utilizarse para calcular un spread mínimo de compraventa y una provisión crediticia. La *pérdida crediticia inesperada* se utiliza para establecer el capital requerido para respaldar la transacción.

Para ilustrar lo anterior, consideremos un swap sobre tasa de interés a cinco años con valor de referencia de $100 millones de dólares. Nuestro horizonte es de un año, sobre el cual la volatilidad del valor de mercado del swap es de $4.5 millones. La contraparte del swap está calificada como Ba, para la cual la tasa estimada de incumplimiento de Moody's es de 1.7 por ciento en un año. La tasa típica de recuperación es de 45 por ciento. La exposición promedio es entonces $\sigma/\sqrt{2\pi} = \$1.8m$; a un nivel de 95 por ciento, la peor exposición es $1.65\sigma = \$7.4m$. Podemos calcular la pérdida esperada por incumplimiento como $1.8 millones multiplicado por 0.017 (la probabilidad de incumplimiento) por 0.5 (la probabilidad de que el swap estará dentro-del-dinero) por 0.55 (uno menos la tasa de recuperación) = \$8,400. Similarmente, a un nivel de 95 por ciento, el peor caso de pérdida por incumplimiento es de \$34,750. Esta cifra puede utilizarse para establecer una provisión de capital que respalde el riesgo crédito de este swap.

En comparación con los bonos corporativos, la pérdida potencial es mucho menor que el monto nominal de referencia. Duffie y Huang (1995), por ejemplo, han desarrollado un modelo donde la probabilidad de incumplimiento es resumida por el spread crediticio. Su caso base es una contraparte con un spread crediticio de 100 puntos base para un bono corporativo a cinco años. Para un swap típico sobre tasa de interés con la misma contraparte, el spread crediticio es mucho menor, sólo un punto base. El spread sobre un swap sobre divisas con un vencimiento semejante es ligeramente mayor, alrededor de 9 puntos base, reflejando el riesgo cambiario del principal.

3.3 Acuerdos de neteo

Los participantes en los mercados de swaps pueden reducir todavía más los riesgos a través de acuerdos de neteo. El neteo de cierre es por ahora una provisión estándar en la documentación legal de los contratos derivados OTC, incluyendo el ampliamente utilizado acuerdo maestro de la International Swap and Derivatives Association (ISDA).

Los acuerdos de neteo bilateral de cierre cubren un conjunto de N contratos derivados entre dos partes. En caso de incumplimiento, una contraparte no puede detener los pagos sobre los contratos que tengan valor negativo mientras demanda el pago sobre contratos valuados positivamente. Esencialmente, estos acuerdos estipulan que la pérdida neta en caso de incumplimiento es la suma positiva del valor de mercado de todos los contratos en el acuerdo:

$$\text{Pérdida neta} = \text{Máx}(V, 0) = \text{Máx}\left(\sum_{i=1}^{N} V_i, 0\right). \tag{13.9}$$

Esto aplica para posiciones largas y cortas en swaps, contratos forward y de futuros, así como para posiciones largas en opciones. Ninguna exposición crediticia está asociada con las posiciones suscritas, dado que representan obligaciones más que activos cuando la prima de la opción es pagada por adelantado.

En contraste, sin un acuerdo de neteo, la pérdida potencial es la suma de todos los contratos con valor positivo

$$\text{Pérdida} = \sum_{i=1}^{N} \text{Máx}(V_i, 0). \tag{13.10}$$

Ésta es siempre mayor que la pérdida bajo un acuerdo de neteo. En el peor caso, ambos cálculos serán iguales si todos los saldos están perfectamente correlacionados. Para un nominal de referencia total dado, el beneficio del acuerdo de neteo depende del número de contratos N y de la correlación existente entre los valores de contrato. Mientras más grande sea la N y más baja la correlación, mayor será el beneficio del neteo.

Sin acuerdos de neteo o colaterales, el *valor bruto de sustitución* (GRV, por gross replacement value) relacionado a los derivados es igual a la suma de la pérdida del peor caso con todas las contrapartes:

$$\text{GRV} = \sum_{k=1}^{K} \text{Pérdida}_k = \sum_{k-1}^{K} [\sum_{i=1}^{N_k} \text{Máx}(V_i, 0)]. \tag{13.11}$$

Con acuerdos de neteo, la exposición potencial está definida como el *valor neto de sustitución* (NRV, por net replacement value):

$$\text{NRV} = \sum_{k=1}^{K} \text{Pérdida neta}_k = \sum_{k-1}^{K} \text{Máx}(\sum_{i=1}^{N_k} V_i, 0). \tag{13.12}$$

Finalmente, el riesgo de incumplimiento puede reducirse aún más por el colateral tomado y aplicado a las posiciones que estén dentro del dinero. Esto define el *crédito en riesgo total* (CAR):

$$\text{CAR} = \sum_{k=1}^{K} \text{Pérdida neta}_k = \sum_{k-1}^{K} [\text{Máx}(\sum_{i=1}^{N_k} V_i, 0) - \text{colateral}_k]. \tag{13.13}$$

En julio de 1994, el Comité de Basilea reconoció explícitamente el neteo en el cálculo de los requerimientos de capital para los riesgo crédito.[6] La exposición crediticia es la suma de la exposición actual más la exposición potencial:

$$\begin{aligned}\text{Exposición crediticia} &= \text{NRV} \\ &+ [\text{Nominal de referencia} \times \text{Proporción de capital} \times (0.5 + 0.5 \times \text{NGR})],\end{aligned} \tag{13.14}$$

donde la proporción de capital permanece igual que en la tabla 13-2, y NGR (por *net-to-gross ratio*) es la proporción neto a bruto, o proporción del valor neto actual de mercado al valor bruto de mercado, la cual siempre estará entre 0 y 1. Las ponderaciones de riesgo se obtienen entonces aplicando ponderaciones de riesgo contraparte a la exposición crediticia.

Para demostrar la importancia del neteo, en la tabla 13-3 se compara la información de derivados proporcionada en los reportes anuales para un grupo de los principales bancos comerciales estadounidenses. De acuerdo con el tamaño del mercado de derivados, los montos nominales de referencia en la primera columna son muy grandes, todos mayores al billón de dólares. Una medida más

[6] Sólo para los contratos sin características de ganancia fácil, como se señaló anteriormente.

TABLA 13-3 Revelación de derivados: 1994 (miles de millones de dólares).

Banco	*Nominal de referencia*	*Valor de sustitución bruto*	*Crédito en riesgo*
Chemical	3,182	18.0	17.9
Citibank	2,665	27.5	20.5
J. P. Morgan	2,472	31.1	19.5
Bankers Trust	1,982	26.7	10.9
Bank America	1,401	14.4	6.3
Chase	1,293	14.5	8.3

apropiada del riesgo es el crédito en riesgo, en la última columna. Ésta resume la pérdida potencial si todas las contrapartes incumplieran al mismo tiempo y se cuantifica en dos pasos.

Primero, el banco cuantifica el valor bruto de sustitución de su posición en derivados, el cual es la suma de los costos positivos de sustitución de todas las posiciones en el portafolio. Esto representa un escenario del peor caso donde cada contraparte individual contra la cual los derivados están dentro del dinero incumplirá. No se consideran las posiciones donde el banco tiene una posición negativa, o le debe dinero a la otra parte.

Segundo, el banco tiene en cuenta acuerdos maestros de neteo y colateralización. Estos acuerdos de neteo reducen la exposición a una parte cerrando o cancelando un conjunto de contratos con la misma contraparte bajo un acuerdo. El incumplimiento implica entonces sólo la pérdida del valor neto de sustitución menos cualquier colateral tomado en garantía. Típicamente, los bancos también desglosan la información acerca de la calidad crediticia de las contrapartes y el perfil de vencimiento del portafolio de derivados.

Mientras que el número CAR mide el riesgo crédito actual del portafolio de un banco, algunos analistas argumentan que el GRV es más útil para comparar diferentes bancos, dado que brinda un mejor indicador del nivel global de la actividad con derivados. Dado que algunas instituciones tienen más acuerdos de neteo en aplicación que otras, la medida de CAR no es directamente comparable entre bancos.

Para Bankers, por ejemplo, el nominal del portafolio es de $1.982 billones de dólares, con un GRV mucho más pequeño de $26.7 mil millones. Típicamente, la proporción del GRV en relación al nominal de referencia es de alrededor del 1-3 por ciento. El GRV se reduce aún más si consideramos el CAR de

$10.9 mil millones. Esta medida del peor caso sigue fallando para capturar apropiadamente el riesgo crédito dado que ignora la probabilidad de incumplimiento, la exposición futura potencial y los efectos de la diversificación.

El monto ponderado al riesgo calculado por Basilea para derivados agregó $8.1 mil millones, para un total de $48.3 mil millones en activos para ponderar el riesgo para Bankers. Con un total de $7.1 mil millones en capital, la empresa disfrutaba una cómoda proporción de capital de 14.77 por ciento, muy por arriba de la directriz regulatoria del 8 por ciento.

3.4 Riesgo crédito del portafolio

Una vez que son modelados todos los componentes, el riesgo del portafolio puede medirse corriendo una simulación de gran escala, la cual puede considerar potencialmente todas las interacciones entre los incumplimientos y los riesgos de mercado. Como en el caso del VAR, la simulación crea una distribución de frecuencia de pérdidas potenciales en varias fechas futuras que puede utilizarse para establecer el capital requerido para respaldar los riesgos crédito y de mercado.

El método es además particularmente flexible y puede adaptarse a las especificaciones de los usuarios finales. La estructura legal de las transacciones, por ejemplo, puede modelarse asignando transacciones individuales a acuerdos maestros de neteo, acuerdos maestros de neteo a contrapartes y aun contrapartes por países. Puede entonces establecerse el riesgo crédito modelando varios eventos de incumplimiento utilizando esta estructura.

Este enfoque es superior a los simples aditivos de Basilea porque puede considerar completamente la diversificación del portafolio a lo largo de las transacciones y las contrapartes. En particular, los beneficios de la diversificación de contrapartes se derivan de las correlaciones de incumplimiento. Como se observó en el capítulo 8, las correlaciones cero reducen rápidamente el riesgo del portafolio a medida que se incrementa el número de contrapartes. Si las correlaciones son mayores, tal vez reflejando riesgos sistémicos, la diversificación de contrapartes será menos efectiva. Aun así, los métodos de simulación parecen ofrecer el enfoque más completo y flexible para los riesgo crédito.

Desafortunadamente, estos métodos son caros de implementar internamente, razón por la cual por ahora son utilizados básicamente por usuarios con grandes portafolios. Con el crecimiento de los desarrolladores de terceras partes, podemos esperar un mayor énfasis en las simulaciones Monte Carlo para medir los riesgo crédito.

PARTE CUATRO

SISTEMAS DE ADMINISTRACIÓN DE RIESGOS

CAPÍTULO 14

Implementación de sistemas de administración de riesgos

"Al cierre de cada día laboral, díganme cuáles son los riesgos de mercado presentes en todos los negocios y en todos los lugares".

Dennis Weatherstone, J.P. Morgan

En los aceleradamente evolutivos mercados financieros actuales, los sistemas de administración de riesgos ofrecen una protección esencial contra el riesgo de mercado. El valor en riesgo es un componente importante de tales sistemas, dado que permite a las empresas medir y controlar sus riesgos financieros. Los sistemas de VAR pueden proporcionar, incluso, una ventaja competitiva, dado que las empresas pueden modificar sus estrategias para desarrollar sectores donde agreguen valor ajustados al riesgo.

En este capítulo ilustran varias aplicaciones de los métodos de VAR a la administración de riesgos financiero. Para las instituciones que requieren una administración de riesgos centralizada, el VAR es una necesidad. En la sección 1 se listan los factores que crean una necesidad de sistemas globales de riesgo. El VAR puede demostrar ser particularmente útil para instituciones involucradas en la operación de propiedades, pero también para administradores de activos y empresas no financieras, por ejemplo, las transnacionales.

Las instituciones a la vanguardia de la administración de riesgos han establecido comités de administración global de riesgos, que reportan directamente a la alta dirección. Estos equipos agregan los riesgos de toda la empresa en una sola medida de VAR que es fácil de comunicar a la alta dirección y a los accionistas. Debido a que operan con independencia de las funciones corporativas del negocio, los administradores de riesgos pueden establecer, y hacer cumplir, límites de posición para los operadores y para las unidades de negocio, las cuales ahora puede ser evaluadas en términos de su desempeño ajustado al riesgo. Por lo tanto, el VAR puede utilizarse como una herramienta para la presentación de información, como una herramienta de asignación de recursos y como una herramienta de evaluación de desempeño. Estas tres funciones son analizadas en las secciones 2, 3 y 4, respectivamente.

Después, en la sección 5 se analiza el reto que plantea a la tecnología de información, la necesidad de generar sistemas amplios de administración de riesgos. La medición del VAR de una institución requiere la integración del front office y del back office con una recién creada "middle" office. Además de la medición del riesgo, esta integración ofrece múltiples beneficios colaterales. Un depositario central para operadores, posiciones y modelos de valuación ofrece cierta protección contra los riesgos operacionales y los operadores tramposos. La existencia de sistemas de administración de riesgos decentes podría haber evitado muchas de las debacles financieras de los últimos años. Y, por último, la administración centralizada de riesgos no necesariamente es difícil de implementar, dado que un batallón de desarrolladores de software ofrecen soluciones prefabricadas para la medición del valor en riesgo. En la sección 6 se proporciona un ejemplo de ésta.

1 ¿POR QUÉ LA ADMINISTRACIÓN GLOBAL DE RIESGOS?

Una tendencia reciente es la administración *centralizada* de riesgos. Durante algunos años, las instituciones financieras han mantenido unidades locales de administración de riesgos, especialmente para los derivados, los cuales deben ser cuidadosamente controlados a causa de su apalancamiento. Pero sólo recientemente han empezado las instituciones a medir el riesgo en una forma global.

Esta tendencia a la administración global de riesgos está motivada por dos factores: la exposición a nuevas fuentes de riesgo y la mayor volatilidad de los nuevos productos. Mientras que hace 20 años la mayoría de los valores operados por los bancos consistían en bonos plain-vanilla, hoy en día son comunes productos tales como derivados sobre índices municipales a 30 años o las opciones exóticas. Con la globalización de los mercados financieros, los inversionistas están ahora expuestos a nuevas fuentes de riesgo, por ejemplo, el riesgo cambiario. La mayor volatilidad es inducida por un riesgo mayor en algunas variables subyacentes, como los tipos de cambio, o por el diseño de productos que son más sensibles a las variables financieras.

Para la administración del riesgo crédito, la centralización también se ha vuelto esencial. La continua expansión de los mercados de derivados ha creado nuevos participantes con menores calidades crediticias y mayor exposición contraparte. Una institución financiera puede tener un sinnúmero de transacciones con la misma contraparte en divisas, renta fija, productos físicos, etc. Aun cuando todas las unidades de negocio pueden tener una exposición razonable cuando se les considera individualmente, estas exposiciones en conjunto pueden sumar un riesgo inaceptable. Además, con los acuerdos de neteo, la exposición total depende del valor actual neto de los contratos cubiertos por los acuerdos; todo se vuelve inmanejable, a menos que exista algún sistema global de medición para el riesgo crédito.

Las instituciones financieras fueron las primeras en monitorear de manera centralizada la exposición contraparte y los riesgos país y de mercado a lo largo de todos los productos y todas las ubicaciones geográficas. Pero, como se muestra en esta sección, los administradores de activos y las empresas no financieras también se beneficiarán de los sistemas globales de administración de riesgos.

1.1 Operación propia

La tendencia hacia la administración global de riesgos se explica por una serie de factores. Primero, dado que las instituciones financieras se han vuelto más globalizadas, su exposición al riesgo se ha expandido del riesgo de tasas de interés locales a una multitud de riesgos globales de negocio. Esto ha hecho al riesgo mucho más difícil de medir. Consideremos, por ejemplo, un banco donde los operadores están en espera de las cifras de desempleo de los Estados Unidos. Los operadores de divisas podrían irse cortos en dólares; le apostarían a gráficas inesperadamente altas, conduciendo a una caída en las tasas de interés estadounidenses, que debería impulsar al dólar a la baja. Los operadores de bonos también podrían esperar que el desempleo se incrementara, y se irían largos en los bonos del tesoro. La caída en las expectativas sobre inflación podría impulsar a los operadores de productos físicos a irse cortos en el oro. Individualmente, estos riesgos podrían ser aceptables, pero en conjunto, suman una apuesta cuantiosa en un sólo número. La administración global de riesgos proporciona una visión uniforme del riesgo del banco. Considera completamente las correlaciones entre las localidades y entre las clases de activos. Permite a las empresas entender mejor su riesgo y por lo tanto, cubrirlo y valuarlo de mejor manera.

La tabla 4-1 muestra la operación global de J.P. Morgan. Las operaciones están agrupadas en siete áreas de negocios, cada una activa en 14 localidades. En conjunto, el banco tiene 120 unidades de riesgo independientes que manejan más de 20,000 operaciones diariamente, con un volumen total por encima de $50 mil millones de dólares. Aunque la operación descentralizada parece muy redituable, se requiere fuertes controles del riesgo para entender la exposición global del banco.

Al final del día, todas las unidades operativas reportan sus utilidades y pérdidas estimadas para el día, su posición en un formato estandarizado de mapeo, así como su riesgo estimado para las siguientes 24 horas. La administración del riesgo corporativo agrega entonces la información con las volatilidades y correlaciones administradas centralmente. Esto conduce al reporte global consolidado de las 4:15 p.m., el cual es discutido por los ejecutivos del negocio antes de ser enviados a la jefatura del consejo.

TABLA 14-1 Negocios operativos de J. P. Morgan.

	Renta fija	*Divisas*	*Mercancías*	*Derivados*	*Acciones*	*Mercados*	*Propiedad*	*Total*
Número de locaciones activas	14	12	5	11	8	7	11	14
Número de unidades independientes tomadoras de riesgo	30	21	8	16	14	11	19	120
Miles de transacciones/día	>5	>5	<1	<1	>5	<1	<1	>20
Miles de MDD en volumen diario de operación	>10	30	1	1	<1	1	8	>50

1.2 Administración de activos

Los administradores de activos, tales como los fondos de pensión y los fondos mutuos, también están adoptando el VAR como un método para controlar sus riesgos (véase el recuadro 14-1). Como los administradores de inversiones se han basado por mucho tiempo en técnicas cuantitativas fundamentadas en la teoría de portafolios, apenas han empezado ha aplicar la medición dinámica del riesgo al fondo de pensiones en conjunto.

Generalmente, las decisiones de inversión para fondos de pensiones se implementan en dos pasos. En el primero, el consejo de consultores proporciona un estudio estratégico y de largo plazo de la distribución de activos, usualmente basado en la optimización de media-varianza del portafolio. Este estudio determina los montos a ser invertidos en varias clases de activos, acciones y bonos del mercado local, acciones extranjeras, bonos extranjeros y tal vez clases adicionales como los mercados emergentes, bienes raíces y capital de riesgo. En el segundo paso, el fondo puede delegar la administración real a un grupo de administradores externos, cuyo desempeño es revisado periódicamente de acuerdo a un índice de referencia preestablecido.

El problema con este enfoque es que es relativamente estático. Debido a que los activos del fondo están dispersos entre una serie de administradores, es difícil crear una visión actual del riesgo global del fondo. Durante un trimestre, por ejemplo, muchos administradores de fondos pueden haber incrementado su exposición en una industria en particular. Tomados por separado, estos riesgos pueden ser aceptables, pero en conjunto, pueden constituir una apuesta inesperadamente grande sobre una fuente de riesgo.

RECUADRO 14-1

EL VAR Y LA COBERTURA CAMBIARIA

Bankers Trust proporcionó recientemente su sistema de administración de riesgos RAROC 2020 al fondo de pensiones de Chrysler.[a] El sistema proporciona medidas del VAR total y del VAR Incremental para las diferentes clases de activos en los cuales están invertidos los fondos. Puede utilizarse, entre otros, para evaluar la efectividad de las estrategias de cobertura. Por ejemplo, el fondo estaba considerando adicionar una cobertura cambiaria para proteger el riesgo cambiario de sus posiciones en acciones y bonos extranjeros.

El sistema RAROC demostró que el riesgo de una posición de $250 millones en divisas era de $44 millones a un nivel de 99 por ciento en un año, lo cual parece sustancial. Sin embargo, el fondo de pensiones consideró que la contribución incremental al riesgo total de un programa pasivo de cobertura cambiaria fue de sólo $3 millones. El riesgo cambiario ya estaba ampliamente diversificado en el portafolio actual. El fondo decidió no cubrir su exposición cambiaria, ahorrándose por lo tanto respetables cuotas administrativas.

Este resultado se equipara a la discusión en textos especializados, donde se ha calificado la cobertura cambiaria como una "comida gratis"; esto es, menor riesgo sin costo.[b] De hecho, la cobertura cambiaria reduce la volatilidad de los rendimientos de activos individuales, pero este no es el punto relevante. En ausencia de la consideración de divisas, lo que importa es el riesgo total de portafolio. Empíricamente, el riesgo total es genéricamente poco afectado por la cobertura cambiaria, si la proporción de activos invertidos en el extranjero es pequeña.

El fondo también consideró la implementación de una cuenta de cobertura accionaria de $250 millones. El riesgo absoluto de ésta era de $38 millones y el riesgo incremental de $35 millones. Por lo tanto, se descubrió que una cobertura accionaria era mucho más eficiente que una cobertura cambiaria. Por supuesto, esto implica un costo. El mercado accionario paga una prima de riesgo que promedia 8 por ciento anual, y por lo tanto, se espera que una posición corta en futuros accionarios pierda en promedio, alrededor del 8 por ciento anualmente. El punto es determinar si esta penalización de desempeño es aceptable a cambio de un menor riesgo.

[a] Risk (Octubre 1995).

[b] Como en Pérold y Schulman (1988). No obstante, Jorion (1989) argumenta que el beneficio de la cobertura debe visualizarse en el contexto del riesgo total del portafolio.

Además, los administradores de dinero algunas veces cambian sus estrategias de inversión, deliberada o inadvertidamente. Si así sucede, el fondo deberá ser capaz de detectar y corregir rápidamente dichos cambios. Como en el caso de los portafolios operativos del banco, la mayor exposición de los fondos de inversión a más fuentes de riesgo y a instrumentos más complejos ha creado la necesidad de un mejor control del riesgo.

Esta necesidad se hizo más apremiante por las espectaculares pérdidas recientes sufridas por inversionistas institucionales. Por ejemplo, muchos inversionistas se quemaron cuando se colapsó el fondo de "cobertura" de $600 millones de dólares de David Askin. De haber sido conocidas las posiciones y valuadas a mercado frecuentemente, los inversionistas habrían sido capaces de medir su riesgo. En respuesta, algunos inversionistas han decidido ahora agregar toda su tenencia del portafolio con una sola custodia. Con una sola custodia global, los reportes de las posiciones dan una visión consolidada de la exposición total del fondo. La custodia también puede proporcionar un importante beneficio adicional, reportes de valuación del portafolio independientes del administrador.

Otra fuente de preocupación es el síndrome del "operador tramposo", descrito en el recuadro 14-2. No hay duda de que ésta es la causa por la cual los fondos de pensión también se están volviendo hacia la administración centralizada del riesgo. Los sistemas de VAR constituyen un depositario central para todas las posiciones. Las reconciliaciones independientes contra las posiciones del administrador hacen un poco más difícil el fraude. Los sistemas de VAR también permiten a los usuarios detectar rápidamente las desviaciones de las políticas establecidas.

Además de proporcionar mejores controles operacionales, los sistemas de VAR permiten una medición más fina de los riesgos de mercado. Los fondos de pensión, por ejemplo, pueden usar mediciones a tiempo real de las desviaciones del índice de referencia para evalular los parámetros de inversión. Típicamente, los administradores reciben instrucciones ad hoc tales como un rango máximo para la exposición cambiaria o límites sobre la cobertura cruzada de los tipos de cambio. Estas instrucciones presumiblemente limitan la caída en relación al índice. Con un sistema de VAR en funcionamiento, los fondos de pensión pueden evaluar directamente el costo o la efectividad de dichas instrucciones. O pueden especificar que el error de rastreo del pronós-tico, basado en un sistema externo tal como el RiskMetrics, no puede ser de más del 3 por ciento. Además, los fondos de pensión pueden considerar cambios en las distribuciones, a través de los administradores de dinero de acuerdo con su VAR, recompensando, por ejemplo, a los administradores redituables con VAR bajos. Por lo tanto, los sistemas de VAR están llegando a ser herramientas indispensables para la evaluación dinámica del riesgo del portafolio.

RECUADRO 14-2

CONTROLES DE RIESGO EN EL FONDO COMÚN

En 1995, el Fondo Común, una organización no lucrativa que administra alrededor de $20 mil millones de dólares a nombre de escuelas y universidades estadounidenses, anunció que había perdido $138 millones debido a la operación no autorizada de uno de sus administradores. Aparentemente, Kent Ahrens, un operador de First Capital Strategies, se apartó de lo que debió haber sido una estrategia segura de arbitraje con índices entre futuros sobre índices accionarios y acciones subyacentes. Cierto día, el operador falló en completar la cobertura y perdió $250,000. Entonces intentó recuperar a su manera la pérdida, pero con poco éxito. La creciente pérdida fue encubierta durante tres años, hasta que Ahrens confesó en junio de 1995.

Esta pérdida fue todavía más perturbadora porque, después del caso de Barings, el Fondo Común le había pedido específicamente a First Capital que le demostrara que un operador tramposo no podría hacer lo mismo en First Capital. La empresa contestó que la neutralidad del mercado era verificada diariamente. En este caso, parece que las verificaciones apropiadas no fueron adecuadas.

Para prevenir tales desgracias, el fondo creó la nueva posición de director ejecutivo de inversiones. Ahora todos los administradores le reportan directamente a un puesto engranado en la administración centralizada de riesgos. El Fondo Común aún tiene intenciones de utilizar derivados, los cuales tienen un gran valor agregado y son una parte integral de su estrategia de inversión.

1.3 Empresas no Financieras

Las empresas no financieras también están implementando sistemas de administración de riesgos, especialmente cuando están operando con derivados. En una investigación reciente de *Institutional Investor*, una tercera parte de los directores ejecutivos de finanzas encuestados, dijeron que utilizan el VAR para medir los riesgos de mercado; alrededor de la mitad dijeron utilizar alguna forma de prueba de estrés.

Consideremos por ejemplo a la empresas Mobil Corporation, una trasnacional con exposición a tasas de interés, tipos de cambio y a los precios del petróleo y del gas. En su reporte anual de 1994, la empresa estableció que "tiene una exposición significativa a estos riesgos", pero que "si Mobil no utilizaba instrumentos derivados, su exposición al riesgo de mercado sería mayor". El monto nominal de referencia total de la empresa en derivados era de $11.9 mil millones al final del año. La empresa reporta que utiliza simulaciones para medir el VAR diario de sus portafolios de deuda y divisas, el cual fue de $6 millones a un nivel de confianza del 99.7 por ciento.

Por lo tanto, los métodos de valor en riesgo se extienden más allá de los portafolios operativos o de inversión. Las empresas con exposición operativa material a los riesgos financieros frecuentemente utilizan programas de cobertura. Si es así, se beneficiarán de la disciplina impuesta por el VAR. Para las empresas que ya utilizan derivados, el VAR es una obligación.

Para aquellas empresas para las cuales los flujos de efectivo son difíciles de medir o son inciertos, el VAR no es tan benéfico. La exposición económica de los flujos de efectivo depende del ambiente competitivo en el cual opera la empresa. Los exportadores, por ejemplo, pueden tener una exposición pequeña si compiten con empresas locales; no obstante, si compiten con empresas extranjeras, su exposición puede ser sustancial. Más difícil aún es establecer el efecto de las "opciones estratégicas" por medio de las cuales las empresas pueden alterar su estrategia de mercadotecnia (de producto o de precio) o su estrategia de producción (tal como la subcontratatación o maquila de un producto, o la ubicación de la planta) en respuesta a movimientos en las variables financieras.

Las políticas corporativas de administración de riesgos proceden generalmente en tres pasos. Primero, la alta dirección define la función objetivo, por ejemplo, los flujos de efectivo para el siguiente período de presentación de información. El riesgo se define entonces, en términos de los objetivos no cumplidos en el plan de negocios de la empresa. Segundo, la empresa mide su VAR, una estimación de cuánto podría perderse en un período debido al riesgo del precio financiero. Esta información es esencial para el tercer paso, implementar una decisión informada de cobertura.

Considérese, por ejemplo, la figura 14-1, la cual muestra la distribución de los flujos de efectivo en el período del reporte. Sin cobertura, el VAR al 95 por ciento es de $145 millones. Este análisis es esencial, dado que la administración puede ahora establecer la probabilidad de un défici crítico de los fondos. La empresa puede decidir auto asegurarse no cubriéndose. Si la empresa decide cubrirse con derivados, el VAR proporciona una medida consistente del efecto de la cobertura sobre el riesgo total, incluyendo las correlaciones. Esto constituye una mejora significativa sobre los programas tradicionales de cobertura, los cuales se concentran típicamente sólo en transacciones individuales. Aquí, el programa de cobertura considera las interacciones entre diversas fuentes de riesgo.

Supongamos, por ejemplo que la empresa ha decidido cubrirse con contratos lineales, tales como forwards o swaps. Como se muestra en la figura 14-1, la cobertura reduce la distribución de flujos de efectivo. Después de la cobertura, el VAR se reduce a $70 millones. Debemos observar que la cobertura reduce el riesgo, pero no cambia la media de la distribución si los contratos son valuados adecuadamente. Si la empresa hubiese decidido comprar opciones, la distribución

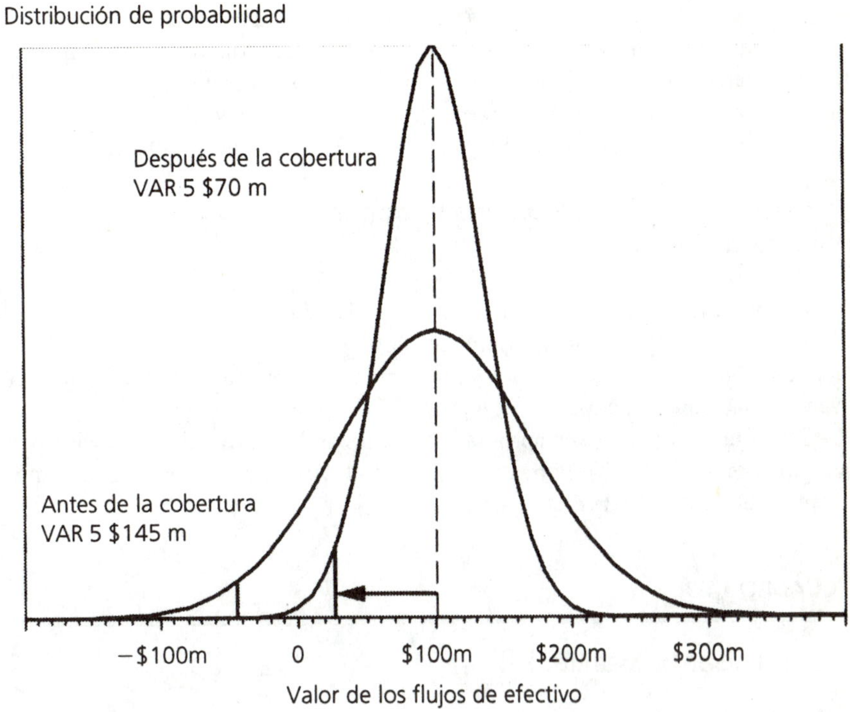

FIGURA 14-1 El VAR y la cobertura corporativa.

tendría una cola izquierda más corta, pero a costa de una reducción en los flujos de efectivo medios, reflejando la prima de la opción.

En la práctica, puede haber varias razones para que las empresas se cubran; por ejemplo, para evitar los costos de la bancarrota o para reducir los el pago de impuestos.[1] Alternativamente, el financiamiento externo puede ser más costoso que las fuentes internas de fondos. Sin cobertura, la empresa está expuesta a situaciones desfavorables que requieren financiamiento externo temporal, por ejemplo el crédito bancario. O puede requerir mantener a la mano suficiente efectivo para absorber los déficits. Ambos enfoques pueden ser más costosos que una política donde la empresa cubre los riesgos financieros y utiliza completamente sus activos. Por lo tanto, la empresa puede decidir terminar sus riesgos financieros en los mercados de derivados.

[1] Smithson, Smith y Wilford (1995) proporcionan un buen estudios de por qué deberían cubrirse las empresas.

Ante todo, el VAR proporciona información esencial sobre el riesgo de mercado. De la misma manera en que puede medirse la exposición de los flujos de efectivo operacionales, el VAR revelará los efectos de las exposiciones naturales a los riesgos financieros. Si la empresa decide cubrirse, el VAR proporciona un esquema integrado para evaluar la efectividad de las políticas de cobertura.

1.4 Factores que favorecen los sistemas globales de riesgo

No obstante, la implementación de un sistema de administración de riesgos global no es una hazaña pequeña. Implica integrar sistemas, software y administración de bases de datos, lo cual puede ser muy caro. Además, requiere una inversión sustancial en experiencia intelectual y analítica.

Como tal, no puede ser apropiado para todas las instituciones (véase por ejemplo el recuadro 14-3). Por esta razón, es útil describir las circunstancias que favorecen el desarrollo de dichos sistemas.

RECUADRO 14-3

EL ENFOQUE DE MERRILL

El enfoque de Merrill acerca de la administración global de riesgos, difiere del de otros bancos. La mayoría de sus utilidades se derivan de órdenes de clientes, las cuales son, en general, cubiertas inmediatamente.

Merrill también adopta el punto de vista de que tiene exposición natural de "negocio" a la volatilidad que compensa la exposición de su portafolio financiero. Cuando la volatilidad se incrementa, fluyen más órdenes de clientes, las cuales generan utilidades adicionales. Estas utilidades compensan las caídas potenciales en el valor de su inventario. La empresa también mantiene una posición vega positiva (volatilidad larga) en sus libros de opciones, sólo para estar segura.

Diversidad riesgos

Las empresas o instituciones que están expuestos a una fuente principal de riesgo, por ejemplo, riesgo sobre la tasa de interés estadounidense, no se benefician mucho de la diversificación y, en consecuencia, pueden no requerir un sistema global de administración de riesgos. En contraste, las empresas o inversionistas con exposición a numerosas tasas de interés, tipos de cambio y precios de mercancías deberían tener un sistema global de administración de riesgos. Es interesante notar que, la diversidad de la exposición puede reflejar una política deliberada para buscar los beneficios de la diversificación. Bankers Trust, por ejemplo, tiene una filosofía general de tomar posiciones moderadas en muchos mercados que están relativamente no correlacionados, y estas posiciones son vigiladas muy de cerca.

Monto de operación de propiedad

Las empresas que toman posiciones agresivas en propiedades se beneficiarán de la disciplina impuesta por un sistema global de administración de riesgos. Por otro lado, las empresas que ajustan rutinariamente todas las operaciones, tienen una necesidad menor de un sistema como éste. Un ejemplo son los brokers de divisas, quienes simplemente ajustan a compradores y vendedores sin tomar nunca posiciones.

Complejidad de los sistemas

Un beneficio principal de un sistema de administración de riesgos centralizado es que proporciona un depositario central para todo el procesamiento operacional, las cotizaciones de precio y el análisis. Como la complejidad del sistema se ha incrementado con el tiempo, esto mantiene la honestidad de los operadores y evita discusiones sobre la valuación apropiada. Las empresas que tratan con mercados complicados seguramente requieren la seguridad de un sistema global de administración de riesgos.

2 EL VAR COMO UNA HERRAMIENTA DE PRESENTACIÓN DE INFORMACIÓN

El VAR está constituyéndose rápidamente como una herramienta esencial para comunicar a los accionistas los riesgos financieros de la empresa. De hecho, la revelación se está mejorando rápidamente. Un informe de 1995 de reguladores de la industria bancaria y de valores encuentra que dieciocho bancos y casas de bolsa proporcionaron información cuantitativa sobre el VAR en sus reportes anuales de 1994, comparado con sólo cuatro empresas en 1993.[2] Dicho informe exhorta fuertemente a las instituciones financieras a mejorar la revelación, la cual

> puede reforzar los esfuerzos de los supervisores por promover la estabilidad financiera en los mercados, en un entorno de rápida innovación y complejidad creciente. Si están provistos de información significativa, los inversionistas,

[2] El reporte conjunto fue emitido por el Comité de Basilea sobre Supervisión Bancaria y la Organización Internacional de Comisiones de Valores (IOSCO, por sus siglas en inglés).

> los depositantes, los acreedores y las contrapartes pueden imponer una fuerte disciplina de mercado a las instituciones financieras para administrar sus actividades operativas y de derivados, en una forma prudente y de acuerdo con sus objetivos de negocio establecidos.

Por lo tanto, la revelación de información cuantitativa acerca del riesgo de mercado está siendo considerada como generadora de estabilidad al sistema financiero. Las empresas que pasan por alto la revelación de esta información pueden poner su reputación en entredicho, lo que puede llevarlas posiblemente a la pérdida de negocios o a dificultades de financiamiento.

La revelación acerca de las actividades operativas y de derivados aparecen usualmente en dos lugares en los reportes anuales:

- ❖ ***Discusión y análisis administrativos*** Esta sección contiene, generalmente una explicación verbal de los tipos de riesgos a los cuales está expuesta la empresa. La información más detallada incluye una descripción cualitativa de los procedimientos de administración de riesgos, los objetivos y las estrategias para la utilización de derivados, e información cuantitativa acerca de los riesgos de mercado y crédito.
- ❖ ***Estados Financieros*** Esta sección describe la posición financiera de la empresa y, dependiendo de las convenciones contables nacionales, puede incluir información acerca de las posiciones en derivados en notas a pie de página. Los estados financieros anuales y las notas a pie de página son auditados por contadores independientes.

La tabla 14-2 proporciona un resumen de revelación de los riesgos de mercado. Entre 79 bancos e intermediarios bursátiles encuestados, 18 reportan una medida de VAR pero sólo 5 reportan el cambio real en el valor de portafolio correspondiente al VAR reportado. Esta información también es importante, porque brinda a los usuarios la capacidad de evaluar la efectividad de los sistemas internos de administración de riesgos. Son más las empresas que revelan información acerca del ingreso operativo, aunque pocas se preocupan por dar detalles acerca de sus líneas de actividad.

La tabla también revela amplias discrepancias a lo largo de las fronteras nacionales. Mientras que los bancos estadounidenses están a la vanguardia en las prácticas de administración de riesgos, los bancos de la mayor parte de las otras naciones no proporcionan información acerca de créditos o información sobre riesgos en general. Es justo predecir que se ejercerá presión sobre los jugadores para mejorar la revelación.

La tabla 14-3 compara la información proporcionada en los reportes anuales para un grupo de los principales bancos comerciales estadounidenses que están informando medidas de VAR. La tabla muestra los VAR reportados diariamente

TABLA 14-2 Revelación de los riesgos de mercado: 1994.

	Número de instituciones			
País	*Total examinado*	*VAR operativo diario revelado*	*Cambios revelados en el valor del portafolio*	*Información revelada sobre el riesgo operativo*
Bélgica	3	0	0	3
Canadá	6	0	0	2
Francia	8	5	1	7
Alemania	7	1	0	7
Italia	8	0	0	8
Japón, bancos	7	3	0	1
Japón, intermedios bursátiles	2	0	0	0
Holanda	3	0	0	3
Suecia	4	0	0	0
Suiza	3	1	0	3
Reino Unido	8	0	0	8
EE.UU., bancos	10	8	4	9
EE.UU., intermediarios bursátiles	10	0	0	8
Total	79	18	5	59

TABLA 14-3 Reporte del VAR por los bancos de EE.UU.: 1994.

	VAR Reportado		*Factor de ajuste del riesgo*	*VAR con 99% de confianza (millones de dólares)*
	Nivel de confianza (%)	*VAR (millones de dólares)*	*(σ)*	
Chemical	97.5	12	2.24	12.5
J. P. Morgan	95	15	1.65	21.2
Bankers Trust	99	35	2.33	35.0
Bank America	97.5	8	2.24	8.3
Chase	97.5	17	2.24	17.7

a distintos niveles de confianza. Dado que la revelación es voluntaria, los estándares varían. Asumiendo una distribución normal, no obstante, la traducción en estándares comunes es transparente.

Tal vez el reporte más informativo es el de Bankers Trust, el cual detalla el VAR para cada día del año y a lo largo de las áreas funcionales. Otros bancos sólo reportan el VAR de fin de año o los valores mínimo y máximo. En su discusión cualitativa, Bankers establece:

> El Departamento de Administración Global de Riesgos y el Departamento Global de Crédito vigilan y desarrollan las políticas administrativas para el riesgo de mercado y para el riesgo crédito de los negocios de la empresa en todo el mundo. Estos equipos de profesionales de la administración de riesgos son independientes de las funciones de negocios de la empresa, y le reportan directamente a la alta dirección.

No hay duda de que este es el rumbo de la industria financiera. Las empresas profundamente involucradas con mercados de derivados, pero que omiten revelar esta información esencial, deberían estar sujetas a presiones económicas por parte de los accionistas. El VAR no sólo proporciona información sobre el riesgo de mercado, que de otro modo sería difícil establecer, sino también garantiza confianza a los accionistas que está utilizanmdo un sistema apropiado de administración de riesgos.

3 EL VAR COMO UNA HERRAMIENTA DE ASIGNACIÓN DE RECURSOS

El VAR no sólo es útil para la presentación de información, sino también para la toma de decisiones. Los modelos de VAR permiten a los usuarios controlar el riesgo y decidir cómo asignar los recursos limitados. Bankers Trust, por ejemplo, impone una carga de capital a los operadores tomando como base el capital ajustado al riesgo. Esto constituye un incentivo natural para que los operadores tomen una posición sólo cuando tienen una visión fuerte sobre los mercados. Si no la tienen, lo más deseable es que se abstengan de la inversión.

Los operadores también deberían ajustar racionalmente sus posiciones a medida que cambie el riesgo al paso del tiempo. En un entorno crecientemente volátil, por ejemplo, una respuesta sensible es escalar las posiciones a la baja. En la figura 14-2 se presenta un ejemplo de esta reacción, que muestra la evolución diaria del VAR a un nivel de confianza del99 por ciento para un portafolio combinado de Bankers Trust durante 1994.

La figura muestra que el VAR del banco inició en $70 millones de dólares en los primeros días de enero de 1994, descendió entonces agudamente durante

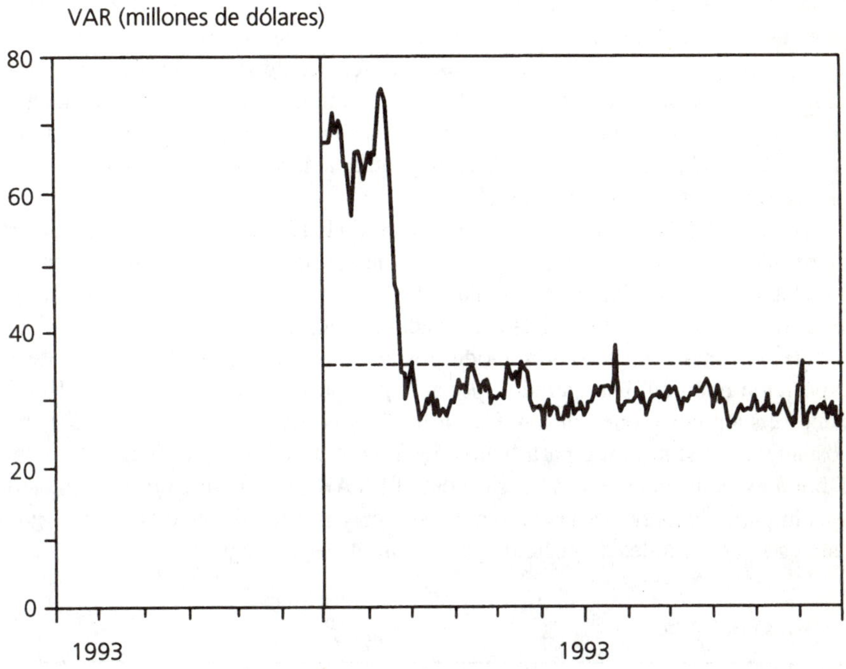

FIGURA 14-2 Estructura intertemporal de los spread crediticios.

febrero a casi $30 millones y, excepto por fluctuaciones menores, permaneció en este nivel durante el resto del año. Bankers explica esta contracción ordenada como sigue:

> El año inició con un agudo incremento global en las tasas de interés... La empresa respondió a este entorno del mercado adverso e inestable a través de una contracción ordenada en el primer trimestre de 1994 a partir de posiciones sustanciales en el mercado... La reducción del riesg durante febrero de 1994 reflejó la decisión de la empresa de reducir su exposición en sus cuentas de Operación y de Posiciones, debido a fluctuaciones de las tasas de interés... Además, el riesgo de tasas de interés era la fuente aislada más grande de riesgo de mercado durante el año, con un de Precio Diario promedio de $29 millones. En comparación, el Promedio de Volatilidad Diaria del Precio a lo largo de todos los riesgos de mercado fue de $35 millones en 1994.

En otras palabras, este retroceso está justificado por la creciente volatilidad del mercado de renta fija, la cual contribuyó sustancialmente al riesgo global de la empresa en 1994. La figura 14-3 muestra el nivel y la volatilidad esperada de las tasas de interés de corto plazo durante el mismo período. A medida que las tasas de interés comenzaron a elevarse en febrero de 1994, la volatilidad también se incrementó. En respuesta, Bankers disminuyó escalonada y sustancialmente sus posiciones por un monto mayor al que compensaba el incremento en la volatilidad. Por lo tanto, el VAR puede ayudar a decidir cuánta exposición a los riesgos financieros debe permitirse.

A nivel del área o unidad de negocio, el VAR también puede utilizarse para fijar límites de posición a los operadores y decidir dónde asignar los recursos limitados de capital. Una gran ventaja del VAR es que crea un denominador común con el cual comparar varias actividades riesgosas.

Tradicionalmente, los límites de posición se establecen en términos de la exposición nominal. Un operador, por ejemplo, puede tener un límite de $10 millones en las posiciones de un día en los bonos del Tesoro a cinco años. No obstante, el mismo límite para bonos del Tesoro a 30 años o para futuros sobre T-bond es sustancialmente más riesgoso. El VAR proporciona un denominador común para comparar varias clases de activos y puede utilizarse como una guía para establecer límites de posición para las unidades de negocio.

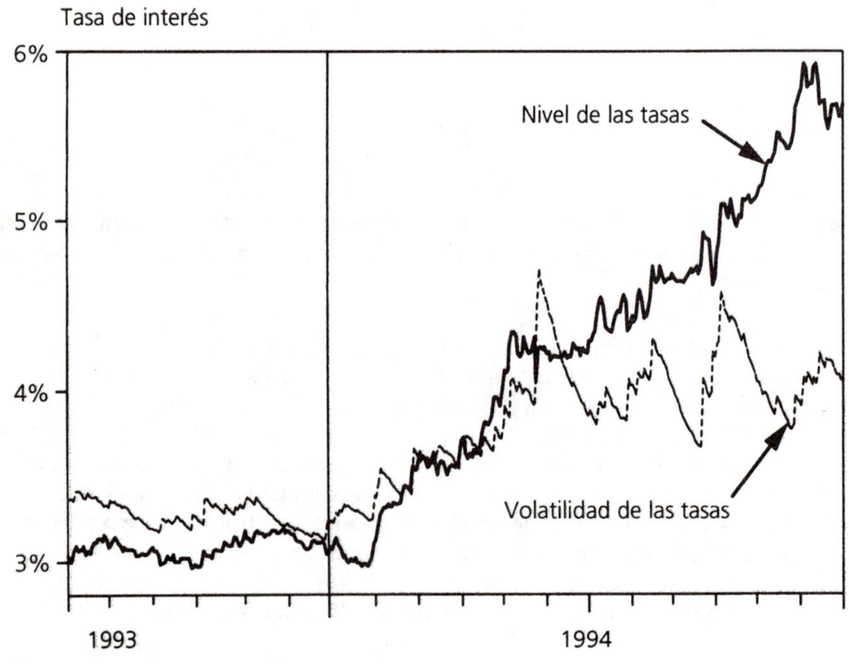

FIGURA 14-3 Tasas de interés: nivel y volatilidad.

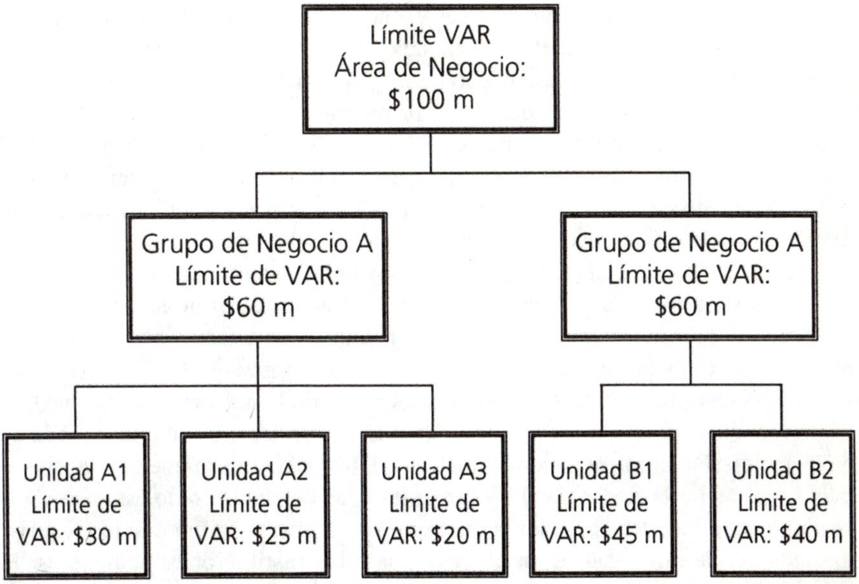

FIGURA 14-4 Establecimiento de límites de VAR.

Además, dado que el VAR considera la correlación, los límites de posición pueden fijarse de tal forma, que los límites de riesgo en niveles superiores puedan ser menores a la suma de los límites de riesgo de unidades individuales. Como muestra la figura 14-4, la diversificación permite que el límite de riesgo para el grupo A de negocio sea de $60 millones, lo cual es menor a la suma de $75 millones para las unidades A1, A2 y A3, a causa de los beneficios de la diversificación.

4 EL VAR COMO UNA HERRAMIENTA DE EVALUACIÓN DEL DESEMPEÑO

Un tercer uso importante del VAR es la evaluación del desempeño. Esto se aplica tanto al desempeño de la inversión como al del modelo.

A nivel estratégico, las mediciones del desempeño ajustadas al riesgo pueden utilizarse para identificar dónde está siendo agregado el valor de los accionistas a través de la empresa. Bankers Trust, por ejemplo, se expandió a negocios que generaban un RAROC alto, tales como la administración de activos y el procesamiento MBS, los cuales producen rendimientos estables.

Al nivel táctico, estos métodos son esenciales para evaluar las ganancias de los operadores y el desempeño del modelo. Primero, el VAR permite que los administradores ajusten el desempeño de las ganancias de los operadores al riesgo que están tomando. Los operadores involucrados en distintos mercados podrían producir cifras muy distintas de ganancias sólo a causa de la volatilidad subyacente del mercado en el cual operan, no a causa de su experiencia. El enfoque de VAR ofrece una base estandarizada para la comparación de mercados con diferentes características de riesgo.

Además, el ajuste del riesgo proporciona una solución del *riesgo moral* inherente al vínculo de la compensación con las ganancias. Si no se controlan los riesgos, los operadores pueden tener un incentivo para tomar posiciones más agresivas. Esto es porque a los operadores se les otorga algo equivalente a una opción: reciben un porcentaje de las ganancias (o un bono sobre las mismas), el cual es mucho mayor que su penalización por las pérdidas. Dado que los valores de la opción se incrementan con la volatilidad, los operadores tienen un incentivo para incrementar el riesgo de sus posiciones. Una conducta como ésta puede ser óptima para ellos, pero no para la empresa. De la misma forma que los requerimientos de capital basados en el riesgo para las instituciones financieras, la imposición de una penalización ex-ante para un mayor riesgo pretende reprimir este comportamiento.

Los administradores pueden evaluar el desempeño, utilizando el riesgo esperado o el riesgo observado. En cada caso, las ganancias ajustadas al riesgo pueden medirse por una de dos formas. Primero, la *Proporción de Sharpe* mide la proporción de rendimiento promedio, que excede la tasa libre de riesgo, sobre la volatilidad total de los rendimientos:

$$S_i = \frac{\overline{R}_i - R_F}{\sigma(R_i)} . \qquad (14.1)$$

Este concepto puede traducirse en la ganancia excesiva y su valor en riesgo. Las ganancias consisten en los ingresos menos los gastos y las pérdidas esperadas para cubrir los posibles riesgos crediticios. El VAR representa el monto de capital económicamente requerido para soportar los riesgos de mercado y crédito:

$$S_i = \frac{\text{Ganancia}_i}{\text{VAR}_i} . \qquad (14.2)$$

Más específicamente, un negocio operativo puede descomponerse en varios componentes, como la ejecución de un cliente, la posición de un cliente y la posición propia. A cada uno de éstos deben asignársele ingresos y costos. Por ejemplo, el componente ingreso de la ejecución del cliente consiste en comisiones y diferenciales de compra-venta; el componente costo incluye los costos operativos y de compensación y los riesgos operacionales.[3] El beneficio de tal análisis detallado es que permite a las instituciones financieras identificar las operaciones rentables y las no rentables y redirigir sus esfuerzos hacia las funciones que agregan el mayor valor.

Surge una complicación importante porque las ganancias operativas pueden relacionarse a los riesgos de otras unidades departamentales. Considérese, por ejemplo, una institución con dos unidades, una mesa de operaciones de bonos y una mesa de futuros. Si ambos departamentos se van largos en anticipación a una reducción en las tasas de interés, el riesgo total de la empresa será muy grande. En contraste, si la mesa de futuros se va corta, las posiciones combinadas podrían estar cercanas a ser libres de riesgo. Sin embargo, la aplicación separada del VAR a cada unidad sobrestima el riesgo combinado.

Esta es la razón por la cual también resulta útil una segunda medición del desempeño. La *proporción de Treynor* es la proporción del rendimiento promedio, más que la tasa libre de riesgo, sobre la contribución de este operador a las ganancias totales de la empresa:

$$T_i = \frac{\overline{R}_i - R_F}{\beta i}, \tag{14.3}$$

donde β_i es el riesgo sistemático de la unidad i en relación con el portafolio total de la empresa p. En el capítulo sobre riesgo del portafolio, se vio cómo descomponer el VAR total descomponerse en VAR($\sum_{i=1}^{N} w_i\beta_i$) donde w_i es la ponderación establecida en la unidad i.

La medida de Treynor es:

$$T_i = \frac{\text{Ganancia}_i}{(\text{VAR} \times w_i\beta_i)}. \tag{14.4}$$

Dado que β es estrictamente válida sólo para cambios pequeños en las posiciones, es útil también para observar el cambio total en el VAR del portafolio, especialmente si el portafolio contiene opciones. Definiendo ΔVAR_i como el cambio en el VAR total debido a la unidad i, la medida de desempeño es:

$$T_i = \frac{\text{Ganancia}_i}{\Delta\text{VAR}_i}. \tag{14.5}$$

La proporción de Sharpe se concentra en la volatilidad de la posición de un operador. No obstante, si esta posición tiene una correlación baja con el remanente del portafolio del banco, es más apropiado concentrarse en su riesgo sis-

[3] Para un análisis más profundo de la medición del desempeño en la escena operativa, véase Bralver y Kuritzkes (1993).

témico vis-à-vis con el riesgo del banco. En la práctica, esta medida enfrenta problemas si β es muy baja, lo cual crea medidas anormalmente altas de la proporción Treynor.

La otra función principal del VAR es la calibración del modelo. El VAR debería utilizarse como un mecanismo de retroalimentación para verificar la validez de la valuación subyacente y los modelos de riesgo, como se mostró en el capítulo 5. Cuando el modelo está perfectamente calibrado, alrededor del 5 porciento de las observaciones deben caer fuera de las mediciones del VAR estimadas en un nivel de confianza de 95 por ciento. La comparación de las ganancias y pérdidas reales con su distribución pronosticada proporciona retroalimentación al administrador del riesgo. Si sustancialmente más del 5 por ciento de las observaciones caen fuera de las bandas teóricas del 95 por ciento, el modelo subestima el riesgo. Debería entonces ser reexaminado en busca de supuestos erróneos, parámetros equivocados o modelación imprecisa.

La figura 14-5 muestra el ajuste entre el VAR diario real y el pronosticado para Bankers Trust. El diagrama muestra el valor absoluto de las ganancias y pérdidas diarias (P&L) contra la volatilidad del precio. Las observaciones por arriba de la línea diagonal indican los días en que el valor absoluto de las P&L excedieron su VAR. De acuerdo con el modelo estadístico, sólo el 2 por ciento de

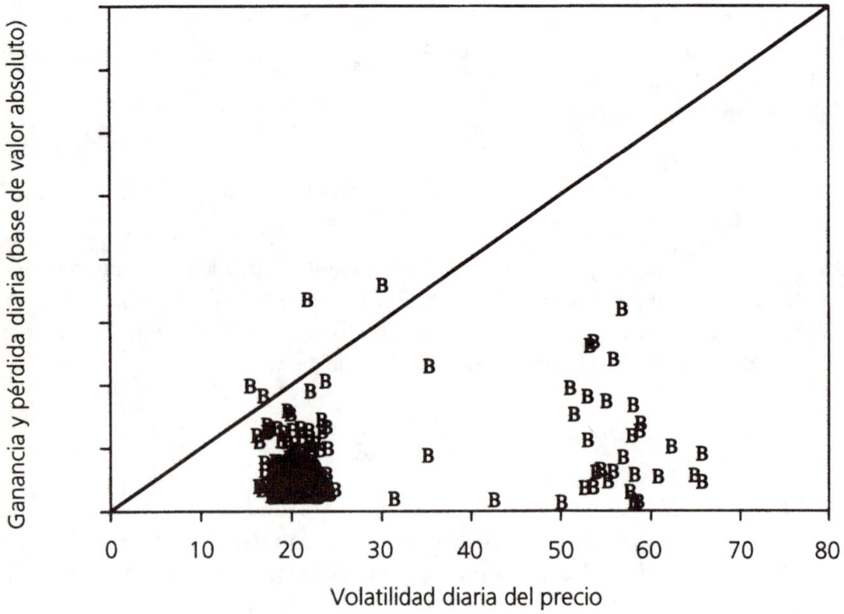

FIGURA 14-5 Evaluación del modelo: Bankers Trust.

las observaciones debería permanecer por arriba de la diagonal, lo cual implica alrededor de cinco observaciones diarias. Como esto se acerca al número real, la metodología parece proporcionar una visión razonable de la exposición al riesgo de mercado.

De forma general, las desviaciones entre el riesgo observado y el modelado deberían ser rastreadas muy de cerca. La *razón de eficiencia de riesgo* mide la proporción de riesgo observado ex-post con respecto al pronosticado por el modelo.

$$E_i = \frac{\sigma^{\text{Observado}}(R_i)}{\sigma^{\text{Pronosticado}}(R_i)}. \tag{14.6}$$

Las desviaciones sistemáticas de uno indican que el riesgo es consistentemente medido con error. De ser así, los administradores de riesgos deben regresar a su modelo para buscar el error.

5 EL RETO PARA LA TECNOLOGÍA DE LA INFORMACIÓN

En la búsqueda por controlar los riesgos financieros, las instituciones tendrán que hacer una fuerte inversión en tecnología informática (TI). El desarrollo de sistemas es considerado ampliamente como un componente necesario para hacer negocios y puede incluso proporcionar una ventaja competitiva.

Como apunta el reporte del G-30: "Los intermediarios que han integrado sus sistemas de administración de riesgos en derivados con sus sistemas de back-office, han descubierto que la integración mejora la eficiencia operativa y la confiabilidad".

5.1 Sistemas de riesgo globales

Aun así, la implementación de un sistema global de administración de riesgos es un gran reto tecnológico. Actualmente, los programas de software que soportan la operación en los bancos caen dentro de tres áreas:

- *Sistemas operativos* (o sistemas de front-office), utilizados por los operadores para evaluar y hacer tratos y para rastrear las posiciones actuales.
- *Sistemas de administración de back-office*, utilizados para compensar las transacciones (es decir, la validación de las operaciones y la comunicación de las cuentas a ser adeudadas o acreditadas) y considerar las nuevas transacciones en los libros del banco.
- *Sistemas de administración de riesgos* (o sistemas de middle-office,) utilizados por una unidad independiente de control del riesgo para vigilar a los operadores y la exposición global de la empresa.

Estos sistemas operan típicamente en diferentes plataformas, un legado de los sistemas desiguales, que se desarrollaron a partir de requerimientos ampliamente distintos. Los front-offices, que generan directamente las ganancias, tienen los sistemas de aplicación más modernos instalados en plataformas descentralizadas, típicamente poderosas PC's o estaciones de trabajo. Frecuentemente se utilizan diferentes sistemas de administración de riesgos para controlar distintas unidades de negocio. En contraste, los poco glamorosos back offices pueden sufrir por equipo anticuado, usualmente basado en mainframes.

Los back offices sufren porque tienen la percepción de que no contribuyen directamente al renglón de resultados. Esta percepción es un grave error, dado que muchas instituciones han sufrido pérdidas que pudieron evitarse con un soporte decente al back-office. La pérdida de $1.1 mil millones en que incurrió Daiwa, por ejemplo, ha sido atribuida en parte a un inadecuado sistema de back-office que impidió al banco tener una imagen completa de su posición.

El reto es integrar estos sistemas. La integración implica la automatización del flujo de datos para cada transacción, enviando éstas a las unidades de liquidación y de administración de riesgos para que sean verificados y archivados. La integración se hace más fácil por las crecientes capacidades de las PC's y las estaciones de trabajo, junto con sus costos decrecientes. La integración de los sistemas proporciona muchas ventajas. Primero, permite a los bancos analizar su exposición global a través de sistemas completos. Segundo, capacita a los bancos para tomar ventaja completa del neteo. La compensación de exposiciones a la misma contraparte es posible sólo con un sistema global de reporte. Tercero, la integración impone disciplina a los operadores cuyas posiciones son evaluadas a tiempo real contra los límites, a través de sistemas de captura de operaciones. Esto puede ayudar a evitar fallas en los controles, tal como sucedió en Barings. Finalmente, la integración asegura que se utiliza una sola fuente para valuar el precio, lo cual debería ser de manera ideal totalmente independiente de la mesa de operaciones. Los modelos de valuación y de precios independientes reducen enormemente la posibilidad de que los operadores reporten ganancias falsas.

Efectivamente, los sistemas de administración de riesgos globales no pueden eliminar absolutamente los riesgos operacionales. Los operadores tramposos siempre pueden alimentar datos falsos o violar los límites operativos. No obstante, los sistemas redundantes, las verificaciones dobles y la automatización, deberían reducir las probabilidades de catástrofes. Como se muestra en el recuadro 14-4, es muy probable que el error de Barings se habría podido evitar con la separación de las funciones operativas y de back-office.

Asimismo, pueden implementarse otras salvaguardas adicionales. Otro enfoque, que decididamente no requiere tecnología, es proporcionar incentivos a los empleados por informar sobre colegas que excedan los límites operativos. Un sistema así ha sido utilizado con éxito por Bear Stearns. Aunque no existe un sis-

RECUADRO 14-4

LA ADMINISTRACIÓN DEL RIESGO DE BARINGS

El error de Barings viene al caso cuando hablamos de ausencia de controles sobre el operador. Un buen sistema de administración de riesgos habría encendido oportunamente la alarma y posiblemente, hubiera evitado la mayor parte de la pérdida de $1.3 mil millones de dólares.

Barings había instalado en Londres un sistema de administración de riesgos crédito en los ochenta. El banco estaba instalando un sistema de administración de riesgos de mercado en sus oficinas de Londres. El sistema, desarrollado por Infinity Financial Technology, con sede en California, tiene la capacidad de valuar derivados y generar reportes de VAR. No obstante, la tecnología de Barings era mucho más avanzada en Londres que en sus sucursales foráneas. Los sistemas grandes son caros de instalar y mantener para operaciones pequeñas, por lo cual el banco dependía fuertemente en la administración local.

El factor condenatorio en el caso de Barings fue que Leeson tenía la responsabilidad de las funciones del front y del back office, lo cual le permitió ocultar las pérdidas operativas. En julio de 1992 creó una cuenta especial de "errores", numerada como 88888, la cual fue ocultada del archivo de operaciones, del archivo de precio y del archivo central de Londres. Las operaciones con pérdida y las operaciones no saldadas fueron estacionadas en esta cuenta. Los reportes diarios al Comité de Activos y Pasivos de Barings mostraban las posiciones operativas de Leeson sobre el Nikkei 255 como completamente saldadas. Por lo tanto, los reportes a Londres no mostraban riesgo. Si Barings hubiese utilizado auditorías internas para proporcionar verificaciones independientes sobre las entradas, la empresa podría haber sobrevivido.

tema a toda prueba, las políticas de administración de riesgos proporcionan salvaguardas muy necesarias contra los riesgos operacionales.

5.2 La necesidad de integración

Desafortunadamente, la integración no es un proceso de un solo paso. Puede atorarse por el equipo existente, el cual desempeña bien su función en aislamiento, pero no a través de plataformas. Además, puede haber resistencia organizacional a la integración, pues las rivalidades departamentales pueden crear conflictos de intereses.

La tendencia hacia la integración puede impulsarse con dos desarrollos:

- *Herramientas orientadas a objetos*, que permiten a las empresas desarrollar programas nuevos con partes de las anteriores. Los trozos de la aplicación lógica se construyen como objetos separados con funciones bien definidas e interfases. Los programas se construyen combinando objetos. Los objetos individuales pueden utilizarse en múltiples programas o en el diseño de otros objetos, lo cual acelera el tiempo de desarrollo. Este enfoque es particularmente importante para los derivados, los cuales evolucionan muy rápido y requieren software nuevo constantemente. El nuevo software puede construirse entonces con piezas de los programas existentes que valúan derivados más simples.

- *Bases de datos relacionales*, son agrupaciones organizadas de partidas de datos, como todas las bases de datos, pero la información es organizada en tablas que brindan a los usuarios la posibilidad de examinar cuidadosamente grandes montos de datos para información específica. Permiten la ubicación centralizada de las posiciones operativas y pueden accesarse datos alimentados a través de una amplia variedad de programas. La interfase con las bases de datos relacionales consiste en un lenguaje interrogativo con uno en particular, el Lenguaje Interrogativo Estructurado (SQL), que es un estándar *de facto*, el cual permite transferencias fáciles de datos entre diferentes bases de datos.

La flexibilidad es el requerimiento esencial de tales sistemas. Con productos financieros en evolución continua, los cambios pueden asimilarsereescribiendo módulos específicos en lugar de reconstruir los programas completos. La flexibilidad también garantiza que los cambios regulatorios posteriores requieran sólo ajustes menores en lugar de los ajustes generales que enfrentan ahora las instituciones financieras con la instalación de sistemas de VAR.

Todo esto no será barato. Las empresas financieras están entre los consumidores más fuertes de tecnología de información. Sólo en 1994 se gastaron $3 mil millones en tecnología de administración de riesgos, de los cuales el 60 por ciento se destinó a sistemas internos y el resto a sistemas externos. La mayor parte fue desembolsada por bancos estadounidenses y europeos. Y esto es sólo un segmento de los $16 mil millones gastados en tecnología por los bancos estadounidenses. Los proveedores de servicios financieros han descubierto que participan tanto en el negocio de administración de información como en el de hacer dinero. Los bancos pueden ganar una ventaja competitiva en servicios financieros sólo si hacen que sus productos sean más relevantes para los clientes.

En la figura 14-6 se describe la estructura típica de un sistema de administración de riesgos. Se compone de tres partes. La plataforma "analítica" recolecta y filtra datos del mercado. Los datos de mercado pueden ser extraídos de los servicios tradicionales de investigación de datos, tales como Datastream o Data Resources Incorporated, o de fuentes de datos en línea, tales como Reuters, Telerate o Knight-Ridder, que ahora cada vez más ofrecen *campos digitales*, en oposición a los campos análogos o en video. Con los campos digitales, los datos pueden ser recuperados en línea en un formato computarizado legible, para utilizarlos en modelos de valuación para valores y pronósticos de riesgo.

La plataforma de "posiciones" funge como un depositario global para todas las operaciones, las cuales son recibidas del front-office y transmitidas al back-office, quien las descompone entonces en las posiciones que las constituyen. Este es un proceso delicado, dado que los errores en la información de la posición se traducirán directamente en errores en la medición del riesgo. Frecuentemente se requiere simplificar las posiciones complicadas para hacerlas más manejables y por consistencia; los sistemas de medición de riesgos generalmente no pretenden ser utilizados como sistemas de valuación de los operadores.

La tercera plataforma, "administración de riesgos", integra el análisis y las posiciones con un modelo de VAR para crear una medición del riesgo de mercado o del riesgo crédito, o de ambos.

Después de haber decidido la implementación de un sistema de administración de riesgos, un asunto fundamental es determinar si el sistema se desarrolla de forma interna o se compra un sistema externo proporcionado por un proveedor externo. Esta elección es crucial, pues determinará tanto los costos operacionales como el nivel de ventaja competitiva. Generalmente, los sistemas

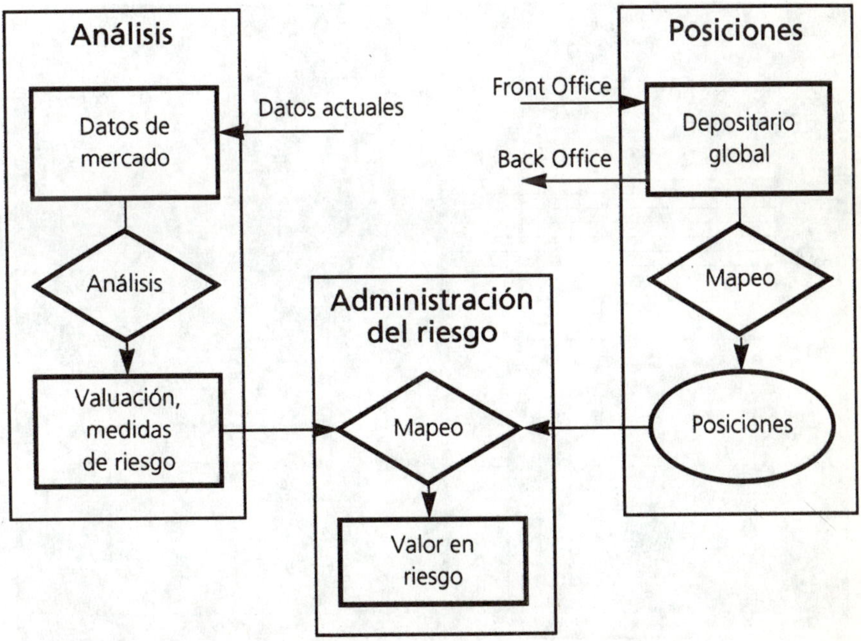

FIGURA 14-5 Evaluación del modelo: Bankers Trust.

internos ofrecen mayor flexibilidad e integración con los sistemas existentes. No obstante, su desarrollo puede ser extremadamente caro; requiere mucho tiempo y, finalmente, no hay garantía de que el sistema se termine. En contraste, los paquetes externos ofrecen una funcionalidad inmediata a un costo menor. Generalmente, sólo las instituciones grandes que requieren un alto nivel de adaptación necesitan sistemas internos.

A estas alturas, debe estar claro que la administración de riesgos no puede implementarse con un enfoque gradual. Es tal el nivel de integración requerido, que debe ser dirigido desde niveles muy altos en la organización. Además, debe ser apoyado con la cultura y la tecnología del banco.

6 UNA APLICACIÓN

Como un ejemplo, ilustramos ahora la aplicación de un sistema global de administración de riesgos. Sailfish Systems Ltd., es un proveedor de software de medición de riesgos en cualquier nivel de la empresa y de software de análisis de desempeño. Un beneficio principal del sistema es que implementa un soporte para todas las metodologías de medición del riesgo en una sola aplicación. Los

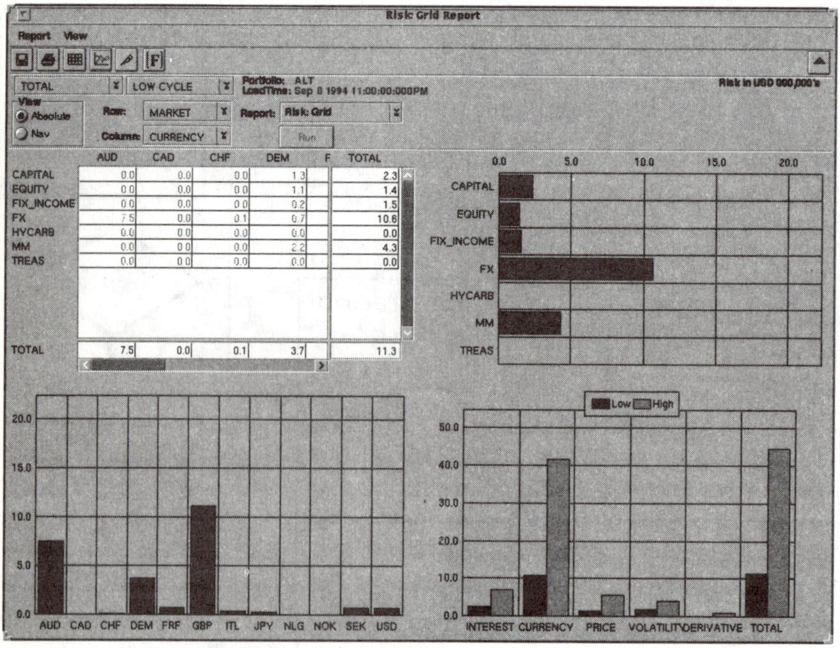

FIGURA 14-7 Sistema Sailfish: grid de riesgo.

usuarios tienen la opción de elegir uno de los cuatro métodos de VAR y, por lo tanto, pueden determinar si los resultados son sensibles a la metodología.

La figura 14-7 muestra la pantalla de un "grid de riesgo". La esquina superior izquierda presenta la descomposición del perfil de riesgo por clases de activo y por divisa. El panel adjunto representa el riesgo neto agregado por divisa (abajo) o por clase de activo (a la derecha). Por ejemplo, el riesgo neto debido al dólar australiano es de \$7.5 millones; el riesgo neto debido a la posición en divisas es de \$10.6 millones. El panel inferior derecho describe la asignación del riesgo a clases definidas por cliente, tales como tipos de riesgo (por ejemplo, tasas de interés, tipos de cambio); productos (es decir, valores, derivados); centro de ganancia y contrapartes. Con un nivel de confianza del 95 por ciento, el riesgo total del portafolio es de \$11.3 millones en el corto plazo y \$43 millones en el largo plazo.

Esta pantalla es interactiva, en el sentido de que los usuarios pueden hacer click en varios elementos para correr reportes más profundos. Esto impulsa a los usuarios a buscar información más detallada dentro de un portafolio.

La figura 14-8 presenta la distribución completa de las ganancias, en lugar de sólo el número de VAR al 95 por ciento. La pantalla muestra la distribución empírica, medida por el histograma, así como la aproximación normal que pro-

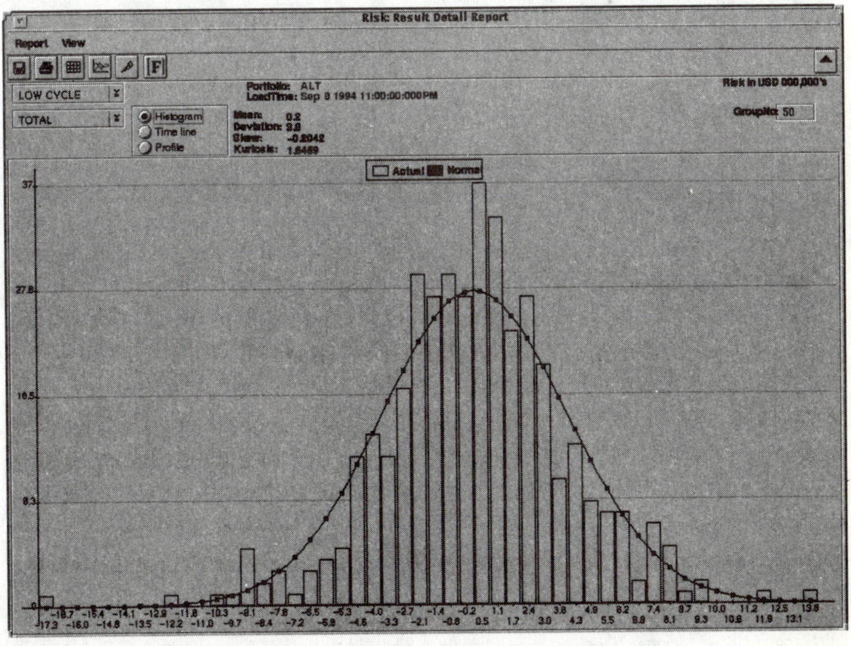

FIGURA 14-8 Sistema Sailfish: distribución de ganancias.

porciona el mejor ajuste. La forma de la distribución puede compararse con la aproximación normal. Con esta información, el usuario puede seleccionar una estimación puntual del riesgo basado en una desviación estándar o en un cuantil muestral.

En este ejemplo, el VAR se mide utilizando el método de simulación histórica. La figura 14-9 despliega las series de tiempo de los rendimientos simulados del portafolio, utilizando alrededor de 2 años de datos. Esto proporciona información visual acerca de la volatilidad del período seleccionado. Los usuarios pueden expandir o reducir el período muestral como deseen. Además, los rendimientos pueden especializarse a las clases de activos o a los eventos con las pérdidas y ganancias más grandes. Basándose en esta información, los usuarios pueden adquirir una mejor percepción de su exposición al riesgo.

Un sistema centralizado de administración de riesgos como éste proporciona muchos beneficios: reporte de información, asignación de recursos y evaluación del desempeño. Sin estas herramientas, las empresas están caminando a ciegas en los mercados financieros.

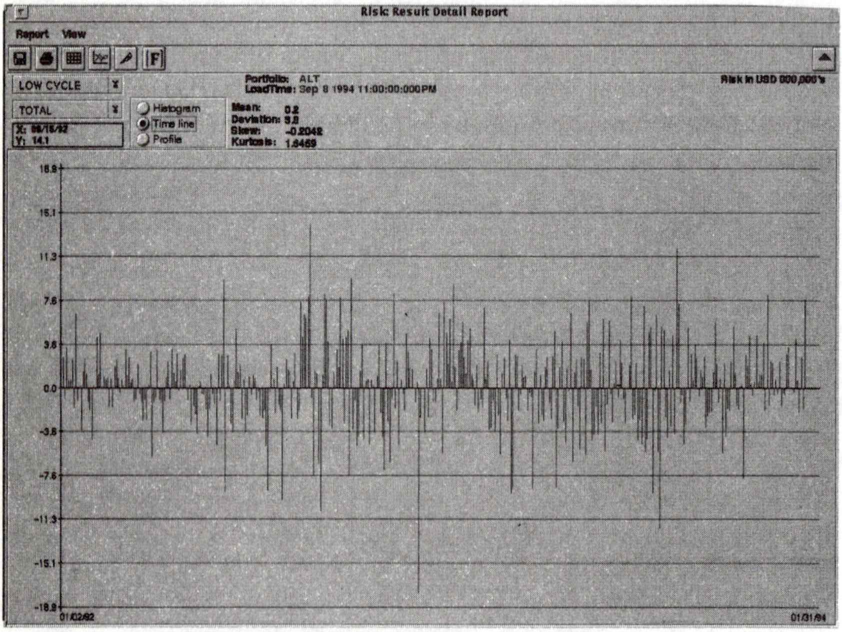

FIGURA 14-9 Sistema Sailfish: simulación histórica.

CAPÍTULO 15

La administración del riesgo: pautas y trampas

La administración de riesgos quiere saber lo que podría suceder el otro 1 por ciento del tiempo.

Richard Felix, Director Ejecutivo de Crédito en Morgan Stanley

La cadena de desastres con derivados condujo a amenazas bien publicitadas de acciones legislativas contra los derivados. En respuesta, el sector privado generó algunas recomendaciones para el mejor control de estos productos. En julio de 1993, el Grupo de los Treinta (G-30) publicó un dictamen fundamental. Aunque dichas recomendaciones cubren mucho más que los riesgos de los derivados, y se han convertido en un índice de referencia para la administración prudente de todos los riesgos financieros. En este capítulo se resume un conjunto de prácticas sanas para la administración del riesgo, en las cuales el VAR es sólo un componente constitutivo; más propiamente, una piedra fundamental.

En la sección 1 se analizan las mejores prácticas recomendadas por el G-30, de las cuales la implementación del sistema de VAR es sólo un componente más. Las empresas que ignoren estas recomendaciones se exponen a sí mismas a pérdidas potenciales y también ponen en riesgo su reputación. En la sección 2 se enfatiza el papel de la alta dirección. En la sección 3 se consideran las trampas en la interpretación del valor en riesgo y de riesgos importantes, algunos de ellos muy sutiles y de los cuales deben cuidarse los usuarios. Por último, la sección 4 sirve como un recordatorio de que, aún con los mejores sistemas de administración de riesgos, las empresas siguen expuestas a riesgos estratégicos.

1 "LAS MEJORES PRÁCTICAS" QUE RECOMIENDA EL G-30

El estudio del G-30 examina los riesgos asociados con los productos derivados y concluye que "los derivados no introducen riesgos de mayor escala que los ya presentes en los mercados financieros". Aquí, las palabras clave son ya presentes, lo cual significa que los derivados no crean nuevos riesgos. Asimismo, plantea un conjunto de 20 prácticas sanas de administración, las más importantes se resumen a continuación (se conserva la metodología de numeración original del G-30):

1. El papel de la alta dirección

Las políticas que regulan a los derivados deben ser definidas claramente en el nivel más alto de la empresa. Corresponde a la alta dirección aprobar los procedimientos y controles para implementar dichas políticas, las cuales deberán ser obligatorias en todos los niveles. En otras palabras, las actividades con derivados ameritan la atención de la alta dirección, ya que tienen el potencial de generar grandes ganancias o grandes pérdidas. El primer punto de responsabilidad lo constituyen la alta dirección, el consejo de directores o el consejo de fideicomisarios.

2. Valuar a mercado

Las posiciones de derivados deben ser valuadas a precio de mercado, al menos diariamente. Esta es la única técnica de valuación que mide correctamente el valor actual de activos y pasivos. La valuación a mercado debe implementarse independientemente del método contable utilizado. Incluso las empresas que utilizan una contabilidad acumulativa deben establecer un conjunto separado de libros para medir los riesgos de mercado.

5. Medición del riesgo de mercado

Los intermediarios deberán utilizar una medida consistente para calcular diariamente el riesgo de mercado de sus posiciones, el cual se mide mejor con un enfoque de valor en riesgo. Una vez que ya se cuenta con un método de medición de riesgos, deben fijarse los límites de riesgo de mercado basándose en factores tales como tolerancia a las pérdidas y recursos de capital.

6. Simulaciones de estrés

Los usuarios deben cuantificar el riesgo de mercado bajo condiciones adversas del mercado. Los sistemas de valor en riesgo usualmente están basados en condiciones normales del mercado, lo cual puede no reflejar las pérdidas potenciales bajo entornos extremos del mercado. Las simulaciones de estrés deben reflejar tanto los eventos históricos como las estimaciones de movimientos futuros adversos.

8. Administración independiente del riesgo de mercado

Los intermediarios deben establecer las funciones de administración del riesgo de mercado para asistir a la alta dirección en la formulación e implementación de los sistemas de control del riesgo. Estas unidades de administración del riesgo deben constituirse con clara independencia de la operación, y deberán tener autoridad coercitiva. También serían responsables de establecer políticas de límites de riesgo, medir el valor en riesgo, ejecutar escenarios de estrés y vigilar que la volatilidad del portafolio real esté de acuerdo con las predicciones.

10. Medición de la exposición crediticia
Los usuarios deben determinar el riesgo crédito que surge de las actividades con derivados basándose en medidas frecuentes de la exposición actual y potencial. La exposición actual es el valor de mercado, o costo de sustitución de las posiciones existentes. La exposición potencial mide las pérdidas futuras probables ocasionadas por incumplimiento en el plazo remanente de la operación.

11. Agregación de la exposición crediticia
La exposición crediticia a cada contraparte debe agregarse considerando los acuerdos de neteo. El riesgo crédito puede reducirse ampliando el uso de los acuerdos maestros multiproducto con provisiones de neteo de liquidación.

12. Administración independiente del riesgo crédito
Los usuarios deben crear funciones de vigilancia para el riesgo crédito con autoridad clara, independiente de la función de intermediación. Estas unidades deben establecer límites de crédito y vigilar sus usos.

16. Experiencia profesional
Los usuarios deben autorizar sólo a profesionales con la habilidad y experiencia requeridas para operar. Estos profesionales incluyen a operadores, supervisores y a los responsables del procesamiento y control de las actividades.

Debemos señalar que las recomendaciones del G-30 abarcan mucho más que los derivados, y pueden aplicarse a cualquier portafolio de inversión. De hecho, pueden ayudar a controlar el riesgo de cualquier portafolio.

2 EL PAPEL DE LA ALTA DIRECCIÓN

El quebranto de Barings subrayó el papel de la alta dirección,el cual encabeza las recomendaciones del G-30. Por una estimación, Barings había ignorado la mitad de estas recomendaciones. El 18 de julio de 1995, cuatro meses después de la caída de Barings, el Banco de Inglaterra publicó un reporte sobre las circunstancias de este asunto.

2.1 Pautas del Banco de Inglaterra

El reporte de Barings mencionó por primera vez el riesgo reputacional. Se refiere al riesgo de las ganancias que deriva de una opinión pública negativa. El riesgo reputacional puede exponer a una institución a litigio o a pérdida financiera debido a la ruptura de relaciones. La preocupación por el uso de derivados ha surgido en las salas de consejos corporativos desde 1994. A nadie le gusta que el nombre de su empresa o fondo de pensión se vea involucrado en pérdidas sobre instrumentos, que no puede explicarse o entender bien porque ocurrieron.

Mientras que como lo recomienda el G-30, un análisis introspectivo del uso de los derivados es ciertamente benéfico, algunas empresas han optado por terminar su participación en los mercados de derivados. Un ejemplo notable es Kodak, que descontinuó su programa de futuros el cual fue administrado de manera muy exitosa. La terminación completa de toda actividad con derivados parece ser un paso extremo.

Esto es especialmente cierto porque los derivados pueden utilizarse para cubrir riesgos financieros u operacionales. Ignorarlos no resuelve el problema, pues algunas empresas han sido demandadas por no utilizar derivados. En 1992, por ejemplo, una cooperativa de granos de Indiana sufrió pérdidas cuando cayeron los precios del grano. Los directores fueron demandados y encontrados culpables de retener un administrador inexperto en derivados.

El reporte del Banco en Inglaterra concluyó que el colapso de Barings se debió a las operaciones no autorizadas realizadas por Nick Leeson, lo cual fue posible debido a un colapso "absoluto" de los controles y a la confusión administrativa. Un informe posterior del gobierno de Singapur fue todavía más lejos, atribuyendo el colapso a la "incompetencia institucional".

El reporte también identificó varias lecciones derivadas del desastre. La primera es que el front office y el back office necesitan estar claramente separados, con distintas líneas de control. Además, el reporte estableció que:

- Los equipos de administración tienen el deber de entender completamente los negocios que administran.
- La responsabilidad de cada actividad de negocios debe estar claramente establecida.
- La segregación clara de obligaciones es fundamental para cualquier sistema efectivo de control de riesgos.
- Deben establecerse relevantes controles internos de riesgos, en todas las actividades de negocio, incluyendo administración independiente del riesgo.
- La alta dirección debe resolver rápidamente las debilidades significativas.

Todas éstas parecen recomendaciones de sentido común.

2.2 Pautas organizacionales

Los directores ejecutivos asumen una responsabilidad particular, dado que definen los objetivos, los procedimientos y los controles. Asimismo, pueden fomentar los entornos seguros o inseguros, a través de la elección de la estructura organizacional.

Las prácticas de administración de riesgos varían ampliamente. Como se describe en la tabla 15-1, las empresas menos avanzadas pueden operar sólo un comité de riesgo crédito y generalmente agregan sus riesgos sólo al nivel del negocio. Las instituciones más avanzadas tienen comités de riesgo globales para integrar los riesgos crédito y de mercado y utilizan medidas cuantitativas del mismo. Generalmente, los bancos de los Estados Unidos parecen tener los sistemas más desarrollados de administración de riesgos. Los bancos comerciales estadounidenses están de hecho más avanzados que los bancos de inversión en términos de prácticas globales de administración de riesgos, debido, aunque de manera un tanto perversa, a la imposición de estrictos requerimientos de capital por parte de los reguladores. Les siguen muy de cerca los bancos británicos, luego las instituciones alemanas, suizas y holandesas. Fuera de estos países, los bancos administran típicamente sólo el riesgo crédito.

Las instituciones financieras japonesas están notablemente atrás en términos de administración de riesgos. En los ochentas, los bancos japoneses crecieron a través de los préstamos no de las operaciones con valores, de modo que había poca necesidad de la administración de riesgos de mercado. También estaban protegidos de la competencia a través de acuerdos tipo cartel orquestados por el Ministerio de Finanzas. Estos bancos no ajustaron sus procedimientos de vigilancia para estar a la altura de sus negocios cambiantes.

TABLA 15-1 Prácticas en la administración de riesgos.

Niveles de desarrollo	*Comités de Política de Riesgos*	*Nivel de agregación*	*Análisis de VAR*
Líderes	*Sí-múltiples*	*En toda la empresa*	*Sí*
Seguidores	*Crédito sí*	*De mercado A nivel de unidad de negocio*	*Algunas veces*
Rezagados	*Sólo de riesgo crédito*	*Ninguno*	*No*

La figura 15-1 describe la forma de implementar un modelo de control. La clave en este diagrama de flujo es que la unidad de administración de riesgos es independiente de la unidad operativa. Los administradores de riesgos no deben depender de la autoridad de nadie cuya compensación esté vinculada al éxito de una unidad operativa, deben depender directamente de la alta dirección. Asimismo, la compensación de los administradores de riesgos y de los auditores no puede estar vinculada a la calidad del desempeño de los operadores. En esta estructura, cada unidad tiene tareas independientes y no hay una administración superpuesta a niveles menores. Esto proporciona un sistema de verificación de aciertos y resultados.

Hasta ahora, el desarrollo de sistemas de administración de riesgos ha sido lento, particularmente fuera de los Estados Unidos. Además del costo y de los recursos intelectuales requeridos para desarrollar el soporte tecnológico para la administración de riesgos, frecuentemente hay un conflicto cultural entre el área operativa y los banqueros tradicionales. Mientras que la mayoría de los operadores están típicamente bien versados en herramientas de medición de riesgos, los ejecutivos tradicionales de préstamos suelen confundirse con estos conceptos. El reto es convencer a toda la organización de los beneficios de un mejor control y valuación de los riesgos. Los mercados financieros cada vez más volátiles, la presión regulatoria y las lecciones derivadas de los recientes desastres financieros deberían impulsar a la banca global hacia una mejor administración de los riesgos financieros.

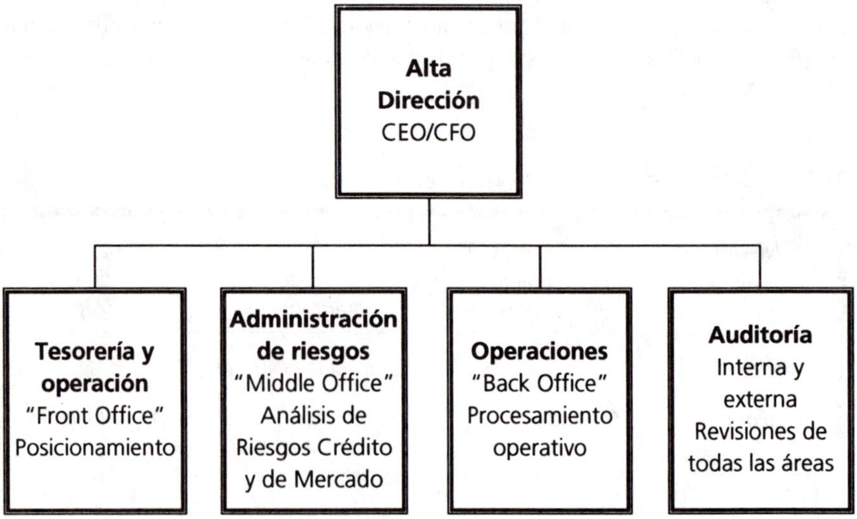

FIGURA 15-1 Estructura organizacional para la administración de riesgos.

2.3 Los administradores de riesgos

Desafortunadamente, en la administración de riesgos y los controles hay una gran tentación de "tomar atajos". A diferencia de los operadores, estas unidades no contribuyen directamente al renglón de resultados de la empresa. Los empleos en el back-office y en el middle-office no están rodeados de glamour. Los administradores de riesgos, en particular, desempeñan una función similar a la venta de una opción; en el mejor caso, no pasa nada; en el peor, fallan en detectar un problema y pueden perder su trabajo. Esto es lo contrario de lo que sucede con los operadores, para quienes su vínculo al bono de desempeño es similar a la compra de una opción.

Los administradores de riesgos son una casta especial. Deben estar perfectamente familiarizados con los mercados financieros, con los embrollos del proceso operativo y con la modelación financiera y estadística. Deben estar atentos a los detalles, dado que ponen continuamente su reputación en juego. No obstante, no pueden recibir jugosos bonos, como reciben los operadores.

La compensación de los administradores de riesgos es un asunto delicado. Las instituciones que intenten escatimar en la remuneración del personal del back y del middle office, no podrán atraer un equipo calificado. Un estudio reciente del G-30, por ejemplo, encuentra que existe "una preocupación de que el desarrollo del equipo de personal en áreas de soporte esté rezagado".

Aquí es donde nuevamente juega un papel importante la alta dirección. Los controles internos sólidos obran en el mejor interés de la institución, dado que los criterios de integridad de una contraparte son vitales para el flujo continuo del negocio. La vigilancia efectiva también reduce la posibilidad de que una institución se exponga a litigio, pérdida financiera o menoscabo de su reputación. Las fallas espectaculares de las instituciones que carecieron de controles internos deberían servir como una advertencia de la necesidad de la administración del riesgo.

3 TRAMPAS EN LA INTERPRETACIÓN DEL VAR

Aunque el VAR proporciona una primera línea de defensa contra los riesgos financieros, no es la panacea. Los usuarios deben entender las limitantes de las medidas de VAR.

3.1 Riesgos de estabilidad y de eventos

El principal defecto de los modelos basados en datos históricos es que asumen que el pasado reciente es una buena proyección de eventos aleatorios futuros. Aún si los datos han sido perfectamente ajustados, no hay garantía de que el futuro no ocultará sorpresas desagradables de eventos.que no ocurrieron en el pasado.

Las sorpresas pueden asumir dos formas, pueden ser eventos que ocurren una sola vez (tales como una devaluación o incumplimiento) o cambios estructurales (por ejemplo, pasar de tipos de cambio fijos a flotantes). Aquellas situaciones donde los patrones históricos cambian abruptamente ocasionan estragos en los modelos basados en datos históricos.

El *riesgo de estabilidad* puede ser abordado mediante las pruebas de estrés, desarrolladas en el capítulo 10, cuyo objeto es abordar el efecto de los cambios drásticos en el riesgo del portafolio. Hasta cierto punto, los cambios estructurales pueden también ser capturados por los modelos que permiten que el riesgo cambie a través del tiempo, o por los pronósticos de volatilidad contenidos en las opciones. Un ejemplo de cambio estructural es la devaluación del peso mexicano en 1994, la cual se detalla a continuación.

El VAR y el colapso del peso mexicano

En diciembre de 1994, la actividad de los mercados emergentes se volvió una amarga experiencia cuando México devaluó el peso 40 por ciento. La devaluación fue ampliamente considerada como un error gubernamental y condujo a un colapso del mercado accionario mexicano. Los inversionistas que habían coloca-

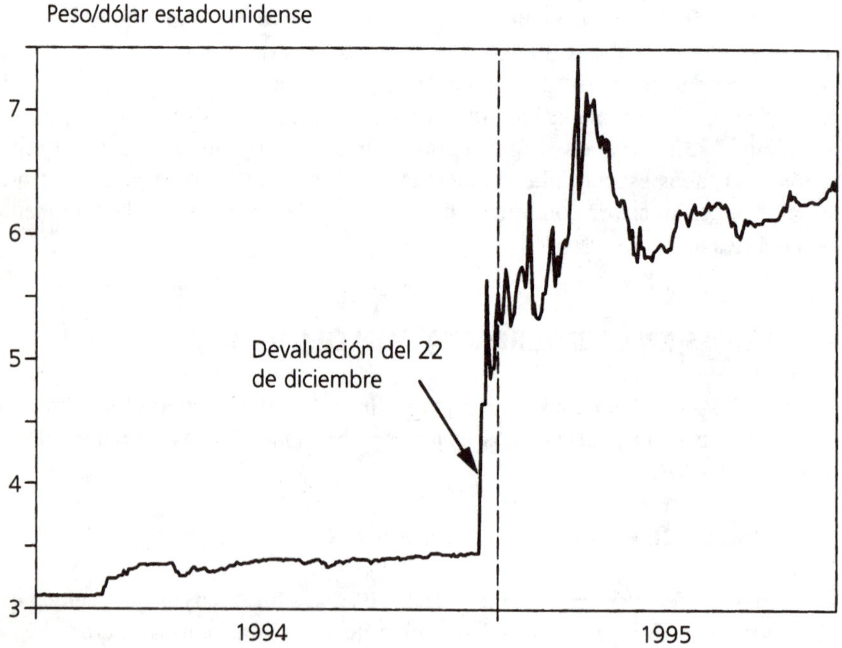

FIGURA 15-2 Tipo de cambio peso-dólar.

do grandes sumas de dinero en las economías en desarrollo de Latinoamérica y Asia, enfrentaron grandes pérdidas ya que la devaluación mexicana condujo a la baja generalizada de los mercados emergentes en todo el mundo.

En la figura 15-2 se muestra el tipo de cambio peso/dólar, el cual estuvo fijo alrededor de 3.45 pesos por dólar durante al mayor parte de 1994 y saltó a 5.64 a mediados de diciembre.

Aparentemente, la devaluación fue ampliamente no anticipada. Esto a pesar de un creciente déficit en la cuenta corriente del 10 por ciento del PIB mexicano y de una divisa ampliamente sobrevaluada, de acuerdo con la paridad del poder de compra. Un sistema de VAR convencional no habría anticipado la magnitud de la devaluación. Basándose en un pronóstico exponencial de la volatilidad, la figura 15-3 muestra que la devaluación de 35 por ciento estaba muy alejada de la banda de confianza del 95 por ciento. Después de diciembre, los pronósticos parecían capturar razonablemente bien la tormenta que siguió a la devaluación. Esto fue un pequeño consuelo para los inversionistas atrapados en corto por la devaluación.

Este episodio indica que, especialmente cuando los controles de precio son abandonados por largos períodos, los modelos de VAR basados en datos históri-

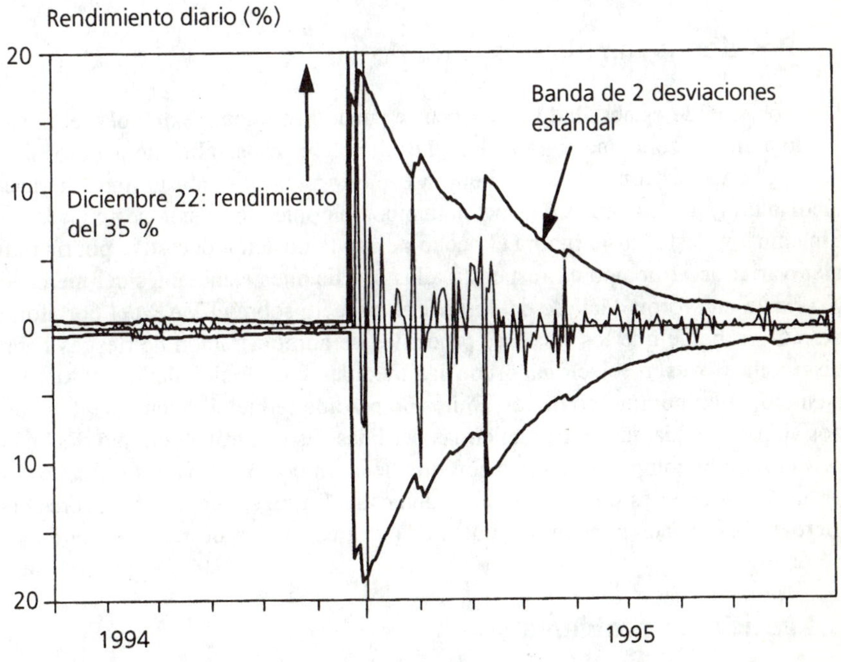

FIGURA 15-3 Volatilidad peso/dólar.

cos no pueden capturar las pérdidas potenciales. Estos modelos deben ser complementados con un análisis de los fundamentos económicos y con pruebas de estrés. Como dato interesante, muy poco tiempo después de la devaluación, el gobierno mexicano autorizó la creación de futuros de divisas sobre el peso. Se argumentó que la existencia de precios enfocados al futuro para el peso habría proporcionado a los participantes del mercado, así como al banco central, un indicador de las presiones del mercado. En cualquier caso, este desastre no fue ocasionado por los derivados.

3.2 Riesgo de transición

Siempre que surja un cambio fundamental existe el potencial de errores. Esto se aplica, por ejemplo, a cambios organizacionales, la expansión a nuevos mercados o productos, la implementación de un nuevo sistema o las nuevas regulaciones. Dado que los controles existentes se encargan de los riesgos existentes, pueden ser menos efectivos en la transición.

Es difícil enfrentar el riesgo de transición, porque no puede ser modelado de forma explícita. La única salvaguarda es incrementar la vigilancia en tiempos de transición.

3.3 Posiciones cambiantes

Un problema de estabilidad similar ocurre cuando se intenta extrapolar el riesgo diario a un horizonte más largo, el cual es de interés especialmente para los bancos reguladores. Como se señaló en un capítulo previo, el ajuste típico se hace mediante la raíz cuadrada del factor tiempo, suponiendo posiciones constantes. Sin embargo, este ajuste ignora el hecho de que la posición operativa podría muy bien variar en el tiempo en respuesta a las condiciones cambiantes del mercado. No existe una forma fácil de determinar el impacto sobre el VAR del portafolio, pero es probable que los sistemas prudentes de administración de riesgos harán disminuir el riesgo relacionado con las medidas convencionales de VAR. Por ejemplo, el cumplimiento de los límites de pérdida reducirá gradualmente la exposición a medida que se acumulen las pérdidas. Este patrón operativo dinámico es similar a la compra de una opción que tiene un potencial bajista limitado. No obstante, también es posible, como lo demostró Barings, que los operadores que pierdan dinero incrementen sus posturas en la esperanza de recuperarse de sus pérdidas.

3.4 Posiciones problema

Las posiciones problema están en una categoría similar a la transición. Todos los métodos analíticos implícitos en el VAR suponen que se dispone de algunos datos para medir los riesgos. No obstante, para algunos valores, tales como las muy poco operadas acciones de mercados emergentes, las colocaciones privadas o las divisas exóticas, pueden no existir precios de liquidación en el mercado significativos.

Sin una adecuada información de precios, no puede establecerse el riesgo a partir de datos históricos (para no mencionar los datos implícitos). Además, una posición en estos activos creará un potencial de pérdidas que es difícil de cuantificar. En ausencia de buenos datos, las pruebas de estrés parecen el único método para determinar los riesgos.

3.5 Riesgos modelo

La mayoría de los sistemas de administración de riesgos utilizan datos del pasado como guía para los riesgos futuros. No obstante, la extrapolación a partir de datos pasados puede ser peligrosa. Por esta razón es esencial estar alerta de las trampas de los riesgos modelo.

Riesgo de forma funcional

Esta es la forma más pura del riesgo modelo. Los errores de valuación pueden surgir si la función particular elegida para valuar un título es incorrecta.

El modelo Black-Scholes, por ejemplo, se fundamenta en un conjunto de supuestos más bien restrictivo (movimiento geométrico browniano y tasas de interés y volatilidad constantes). Para opciones convencionales sobre acciones, las desviaciones de estos supuestos generalmente tienen pocas consecuencias. No obstante, hay situaciones donde el modelo es inapropiado, como con las opciones sobre tasas de interés de corto plazo.

El riesgo modelo también se vuelve más peligroso a medida que el instrumento se complica. La valuación de los CMO requiere fuertes inversiones en el desarrollo de los modelos, los cuales pueden resultar imprecisos bajo algunas condiciones del mercado.

Riesgo de parámetro

También conocido como *riesgo de estimación*, el riesgo de parámetro se deriva de la imprecisión en la medición de los parámetros. Incluso en un ambiente perfectamente estable, no observamos los verdaderos rendimientos ni volatilidades esperados. Por lo tanto, por fuerza tienen que ocurrir algunos errores aleatorios sólo a causa de la variación muestral.

Como se mostró en el capítulo 5, podríamos determinar formalmente el efecto del riesgo de estimación sustituyendo las estimaciones muestrales por valores que sean estadísticamente "equivalentes". Un método alternativo consiste en muestrear sobre diferentes intervalos. Si las medidas de riesgo parecen ser sensibles a la elección particular del periodo muestral, entonces el riesgo de estimación puede ser serio.

El riesgo de estimación se incrementa con el número de parámetros estimados. Mientras más parámetros se estimen, es mayor la posibilidad de que los errores interactúen mutuamente y originen una visión engañosa del riesgo. Los errores en las correlaciones son particularmente peligrosos cuando están asociados con grandes posiciones de "arbitraje". La parsimonia crea robustez.

El problema del riesgo de estimación frecuentemente es ignorado en el análisis de VAR. Los usuarios deberían notar la interrelación fundamental entre la utilización de más datos, lo cual conduce a estimaciones más precisas, y concentrarse en datos más recientes, lo cual podría ser más seguro si el riesgo cambia en el tiempo.

Desafortunadamente, los datos podrían no estar disponibles para periodos muy largos. Sólo se dispone de historias muy limitadas, por ejemplo, para los mercados emergentes o las divisas exóticas. Todas son buenas razones para recordar que los números de VAR son sólo estimaciones.

El riesgo de sembrar datos

Se trata de una de las formas más insidiosas del riesgo. Ocurre cuando se busca a través de varios modelos y se reporta sólo aquel que ofrece buenos resultados. Esto es particularmente un problema con modelos no lineales (tales como las redes neuronales de trabajo o los modelos de caos), lo cual implica buscar no sólo entre los valores de parámetros sino también entre diferentes formas funcionales.

La siembra de datos también consiste en el análisis de los datos hasta que se encuentra alguna relación significativa. Tomemos por ejemplo un administrador de inversiones que trata de encontrar "anomalías de calendario" en los rendimientos de las acciones. El administrador trata de observar si los rendimientos de las acciones difieren sistemáticamente a través de los meses, las semanas, los días y así sucesivamente. Pueden intentarse tantas comparaciones diferentes, que en un caso de 20, podríamos esperar encontrar resultados "significativos" en el nivel usual del 5 por ciento. Por supuesto, los resultados son significativos sólo a causa del proceso de búsqueda, el cual descarta los modelos no significativos. El riesgo de sembrar datos se manifiesta por sí mismo en los resultados demasiado optimistas de las simulaciones basadas en datos históricos. Frecuentemente, los resultados se derrumban fuera del periodo muestral porque son falaces.

Los riesgos de sembrar datos se pueden atender mejor corriendo *portafolios de papel*, donde un analista objetivo registra las decisiones y verifica el desempeño del proceso de inversión con datos reales.

El riesgo de sobrevivencia

La sobrevivencia surge cuando un proceso de inversión sólo considera series, mercados, acciones, bonos o contratos que aún existen. El problema es que no se analiza los activos que han tenido un mal desempeño.

El análisis basado en datos actuales, por lo tanto, tiende a proyectar una imagen demasiado optimista o a mostrar ciertas características.

Los efectos de supervivencia son análogos al "problema del peso" en el mercado de divisas. Antes de la devaluación de 1982, el peso mexicano se vendía con un gran descuento en el mercado forward (el precio forward del peso estaba muy por abajo del precio de la entrega a precio). Este descuento lógicamente anticipaba una posible devaluación del peso. Si un observador hubiera analizado el descuento antes de 1982 habría concluido que el mercado era ineficiente. No obstante, la falla no era del mercado, sino habría sido del observador, quien eligió un periodo muestral donde los datos no reflejaban ninguna probabilidad de devaluación.

Más generalmente, no es probable que los eventos inusuales con una baja probabilidad de ocurrencia pero que tienen efectos severos en los precios, como las guerras y las nacionalizaciones, sean bien representados en las muestras, y pueden ser totalmente omitidos en las series sobrevivientes. Desafortunadamente, estos eventos inusuales son muy difíciles de capturar con los modelos convencionales de medición del riesgo.[1]

4 RIESGOS ESTRATÉGICOS

Como se explicó en el primer capítulo de este libro, el VAR puede ayudar a medir y controlar los riesgos financieros. No obstante, es impotente frente a los riesgos estratégicos que también confrontan las empresas. Los *riesgos estratégicos* son aquellos resultantes de movimientos fundamentales en el entorno económico o político. Un ejemplo es el caso de Bankers Trust (recuadro 15-1), el cual era ampliamente admirado antes de 1994 como líder en la administración de riesgos, pero se convirtió en víctima de la reacción contra los derivados.

El mercado de derivados ha estado sujeto a riesgos políticos y regulatorios, los cuales son parte de la familia de riesgos estratégicos que afectan a las empresas a nivel corporativo o industrial.

Los *riesgos políticos* se derivan de las acciones tomadas por los diseñadores de políticas, que afectan significativamente la forma en que una organización dirige su negocio. Aunque el Congreso de 1994 levantó su sesión sin tomar nin-

[1] Brown, Goetzmann y Ross (1995) muestran que las propiedades de las series de tiempo de las series sobrevivientes pueden ser notablemente diferentes de las series originales.

RECUADRO 15-1

Transformación estratégica de Bankers Trust

Charles Sanford transformó a Bankers Trust de un banco comercial aletargado en una fuente de energía financiera utilizando la administración de riesgos como una herramienta competitiva.

No obstante, en 1994 el banco se vio involucrado en dos litigios, uno con Gibson Greetings y el otro con Procter & Gamble. El primero se arregló fuera de la corte cuando se descubrieron unas cintas que revelaban que los funcionarios de Bankers Trust habían engañado a Gibson acerca del tamaño de sus pérdidas. El banco replicó el caso con P & G.

Estos asuntos empañaron la reputación del banco. Además, el banco tuvo que atravesar un periodo durante el cual los derivados cayeron bajo un intenso escrutinio. Bankers Trust se encontró particularmente vulnerable, dado que se ha dedicado mucho más que otros bancos a la actividad con derivados.

El banco también reconoció que su cultura de llevarse por las ganancias frecuentemente ponía el beneficio del banco por encima del interés del cliente. El concentrarse sólo en los riesgos financieros puede llegar a ser perjudicial si se desvirtúa la relación con el cliente, la cual sigue siendo una parte importante del negocio bancario. Bankers implementó posteriormente cambios en sus esquemas de compensación para recompensar al personal de ventas por mejorar las relaciones con los clientes. También transformó su conocimiento sobre la administración del riesgo en nuevos productos, tal como su sistema RAROC 2020.

guna decisión sobre los derivados, se han propuesto una ráfaga de iniciativas de ley y pueden ser revividas en el futuro. Esto puede imponer limitantes el uso de los derivados, afectando por lo tanto negativamente la rentabilidad de múltiples empresas involucradas en este mercado. Es tal vez en respuesta a estas amenazas que el sector privado ha generado iniciativas para tratar el asunto de la medición de los riesgos de mercado.

Los riesgos regulatorios son resultado de cambios en las regulaciones o en la interpretación de las que ya existen, que pueden afectar negativamente a una empresa. Por ejemplo, como resultado del caso Bankers Trust, la Commodities and Futures Trading Commission (CFTC) y la Securities and Exchange Commission (SEC), han extendido su jurisdicción hasta los participantes del mercado declarando a los swaps como contratos futuros y valores, respectivamente. Esto permitió a la CFTC clasificar a Bankers Trust como un asesor de operación de mercancías, el cual está sujeto a estatutos específicos. Otro ejemplo son las directrices recientes de los reguladores bancarios federales para prohibir la venta de tipos de notas estructuradas a los fondos mutuos de mercado de dinero, a pequeñas instituciones de ahorro y bancos de la comunidad.

5 CONCLUSIONES

Los derivados han causado mucha ansiedad en los años recientes. Dado que las empresas e inversionistas institucionales escudriñan de manera constante los mercados financieros en busca de la mejor relación riesgo-rendimiento, inevitablemente llegarán a estar expuestos a los derivados. En respuesta, las instituciones podrían apartarse completamente de los derivados, lo cual podría ser muy difícil de realizarse dada la penetración de los derivados en los instrumentos financieros. O podrían intentar domar al monstruo de los derivados.

De hecho, las grandes pérdidas sufridas por varios participantes de los mercados financieros pueden constituir una poderosa lección para la administración de riesgos. Los derivados han mostrado el camino hacia un mejor control de los riesgos financieros. En este camino está el método de valor en riesgo, el cual representa un enorme paso en contra de la toma desenfrenada de riesgos.

CAPÍTULO 16

Conclusiones

> Para permitir a los inversionistas determinar más fácilmente el riesgo total de mercado, las enmiendas propuestas... requerirán la revelación... de la información cuantitativa del riesgo de mercado para los instrumentos financieros derivados, otros instrumentos financieros y los instrumentos derivados sobre mercancías, hasta el nivel que sea material.
>
> *Securities and Exchange Commission*

1 LOS DERIVADOS Y LA ADMINISTRACIÓN DEL RIESGO

Merton Miller, quien recibió el premio Nóbel en economía en 1990 por sus trascendentales contribuciones a las finanzas, ha calificado a los últimos 30 años en este campo como algo muy cercano a una revolución. Entre las innovaciones financieras durante este periodo, el profesor Miller considera a los *futuros financieros* como la más significativa. Los primeros contratos de este tipo fueron futuros sobre divisas, lanzados en 1972 por el Chicago Mercantile Exchange. Muy poco después llegaron las opciones, junto con el célebre modelo Black-Scholes.

El crecimiento subsecuente de los derivados financieros ha sido fenomenal. Los derivados crecieron en respuesta a la necesidad de cubrir los riesgos financieros, junto con su inevitable contraparte, la búsqueda de ganancias especulativas. Como herramientas para la administración de riesgos, los derivados constituyen un mercado para la redistribución del riesgo. Sentaron las bases para la próspera industria de la ingeniería financiera, la cual ha dado lugar a un caudal de conocimientos para la mejor administración del riesgo. A medida que el mercado de derivados se vuelve más común, este conjunto de conocimiento es aplicado a una variedad más amplia de instrumentos financieros. La administración de riesgos, que empezó por unidades, es aplicada actualmente a nivel de toda la empresa.

Por otro lado, la tecnología que ha contribuido a la creación de instrumentos derivados aun más complejos parece en ocasiones haber avanzado más rápidamente que nuestra habilidad para controlarla. Asimismo, un problema fundamental que afecta todas las actividades operativas es que los agentes suelen tener incentivos para involucrarse en actividades de riesgo que pueden no estar en el mejor interés de la empresa para la cual trabajan. Una de las lecciones de los múltiples desastres financieros es la asimetría fundamental en los beneficios para los operadores. En ausencia de fraude, una postura perdedora sólo significa la pérdida del empleo y cierto daño a la reputación. En contraste, una postura ganadora podría significar bienestar para toda la vida. Por lo tanto, la compensación basada en las ganancias (o los esquema gubernamentales de seguridad social) crean incentivos para tomar un riesgo extra. Sin duda, ésta es la razón por la cual hay ahora una gran concentración sobre los controles y los sistemas de administración de riesgos.

2 EL VAR REVISADO

Los recientes desastres financieros también explican porqué el valor en riesgo está tomando ahora a la industria financiera por asalto. El VAR surgió a partir de un deseo de controlar los riesgos de mercado de los activos derivados, instrumentos altamente apalancados que deben ser controlados con precisión. Una vez que surge la experiencia técnica, el siguiente paso es extender la medición del riesgo de mercado a todos los activos, así sean acciones, bonos o mercancías.

Aunque se admite que el VAR no es la panacea. No existe un método universalmente aceptado para medir el VAR y puede haber alguna divergencia de resultados entre los métodos. El VAR también está sujeto al riesgo evento, y debe ser complementado con las pruebas de estrés o con evaluaciones subjetivas del entorno económico que mueve los mercados financieros. Debe recordarse que, aun con un intervalo de confianza del 99 por ciento, suceden eventos inusuales y algunas veces ocurren con furia. Para empeorar las cosas, la liquidez puede erosionarse durante tales situaciones; la única alternativa es entonces sentarse a esperar el regreso de la normalidad. Por otro lado, la administración de riesgos financieros es la *raison d'être* de las instituciones financieras. Es imposible e indeseable alcanzar una cobertura del 100 por ciento de todos los riesgos; la banca se convertiría entonces en una inversión libre de riesgo, con rendimientos mucho menores.

Por lo tanto, el VAR debe ser considerado sólo como una aproximación de primer orden. El hecho de que el valor es generado a partir de un método estadístico no debe ocultar que se trata sólo de una estimación. Los usuarios no deben confiarse, sino que deben reconocer las limitantes del VAR, las cuales han sido ampliamente documentadas en este libro. Como argumenta Steven Thieke, director del comité de administración de riesgos de J. P. Morgan, "debe llegar el momento en que deje (el VAR) de ser una metodología de medición del riesgo y se convierta en un asunto administrativo, y ese momento es el nivel de experiencia de la gente involucrada en el negocio y la tolerancia de la empresa al riesgo."

No obstante, el uso apropiado del VAR pudo haber evitado algunas de las espectaculares debacles de los años recientes, donde los inversionistas no tenían, o argumentaron no haber tenido, idea de su exposición a los riesgos financieros. Además, la implementación del VAR obliga a la integración del front office, el back office y la recientemente creada middle office, la cual desempeña la función de administración del riesgo. Esta integración, aunque no necesariamente fácil en términos de logística, tiene la ventaja de que dificulta la falsificación de datos, proporcionando una protección parcial contra los operadores tramposos. Por lo tanto, el proceso de obtención del VAR puede ser tan importante como el número.

3 EL FUTURO DE LA ADMINISTRACIÓN DE RIESGOS

Los pasos que nos conducen al VAR constituyen una reflexión interesante sobre la evolución de la administración financiera moderna, como se describe en la figura 16-1.

Los antecedentes del VAR se remontan a los sistemas de administración de activos y pasivos en boga en los ochenta. En esa época, las instituciones banca-

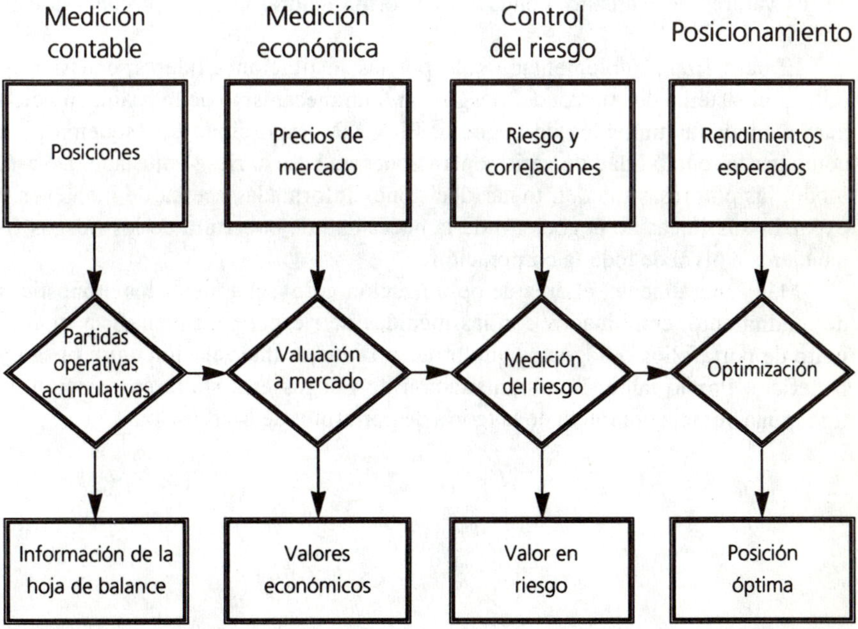

FIGURA 16-1 Administración financiera moderna.

rias registraban la mayor parte de sus activos y pasivos financieros en la hoja de balance utilizando *métodos acumulativos*; esto es, las transacciones fueron registradas en costos históricos con ajustes para los ingresos acumulados. Algunas partidas, como las utilizadas por el área operativa, fueron cargados a valores de mercado.

El problema es que estos métodos contables aislaron el valor de las partidas de la hoja de balance de su realidad económica. Algunas veces, los pronósticos de tasas futuras se utilizaron para proyectar el ingreso por periodos largos, de una manera un tanto similar a la que describimos como análisis de escenario. Tales métodos contables contribuyeron a la gran debacle de las sociedades de ahorro y préstamo porque permitieron a las instituciones presentar hojas de balance que estuvieran en concordancia con los principios contables, pero que ocultaban grandes pérdidas.

Posteriormente, con la tendencia hacia la valuación a mercado, las hojas de balance empezaron a ser reportadas a valores de mercado. Una vez que se dispone de los valores de mercado, el siguiente paso lógico es determinar el riesgo. Un método simple para calcular el VAR, por ejemplo, consiste en registrar el valor de mercado de todos los valores en un intervalo selecto de tiempo, lo cual da una idea del posible rango de valores para un portafolio operativo. De este modo, la combinación de posiciones, la valuación a mercado y las fluctuaciones en los valores de mercado, conducen de forma natural al concepto de valor en riesgo.

El paso final, implementado sólo por las instituciones líderes, consiste en utilizar el sistema de control del riesgo como un mecanismo de retroalimentación para evaluar las unidades de negocio. El VAR proporciona un esquema para comparar la rentabilidad de varias operaciones en base al riesgo ajustado. De este modo, las empresas pueden tomar decisiones informadas acerca de mantener o expandir sus líneas de negocio, o de la necesidad de cobertura de los riesgos financieros a nivel de toda la corporación.

Más generalmente, el área de optimización aprovecha mejor los pronósticos de rendimiento, combinados con las medidas de riesgo, para identificar el conjunto de portafolios o negocios que ofrecen la mejor interrelación entre riesgo y beneficio. Por lo tanto, la administración de riesgos está ahora en posición de tomar una ventaja completa de la teoría de portafolio de Markowitz.

Bibliografía

Bair, S. and S. Milligan. "Voluntary Efforts to Provide Oversight of OTC Derivatives Activities." In *Derivatives Risk and Responsibility*, eds. R. Klein and J. Lederman. Chicago, IL.: Irwin, 1996.

Basle Committee on Banking Supervision. *An Internal Model-Based Approach to Market Risk Capital Requirements*. Basle, Switzerland: Basle Committee on Banking Supervision, 1995a.

Basle Committee on Banking Supervision. *Planned Supplement to the Capital Accord to Incorporate Market Risks*. Basle, Switzerland: Basle Committee on Banking Supervision, 1995b.

Bates, D. "Testing Option Pricing Models." NBER Working Paper 5129. Cambridge, Mass.: National Bureau of Economic Research, 1995,

Beckstrom, R. and A. Campbell, eds. *An Introduction to VAR*. Palo Alto, CA.: CATS Software, 1995.

Beder, T. "VAR: Seductive But Dangerous." *Financial Analysts Journal* 51 (1995), pp. 12-24.

Bickel, P., and D. Freedman. "Some Asymptotic Theory for the Bootstrap," *The Annals of Statistics* 9 (1981), pp. 1196-1271.

Black, F. "The Pricing of Commodity Options." *Journal of Financial Economics* 3 (1976), pp.167-179.

Black, E., and M. Scholes. "The Pricing of Options and Corporate Liabilities." *Journal of Political Economy* 81 (1973), pp. 637-59.

Blume, M., and D. Keim. "Realized Returns and Defaults on Low-Grade Bonds: The Cohort of 1977 and 1978." *Financial Analysts Journal* 47 (1991), pp. 63-72.

Board of Governors of the Federal Reserve System. *Request for Comment on the Pre-Commitment Approach for Market Risks, Docket No. R-0886*. Washington, D.C.: Board of Governors of the Federal Reserve System, 1995.

Bollerslev, T. "Generalized Autoregressive Conditional Heteroskedasticity." *Journal of Econometrics* 31 (1986), pp. 307-327.

Bollerslev, T., R. Chou, and K. Kroner. "ARCH Modelling in Finance: A Review of the Theory and Empirical Evidence." *Journal of Econometrics* 52 (1992), pp. 559.

Boudoukh, J., M. Richardson, R. Stanton, and R. Whitelaw. "A New Strategy for Dynamically Hedging Mortgage-Backed Securities." *Journal of Derivatives* 2 (Summer 1995), pp. 60-77.

Boyle, P. "Options: A Monte Carlo Approach." *Journal of Financial Economics* 4 (1977), pp. 323-338.

Bralver, C. and A. Kuritzkes. "Risk Adjusted Performance Measurement in the Trading Room." *Journal of Applied Corporate Finance* 6 (1993), pp. 104-108.

Brown, S., W. Goetzmann, and S. Ross. "Survival." *Journal of Finance* 50 (1995), pp. 853-873.

Cox, J., S. Ross, and M. Rubinstein. "Option Pricing: A Simplified Approach." *Journal of Financial Economics* 7 (1979), pp. 229-263.

Cox, J., J. Ingersoll, and S. Ross. "A Theory of the Term Structure of Interest Rates." *Econometrica* (1985), pp. 385-407.

Culp, C., and J. Overdahl. "An Overview of Derivatives: Their Mechanics, Participants, Scope of Activity, and Benefits." In *Financial Services 2000 A.D.: The Dissolving Barriers among Banks, Mutual Funds and Insurance Companies*, ed. C. Kirsch. Chicago, IL.: Irwin, 1996.

Culp, C. and M. Miller. "Metallgesellschaft and the Economics of Synthetic Storage." *Journal of Applied Corporate Finance* 7 (Winter 1995).

Derivatives Policy Group. *A Framework for Voluntary Oversight.* New York: Derivatives Policy Group, 1995.

Dimson, E., and P. Marsh. "Capital Requirements for Securities Finns." *Journal of Finance* 50 (1995), pp. 821-851.

Duan, J. "The GARCH Option Pricing Model." *Mathematical Finance* 5 (1995), pp. 13-32.

Duffie, D. and M. Huang. "Swap Rates and Credit Quality," mimeo, Stanford University, 1995.

Efron, B. "Bootstrap Methods: Another Look at the Jackknife." *The Annals of Statistics* 7 (1979), pp, 1-26.

Engle, R. "Autoregressive Conditional Heteroskedasticity with Estimates of the Variance of United Kingdom Inflation." *Econometrica* 50 (1982), pp. 987-1007.

Engle, R.; D. Lilien; and R. Robins. "Estimating Time-Varying Risk Premia in the Term Structure: The ARCH-M Model." *Econometrica* 55 (1987), pp. 391-407.

Estrella, A.; D. Hendricks; J. Kambhu; S. Shin; and S. Walter. "The Price Risk of Options Positions: Measurement and Capital Requirements." *Federal Reserve Bank of New York Quarterly Review* 19 (1994), pp, 27-43.

Finnerty, J. "Financial Engineering in Corporate Finance: An Overview." *Financial Management* 17 (1988), pp. 14-33.

Fisher, L. "An Algorithm for Finding Exact Rates of Return." *Journal of Business* 39 (1966), pp. 111-118.

Fisher, L. and R. Weil. "Coping with the Risk of Interest-Rate Fluctuations: Returns to Bondholders from Naive and Optimal Strategies." *Journal of Business* 44 (1971), pp. 408-431.

French, K.; W. Schwert; and R. Stambaugh. "Expected Stock Returns and Volatility." *Journal of Financial Economics* 19 (1987), pp. 3-29.

Garman, M., and S. Kohlbagen. "Foreign Currency Option Values." *Journal of International Money and Finance* 2 (1983), pp. 231-238.

General Accounting Office. *Financial Derivatives: Actions Needed to Protect the Financial System*. Washington D.C.: U.S. GAO, 1994.

Giovannini, A. and P. Jorion. "The Time-Variation of Risk and Return in the Foreign Exchange and Stock Markets." *Journal of Finance* 44 (1989), pp. 307-325.

Gluck, J. "Measuring and Controlling the Credit Risk of Derivatives." In *Derivatives Risk and Responsibility* eds. R. Klein and J. Lederman. Chicago, IL.: Irwin 1996,

Group of Thirty. *Derivatives: Practices and Principles*. New York: Group of Thirty, 1993.

Harlow, W. "Asset Allocation in a Downside Risk Framework." *Financial Analysts Journal* 47 (September 199 1), pp. 28-40.

Hertsen, E. and P. Fields, eds. *Derivative Credit Risk*. London: Risk Publications, 1995.

Heston, S. "A Closed-Form Solution for Options with Stochastic Volatility with Applications to Bond and Currency Options." *The Review of Financial Studies* 6 (1993), pp. 327-343.

Hsieh, D. "The Statistical Properties of Daily Foreign Exchange Rates: 1974-1983." *Journal of International Economics* 24 (1988), pp. 129-145.

International Swap and Derivatives Association. *Public Disclosure and Risk Management Activities Including Derivatives*. New York: ISDA, 1995.

J. P. Morgan Bank. *Risk Metrics Technical Manual*, New York: J. P. Morgan Bank, 1995.

Jordan, J. and G. Morgan. "Default Risk in Futures Markets: The Customer-Broker Relationship." *Journal of Finance* 45 (1990), pp. 909-933.

Jorion, P. "Asset Allocation with Hedged and Unhedged Foreign Stocks and Bonds." *Journal of Portfolio Management* 15 (Summer 1989), pp. 49-54.

Jorion, P. "Predicting Volatility in the Foreign Exchange Market." *Journal of Finance* 50 (1995a), pp. 507-528.

Jorion, P. *Big Bets Gone Bad: Derivatives and Bankruptcy in Orange County*. San Diego: Academic Press 1995b.

Jorion, P. "Risk 2; Measuring the Risk in Value-At-Risk." *Financial Analysts Journal* (1996), in press.

Kendall, M. *Kendall's Advanced Theory of Statistics*. New York: Halsted Press 1994.

Klein, R. and J. Lederman, eds. *Derivatives Risk and Responsibility*. Chicago, IL.: Irwin, 1996.

Kupiec, P. "Techniques for Verifying the Accuracy of Risk Measurement Models." *Journal of Derivatives* 2 (December 1995), pp. 73-84,

Kupiec, P. and J. O'Brien. "A Pre-Commitment Approach to Capital Requirements for Market Risk." FEDS Working Paper No. 95-34. Washington, D.C.: Federal Reserve Board, 1995.

Longin, F. and B. Solnik. "Is the Correlation in International Equity Returns Constant: 1960-1990?" *Journal of International Money and Finance* 14 (1995), pp. 3-26.

Longstaff, R and E. Schwartz. "Interest Rate Volatility and the Term Structure: A Two-Factor General Equilibrium Model." *Journal of Finance* 47 (1992), pp. 12591283.

Macaulay, F. *Some Technical Problems Suggested by the Movements of Interest Rates, Bond Yields and Stock Prices in the United States Since 1856*. New York: National Bureau of Economic Research, 1938.

Margrabe, W. "The Value of an Option to Exchange One Asset for Another." *Journal of Finance* 33 (1978), pp. 177-186.

Markowitz, H. *Portfolio Selection: Efficient Diversification of Investments*. New York: John Wiley, 1959.

McCulloch, H. "The Tax-Adjusted Yield Curve." *Journal of Finance* 30 (1975), pp. 811-829.

Merton, R. "Theory of Rational Option Pricing." *Bell Journal of Economics and Management Science* 4 (197 3), pp. 141-83.

Merton, R. "On the Pricing of Corporate Debt: The Risky Structure of Interest Rates." *Journal of Finance* 29 (1974), pp. 449-470.

Merton, R. and P. Samuelson. "Fallacy of the Log-Normal Approximation to Portfolio Decision-Making over Many Periods." *Journal of Financial Economics* 1 (1974), pp. 67-94.

Miller, M. "Financial Innovations: The Last Twenty Years and the Next." *Journal of Financial and Quantitative Analysis* 21 (1986), pp. 459-47 1.

Moro, B. "The Full Monte." *Risk Magazine* 8 (February 1995), pp. 57-58.

Nelson, C. and A. Siegel. "Parsimonious Modeling of Yield Curves." *Journal of Business* 60 (1987), pp. 473-490.

Nelson, D. "ARCH Models as Diffusion Approximations." *Journal of Econometrics* 45 (1990), pp. 7-38.

Office of the Comptroller of the Currency. *Banking Circular BC-277: Risk Management of Financial Derivatives*. Washington, D.C.: Comptroller of the Currency, 1993.

Overdahl, J. and B. Schachter. "Derivatives Regulation and Financial Management: Lessons from Gibson Greetings." *Financial Management* 24 (1995), pp. 68-78.

Parkinson, M. "The Extreme Value Method for Estimating the Variance of the Rate of Return." *Journal of Business* 53 (1980), pp. 61-65.

Paskov, S. and J. Taub. "Faster Valuation of Financial Derivatives." *Journal of Portfolio Management* 22 (1995), pp. 113-120.

Pérold A. and E. Schulman. "The Free Lunch in Currency Hedging: Implications for Investment Policy and Performance Standards." *Financial Analysts Journal* 44 (May 1988), pp. 45-50.

Powers, M. 'The Day the IMM Launched Financial Futures Trading." *Futures* (May 1992), pp. 52-58.

Rawnsley, J. *Total Risk: Nick Leeson and the Fall of Barings Bank*. New York: Harper, 1995.

Redington, F. "Review of the Principles of Life-Office Valuations." *Journal of the Institute of Actuaries* 78 (1952), pp. 286-340.

Sarig, 0. and A. Warga. "The Risk Structure of Interest Rates." *Journal of Finance* 44 (1989), pp. 1351-1360.

Scott, D. *Multivariate Density Estimation: Theory, Practice and Visualization*. New York: John Wiley, 1992.

Sharpe, W. "Capital Asset Prices: A Theory of Market Equilibrium under Conditions of Risk." *Journal offinance* 19 (1964), pp. 425-442.

Shea, G. "Interest Rate Term Structure Estimation with Exponential Splines: A Note." *Journal of Finance* 40 (1985), pp. 319-325.

Shiller, R. and H. McCulloch. *The Term Structure of Interest Rates.* NBER Working Paper 2341. Cambridge, MA: NBER, 1987.

Silber, W. "Innovation, Competition and New Contract Design in Futures Markets." *Journal of futures Markets* I (198 1), pp, 123-156.

Smithson, C.; C. Smith; and S. Wilford. *Managing Financial Risk: A Guide to Derivative Products, Financial Engineering, and Value Maximization.* Chicago, IL: Irwin, 1995.

United States Congress. *Safety and Soundness Issues Related to Bank Derivatives Activities.* Washington, D.C.: U.S. Congress, 1993.

Vasicek, 0. and G. Fong. "Term Structure Modeling Using Exponential Splines." *Journal of Finance* 37 (1982), pp. 339-348.

Wilson, T. "Debunking the Myths." *Risk* 7 (April 1994), pp. 67-72.

Índice

Impreso en Programas Educativos, S.A. de C.V. • 216263 500 01 99 518
EMPRESA CERTIFICADA POR EL INSTITUTO MEXICANO DE NORMALIZACIÓN Y CERTIFICACIÓN, A.C
BAJO LA NORMA ISO-9002: 1994 / NMX-CC-004: 1995 CON EL No. DE REGISTRO RSC-048